사이버비행과 범죄의 원인 연구

사이버비행과 범죄의 원인 연구

This Edition was published by Jipmoondang Publishing Co. in 2017, Seoul, Korea.

사이버비행과 범죄의 원인 연구

이 성 식

집문당

이성식 고려대학교 사회학과 졸업
고려대학교 사회학과 대학원 석사
미국 위스컨신매디슨 사회학 박사
현재 숭실대학교 정보사회학과 교수
주전공: 청소년비행과 범죄, 사이버범죄

주요 저서
사이버공간의 사회심리학(2009)
사이버범죄학(2011)
청소년비행과 범죄 연구(2012)
청소년비행론(공저)(2013)
현대사회와 범죄(공저)(2013)
일탈과 범죄의 사회학(공저)(2015) 외 다수

사이버비행과 범죄의 원인 연구

2017년 1월 31일 1판 1쇄

저 자 | 이성식
발행인 | 임동규
발행처 | **집문당**
등 록 | 1971. 3. 23. 제300-2012-69호
영업부 | 10881 경기도 파주시 광인사길 85
(02)743-3192~3 팩스(02)742-4657
전자우편 | sale@jipmoon.co.kr
편집부 | 03134 서울시 종로구 돈화문로 82 집문당빌딩 5층
(02)743-3096~7 팩스(02)743-0227
전자우편 | edit@jipmoon.co.kr
홈페이지 | www.jipmoon.co.kr

편 집 | 장이지
디자인 | 임용우

ISBN 978-89-303-1744-3

가격 20,000원

이 도서의 국립중앙도서관 출판시도서목록(CIP)은 e-CIP홈페이지(http://www.nl.go.kr/ecip)와
국가자료공동목록시스템(http://www.nl.go.kr/kolisnet)에서 이용하실 수 있습니다.
(CIP제어번호: CIP2017002718)

머리말

이제 청소년비행과 범죄는 오프라인에서 더 나아가 온라인에서 일어나고 확장되기 시작하면서 사이버비행과 범죄에 대한 주제가 관심을 끌기 시작하였다. 국내에서는 2000년 초반부터 그 관심이 시작되었고 저자는 숭실대학교 정보사회학과에 재직하면서 꾸준히 이쪽 방면에 관심을 갖고 연구를 하여 왔다. 이 분야는 복합학문으로서 사회학, 심리학, 법학, 경찰학, 그리고 이공계의 정보보안학에 이르기까지 다양한 영역에 걸쳐있다. 범죄사회학자로서 저자는 왜 사이버비행과 범죄가 일어나는지 그 원인을 밝히고 설명하기 위해 기존 범죄학이론들을 적용하고 응용하는 데 노력해 왔다. 그러한 영역은 사이버범죄학이라고 불리는데 이 책은 그와 관련한 연구논문들로 구성된다.

이 책은 I, II, III부로 구성된다. I부 이론의 적용과 확대에서는 기존 범죄학이론들이 어떻게 사이버비행과 범죄에 적용될 수 있는지, 그리고 단순히 기존 이론의 적용이 아니라 이론의 변형과 확대된 논의를 소개한다. I부가 어느 하나의 이론의 설명력이나 이론들 간의 경쟁을 통해 어떤 이론이 우세한지 관심을 가졌다면 II부 통합설명의 모색에서는 그러한 주요 여러 이론들을 통합하는 논의들이 소개된다. 이 통합설명에서는 더 발전되면서도 그 설명력을 높이려는 여러 시도들로 I부보다는 더 진일보한 논의들이라 할 수 있다. III부는 그러한 주요 이론들을 구체적인 유형의 사이버비행과 범죄(사이버폭력, 성비행, 저작권침해, 도박 등)에 적용하는 것에 관심을 갖는다. 여기서는 그 유형별로 기존 이론이나 주요 원인들 혹은 새로운 요인들의 적용에 있어서 그 영향력을 살펴보는 논문들로 구성된다.

I부 이론의 적용과 확대에서 <오프라인과 온라인비행의 원인비교 연구>에서는 기존 범죄학의 주요 이론으로 차별접촉/사회학습이론, 사회통제이론, 억제이론, 일반이론, 긴장이론에서 주요 요인들을 오프라인과 온라인비행에 함께 적용해 보고 온라인 사이버비행이 기존 오프라인에서의 비행의 원인과 유사한지 혹은 다른지를 알아봄으로써 사이버비행에서의 주요 원인들이 무엇인지를 살펴본다. 앞서의 연구에서는 사회통제이론의 사회유대요인들의 영향력이 미약하였는데, <사이버공간의 가상성 인식과 사회유대와 사이버범죄와의 조건적 관계>에서는 사회통제이론의 적용을 좀 더 세부적으로 다룸에 있어 사회유대의 영향이 사이버공간에 대한 가상성 인식에 따라 조건적인지를 다룬다. 아울러 <사이버비행에 대한 공식처벌의 조건적 억제효과>에서는 억제이론의 적용에 있어 좀 더 세부적으로 공식처벌의 영향이 조건적 인지를 논의한다. <사이버공간에서의 익명성이 언어폭력에 미치는 영향에서의 경로모형과 검증>에서는 사이버비행에 있어 익명성의 영향력을, 그리고 <소셜네트워크 서비스상에서의 사회자본과 범죄 그리고 그 쟁점>에서는 거시환경적 요인으로 인터넷하위문화와 집합효율성의 영향을 다룬다. 한편 <소셜네트워크 서비스상에서 범죄피해에 있어서 낮은 자기통제력과 범죄피해기회요인들의 영향>에서는 범죄학에 또 다른 주요 이론으로 기회이론의 적용을 다루고 있다. 마지막으로 <사이버범죄 설명을 위한 주요 네 이론에서 요인들 검증>에서는 사이버범죄의 설명에 있어 주요 이론으로 평가받는 긴장이론, 사회학습이론, 일반이론, 그리고 기회이론을 중심으로 상대적 영향력의 우위를 통해 그 주요 원인들을 탐색해 본다.

II부 사이버비행과 범죄의 통합설명 모색에 있어 <사이버피해가 가해에 미치는 영향의 일반긴장이론의 검증>에서는 대표적 통합이론인 일반긴장이론을 다루고 있고, <사이버범죄에 있어 낮은 자기통제력과 사회유대 및 차별접촉 환경과의 상호작용효과>에서는 또 다른 대표적인 통합이론인 일반이론과 사회통제이론 및 차별접촉이론을 통합하여 낮은 자기통제력의 개인성향과 그 외 환경요인들의 통합작용을 살펴본다. <인터넷사용, 일상긴장, 비행의 관계: 청소년패널자료의 분석>에서는 일상긴장과 기회요인의 작용을 경로모형으로 통합적으로 다루며, <사이버공간에서의 자아를 통한 사이버비행 원인 통합>에서는 사이버자아 개념을 통해 기존의 여러 이론들을 통합하는 경로모형을 제시하고 분석한다. <소셜네트워크 서비스상의 범죄 설명에 있어 사회학습이론 검증과 통합적 보완 논의>에서는 사회학습이론을 중심으로 그러한 미시환경요인이외에 개인요인, 거시환경요인, 기회요인과의 상호작용효과를 다루는 통합 논의를 다룬다. <사이버비행에서의 원인요인과 통제요인의 통합적 검증>에서는 기존 논의들을 원인요인과 통제요인으로 구분하고 이 두 요인간의 상호작용효과를 다루는 통합논의를 제시한다. 마지막으로 <모바일 인스턴트 메신저상의 사이버불링 설명에서 배출요인과 촉진요인들의 상호작용효과>에서는 기존 요인들을 오프라인상의 현실배출요인과 온라인상의 촉진요인들로 구분하고 이들의 상호작용효과를 다루는 통합 논의를 제시한다.

III부에서는 사이버범죄를 유형별로 원인을 다룸에 있어 <사이버언어폭력의 원인에 관한 연구>, <스마트폰 이용상의 사이버불링 원인에 관한 연구: 세 이용환경으로 문자, SNS, 인터넷접속의 비교>에서는 사이버폭력과 불링을, <사이버성비행의 원인 탐색>에서는 사이버성희롱, 사이버스토킹, 음란물유포행위 등 성관련 주제들을 다룬다. <청소년 인터넷음란물 접촉이 성폭력에 미치는 조건적 효과>에서는 청소년 대상으로 한 인터넷음란물을 주제로 그 유해성을 다룬다. 그 외 <인터넷 저작권침해행위에 있어 중화의 작용과 검증>에서는 저작권침해 주제를 중화이론을 적용해 살펴보고, <오프라인과 온라인상의 도박행위 원인 비교>에서는 오프라인도박과 비교하여 온라인도박 문제를 다루고 그 원인을 모색한다. 마지막으로 <사이버비행의 유형별 대책모색을 위한 설명요인 검증>에서는 기존의 사이버범죄를 세 유형으로 나누고 그 원인을 통해 대책제시를 목적으로 하는데, 여기서는 특히 해킹등의 신종형범죄의 원인을 모색해 볼 수 있다.

여기서 소개된 논문들은 사이버비행과 범죄의 원인에 관한 여러 주제를 어떻게 연구문제들로 구성하고 그것을 실증연구를 통해 확인하는지를 보여준다. 이와 같은 논문들을 통해 사이버비행과 범죄를 어떻게 설명할 수 있을지, 즉 사이버범죄학을 이해하는 데 일조를 할 수 있을 것이다. 이 책이 사이버비행과 범죄에 관한 논문을 쓰고자 하는 연구자들에게 길잡이가 될 수 있기를 바라며 앞으로 사이버비행과 범죄에 관심을 갖는 많은 연구자가 나오길 기대한다. 끝으로 이 책의 출판을 허락해주시고 편집과 교정 작업에 수고해주신 집문당 관계자분들께 감사의 말씀을 드린다.

2017년 저자 이성식

목차

I 부 이론적용과 확대 / 1

II 부 통합설명의 모색 / 123

I 부 이론적용과 확대

오프라인과 온라인비행의 원인비교 연구

I. 서론

인터넷 초강국으로서 우리나라는 인터넷사용의 증가로 네트워크 및 친분, 소통의 증대와 자유로운 의사의 표현, 참여민주주의 확산 등 많은 긍정적 변화가 있었다. 하지만 그와 더불어 사이버공간에서는 여러 역기능의 측면들이 출현하였는데, 사이버범죄는 역기능의 대표적인 현상이다. 더구나 인터넷의 주 이용층인 청소년들의 비행도 온라인 공간에서 일어나고 있어 그 원인 모색과 대책이 요구된다. 최근 사이버범죄학의 등장으로 사이버비행과 범죄의 원인에 관한 연구가 이루어지기 시작하였으나 아직 충분히 활발하지는 않다. 청소년의 사이버비행의 원인은 무엇인가? 그것은 기존의 현실연구에서 제시되었던 여러 원인들과 크게 차이가 없는가? 아니면 상이한가? 이 연구에서는 기존의 주요 범죄/비행이론들의 요인들을 사이버비행에 적용하고 그 원인을 모색하기로 한다.

이 연구에서는 기존의 비행연구에서 주요 이론들로 제기되어 왔던 차별접촉/사회학습이론, 사회통제이론, 억제이론, 일반이론, 그리고 긴장이론을 중심으로 그 이론들에서 제시하였던 여러 요인들을 청소년을 대상으로 현실 및 사이버공간에서의 비행에 각각 적용해보기로 한다. 이 결과를 토대로 온라인비행과 오프라인비행의 원인이 어떻게 차별적일 수 있을지를 살펴보려고 한다.

Ⅱ. 이론적 논의

1. 기존의 주요 이론들

여기서는 이 연구에서 다룰 주요 이론들의 간략한 소개와 그에 대한 기존의 연구들을 살펴보기로 하겠다.

첫째, 차별접촉/사회학습이론은 Sutherland(1947)에 기초하는 이론으로, 비행은 주위 환경으로부터 학습한다는 것에 주목한다. 차별접촉이론에서는 비행친구와의 접촉을 비행의 중요한 원인으로 꼽는다. 즉 어떤 청소년이 일반친구보다 비행친구와 더 접촉하게 될 경우 그 아이는 다른 아이들보다 법위반에 호의적인 태도를 더욱 학습하게 되어 비행을 저지른다는 것이다. 그리고 결국 차별접촉이론에서는 법위반에 호의적인 태도학습이 비행의 궁극적인 설명요인임을 강조하였다. 차별접촉이론은 이후 연구들에서 많은 지지를 받아 왔다(Matsueda, 1982; Jackson et al., 1986; Matsueda and Heimer, 1987).

둘째, Hirschi(1969)의 사회통제이론은 왜 어떤 사람이 비행을 저지르는가보다 왜 많은 사람들이 비행을 안 하는가의 질문을 던지고 그 해답을 사회유대에서 찾았다. 즉 많은 사회구성원은 사회 유대를 형성하고 있기 때문에 비행을 안 하지만, 그렇지 못한 사회유대가 낮은 청소년이 자신의 비행 동기를 통제하지 못하여 비행을 저지르는 것이라고 주장한다. Hirschi는 사회유대의 요소를 네 가지로 설명하였는데, 애착, 관여, 참여, 신념이 그것이며, 부모에 대한 애착이 높고, 학업에 관여를 하며, 참여를 하고, 사회의 도덕적 신념을 받아들이는 사람들은 비행을 안 하지만 그렇지 못한 사람들은 비행을 하게 된다고 주장한다. 기존 연구들에서 Hirschi의 이론은 어느 정도 지지를 받았다(Wiatrowski et al., 1981; Liska and Reed, 1985; Cernkovich and Giordano, 1992). 하지만 사회유대는 주로 덜 심각한 지위비행에 잘 적용되고 비행친구 등 차별접촉/사회학습요인들의 영향력에 비해 설명력이 낮다고 지적 받기도 한다(Matsueda and Heimer, 1987).

셋째는 억제이론으로, 앞서 사회통제이론은 주위 비공식사회와의 유대가 비행을 통제하며 그것이 주된 설명요인이라고 보았지만 억제이론은 공식 사법기관의 처벌을 강조한다. 고전주의 학파에 기반한 억제이론에 따르면 인간은 누구나 쾌락을 추구하고 고통을 피하려 한다고 가정한다. 따라서 누구나 쾌락이 있으면 비행을 할 잠정적 비행자이지만 처벌이 있르면 비행을 안 하게 될 것이라고 본다(Zimring and Hawkins, 1973; Gibbs,

1975). 억제이론은 이처럼 비행과 범죄의 원인을 처벌 여부와 강약에 주목하여, 처벌의 신속성, 확실성, 엄격성을 강조하였고, 특히 처벌의 확실성과 관련하여 처벌의 확실성을 높게 인지하는 사람들은 비행의 가능성이 적지만 그렇지 않은 사람들이 비행을 저지른다고 보았다(Waldo and Chiricos, 1972; Jensen et al., 1978). 그러나 그 이후의 그동안의 억제이론의 연구 및 주장들은 여러 면에서 비판을 받게 되었고 처벌의 확실성보다는 차별접촉/사회학습이론에서의 비행친구 혹은 비행에 갖는 호의적 태도나 사회통제이론의 사회유대의 요소들이 비행에 보다 밀접한 관련이 있는 설명요인이 된다고 밝혀(Tittle, 1980; Paternoster et al., 1983; Paternoster, 1989) 논쟁이 있었다.

넷째, Gottfredson과 Hirschi(1990)의 일반이론은 최근 들어 가장 주목받고 있는 이론 중 하나이다. 일반이론은 대부분의 비행이나 범죄가 즉각적인 만족을 위해 즉흥적이면서도 충동적으로 발생한다는 점에 주목하였고, 따라서 비행자와 정상인을 구분하는 특성도 순간만족과 충동성을 통제, 조절할 수 있는 능력으로서의 내적 성향 차이에 있다고 보았는데, 그것이 바로 자기통제력이라고 하였다. Gottfredson과 Hirschi는 그러한 내적 성향이 어릴 때 부모의 양육 방법에 의해 결정된다고 하면서, 지속적이고도 안정된 성향이어서 어릴 때 뿐만 아니라 청소년기의 비행에 주 설명 원인이 된다고 보았다. 이 이론에서는 자기통제력이 비행의 주요 설명요인이 되며 청소년 성장기의 차별접촉/사회학습이론이나 사회통제이론에서 강조되었던 비행친구와의 접촉이나 사회유대와 같은 요인들의 영향력을 부정하였는데, 즉 자기통제력을 통제할 경우 비행친구와의 접촉과 사회유대는 비행과 아무 관련 없는 허위관계가 된다고 주장하였다. 일반이론은 그동안의 연구에서 많은 지지를 받아 왔으며(Grasmick et al., 1993; Wood et al., 1993; Gibbs and Giever, 1995; 이성식, 2006a), 비록 자기통제력 이외에 비행친구와의 접촉, 사회유대 모두가 비행에 중요한 설명요인이 된다는 결과를 제시함으로써 많은 논란과 비판이 제기되어 왔지만(Paternoster and Brame, 1997; Baron, 2003; Chapple, 2005), 자기통제력은 비행친구 요인과 사회유대와 독립적으로 범죄와 비행의 주요 원인으로 작용한다는 결과가 제시되고도 있다(Nagin and Paternoster, 1993; Evans et al., 1997).

다섯째, Agnew(1992)로 대표되는 긴장이론에서는 성공에서의 좌절, 부모와의 부정적 관계, 학교 부적응, 친구와의 갈등 등 여러 일상긴장요인들이 부정적 감정을 일으키고 그것이 비행의 주요 원인이라고 본다(Agnew and White, 1992). 청소년비행 연구를 보면 긴장 중에서는 부모와의 갈등이 매우 중요한 요인이 되며, 아울러 친구와의 긴장과 갈등이 주요 요인이 된다는 결과도 제시된다(Agnew, 2001). 그동안의 긴장이론의 검증에서는 부정적 감정 중에서도 화나 분노가 중요하고 여러 비행 중에서도 폭력비행을 잘 설명하는 것으로 제시되고 있는데, 즉 일상긴장은 부정적 감정 중 화를 일으키고, 여러 유형 중에서도 폭력비행을 유발한다고 평가되고 있다(Mazerolle and Piquero, 1997). 하지만 긴장은 차별접촉/사회학습이론의 비행친구나 비행태도의 영향력보다는 작다는 연구결과가 있다(Piquero and Sealock, 2000).

2. 주요 이론의 요인들의 온라인비행 적용 가능성

앞서 주요 이론들의 논의가 사이버공간의 온라인비행에 적용된다면 그 설명력은 어떠할까? 이에 대해 살펴보기로 한다.

첫째, 사회학습 과정은 오프라인이나 온라인 모두 적용될 수 있다. 따라서 차별접촉/사회학습이론의 논의와 일치하게 사이버공간에서 비행친구와 자주 접촉한 청소년은 온라인비행을 더 저지를 수 있다. 그리고 비행친구와의 접촉을 통해 비행태도를 학습하게 될 경우 그것은 온라인비행을 설명할 때 중요한 요인이 될 수 있다(Skinner and Fream, 1997). 더구나 사이버공간에서는 비대면, 그리고 현실을 뛰어넘는 가상적 공간이라는 인식으로 비행이 나쁘지 않다고 믿는 경향이 많다. 그런데 컴퓨터에 혼자 앉아 사이버공간에 있게 되면 사적 자기의식이 높아져 평소 자신이 생각한대로의 소신과 태도대로 행동할 가능성이 높다는 주장이 있다(Matheson and Zanna, 1988; Joinson, 2003). 즉 차별접촉과정에 의해 비행태도가 형성되면 사이버공간에서는 그러한 태도로 행동할 가능성이 매우 높다는 것이다. 현실에서는 주위의 압력이나 영향으로 개인의 태도나 소신대로 행동하지 못하는 경우가 많지만 사이버공간에서는 상대적으로 태도와 행동이 일치할 가능성이 더 높을 수 있다. 즉 온라인비행에 갖는 태도는 중요한 설명요인라고 볼 수 있다(이성식, 2006c).

둘째, 사회통제이론에서 보면 비록 사이버공간에서도 사회유대의 중요성을 강조한 논의가 있긴 하지만(Williams, 2006), 오프라인의 현실과 비교해서 사회유대 작용은 사이버공간에서는 상대적으로 약할 수 있다. 사이버공간에 있게 되면 청소년들은 그동안 만큼은 현실과 다른 공간에 있다는 인식이 크다. 게임 등 가상공간에 있게 되면 그 안에서의 행동은 그것을 공유하는 타자에 의해 영향을 받을 수 있을지는 모르지만 현실에서의 부모나 주위 사람들의 영향에서 상대적으로 자유롭게 된다. 사이버공간에서는 사회규범이나 주위 사람들의 통제보다는 행위자 자신의 개인 가치와 판단이 더 작용한다고 볼 수 있는데, 이처럼 주위 사람과의 사회유대가 비행을 통제할 가능성은 현실에서는 어느 정도 작동할 수 있을지 모르지만 사이버공간에서는 낮을 수 있다. 즉 부모와의 애착이나 학교공부에의 관여 등 사회통제이론에서 강조되어 왔던 현실 기반 요인들의 비행에의 영향력은 현실에 비해 낮다고 볼 수 있다(이성식, 2006b). 그렇지만 사회유대의 요소로 도덕적 신념은 사이버공간에서의 비행을 통제할 수 있는 중요한 역할을 할 수 있다. 앞서 설명한대로 사이버공간에서는 개인이 내적 태도와 신념에 의해 행동할 가능성이 높기 때문이다. 차별접촉/사회학습이론에서의 비행태도와 사회통제이론의 도덕적 신념은 동전의 앞뒷면과 같은 것이어서 앞서 차별접촉/사회학습이론의 논의에서 비행에 대해 갖는 태도가 사이버공간에서의 비행을 잘 설명할 것으로 예측되듯이, 사회통제이론에서의 도덕적 신념은 온라인비행을 설명하는 중요한 요인이 될 수 있을 것이다.

셋째, 억제이론에서의 공식처벌의 영향력은 어떨까? 기존 현실비행 연구들에서 볼 때 처벌의 억제효과가 그다지 높지는 않았다. 그러나 최근에는 처벌 효과가 조건적이라는 주장이 있는데(Pogarsky, 2002), 즉 억제이론의 주장이 잠정적 범죄자를 가정하듯이, 처벌의 비행에 대한 영향력은 잠정적 비행자에게서 더 강하게 작용할 것이라는 주장이 있다. 즉 누구나가 잠정적 비행자가 아니라 사회구성원 중 일부만이 잠정적 비행자라고 한다면 처벌의 확실성 인지는 그들의 비행의지를 막는 데 기여할 것이라는 점이다. 하지만 잠정적 비행자가 아닌 평범한 청소년들은 처벌과 상관없이 법을 준수할 것이라는 점에서 그들에게는 처벌인지의 영향은 중요하지 않다. 이렇듯 처벌의 효과가 비행 가능성이 높은 청소년들에게서 더 높다고 볼 수 있다면 오프라인 현실과 비교해서 온라인비행의 경우는 처벌의 효과가 상대적으로 다소 강하게 작용할 가능성이 높다(이성식, 2008a). 온라인비행의 경우 익명성, 가상성, 가치규범의 부재 등으로 기회가 많거나 그것을 용인하는 사람들이 많아 현실보다 잠정적 비행자가 더 많다고 볼 수 있기 때문이다.

넷째, 일반이론은 어떠한 유형의 비행과 상관없이 낮은 자기통제력이 유일하고 중요한 원인이라고 보았기 때문에 그 이론대로라면 현실 오프라인비행뿐만 아니라 온라인비행에도 잘 적용될 수 있을 것이다. 그런데 오프라인 현실과 비교해 볼 때 오히려 낮은 자기통제력의 영향은 사이버공간에서 더 크게 작용할 수 있을지도 모른다. 최근 일반이론 논의에서는 낮은 자기통제력의 영향이 비행기회가 용이한 상황에서 잘 작동한다고 하는데(Longshore, 1998; LaGrange and Silverman, 1999; Hay and Forrest, 2008), 사이버공간은 비행을 저지르기가 훨씬 쉽고 용이하기 때문이다. 사이버공간에서는 큰 노력 없이도 한 번의 클릭만으로 비행을 쉽게 저지를 수 있다. 또한 사이버공간의 비대면과 익명의 특성으로 비행시 발각 가능성도 낮다. 따라서 온라인에서는 오프라인보다 비행기회가 더 많다고 볼 수 있으며, 낮은 자기통제력의 청소년은 비행기회가 더 많을 때 비행 가능성이 더 높다는 점에서 낮은 자기통제력의 사람들은 사이버공간에서 비행을 더 저지르기 쉽다고 볼 수 있다(Higgins, 2005; 이성식, 2005b, 2010a).

마지막으로 긴장이론에서의 긴장요인들은 현실에서 뿐만 아니라 온라인비행에서 더 잘 적용될 수 있다. 그 이유는 긴장을 경험할 때 비행으로 표출할 가능성은 현실보다도 사이버공간에서 더 높기 때문이다. 현실에서는 긴장으로 아무리 화가 나더라도 폭력으로 표출될 가능성은 상대적으로 낮다. 그것은 신체폭력의 경우 대면 상황에서 상대의 반격이나 처벌의 염려 등으로 망설이게 되고, 또 그것이 옳지 않고 나쁜 행동이라는 인식이 있을 경우 긴장을 경험한다고 해서 폭력으로 표출하지는 않을 것이기 때문이다. 그러나 사이버공간은 현실과는 달리 자유롭기 때문에 긴장이 쉽게 폭력으로 표출되기 쉽다. 사이버공간에서는 사회적 실재감이 낮고 상대와 비대면의 상황이기 때문에 탈억제되기 쉽고, 또 자신의 행위가 상대적으로 그렇게 나쁘다는 생각을 갖고 있지 않기 때문에 긴장을 경험하면 아무런 제약 없이 비행행위로 표출하기가 더 쉽다고 볼 수 있다. 이러한 이유에서 사이버공간에서는 긴장이 온라인비행으로 결과될 가능성은 크다고 볼 수 있다(이성식, 2006b; 홍영수, 김동기, 2011).

III. 연구가설과 방법

1. 연구가설

이 연구는 앞서 제시한 청소년비행에 관한 이론에서의 주요 요인을 현실 오프라인 및 온라인비행에 적용하여 그 영향력을 비교하고, 궁극적으로는 오프라인과 온라인비행의 원인이 차별적인지를 살펴보는 것에 주목한다.

앞서 논의를 근거로 할 때 이 연구는 다음과 같은 연구가설을 제시한다. 첫째, 차별접촉/사회학습이론에 근거하여 사이버공간에서의 비행친구와의 접촉과 온라인비행에 태도를 제시하게 될 때 비행친구와의 접촉의 영향력은 직접적이거나 혹은 비행태도에 의해 간접적인 영향력을 가질 것이며, 이때 비행친구와의 접촉의 영향력은 오프라인에서나 온라인에서 큰 차이가 없을 것이지만, 온라인에서는 소신과 태도대로 행동하여 태도와 행동의 일치 가능성이 더 높을 것이라는 점에서 비행태도의 영향력은 오프라인비행에서보다 온라인비행에서 더 강할 것이라고 예측한다.

가설 1-1: 비행친구의 수가 많을수록 비행을 더 할 것이며, 그 영향은 오프라인이나 온라인 비행에서 큰 차이가 없을 것이다.

가설 1-2: 비행에 용인하는 태도가 높을수록 비행을 더 할 것이며, 그 영향은 오프라인보다는 온라인비행에서 더 클 것이다.

둘째, 사회통제이론에서 볼 때에 본 연구는 부모와의 애착과 학업에의 관여에 주목하기로 하는데, 현실에서 부모, 학업변인의 비행에 영향력은 현실 오프라인에서는 어느 정도 작용할 것이지만 현실의 유대와 통제로부터 상대적으로 자유로운 온라인비행에서는 그 영향력이 작을 것이라고 본다.

가설 2-1: 부모와의 애착관계가 높을수록 비행은 덜 할 것이며, 그 영향은 온라인에서보다 오프라인비행에서 더 클 것이다.

가설 2-2: 학업에의 관여도가 높을수록 비행은 덜 할 것이며, 그 영향은 온라인에서보다 오프라인비행에서 더 클 것이다.

셋째, 본 연구에서는 억제이론의 설명요인으로 공식처벌의 인지도를 사용하기로 하는데, 그 영향력은 기존 오프라인비행연구에서 차별접촉이나 사회유대요인들이 통제될 때 낮았다는 점에서 오프라인비행에서는 작을 것으로 예측된다. 하지만 그 영향력은 잠정적 비행자에게 더 강하여 조건적일 수 있다는 논의에 근거해 볼 때 그것을 용인하거나 비행기회가 많은 등 잠정적 비행자가 많다고 여겨지는 온라인비행에서는 더 클 것이라고 예측한다.

가설 3: 공식처벌인지도가 높을수록 비행은 덜 할 것이며, 그 영향은 오프라인비행보다는

온라인비행에서 더 클 것이다

일반이론에서 제시하는 개인성향인 낮은 자기통제력의 경우 오프라인과 온라인비행 모두에서 주요 원인으로 작용하겠지만 그 영향력이 비행기회가 높을 때 더 크게 작동한다는 주장에서 본다면 오프라인비행보다는 상대적으로 비행기회가 용이한 온라인비행에서 그 영향력이 클 것으로 기대한다.

가설 4: 자기통제력이 낮을수록 비행을 더 할 것이며, 그 영향은 오프라인과 온라인비행에서 모두 중요할 것이지만 오프라인보다는 온라인비행에서 더 클 것이다.

마지막으로 긴장이론에 근거해서는 청소년들의 주 생활 영역에서의 가정과 학교에서의 긴장, 즉 부모와의 긴장과 학교생활에서의 긴장을 다루기로 한다. 그런데 앞서 사회통제이론에 근거한 가설에서와 같이 그러한 가정과 학교의 현실의 영역이 사이버공간에 미치는 영향이 크지는 않을 것이지만 그럼에도 앞서 논의에서 살펴 본대로 긴장이 비행으로 표출될 가능성은 오프라인보다는 온라인에서 더 강할 것으로 본다.

가설 5-1: 부모와의 긴장이 클수록 비행을 더 할 것이며, 그 영향은 상대적으로 오프라인보다는 온라인비행에서 더 클 것이다.

가설 5-2: 학교에서의 긴장이 클수록 비행을 더 할 것이며, 그 영향은 상대적으로 오프라인보다는 온라인비행에서 더 클 것이다.

2. 연구방법

이 연구를 위해 2008년도 서울시에서 재학중인 중학생을 대상으로 설문조사한 자료를 사용하기로 한다. 청소년비행의 주 연구대상 연령층은 과거에 비해 점차 낮아지고 있고, 인터넷이용에서 중학생이 주 이용층이라는 점에서 본 연구는 중학생을 연구대상으로 하였다. 조사는 서울시 중학생을 대상으로 하였는데, 조사를 위해 서울시 중학교 목록에서 무작위로 일곱 개의 중학교를 선정하였고 선정된 학교별로 1, 2, 3학년의 한 학급씩을 무작위로 선정하고 학급생 전원을 조사하도록 하여 학교별로 100여 명씩을 조사하는 계획을 세웠다. 이러한 과정에서 총 718명의 설문이 회수되었고, 불성실한 응답을 제외한 715명이 최종 대상자가 된다.

이 조사에서는 독립변인으로서 차별접촉/사회학습요인으로 비행친구와의 접촉은 친하게 지내는 친구 중 현실 오프라인에서 그리고 온라인에서 비행을 저지른 친구가 있는지를 각각 질문하여 '없다', '1명', '2-3명', '4-10명', '11명 이상'으로 나누고 0부터 4점까지 점수를 부여하였다. 아울러 비행태도도 오프라인비행과 온라인비행을 나쁘지 않다고 생각하는지를 각각 한 문항씩을 묻고 "전혀 나쁘지 않다"에서 "매우 나쁘다"에 이르는 5점 척도에 응답하도록 하였고 최종적으로는 역으로 코딩하였다.

사회통제이론에서의 부모와의 애착은 Hirschi가 제시한 애정, 대화, 동일시의 항목대로 "나는 부모님이 좋다", "나는 부모님과 대화를 많이 나눈다", "나는 장래에 부모님과 같은 사람이 되고 싶다"의 세 문항에 대해 "전혀 그렇지 않다"에서 "매우 그렇다"에 이르는 5점 척도에 응답하도록 하였고(alpha=.800), 학업에의 관여는 "나는 공부를 열심히 한다", "나는 공부를 잘하는 편이다", "학교공부를 잘하는 것은 나에게 중요한 일이다"의 세 문항을 사용하고 5점 척도에 응답하도록 하였다(alpha=736).

억제이론의 공식처벌의 인지도는 처벌의 확실성을 중심으로 하여 오프라인 및 온라인비행에 각각 발각되어 처벌을 받을 가능성을 질문하고 5점 척도에 응답하도록 하였다.

낮은 자기통제력은 기존의 연구에 의거하여(Grasmick et al., 1993), 충동성, 위험추구성, 단순작업추구성, 활동성, 이기성, 화기질 등 여섯 특성에 대해 두 문항씩의 질문을 하였는데, 예컨대 "나는 충동적으로 행동하는 경우가 많다"와 같은 총 열 두개의 질문에 "전혀 그렇지 않다"에서 "매우 그렇다"에 이르는 5점 척도에 응답하도록 하였다(alpha=.816).

긴장이론의 요인들로 부모와의 긴장은 "나는 부모님과 갈등이 심하다", "나는 부모님과 의견충돌이 많다", "나는 부모님과 대화가 안 통한다"의 세 문항을(alpha=.892), 학교에서의 긴장은 "나는 학교에 잘 적응 못한다", "나는 학교가기가 싫다", "나는 대학입시에 대한 부담감이 있다"의 세 문항을(alpha=.693) 사용하고 5점 척도에 응답하도록 하였다.

종속변인으로 다룰 오프라인과 온라인비행을 위해 각각 여섯 개의 비행 항목에서 비행 경험 횟수를 질문하였는데, 오프라인비행의 경우는 1) 흡연, 음주, 미성년불가 업소출입 등의 지위비행 2) 절도, 3) 강도, 4) 폭행, 5) 성희롱, 이성과의 성관계, 강간의 성비행, 6) 약물 등 여섯 개 항목의 경험을, 온라인비행의 경우는 1) 욕설, 명예훼손, 허위사실유포, 2) 성희롱, 스토킹, 음란사이트접속, 3) 아이디/주민번호도용 및 게임아이템 절도, 4) 해킹/바이러스유포/스팸메일발송, 5) 사기, 6) 저작권침해 등 여섯 개의 문항을 사용하였다. 각 여섯 개 비행문항에서의 횟수는 '없다', '1회', '2-3회', '4-10회', '11회 이상'으로 다시 나누고 0부터 4점까지 점수를 부여하였고, 최종적으로 여섯 개씩의 문항을 합산하여 사용하기로 하였다. 비행은 가벼운 비행에서부터 심각한 비행이 있어 그것을 구분하여 살펴보는 것도 바람직하지만 여러 유형의 비행 경험을 함께 고려하기 위한 방법으로 이 문항들을 합산하도록 하였다. 이때 각 문항에서 원래대로의 횟수를 값으로 하여 합산할 경우 전체비행에서 빈도가 많은 일부 비행 문항 값이 차지하는 비중이 높아지는 문제가 있고, 또 각 문항에서 '없다'와 '있다'만을 고려할 경우 그 합산값은 비행 빈도보다는 다양성 위주로 측정할 수 있기 때문에 이러한 문제들을 보완하고자 위와 같은 방식으로 각기 0점부터 4점까지로 나누고 이를 합산하는 방식을 선택하였다. 최종 합산값은 많은 응답자가 비행 경험이 없는 이유로 좌측으로 편향된 관계로 그것을 로그화하여 사용하기로 하였다. 사회인구학적 통제변인으로 성은 여자(=0)와 남자(=1)를, 연령은 태어난 연도를 묻고 연령으로 재부호화를 하였다.

IV. 분석결과

<표 1>은 이 연구의 주요 변인들에 대한 기술통계분석의 결과를 제시한다. 먼저 조사 대상자의 사회배경적 특성을 보면 성별의 경우 남학생이 364명으로 50.9%를, 여학생이 336명으로 47.0%를 차지해 성별분포는 남자가 약간 많은 것으로 나타났다. 조사대상자의 연령은 12-16세 범위에서 평균은 13.881이었다.

비행친구와의 접촉의 경우 현실 오프라인의 비행친구 수는 0-4범위에서 .593인 반면, 온라인에서의 비행친구 평균값은 .964로 더 높았다. 오프라인비행태도는 1-5범위에서 1.693로 비행에 부정적인 태도를 갖는 것으로 나타났고, 온라인비행태도는 1.894로 오프라인보다는 다소 더 허용하는 것으로 나타났지만 그 점수 역시 매우 낮았다. 사회유대요인들로 부모와의 애착은 3-15범위에서 평균값이 11.1257로 응답자들이 부모에 대해 애착을 갖는 것으로 나타났고, 학업에의 관여도는 3-15범위에서 8.887로 약간 낮은 것으로 제시되었다. 오프라인에서의 공식처벌인지도는 1-5범위에서 3.933으로 높았고, 온라인에서는 3.728로 다소 더 낮았다. 낮은 자기통제력은 12-60범위에서 평균값이 33.332로

<표 1> 주요 변인들에 대한 기술통계분석결과

		명	%	평균	표준편차	범위
성별	남성	364	50.9			
	여성	336	47.0			
	무응답	15	2.1			
연령				13.881	.962	12-16
비행친구 접촉	오프라인			.593	1.092	0-4
	온라인			.964	1.363	0-4
비행태도	오프라인			1.693	.899	1-5
	온라인			1.894	1.016	1-5
부모애착				11.157	2.927	3-15
학업관여				8.887	2.791	3-15
공식처벌인지	오프라인			3.933	1.151	1-5
	온라인			3.728	1.211	1-5
낮은 자기통제력				33.332	8.907	12-60
부모긴장				7.418	3.261	3-15
학교긴장				7.448	2.889	3-15
비행	오프라인			.603	.782	0-3.041
	온라인			1.092	.904	0-3.143

응답자들은 평균적으로 자기통제력이 높은 것으로 나타났고, 긴장요인으로 부모와의 긴장은 3-15범위에서 7.418로 점수가 낮았고, 학교에서의 긴장도 7.448로 긴장점수들은 전체적으로 낮게 제시되었다. 종속변인으로 비행은 로그화한 최종 평균값에서 오프라인비행은 .603이었고, 온라인비행은 1.092로 점수가 더 높았다.

본 연구의 연구가설들을 검증하기 위해 오프라인 및 온라인비행을 종속변인으로 하는 다중회귀분석을 실시하기로 한다. 이에 앞서 우선 성과 연령의 배경변인을 독립변인으로 한 첫 번째 모형(1)의 분석결과를 보면 <표 2-1>의 오프라인비행의 경우 남성이 $p<.05$ 수준에서 더 비행을 저지른 것으로 나타났고, 연령에 따른 비행의 차이는 유의미하지 않았으며, <표 2-2>의 온라인비행의 경우도 남성이 $p<.001$ 수준에서 매우 높게 더 비행을 저지른 것으로 나타났고, 연령 차이는 없었다. 전통적으로 여성보다는 남성이 더 비행을 저지르지만 사이버공간에서는 남녀의 차이가 크지 않아 온라인비행에서는 차이가 줄어들 수도 있다고 예측할 수 있지만 본 연구결과는 오히려 온라인비행에서 남녀 차이가 더 큰 것을 제시하였다.

본 연구에서 제시한 다섯 이론별로 주요 요인들을 오프라인 및 온라인비행에 적용한

<표 2-1> 주요 이론별 요인들의 오프라인비행에 대한 다중회귀분석결과

	종속변인											
	비행											
	(1)		(2)		(3)		(4)		(5)		(6)	
독립변인	b	β	b	β	b	β	b	β	b	β	b	β
남성	.153*	.098	.144*	.091	.132*	.085	.152*	.097	.183**	.117	.164**	.107
연령	-.014	-.017	-.024	-.030	-.026	-.033	-.017	-.021	-.010	-.013	-.014	-.017
비행친구			.297***	.414								
비행태도			.107**	.122								
부모애착					-.020	-.074						
학업관여					-.027*	-.098						
처벌인지							.028	.042				
낮은 자기통제력									.022***	.258		
부모긴장											.033**	.139
학교긴장											.004	.015
R제곱	.010		.214		.029		.011		.074		.030	
F값	3.462*		42.620***		4.963**		2.566		17.707***		5.329***	
R제곱차			.204		.019		.001		.064		.020	

* p<.05; ** p<.01; *** p<.001

연구결과를 보면 우선 차별접촉/사회학습요인들의 영향력을 살펴본 두 번째 연구모형 (2)의 분석결과에서 보듯이 비행친구 수는 오프라인과 온라인비행 모두에서 p<.001 수준에서 강한 영향력을 갖는 것으로 나타나 본 연구의 가설 1-1을 지지하는 것을 알 수 있다. 하지만 본 연구에서 예측한 가설 1-2와는 달리 비행태도의 영향력에서 보면 오프라인비행에서는 p<.01 수준에서 유의미하여 비행에 호의적 태도를 갖는 청소년이 오프라인비행을 더 하는 것으로 나타났지만, 온라인비행태도와 온라인비행의 관계는 유의미하지 않은 것으로 나타났다.

사회통제이론에서의 사회유대요인으로 부모와의 애착과 학업에의 관여의 영향력을 살펴보면 세 번째 연구모형(3)에 제시되어 있다. 그 결과는 오프라인과 온라인비행 모두에서 부모와의 애착의 영향력은 유의미하지 않아 오프라인에서는 더 크게 작용할 것이라는 가설 2-1을 지지하지 못하였다. 그대신 학업에의 관여는 유의미하다고 나타났는데, 하지만 학업에의 관여의 영향은 그 부호가 오프라인과 온라인에서 정반대의 상반되

<표 2-2> 주요 이론별 요인들의 온라인비행에 대한 다중회귀분석결과

	종속변인											
	비행											
	(1)		(2)		(3)		(4)		(5)		(6)	
독립변인	b	β	b	β	b	β	b	β	b	β	b	β
남성	.287***	.068	.102	.058	.301***	.167	.304****	.168	.318***	.175	.311***	.172
연령	.039	.035	.062	.068	.056	.060	.037	.039	.028	.030	.042	.045
비행친구			.324***	.499								
비행태도			.041	.046								
부모애착					-.024	-.078						
학업관여					.034**	.106						
처벌인지							.063*	.084				
낮은자기통제력									.028***	.279		
부모긴장											.025*	.091
학교긴장											.037*	.117
R제곱	.027		.274		.041		.035		.101		.057	
F값	9.400***		57.338***		7.158***		8.217***		24.482***		10.050***	
R제곱값			.247		.014		.008		.074		.030	

* p〈.05; ** p〈.01; *** p〈.001

는 결과를 제시하였다. 즉 오프라인비행의 경우는 사회통제이론의 논의대로 학업에 관여가 높은 청소년이 $p<.05$ 수준에서 비행을 덜 저지르지만, 온라인비행의 경우는 학업에 관여하는 청소년이 $p<.01$ 수준에서 비행을 더 저지른다고 나타났다. 이 결과는 본 연구의 가설 2-2대로 현실에서 사회유대가 오프라인비행을 통제하지만 온라인에서는 그렇지 못할 것이라는 예측을 어느 정도 지지하지만 온라인의 경우 오히려 학업 관여가 정(+)적 방향을 제시하였는데, 이는 학업에 열심히인 학생들이 이따금 사이버공간에서 학업스트레스를 해소하고자 비행을 저지른다고 해석할 수 있다.

억제이론에서의 처벌의 인지도의 영향을 보면 네 번째 연구모형(4)의 결과에서 알 수 있듯이 오프라인비행의 경우 기존의 연구결과처럼 그 영향은 유의미하지 않아 낮은 것으로 나타났다. 하지만 온라인비행의 경우 가설 3의 예측대로 처벌의 인지도의 영향력이 나타났는데 하지만 그 영향력은 본 연구의 예측 방향과 반대로 정(+)적으로 $p<.05$ 수준에서 유의미하였다. 이는 처벌의 확실성을 인지하는 청소년이 오히려 더 온라인비

행을 더 저지르는 것을 알 수 있다.

일반이론에서 제시한 낮은 자기통제력의 영향력을 살펴보면 다섯 번째 연구모형(5)의 결과에서 알 수 있듯이 일반이론의 논의대로 낮은 자기통제력은 오프라인과 온라인에 구분없이 p<.001 수준에서 매우 높은 영향력을 갖는 것으로 나타났다. 여기에서는 그 영향력이 오프라인보다는 온라인에서 더 클 것으로 예측하였지만 그 가설 4의 예측과는 달리 모두에서 그 영향력이 강해, 즉 낮은 자기통제력의 청소년이 오프라인 및 온라인비행을 저지르게 된다고 제시한다.

긴장이론에서의 부모와의 긴장과 학교에서의 긴장의 영향력은 여섯 번째 연구모형(6)에 제시된다. 그 결과는 오프라인비행의 경우 부모와의 긴장이 p<.01 수준에서 유의미해 긴장이론을 지지하였지만 학교긴장의 영향력은 유의미하지 않았다. 하지만 온라인비행의 경우 부모와의 긴장과 학교에서의 긴장이 모두 p<.05 수준에서 유의미하였다. 본 연구에서는 긴장요인들이 오프라인보다는 온라인비행에서 더 클 것이라고 예측하였는데 부모긴장은 큰 차이가 없어 가설 5-1을 지지하지 못하였지만 학교긴장의 경우 본 연구의 가설 5-2의 예측을 지지하였다. 앞서 학업 관여의 영향력 결과에서도 알 수 있었듯이 온라인비행은 학업스트레스의 긴장해소가 하나의 주요 원인임을 제시하고 있다.

각 모형별로 오프라인비행의 경우와 온라인비행의 경우에서 R제곱량을 통해 각 이론의 요인들의 설명력을 비교해 보면 차별접촉/사회학습요인의 비행친구와 비행태도의 설명력은 모형(2)의 설명력과 모형(1)의 설명력의 차로 오프라인비행의 경우는 .204인 반면, 온라인비행의 경우는 .247로 온라인비행에서의 설명량이 더 많은 것으로 나타났다. 마찬가지 방법으로 사회통제이론의 부모애착과 학업관여의 설명량은 오프라인의 경우는 .019이었으나 온라인의 경우는 .014로 본 연구의 예측대로 온라인보다는 오프라인비행에서 그 설명력이 더 컸으며, 억제이론의 처벌인지도의 경우 오프라인에서는 .001로 매우 낮았고, 온라인비행에서는 .008로 온라인비행에서 그 설명력이 상대적으로 더 커 본 연구의 예측을 지지하는 듯 하였지만 그 방향이 정(+)적이어서 예측과 달랐다. 일반이론의 낮은 자기통제력의 경우 오프라인비행에서는 .064, 온라인비행에서는 .074로 온라인에서 설명력이 더 클 것이라는 가설을 지지하였으며, 긴장이론의 부모긴장과 학교긴장의 경우도 오프라인비행에서는 .020, 온라인비행에서는 .030으로 본 연구의 예측대로 온라인비행에서 그 설명력이 더 컸다.

마지막으로 <표 3>은 독립변인들로 다루는 모든 변인을 함께 고려한 다중회귀분석

<표 3> 주요 이론 요인들의 오프라인 및 온라인비행에 대한 다중회귀분석결과

	종속변인			
	오프라인비행		온라인비행	
독립변인	b	β	b	β
남성	.161**	.103	.159*	.090
연령	-.029	-.036	.062	.069
비행친구	.263***	.368	.293***	.453
비행태도	.082*	.094	.037	.041
부모애착	.000	.001	-.001	-.002
학업관여	-.023*	-.082	.016	.050
처벌인지	-.024	-.036	.026	.034
낮은 자기통제력	.017***	.187	.022***	.214
부모긴장	.007	.029	.002	.008
학교긴장	-.002	-.009	.006	.021
R제곱	.244		.310	
F값	18.522***		24.895***	

* p<.05; ** p<.01; *** p<.001

결과를 제시한다. 결과를 보면 오프라인비행의 경우 비행친구 수의 설명력이 $p<.001$ 수준에서 유의미하였고 베타값도 .368로 가장 높아 가장 큰 설명력을 갖는 것으로 나타났고, 온라인비행의 경우에서도 그 유의미 정도가 $p<.001$ 수준에서 유의미하였고 베타값도 .453으로 가장 중요한 요인임을 제시하였다. 그 다음으로 중요한 요인은 오프라인이나 온라인의 경우 낮은 자기통제력이 $p<.001$ 수준에서 유의미한 영향력을 가졌고 베타값은 각각 .187, .214로 나타났다. 오프라인과 온라인비행에서 서로 다른 점은 온라인에서는 그와 같이 비행친구의 수와 낮은 자기통제력만이 중요하였지만, 오프라인의 경우는 그 외에도 비행태도가 $p<.05$ 수준에서 유의미하였고, 또한 사회통제이론의 학업관여가 $p<.05$ 수준에서 유의미하다고 제시되어 차이를 보였다. 한편 앞서 <표 2-1>과 <표 2-2>분석에서는 긴장요인들의 설명력이 유의미하였지만 여기서는 유의미하지 않아 그 요인들이 비행친구와의 접촉 등에 의해 매개된다고 볼 수 있었으며, 온라인에서 학업관여와 처벌인지도의 직접적 영향력도 마찬가지 이유로 비행친구 등 다른 요인들에 의해 매개되어 유의미하지 않게 된 것으로 보인다.

전체적으로 보면 R제곱값이 오프라인에서는 .244이었던 반면, 온라인비행의 경우 설명량이 .310으로 오히려 더 높았다. 즉 온라인비행의 경우 기존 비행이론들을 적용하여 설명함에 있어 큰 문제가 없고 오히려 더 유용한 것을 제시하였지만 그럼에도 비행친구수와 낮은 자기통제력만이 유의미해 그 변인수는 적어 보완적 설명이 필요함을 제시하였다.

V. 결론

이 연구는 사이버범죄와 비행의 등장으로 그것의 원인을 다루려는 연구의 일환으로 청소년을 대상으로 기존 비행이론들을 적용함에 있어 그 이론에서의 주요 요인들을 오프라인 및 온라인비행 모두에 적용하고 비교하여 그 원인이 차별적인지를 살펴보려는 것에 주목하였었다.

본 연구에서는 차별접촉/사회학습이론의 비행친구와의 차별접촉과 일반이론에서의 낮은 자기통제력이 오프라인 및 온라인비행에 있어 모두에서 가장 중요한 설명요인임을 제시하였다. 이러한 결과는 본 연구의 가설 1-1과 가설 4에서 어느 정도 예측한 가설을 지지하는 것이다. 이러한 결과는 낮은 자기통제력만이 중요할 것이라는 일반이론의 주장과는 다르지만 낮은 자기통제력과 비행친구의 영향이 모두 중요하다는 기존 연구결과들과(Baron, 2003; Chapple, 2005) 일치하는 것이며, 이는 사이버 온라인비행에서도 해당되어 기존 오프라인 연구결과와 마찬가지로 중요 요인이 된다는 것을 제시하고 있다.

그 외에 본 연구에서는 사회유대요인들은 오프라인비행에서, 그리고 긴장요인들은 온라인비행에서 더 강한 영향력을 가질 것이라고 예측하였는데, 비록 <표 3>에서는 비행친구 및 낮은 자기통제력의 영향으로 그 요인들의 직접적 영향력은 크지 않은 것으로 나타났지만, 학업관여의 유대요인은 오프라인비행에서 직접적으로도 유의미한 것으로 나타났고, 이론별 요인의 영향력을 살펴본 <표 2-1>과 <표 2-2>에서도 그러한 사회유대 및 긴장요인의 영향력에 관한 가설들이 어느 정도 지지되는 것으로 제시되었다. 특히 본 연구에서는 청소년들의 학업스트레스 해소가 동기가 되어 온라인비행을 저지른다는 것을 알 수 있었다.

하지만 본 연구의 예측과 달랐던 점은 비행태도가 오히려 오프라인비행에서 더 유의미하였다는 점이었다. 이는 비행태도 문항들을 충분히 고려하지 못한 측정 문제였을 수도 있지만 비행태도를 사회통제이론의 도덕적 신념의 동전의 앞뒷면으로 바라본다면 이는 사회통제이론의 요인들이 온라인보다는 오프라인비행에서 더 설명력이 크다는 것을 말해주는 결과라고도 볼 수 있을 것이다. 또 다른 한편으로 본 연구의 예측과 달랐던 결과는 비록 처벌의 영향력은 기존 논의들과 일치하게 오프라인비행에서는 그 영향력이 낮게 제시되었지만 온라인비행의 경우는 억제이론의 논의 및 본 연구에서의 예측과 달리 처벌의 인지도의 영향력이 오히려 정(+)적으로 유의미하게 나타났다. 이는 횡단적 연구조사의 한계로 파악되는데, 개인성향이나 사회환경 요인들의 실증주의 범죄학이론의 요인들은 어느 정도 안정적이고 지속적이어서 횡단적 연구로도 분석이 가능하지만 고전주의의 처벌의 인지도의 경우는 그때그때의 외부상황에 따라 달라지는 것이어서 분석과정에서 인과관계에 주의할 필요가 있다. 즉 비행을 지난 일 년간의 경험으로 파악한 본 연구결과는 비행 시점이 더 앞서는 관계로 이 결과는 오히려 온라인비행을 저지른 청소년들이 처벌 확실성을 더 인지하는 것이 아닌가 해석할 수 있다. 하지만 전체적으로 볼 때 <표 3>에서 보았듯이 다른 이론들의 요인보다 처벌인지도의 영향력은 다른 이론들에서의 요인보다 매우 낮은 것으로 파악되었다.

본 연구결과는 사이버 온라인비행의 경우 비행친구의 영향과 낮은 자기통제력이 영향이 강하였다는 점에서 그것이 다소 우발적이고 역동적인 과정에서 발생하는 것이라고 이해할 수 있었다. 낮은 자기통제력이 원인이 된다는 것은 사이버비행이 우발적이고도 충동적으로 일어난다는 것이며, 이는 익명의 상황에서 탈억제되기 쉽다는 논의(Postmes and Spears, 1998)와도 연관될 수 있다. 아울러 차별접촉이론대로라면 비행친구의 영향력은 비행태도에 의해 매개되어야 하지만 그 영향이 직접적이라는 것은 집단역학 과정으로 이해할 수 있다. 이 결과는 사회정체성이론(social identity model of deindividuation)의 논의에서처럼(Reicher et al., 1995), 사이버공간의 익명 상황에서는 자기존재의 정체성을 상실하고 오히려 집단상황적 작용이 크고 집단규범에 동조하게 된다는 주장과도 어느 정도 일치한다고 볼 수 있다.

온라인 사이버비행은 앞으로 지속적 증가하고 주요 사회문제의 하나가 될 수 있는 바 그 원인을 모색하려는 연구가 더 다양하게 이루어지고 그 원인을 규명하고 대책을 강구해야 할 필요가 있다. 본 연구에서는 몇몇 기존 이론들에만 주목하였다는 점과 횡단적 조사자료를 사용하였다는 점에서 한계가 있다. 따라서 앞으로는 좀 더 다양한 원인들을 찾아내고 그 영향력을 종단적 자료 등을 통해 검증하는 작업을 기대해 본다.

사이버공간의 가상성 인식과 사회유대와 사이버범죄와의 조건적 관계

I. 서론

그동안 국내에서는 사이버범죄의 원인을 모색하려는 노력이 있어 왔다(이성식, 2011a). 기존 연구들은 주로 기존 범죄이론을 적용하는 것에 주목해왔는데, 이 연구는 그 중 Hirschi(1969)의 사회통제이론을 적용해 보려고 한다. 사실 사회통제이론은 사이버비행이나 범죄를 설명함에 있어서 그렇게 주목받아왔던 이론은 아니다. 왜냐하면 사회통제이론에서 강조하는 설명 원인으로 사회유대는 현실에서의 범죄를 잘 설명할 수 있을지는 몰라도 사이버공간까지 적용하기는 힘들 수 있기 때문이다(이성식, 2006b).

실제로 부모와의 애착과 통제가 현실과 다른 사이버공간에서의 범죄를 통제하거나 범죄 여하를 설명하기에는 부족할 수 있다. 하지만 사회유대가 사이버범죄를 설명하지 못하는 것은 일부 구성원에게만 그럴 가능성이 높다. 사회유대가 사이버범죄를 잘 통제하지 못하거나 설명하지 못할 것이라는 이유는 그것이 현실에는 잘 적용될 수 있을지 몰라도 사이버공간은 현실과 다르다는 전제하인데, 그런데 사이버공간이 현실과 다른 공간인지 아니면 현실의 연장선으로서 유사할 것인지는 사용자의 행위 패턴이나 인식에 따라 그 영향은 다를 것이기 때문이다. 즉 그것이 현실과 다른 가상공간이라 인식하는 사람에게만 사회유대가 사이버범죄를 설명하는 데 한계가 있지 그렇지 않은 현실의 연장선이라 보는 사람에게 사회유대는 어느 정도 설명력이 있다고 볼 수 있다.

이 연구에서는 이처럼 사회통제이론의 사회유대를 사이버범죄에 적용해 봄에 있어 그 영향이 과연 사이버공간이 가상공간 인지의 인식 차이에 따라 다른지의 그 조건적 관계를 경험적으로 검증해 보는 것에 주목한다. 그런데 앞서 설명한대로 사회유대의 사이버범죄의 영향은 사이버공간이 가상적이지 않고 현실의 연장선이라는 보는 사람에 한해서만 존재한다고 볼 수 있지만, 그 반대의 가설도 가능하다. 사회통제이론은 사회유대를 범죄의 원인으로 제시함에 있어 사람들은 누구나 범죄를 저지른다고 가정하고 그것을 통제하는 사회유대가 중요하다고 보았듯이 사람들이 범죄 가능성이 높다는 것을 가정하였는데, 사이버공간이 현실과 달리 가상적이라는 인식이 높은 사람이 범죄 가능성이 높기 때문에 사회유대는 오히려 사이버공간이 가상적이라고 인식하는 사람에게서 그 영향이 더 높을 수 있다. 즉 사이버공간이 가상적이라 생각하는 사람일수록 규범에 얽매이지 않고 죄책감없이 행동할 가능성이 높은데 그들이 사회유대마저 낮을 때 범죄 가능성이 높다고 볼 수 있다.

이처럼 이 연구는 일상적인 사회유대가 사이버범죄를 잘 설명하는지가 사이버공간에 대한 가상성 인식에 따라 다르다는 그 조건적 관계를 살펴봄에 있어 대립되는 두 가설을 검증하려고 한다. 그 하나는 가상성 인식이 낮을 때 사회유대와 사이버범죄의 관계가 클 것이라는 것이고, 다른 하나는 오히려 가상성 인식이 높을 때 그 관계가 클 것이라는 가설을 검증해보려고 한다. 이와 같은 상반된 대립가설을 검증하고 이를 통한 이론적 혹은 정책적 함의를 찾아보려고 하는 것이 연구의 목적이 된다.

Ⅱ. 이론적 논의

1. 사회통제이론과 기존 연구

Hirschi(1969)의 사회통제이론은 가장 대표적인 비행 및 범죄에 관한 이론이다. 이 이론은 비행 및 범죄의 원인을 찾으려는 기존의 이론들과는 사뭇 다른 관점을 가져 왜 어떤 사람이 범죄를 저지르는가보다는 왜 많은 사람들이 범죄를 안 하는가의 질문을 던지고 그 해답을 구하려고 하였다. Hirschi에 따르면 사람들은 모두 누구나가 범죄동기를 갖는다고 보았고, 따라서 범죄동기는 범죄의 설명요인이 될 수 없다고 보았다. 그의 관심은 그럼에도 왜 많은 사람들이 법을 지키는지 그 통제기제는 무엇인지에 있었다. Hirschi는 사회가 인습적이라고 보아 그 통제기제가 사회유대라고 주장하였고 그것이 범죄의 설명요인이 된다고 보았다. 즉 사회유대를 가질수록 범죄동기는 통제되며, 범죄를 안 하지만, 그렇지 못한 사회유대가 낮은 사람은 자신의 범죄동기를 통제하지 못하여 범죄를 저지르는 것이라고 주장한다.

Hirschi는 사회유대 요소를 네 가지로 설명하였는데, 애착, 관여, 참여, 신념이 그것이며, 사회에 애착이 높고, 관여를 하며, 참여를 하고, 사회의 도덕적 신념을 받아들이는 사람들은 범죄를 안 하지만 그렇지 못한 사람들은 범죄를 하게 된다고 주장한다. 사회통제이론은 주로 청소년비행과 연관하여 다루어졌는데, 애착은 부모, 선생, 친구 등 주위의 중요한 사람들과 맺는 애정적 결속관계를 말하고, 관여는 청소년들이 학업 및 학교공부에 얼마나 열심이며 중요하게 생각하는가를, 참여는 학업 및 인습적인 사회활동에 얼마나 많은 시간을 할애하는가를, 그리고 신념은 사회의 도덕적이고 인습적인 가치를 얼마나 받아들이고 있는가를 말한다.

기존의 연구에서는 애착 중에서는 부모와의 애착이 가장 중요한 요인의 하나로 밝혀지고 있어 부모를 사랑하고, 부모와 자주 대화를 하는 아이들이 비행을 할 가능성이 낮다는 결과를 제시하였지만(Cernkovich and Giordano, 1987), 선생님과의 애착이나 친구와의 애착은 비행과 관련이 없거나 미약한 관계만을 가지며 친구와의 애착은 오히려 비행과 정(+)적 관계를 갖는다는 연구결과가 있다 . 관여는 또 다른 주요 설명요인으로 주로 학교공부에의 관여를 중심으로 연구되어 왔는데, 학교공부에의 관여는 비행을 설명함에 있어 매우 중요한 요인이 된다는 것을 제시하고 있다(Cernkovich and Giordano, 1992). 참여는 관여와 큰 구분 없이 사용되고 있는데, 학교공부나 과외활동, 취미나 여가활동 등에 많은 시간을 보내는 아이들은 그만큼 그 일에 관여한다고 볼 수 있기 때문이다(Krohn and Massey, 1980). 아울러 사회의 도덕신념을 잘 받아들이는 아이는 비행의 가능성이 낮지만 그렇지 않은 청소년들은 비행 가능성이 높으며, Hirschi는 직접 다루지는 않았지만 종교적 신념이 비행에 중요하다는 연구결과도 있다(Baier and Wright, 2001).

사회통제이론의 논의는 기존의 연구들에서 어느 정도 지지를 받아왔다(Wiatrowski et al., 1981; Agnew, 1985; Liska and Reed, 1985). 그러나 기존 연구들에서 Hirschi의 이론은 그 설명력이 다소 낮고 통제력의 요인만을 다뤄 비행친구와의 접촉과 같은 비행과 범죄에 정(+)적으로 작용하는 요인을 다루지 못하며, 주로 사소한 지위비행을 잘 설명할 뿐 보다 심각한 범죄행위를 설명하는 데 한계가 있다는 지적을 받아왔다. 기존 연구에서는 사회유대요인들은 비행친구와의 접촉을 통해 간접적인 영향력을 가지며, 따라서 그 영향이 직접적이 아니라는 점에서 사회통제이론의 지지도는 약하였다(Matsueda, 1982; Matsueda and Heimer, 1987; Agnew, 1993).

그럼에도 국내에서는 부모와의 애착 등 가정유대 요인이 매우 중요하다고 밝혀 왔으며(전영실, 2003; 김상원, 2007; 이성식, 2011c), 이성식(1994)은 미국과의 국가비교연구에서 미국과 달리 학업공부에의 관여가 비행친구와의 접촉이나 태도에 매개되지 않고 직접적인 중요한 요인임을 제시해 사회통제이론을 어느 정도 지지하였다. 이처럼 국내연구에서 사회통제이론은 어느 정도 지지받고 있는데, 이는 우리나라의 경우 주위 사람들과의 유대가 강조되는 사회이기 때문이며, 사실 여러 다른 이론과의 논쟁을 다룬 연구에서도 예를 들어 사회유대요인이 비행친구와의 접촉에 매개되지 않고 직접적이라는 연구결과를 보이는 등 사회통제이론은 전혀 뒤지지 않으며 오히려 설명력이 크다는 연구결과도 있었다(김상원, 2007; 이성식, 1995b, 2006a, 2011b).

2. 사회유대와 사이버범죄

사회유대가 낮은 청소년은 현실뿐만 아니라 사이버공간에서 비행과 범죄를 저지를 수 있다. Williams(2006)는 실제로 사이버공간에서는 사회유대가 덜 작용하게 됨으로 해서 통제가 약하게 되고 그것이 원인이 되어 사이버범죄를 저지르게 된다고 주장하였다. 국내 연구를 중심으로 기존의 연구결과들을 보면 윤영민(2000)은 부모와 애착이 낮은 아이들이 인터넷음란물에 더 접촉한다는 결과를 제시하였고, 장준오(2004)도 부모의 자녀에 대한 감독과 통제 부족이 사이버비행에 영향을 주는 주요 요인이라는 것을 제시하고 있다. 또한 한종옥(2004)도 사이버비행에 사회통제이론의 적용 가능성을 언급하였고, 그리고 성동규와 동료들(2006)은 부모와의 애착이 사이버언어폭력의 주요 설명요인이 되어 그 정도가 낮은 청소년이 사이버공간에서 언어폭력을 더 저지른다는 결과를 제시하였다.

그렇지만 오프라인의 현실과 비교해서 사회유대 작용은 사이버공간에서는 상대적으로 약하다는 결과가 있다. 이성식(2006b)은 사이버언어폭력을 설명함에 있어서 그 원인으로 사회유대요인을 포함한 여러 이론들을 오프라인과 온라인의 경우 각각 적용하면서 비교하였는데, 부모와의 애착이나 학교공부에의 관여 등의 설명요인은 오프라인 현실에 비해 온라인 사이버공간에서는 그 영향력이 낮다는 연구결과를 제시하였다.

그렇지만 사회유대 요인 중 도덕적 신념이나 윤리의식 등은 사이버공간의 비행이나 범죄를 통제할 수 있는 중요한 요인이 된다는 결과를 제시하고 있다. 실제로 Joinson(2003)이 사이버공간에서는 사적 자아의식이 높아 태도가 행동의 주요요인이 된다고 주장하였듯이, 국내에서 김수정의 연구(2004)에서는 개인윤리의식의 영향력이 중요해 사이버비행이 나쁜 행위라는 인식과 윤리의식의 함양이 사이버비행을 통제하는 데 있어 중요한 요인으로 작용한다는 결과를 제시하였고, 그 밖의 연구에서도 사이버공간에서의 범죄에 있어 개인태도의 영향력은 중요하다는 주장과 결과가 있다(Joinson, 2003; Higgins and Wilson, 2006; 이성식, 2006b). 이처럼 사이버비행과 범죄에 갖는 태도가 사이버공간에서의 비행과 범죄를 잘 설명할 수 있는데 그러한 점에서 사회통제이론에서 사회유대의 한 요소로 도덕적 신념은 사이버비행과 범죄를 설명하는 중요 요인이 될 수 있다.

3. 사이버공간에 대한 가상성 인식과 사회유대와 사이버범죄의 관계

사이버공간은 컴퓨터와 인터넷망을 통한 가상공간이라 일컫는다. 실제로 사이버공간은 가상공간과 동일한 것으로 간주해 왔고 현실공간과는 대칭되는 개념으로 사용되어 왔다(Rheingold, 1993). 사이버공간은 탈육체적, 탈구속의 공간으로서 현실의 구속과 규범에서 탈피한 자유로운 공간으로 묘사되며, 그러한 공간에서의 탈구조적인 자아는 현실의 모습과 다른 특성을 갖는다고 주장된다. 그렇지만 사이버공간에서 사람들은 현실의 사람들과 지속적으로 교류하거나 혹은 새로운 인간관계를 형성하여 비록 현실의 모습과는 다소 다를지라도 그럼에도 실질적인 대인관계를 형성하며 일상생활의 일부를 누리기도 한다. 그러한 점에서 그곳은 현실과 완전히 분리되지 않고 일부를 이루고 있기 때문에 현실의 확대된 공간으로 볼 수도 있다(이성식, 전신현, 2009).

사이버공간이 가상공간이라고 할 때 사회통제이론에서 제시하는 사회유대 작용 및 효과는 낮을 수 있다. 사람들은 사이버공간에 있게 되면 그동안은 현실과 다른 공간에 있다는 인식이 크다. 가상공간에 있다고 느끼게 되면 그 안에서의 행동은 현실에서의 부모나 주위 사람들의 영향으로부터는 상대적으로 자유롭게 된다. 사이버공간에서는 사회규범이나 주위 사람들의 통제가 덜 작용한다고 볼 수 있는데, 이처럼 주위 사람과의 사회유대가 범죄를 통제할 수 있는 가능성은 오프라인의 현실에서는 어느 정도 작동할 수 있을지 모르지만 사이버공간의 온라인에서는 낮다는 주장이 있다(이성식, 2006b). 그렇지만 사이버공간은 사회교류의 현실의 연장선이기도 하여 사회유대가 덜 작용할 것이라고 보기도 어렵다. 결국 이와 같은 주장에 근거해 본다면 사이버공간을 어떻게 이용하느냐와 그것을 가상의 공간으로 인식하느냐는 개인의 인식 수준 차이에 따라 일상의 주위와 맺는 사회유대가 사이버범죄에 미치는 영향은 다르다고 할 수 있다. 즉 사이버공간을 탈현실의 가상공간이라고 인식하는 사람에게는 사회유대의 작용이 낮을 것이지만 그곳에서 주위 사람과 꾸준히 교류를 하는 그렇지 않은 사람에게서는 사회유대가 사이버범죄를 잘 설명할 수 있다.

하지만 반대 가설도 가능한데, 즉 사이버범죄는 사이버공간을 가상의 공간이라고 인식하는 사람들에 한해 더더욱 사회유대도 낮은 경우 사이버범죄를 더 저지르게 될 것이라고 볼 수 있다. Hirschi의 사회통제이론은 사람들이 범죄 가능성이 높다는 일종의 성악설을 가정하였고 그러한 범죄 가능성을 통제할 사회유대 여하가 범죄의 주요 설명요인이라고 보았다. 그런데 사이버공간을 가상공간으로 인식하는 사람이 범죄 가능성이 높다고 본다면 그러한 사람에게서 사회유대의 설명 작용은 더 크다고 볼 수 있다. 어떤 면에서 볼 때 범죄는 필요조건도 필요하지만 또 다른 충분조건이 필요한데, 사이버공간이 현실과 대비되는 가상의 공간이라고 인식할 때 이는 사이버공간에서의 반사회적 행동으로 이어질 가능성이 높은 필요조건이라고 볼 수 있다. 가상의 사이버공간에서는 현실과 구분하지 못하는 혼동의 정체성으로 그것을 현실과 달리 생각하고 그럼으로 규범에 얽매이지 않고 죄책감없이 자유롭게 행동할 가능성이 높기 때문이다. 그런데 이 경우 더욱이 사회유대가 낮은 사람들은 적절히 통제되지 못하고 사이버범죄를 저지를 가능성이 더 높다고 보아야 할 것이다(Williams, 2006). 즉 이러한 주장에서 본다면 사이버공간을 가상공간이라고 인식하는 사람에게 사회유대의 범죄 작용은 더 높을 것이고 사이버공간의 가상이라는 인식과 낮은 사회유대가 사이버범죄의 필요충분조건이 되어 가능성을 더 높일 수 있을 것으로 볼 수 있다.

III. 연구가설과 방법

1. 연구가설

이 연구에서는 이상의 논의에 근거하여 다음과 같은 가설을 제시해 보기로 한다. 먼저 사회유대요인들이 사이버범죄를 잘 설명하는지를 알아볼 것이다. 이 연구에서는 사회유대의 요인들 중에서 애착으로는 부모와의 애착과 친구와의 애착을, 그리고 관여는 학교공부에의 관여를 사용하기로 하며, 아울러 도덕적 신념을 고려하기로 한다. 이와 같은 주요 네 요인들이 사이버범죄에 어떠한 영향을 미치는가를 살펴보기로 하는데, 사회통제이론에 따르면 다음의 가설을 제시할 수 있다.

가설 1: 사회유대요인들은 사이버범죄에 영향을 줄 것이다
가설 1-1: 부모와의 애착이 낮을수록 사이버범죄를 더 저지를 것이다
가설 1-2: 친구와의 애착이 낮을수록 사이버범죄를 더 저지를 것이다
가설 1-3: 학교공부에의 관여가 낮을수록 사이버범죄를 더 저지를 것이다
가설 1-4: 도덕적 신념이 낮을수록 사이버범죄를 더 저지를 것이다

무엇보다 이 연구에서는 사회유대의 사이버범죄에 대한 영향력이 사이버공간의 가상성 인식에 따라 어떻게 차이가 있는지를 살펴보기로 한다. 여기서는 앞서 논의에서처럼 서로 대립되는 두 가설을 제시하기로 하는데, 첫 번째 현실연장가설에 의하면 사회유대요인들은 사이버공간을 가상공간이라고 인식하는 사람보다는 현실의 연장선이라고 보는 사람에게서 더 사이버범죄를 잘 설명할 수 있을 것으로 본다.

가설 2: 사이버공간의 가상성을 낮게 인식하는 사람에게서 사회유대요인들은 사이버범죄에 영향을 줄 것이다(현실연장가설)
가설 2-1: 가상성 인식이 낮을 때 부모와의 애착이 낮을수록 사이버범죄를 더 저지를 것이다
가설 2-2: 가상성 인식이 낮을 때 친구와의 애착이 낮을수록 사이버범죄를 더 저지를 것이다
가설 2-3: 가상성 인식이 낮을 때 학교공부에의 관여가 낮을수록 사이버범죄를 더 저지를 것이다

가설 2-4: 가상성 인식이 낮을 때 도덕적 신념이 낮을수록 사이버범죄를 더 저지를 것이다

그런데 그 반대의 가설로 두 번째의 통제결여가설에 의하면 사회유대요인들은 사이버공간을 가상공간이라고 인식하는 사람에게서 더 사이버범죄를 잘 설명할 수 있을 것이며, 가상공간이라고 생각하는 경우 사회유대마저 낮을 때 사이버범죄 가능성이 높을 것이라고 볼 수 있다.

가설 3: 사이버공간의 가상성을 높게 인식하는 사람에게서 사회유대요인들은 사이버범죄에 영향을 줄 것이다(통제결여가설)

가설 3-1: 가상성 인식이 높을 때 부모와의 애착이 낮을수록 사이버범죄를 더 저지를 것이다

가설 3-2: 가상성 인식이 높을 때 친구와의 애착이 낮을수록 사이버범죄를 더 저지를 것이다

가설 3-3: 가상성 인식이 높을 때 학교공부에의 관여가 낮을수록 사이버범죄를 더 저지를 것이다

가설 3-4: 가상성 인식이 높을 때 도덕적 신념이 낮을수록 사이버범죄를 더 저지를 것이다

2. 연구방법

이 연구는 서울시 재학중인 대학생을 대상으로 조사를 실시하기로 한다. 기존 연구들에서는 주로 중고등학교 청소년을 대상으로 연구하였지만 대학생 대상의 연구는 부족하였고 대학생을 대상으로 한 연구에서의 사이버범죄의 설명요인은 어떨까를 알기 위함이다. 이 연구는 오프라인상에서 대학교를 선정하고 학교를 방문하는 방식의 조사를 실시하기로 한다. 이 조사를 위해 서울시 한강을 중심으로 동서남북 지역별로 두 개씩의 학교를 배정하는 방식으로 총 8개의 학교를 선정하였으며, 각 학교에서는 자연/이공계와 인문사회/경상계 학생이 절반씩 표집되도록 하였다. 조사는 2012년 6월25일부터 7월 9일까지 각 학교 100여 명씩 총 800명을 대상으로 설문조사를 실시하였으며 불성실한 응답 38부를 제외한 762부가 최종적으로 본 연구에서 사용되었다.

본 연구의 주요 독립변인들로 사회유대의 요인 중 부모와의 애착은 Hirschi(1969)의 논의에 의거하여 부모와의 애정, 대화, 동일시 정도로 측정하였는데, "나는 부모님이 좋다", "나는 부모님과 대화를 자주 나눈다", "나는 부모님과 같은 사람이 되고 싶다"의 세

문항을 질문하고 "전혀 그렇지 않다"에서 "매우 그렇다"에 이르는 5점 척도에 응답하도록 하였다(alpha=.784).

친구와의 애착은 기존 논의들에서처럼 "나는 친구들이 좋다", "나는 내 친구들에 만족한다", "좋은 친구와 사귀는 것은 중요하다"의 세 문항을 사용하였고(alpha=.886), 학교공부에의 관여는 "나는 학업공부를 열심히 한다", "나는 학업성적이 좋은 편이다", "학교공부를 잘하는 것은 나에게 중요하다"의 세 문항을 사용하였다(alpha=.810).

도덕적 신념은 Hirschi(1969)가 사용한대로 "발각되지 않으면 법을 어겨도 괜찮다", "사리에 맞지 않는 법은 어겨도 괜찮다", "성공을 위해서는 법을 어겨도 괜찮다", "법대로 살아가단 손해 볼 수 있어 손해 보지 않으려면 법을 어길 수 있다", "사회가 원활히 돌아가기 위해선 법을 어길 수 있다" 등의 법위반에 대한 태도를 중심으로 다섯 문항을 질문하였고 최종적으로는 역으로 재코딩하였다(alpha=.898).

본 연구에서 조건적 변인으로 다룰 사이버공간의 가상성 인식은 "인터넷은 현실과는 다른 가상공간이다", "인터넷은 현실과는 분명 다르다", "인터넷에서는 아무래도 현실의 연장선이라고 보기 어렵다" 등 등 세 문항을 질문하였는데(alpha=.778), 여기서는 나중에 실제 분석에서 그 정도를 하, 중, 상으로 3등분하여 사용하기로 한다.

종속변인으로 사이버범죄의 경우는 인터넷상에서의 1) 단순욕설, 2) 사이버폭력(명예훼손/비방/스토킹) 3) 성폭력(성희롱/성매매제의/음란물), 4) 개인정보 및 사생활침해 5) 해킹/바이러스/스팸메일, 6) 사기/절도, 7) 저작권침해 등 일곱 개의 항목에서 지난 1년 동안의 경험 횟수를 사용하기로 한다. 이때 각 문항에서 원래대로의 개방형 질문에서의 횟수를 합산할 경우 빈도가 많은 일부 불법행동 문항의 값이 차지하는 비중이 높아지는 문제가 있고, 또 각 문항에서 '없다'와 '있다'만을 고려할 경우 그 최종 합산값은 불법행동 빈도보다는 다양성을 위주로 측정할 수 있기 때문에 각 일곱 개 문항에서의 횟수는 '없다', '1회', '2-3회', '4-9회', '10회 이상'으로 다시 나누고 0부터 4점까지 점수를 부여하였고, 최종적으로 일곱 개의 문항을 합산하여 사용하기로 한다. 그러나 이 합산값을 종속변인으로 사용할 경우 좌측으로 편향되어 다중회귀분석에서 OLS(Ordinary Least Square)방식으로 사용할 경우 독립변인들의 영향을 정확하게 예측할 수 없게 되는 문제가 있어 여기서 최종적으로는 그 값을 로그화하여 사용하기로 한다.

본 연구에서의 사회인구학적 통제변인으로 성은 여성(=0)과 남성(=1)을, 연령은 태어난 연도를 묻고 연령으로 재부호화를 하였고, 계층변인으로 가족의 경제수준은 주관적

인식으로 알아보았는데 하부터 상에 이르는 다섯 응답 항목에 응답하도록 하였다.

IV. 분석결과

본 연구의 조사 대상자의 특성 및 주요 변인들에 대한 기술통계분석결과를 살펴보면 <표 1>과 같다. 성별 분포에서 전체 응답자 763명 중 남자가 460명(60.4%), 여자는 302명(39.6%), 무응답이 1명이었다. 조사 대상자의 연령을 살펴보면 만 18세에서 29세까지 분포되었고 평균연령이 21.960이었다. 계층변인으로 조사 대상자의 주관적 경제수준의 평균값은 1-5 범위에서 3.310이었다.

본 연구에서 사용할 주 독립변인으로서 사회유대요인으로 먼저 부모와의 애착은 3-15범위에서 평균값이 10.790으로 대체로 높은 점수를 나타냈고, 친구와의 애착은 3-15범위에서 11.660으로 다소 더 높았다. 학교공부에의 관여는 3-15범위에서 9.680으로 중간 정도를 나타냈으며, 도덕적 신념은 5-25범위에서 평균값이 19.790으로 높은 점

<표 1> 주요 변인들에 대한 기술통계분석결과

		명	%	평균	표준편차	범위
성별	남성	460	60.4			
	여성	302	39.6			
연령				21.960	2.314	18-29
경제수준				3.310	.831	1-5
부모와의 애착				10.790	2.425	3-15
친구와의 애착				11.660	2.483	3-15
학업공부 관여				9.680	2.402	3-15
도덕적 신념				19.790	3.884	5-25
가상성				9.950	2.439	3-15
하(3-8)		213	27.9			
중(9-11)		323	42.3			
상(12-15)		222	29.1			
사이버범죄				.500	.769	0-3.04

수를 나타냈다.

본 연구에서 조건적 변인으로 다룰 사이버공간의 가상성 인식은 3-15범위였고 평균값이 9.950이었는데, 이를 그 빈도와 의미를 함께 고려해 하, 중, 상으로 3등분 한 결과 하(3-8점)는 213명(27.9%), 중(9-11점)은 323명(42.3%), 상(12-15점)은 222명(29.1%)으로 나타났다.

본 연구에서의 종속변인으로 사이버범죄는 로그화한 후의 결과 0-3.04범위에서 평균값이 .500이었고 그 정도가 낮다고 조사되었다.

본 연구의 가설인 조건적 가설을 검증하기에 앞서 사회유대요인들을 독립변인으로 하여 사이버범죄에 미치는 다중회귀 분석결과를 보면 <표 2>에 제시된다. 먼저 사회유대요인들 중에서는 도덕적 신념이 $p<.001$ 수준에서 부(-)적인 유의미한 영향력을 나타내 도덕적 신념이 적을수록 사이버범죄를 더 저지르는 것으로 나타났다. 아울러 학교공부에의 관여의 영향력은 부(-)적으로 $p<.05$ 수준에서 유의미하여 학교공부에의 관여가 적을수록 사이버범죄를 더 저지르는 것으로 나타났다. 하지만 사회통제이론의 논의와는 반대로 부모와의 애착이 높을수록 $p<.01$ 수준에서 사이버범죄를 더 저지르는 것으로 나타났으며, 아울러 친구와의 애착도 $p<.05$ 수준에서 정(+)적으로의 사이버범죄

<표 2> 사회유대요인들이 사이버범죄에 미치는 영향에 관한 다중회귀분석결과

	종속변인	
	사이버범죄	
독립변인	b	β
남성	$.273^{***}$	.175
연령	.005	.016
계층	-.023	-.025
부모와의 애착	$.043^{**}$	.137
친구와의 애착	$.029^{*}$	.094
학교공부 관여	$-.029^{*}$	-.092
도덕적 신념	$-.029^{***}$	-.145
R제곱	.078	
F값	7.947^{***}	

* p<.05; ** p<.01; *** p<.001

에 영향을 가져 친구들과 애착을 가질수록 사이버범죄를 더 저지른다는 것을 제시하였다. 사회배경변인들 중에서는 남성이 $p<.01$ 수준에서 더 사이버범죄를 저지르는 것으로 나타났고 연령과 계층변인의 영향력은 유의미하지 않았다. 사이버범죄에 대한 사회배경 및 사회유대요인들의 설명력 R제곱은 .078을 제시하였다.

본 연구의 조건적 가설을 검증하기 위한 결과는 <표 3>에 제시된다. 여기서는 사이버공간에 대한 가상상 인식의 정도 하, 중, 상에 해당하는 대상자들을 대상으로 각각 사회유대요인들이 사이버범죄를 잘 설명하는지의 다중회귀 분석결과를 살펴본다.

먼저 사이버공간에 대한 가상성 인식이 가장 낮았던 '하'의 첫 번째(1) 경우의 분석결과를 보면 사회유대요인들 모두가 유의미한 영향력을 갖지 못하였고 전체 설명력도 R제곱이 .044로 매우 낮았다. 이러한 결과는 사이버공간을 가상공간이라고 인식하는 사람보다는 그 정도가 낮아 가상공간이 아닌 현실의 연장선이라고 보는 사람들에게서 사회유대요인들이 더 사이버범죄를 잘 설명할 수 있을 것으로 예측한 가설 2-1의 현실연장가설을 지지하지 못하는 결과라 할 수 있다. 아울러 사이버공간에 대한 가상성 인식이 중간 정도인 '중'의 경우의 두 번째(2) 분석결과를 보면 사회유대요인 중 부모와의 애착

<표 3> 사이버공간 가상성 인식에 따른 사회유대요인들이 사이버범죄에 미치는 영향에 관한 다중회귀분석결과

	종속변인					
	사이버범죄					
	(1)		(2)		(3)	
	가상성(하)		가상성(중)		가상성(상)	
독립변인	b	β	b	β	b	β
남성	.174	.115	.327***	.221	.334**	.191
연령	-.001	-.004	.018	.054	-.013	-.037
계층	-.039	-.044	-.038	-.044	.027	.025
부모와의 애착	.028	.009	.072***	.224	.019	.056
친구와의 애착	.030	.097	.007	.022	.066*	.192
학교공부 관여	.007	.023	-.031	-.096	-.062**	-.197
도덕적 신념	-.027	-.127	-.016	-.080	-.043**	-.222
R제곱	.044		.110		.128	
F값	1.717		4.726***		3.999***	

* p<.05; ** p<.01; *** p<.001

만이 유의미한 영향을 나타냈고 나머지 사회유대요인 모두가 유의미한 영향력을 갖지 못한 것을 제시하였다. 그런데 사회통제이론과는 달리 부모와의 애착과 사이버범죄와 관계는 정(+)적이어서 부모와의 애착이 높은 응답자가 사이버범죄를 덜 저지르는 것이 아니라 오히려 더 저지르는 것으로 나타났다. 아울러 사회배경변인들 중에서는 남성이 $p<.001$ 수준에서 더 사이버범죄를 저지르는 것으로 나타났다. 사이버공간에 대한 가상성 인식이 중간 정도인 경우 사회배경 및 사회유대요인들의 설명력 R제곱을 보면 .110을 제시해 앞선 결과의 경우보다는 높았고 그 설명력도 유의미하였다.

사이버공간에 대한 가상성 인식이 '상'의 경우의 세 번째(3) 분석결과를 보면 사회유대요인들 중 도덕적 신념, 학교공부에의 관여가 $p<.01$ 수준에서, 친구와의 애착이 $p<.05$ 수준에서 유의미한 영향력을 가져 사회유대요인들의 영향력이 높았지만 부모와의 애착의 영향력은 유의미하지 않았다. 그중 표준화된 회귀계수를 보면 도덕적 신념의 영향력이 가장 컸고 그 부호가 부(-)적이어서 도덕적 신념이 적을수록 사이버범죄를 더 저지르는 것으로 나타났으며, 아울러 학교공부에의 관여가 적을수록 사이버범죄를 더 저지르는 것으로 나타났다. 하지만 기존 연구들에서 제시되듯이 친구와의 애착은 사이버범죄와 정(+)적인 관계를 나타냈다. 사회배경변인들 중에서는 남성이 $p<.01$ 수준에서 더 사이버범죄를 저지르는 것으로 나타났다. 사이버공간에 대한 가상성 인식이 '상'인 경우 사회배경 및 사회유대요인들의 설명력 R제곱은 .128을 제시하였다. 이 결과를 보면 비록 부모 및 친구와의 애착의 영향력이 정(+)적이어서 사회통제이론의 논의대로 지지되지는 않았지만 사이버공간에 대한 가상성 인식이 '상'으로 그 정도가 높을 때 도덕적 신념과 학교공부에의 관여의 영향력이 부(-)적으로 유의미하게 작용해 첫 번째 가설인 가설 2의 현실연장가설보다는 두 번째의 가설 3의 통제결여가설을 더 지지하였다. 즉 사회유대요인들은 사이버공간을 가상공간이라고 인식하는 사람들에게서 더 사이버범죄를 잘 설명할 수 있으며, 가상이라고 생각하는 공간에서 사회유대마저 낮을 때 통제력의 부족으로 사이버범죄 가능성이 높은 것을 알 수 있다.

V. 결론

이 연구는 사회통제이론을 사이버범죄에 적용하여 사회유대요인들의 영향력을 살펴봄에 있어 그 영향이 과연 사이버공간에의 가상성 인식에 따라 다른지의 그 조건적 논의를 경험적으로 검증하는 것에 주목하였다. 그런데 그 조건적 논의에 두 가지 상반된 가설을 제시하였는데, 첫째는 사회유대의 사이버범죄의 영향은 사이버공간이 가상적이지 않고 현실의 연장선이라는 보는 사람에 한해서만 존재할 수 있다는 현실연장가설과, 둘째는 사이버공간이 현실과 달리 가상적이라는 인식이 있어야 사회유대의 높고 낮음이 사이버범죄를 잘 설명한다는 통제결여가설이다. 이에 대학생들을 대상으로 사이버공간의 가상성 인식을 세 정도로 구분하고 사이버공간의 가상성 인식이 낮은 경우에 사회유대와 사이버범죄의 관계가 큰지, 가상성 인식이 높을 때 그 관계가 큰지를 살펴보았다.

본 연구결과는 사이버공간이 가상적이라 생각하는 사람의 경우에서 사회유대와 사이버범죄의 관계가 큰 것을 나타내 현실연장가설보다는 통제결여가설을 지지하는 것으로 나타났다. 즉 사이버공간을 가상의 공간이라 생각하면서, 평소 도덕적 신념이 낮고 학교공부에 관여도가 낮은 대학생이 사이버범죄를 더 저지르는 것으로 나타났다. 이는 사이버공간을 가상의 공간이라 보고 현실규범에 얽매이지 않아 범죄 가능성이 높은 상태에서 사회유대마저 낮을 때 통제되지 못해 사이버범죄를 더 저지르는 것이라고 볼 수 있었다. 아울러 사이버공간을 가상이라고 생각하는 가운데 친구와의 애착 유대가 오히려 사이버범죄 가능성을 높이는 것으로 나타났는데, 이는 친구와의 유대가 범죄를 통제하기보다는 평소 친구들과 잘 어울리는 학생들이 가상공간에서 죄책감없이 재미삼아 사이버범죄를 저지르는 것으로 이해할 수 있다. 이 경우 사회 유대 요인들 중 부모애착 요인은 가상성과 상관없이 영향 작용이 낮아 사이버공간에서는 현실의 부모 영향이 작음을 제시하였다. 그럼에도 가상성이 중간 정도인 경우에서는 오히려 부모와의 애착이 높을수록 사이버범죄를 더 저지르는 것으로 나타났는데, 이 결과는 정확히 알 수는 없지만 그러한 학생들이 현실에서는 가능성이 낮지만 욕구를 사이버공간에서 해소하는 것은 아닌지로 해석된다.

기존 연구들에서 사회통제이론의 사회유대요인들이 사이버범죄의 작용이 낮았던 것은 그 사회유대요인들이 부모와의 애착 등 사이버공간과는 큰 관련이 없는 요인이었기 때문이라고 해석하였었다(이성식, 2006d). 이 연구에서도 부모와의 애착은 그 영향 정도가 낮았다. 그런데 본 연구에서 도덕적 신념이나 학교공부에의 관여 등 사회유대요인들의 영향력을 보면 현실보다 가상공간이라는 인식에서 더 강하다고 나타나 기존 연구에서의 해석이 잘못되었음을 제시하고 있다. 이는 가상의 공간이라고 인식하는 범죄 가능성이 많은 사람들이 그와 같은 사회유대마저 낮을 때 통제되지 못하고 사이버범죄를 저지르는 것이며, 다른 한편으로 보면 도덕적 신념 및 윤리의식을 갖고 학교공부를 열심히 하는 경우 통제작용을 할 수 있음을 제시하고 있다. 즉 사이버공간이 가상공간이 아니라고 믿는 경우는 그 자체가 범죄 가능성이 낮아 사회유대의 높고 낮음이 중요하지 않았지만 가상공간이라 생각하여 범죄 가능성이 어느 정도 있는 경우 사회유대의 높고 낮음은 사이버범죄를 설명하는 주요 설명요인이 된다는 것이다. 이는 사이버공간을 어떻게 인식하느냐가 중요하며 아울러 그것을 가상공간이라고 인식한다면 현실에서의 사회유대작용이 그것을 통제할 수 있는 중요한 요소라고 말해주고 있다. 비록 본 연구결과에서 부모와의 애착이 통제작용을 하진 못하였지만 평소 도덕적 윤리교육이 그 역할을 하며 사이버범죄의 대책에 있어 사회통제이론에서 제시하는 사회유대가 어느 정도 중요한 역할을 할 수 있음을 제시한다(Williams, 2006).

이 연구는 대학생들을 연구대상으로 삼았다는 점에서 과연 저연령의 초등학생이나 중고등학생들에게는 어떠한 연구결과가 나타날지가 궁금하다. 그리고 아마도 저연령층인 초등학생의 경우는 부모와의 애착과 같은 요인들이 중요하게 작용할 수도 있을 것이다. 앞으로는 다양한 연령층을 대상으로 이 주제의 연구가 이루어지길 기대한다. 아울러 이 연구에서는 비행친구와의 접촉과 같은 타 이론의 주요 요인들이 고려되지 못하였는데 향후 연구에서는 이러한 점들이 보완되었으면 한다.

사이버비행에 대한 공식처벌의 조건적 억제효과

I. 서론

공식처벌의 효과에 대한 논의는 범죄나 청소년비행연구에서 주요 논의 주제 중 하나이다. 억제이론가들은 공식처벌이 높으면 범죄와 비행이 억제되지만, 낮으면 억제되지 못하여 범죄와 비행이 일어난다고 봄으로써 공식처벌의 여하에 따라 범죄와 비행행위가 설명된다고 주장한다(Gibbs, 1975). 그러나 그동안의 연구를 보면 범죄와 비행이 공식처벌에 의해 잘 설명되는 것은 아니어서 억제이론은 다른 많은 이론들과 논쟁에서 한계에 직면하였다(Paternoster et al., 1983; Williams and Hawkins, 1986). 한 예로 사람들은 법과 규범을 지키는 것이 처벌의 위협 때문이 아닌 범죄나 비행이 옳지 않은 행동이라는 도덕적 신념 때문이라고 제시하는 연구결과는 억제이론을 비판하는 대표적 논의가 된다. 이러한 연구들에서 보면 범죄정책에서 범죄와 비행에 대한 공식처벌 대책은 그 효과에서 어느 정도 한계가 있음을 제시한다.

이 연구는 청소년들의 사이버비행을 중심으로 공식처벌의 억제효과를 살펴보려고 한다. 사이버범죄나 비행과 같은 새로운 유형의 범죄가 등장할 때마다 처벌 이슈 논란은 더 하다. 죄형법정주의에 따르면 그에 해당하는 법규와 처벌규정이 마련되어야 하고 처벌에 따른 범죄 예방 전략이 필요하다. 그러나 사이버공간의 등장으로 사이버비행이 늘어나고 있지만 사이버공간에서는 표현의 자유나 자율성이 존중되어야 한다는 점에서 법규제의 필요성과 당위성에 논란이 있어 왔다. 그런데 인터넷 도래의 초창기와는 달리 인터넷사용이 보편화된 오늘날 사이버공간은 더 이상 현실과 다른 공간이 아닌 현실의 연장선이자 일상생활 영역이라 보는 입장에서는 어느 정도 규제와 처벌의 필요성을 제시한다. 최근 인터넷실명제가 위헌의 소지가 있다고 판결됨에 따라 사이버비행 대책에는 강력한 처벌이 대안이 된다는 주장이 제기되기도 한다. 공식처벌이 비행을 잘 설명한다고 해서 그 집행을 정당화할 수는 없지만 적어도 공식처벌이 사이버비행에 억제효과가 있는지 살펴볼 필요가 있다. 그러나 그동안 외국연구에서는 사이버비행에 대한 처벌의 억제효과 논의를 찾아볼 수 없으며 국내 억제이론의 논의가 사이버비행에 적용된 예는 몇 연구를 제외하고는(이성식, 2008a) 그다지 많지 않다. 그러한 점에서 이 연구는 사이버비행에 대한 공식처벌의 억제효과를 다루려고 한다.

그런데 이 연구는 사이버비행에 대해 처벌의 억제효과를 살펴봄에 있어 그 조건적 논의에 주목한다. 기존 논의에서 보면 처벌의 억제효과는 한계가 있다는 지적과 함께 이후 공식처벌의 억제효과에 관해서는 억제이론가들과 타 이론가들 간에 논란을 거듭해 왔는데, 보다 최근 대안적 논의에서는 그 효과가 미약하다고 보기보다는 그것이 모든 사회구성원은 아니지만 일부 대상자들에게는 효과적으로 작용할 수 있다는 조건적 논의가 등장하게 되었다(Pogarsky, 2002). 즉 처벌의 억제효과는 일부 구성원에게 나타날 수 있다는 것이다. 그런데 그동안의 주장들을 검토해 보면 이러한 조건적 효과의 논의에는 서로 다른 세 가지 관점으로 나눌 수 있어 여기서는 이에 대한 검증을 시도하려고 한다.

이처럼 이 연구에서는 그동안의 억제이론의 논의들, 즉 공식처벌의 효과와 한계, 다른 이론가들의 주장과의 논쟁, 그리고 그 조건적 효과의 세 입장의 논의들을 살펴보고, 그것을 청소년의 사이버비행 행동에 적용해 봄으로써 사이버비행에 대한 공식처벌의 효과와 규제의 필요성, 그리고 어느 대상자에게 효과적일 수 있을지와 그것을 효율적으로 적용할 수 있는 범위 등을 알아보는 것에 주목하고 있다.

Ⅱ. 이론적 논의

1. 공식처벌의 효과: 억제이론의 주장과 비판들

억제이론은 고전주의 범죄학에 기반하여 인간은 누구나 합리자이어서 쾌락을 추구하지만 고통을 회피한다고 가정하고 범죄도 그러한 원리에 의해 설명될 수 있다고 본다. 모든 사람은 잠정적 범죄자로서 가만히 놔두면 쾌락추구로 범죄를 저지르기 쉽지만 고통을 주는 처벌의 작동 여하에 범죄를 하기도 하고 그것을 포기하기도 하듯이 처벌 여하가 범죄를 설명하는 주요 요인이 될 수 있다고 주장한다(Zimring and Hawkins, 1973; Gibbs, 1975; Tittle, 1980). 이처럼 억제이론가들이 제시하는 범죄 설명요인은 공식기관의 처벌이며, 좀 더 구체적으로 처벌의 신속성, 확실성, 엄격성을 제시하여, 처벌이 즉시 신속하게 이루어지고, 빠짐없이 확실히 이루어지며, 좀 더 엄중히 집행될 때 범죄는 일어나지 않을 것이지만 그렇지 못할 때 범죄가 발생하게 된다고 주장하였다.

미국에서 연구되었던 1960년대부터 1970년대 초기 연구에서는 공식통계자료를 이용한 거시연구로 지역별 범죄율의 차이를 처벌의 신속성, 확실성, 엄격성으로 설명하려고 하였는데, 처벌의 확실성(예, 기소율)이 높은 지역이 범죄율이 낮다는 연구결과를 제시해 억제이론을 지지하였다(Tittle, 1969; Logan 1972). 아울러 이후 1970년대 중반 이후 억제이론은 개인의 범죄 및 비행을 설명하기 위해 적용되기도 하였다. 그러한 미시연구로는 자기보고식 설문자료를 이용해 개인이 인지한 처벌의 신속, 확실, 엄격성과 그동안의 범죄 및 비행 경험과의 연관성을 분석하였는데, 그중에서도 공식처벌의 확실성 인지도가 중요하여, 처벌이 확실하다고 인지할수록 범죄나 비행을 적게 한다는 결과를 제시하였다(Waldo and Chricos, 1972; Silberman, 1976; Erickson et al., 1977).

하지만 1980년대 들어 억제이론은 비판을 받기 시작하였다. 기존의 연구들은 주로 공식처벌과 범죄와의 관계를 다루었기 때문에 다른 이론에서의 요인들을 통제하지 못한 한계를 가졌는데, 이후 다른 이론들의 요인들을 함께 고려하여 그 영향력을 비교하였던 연구들을 보면 처벌의 영향력은 매우 미진하다는 결과를 제시하였다(Paternoster et al., 1983; Thomas and Bishop, 1984; Paternoster, 1989). 억제이론과 비교되고 어느 면에서 대립적이었던 대표적 이론은 Hirschi(1969)의 사회통제이론이었다. 사회통제이론에서는 주위 사람들과의 애착, 학업이나 직장일에의 관여와 참여, 그리고 도덕적 신념이 범죄나 비행의 주요 설명요인이 된다고 보면서, 예컨대 부모와 애착을 갖고, 학업에 열심이며, 도덕적 신념과 태도를 갖는 청소년이 비행을 안하고 그렇지 못한 사회유대가 약한 청소년이 비행을 저지른다고 보았다(Hirschi, 1969; Wiatrowski et al., 1981). 이 입장에서 보면 범죄나 비행의 설명요인은 공식처벌이 아니라 주위 사람들과의 유대나 도덕적 신념/태도라고 볼 수 있는데, 실제로 기존 연구들에서는 억제이론보다는 사회통제이론을 지지하는 결과를 제시함으로써 공식통제보다는 비공식통제가 중요함을 나타냈다.

국내연구들에서도 유사한 연구결과가 제시되고 있어, 예를 들어 고등학생 대상의 이성식의 연구(1998)는 공식처벌의 확실성 인지도가 청소년비행을 잘 예측하지만 부모와의 애착이나 학업에의 관여 등의 사회유대요인을 추가하여 분석한 결과에서는 공식처벌의 유의미한 영향력이 없어지고 사회유대요인들만이 중요하다는 결과를 제시하였다. 남녀성인들을 대상으로 한 기광도의 연구(2004a)도 유사한 연구결과를 제시해 기초질서 위반에서는 공식처벌과 비공식통제(주위사람들의 관계나 반응)가 모두 중요하였지만 사회유대의 비공식통제요인이 더 중요하였고, 그 외의 범죄 항목에서는 공식처벌의 영향력은 유의미하지 않았고 비공식통제요인만이 중요하였다는 결과를 제시하였다. 이러한 연구결과는 사람들이 법처벌이 무서워서가 아니라 주위와의 유대나 혹은 도덕적 신념 때문에 범죄나 비행을 저지르지 않는다고 제시하는 것으로 억제이론의 논의가 한계가 있음을 나타낸다.

2. 공식처벌의 조건적 효과: 세 입장

억제이론가들은 이러한 비판과 위기에 대응해 공식처벌은 효과가 없는 것이 아니라 어떤 조건에서는 억제효과가 존재한다는 논의를 제시함으로써 방어하였다. 즉 처벌의 억제효과는 조건적으로 혹은 차별적으로 작동할 수 있다는 것으로 일부 대상자에게는 처벌이 작동하지 않을지 모르지만 다른 특정 대상자에게는 처벌이 비행의지를 억제한다고 주장하였다. 그렇다면 누가 처벌에 의해 억제되는가? 그동안의 논의는 여러 상반된 입장이 존재해 왔는데, 여기서는 첫째, 합리적 선택론, 둘째, 잠재적 비행자론, 셋째, 중도대상론 등 세 입장으로 구분하여 논의해 보기로 한다.

우선 첫째의 합리적 선택론의 입장에 따르면 공식처벌은 나름대로 위협적일 수 있는데, 그것은 공식처벌이 사회의 여러 손실을 유발할 수 있기 때문이라는 주장이다. Williams와 Hawkins(1986)에 의하면 공식처벌은 사회유대 등 여러 손실을 유발할 수 있기 때문에 억제효과가 가능하다고 주장한다. 그들은 애착손실, 관여손실, 낙인의 두려움이라는 용어를 제시하면서, 처벌로 인해 주위 사람과의 관계에서의 손실, 관여하고 있는 일(학업이나 직장)에서의 손실, 그리고 주위 사람들에 의한 낙인과 자아훼손 등이 일어나기 때문에 그것은 위협적이며 비행을 억제할 수 있다고 보았다. 즉 처벌은 사회유대와 독립적으로가 아니라 그것과 관련하여 작동할 수 있는 것이라고 봄으로써 사회통제이론과 통합적으로 접근할 필요가 있음을 주장하였다. 이 입장에서 보면 처벌의 억제효과는 사회유대가 어느 정도 있는 사람에게 조건적으로 나타날 수 있는데, 그들은 처벌로 인해 사회에서 잃어버릴 것이 있는 사람이며 여러 손실을 합리적으로 염두에 두고 비행 여부를 판단하기 때문이다. 하지만 이미 부모 등 주위와의 유대관계가 낮거나 학업에서 중도탈락하거나 학업성적이 낮은, 낙인으로 자아가 훼손된, 그리고 성인의 경우 이혼하고 직장도 없는 사람은 더 이상 처벌로 잃어버릴 손실이 없기 때문에 그들에게 처벌은 위협적이지 않고 그들에게 억제효과는 낮다고 볼 수 있다(Williams and Hawkins, 1989; Sherman and Smith, 1992). 즉 이 입장에서 보면 처벌의 억제효과는 사회유대가 어느 정도 높은 사람에게 작동될 수 있으며 공식처벌은 사회손실 우려가 높은 사람의 비행을 억제할 가능성이 높다고 할 수 있다.

그러나 두 번째 잠정적 비행자론에 따르면 오히려 그 반대로 처벌의 억제효과는 사회유대가 낮은 사람들에게서 나타날 수 있다. 실제로 고전주의에 근거한 억제이론은 모든 사람을 잠정적 비행자로 가정하고 논의하며, 그렇기 때문에 저지할 수 있는 처벌 효과에 주목하였고, 그래서 처벌이 미약하다면 대다수는 비행을 할 것이라고 보았다. 하지만 실증주의자들의 주장처럼 사회 구성원 모두가 아닌 일부만이 비행 가능성이 높은 잠정적 비행자라고 가정한다면 처벌의 억제효과는 그들 일부에게만 작동될 수 있다. 사실 그러한 측면을 고려하지 않았기에 기존 연구에서 억제이론의 지지도는 낮았던 것이고 좀 더 실질적인 잠정적 비행자들을 대상으로 처벌 효과를 살펴본다면 그들에게서 처벌의 억제효과는 더욱 가능하다고 볼 수 있을 것이다. 그러한 점에서 사회유대가 낮은 사람이 더 잠정적 비행자라고 한다면 사회유대가 강한 사람보다는 약한 사람에게서 처벌의 억제효과가 더 나타날 수 있다(Grasmick and Green, 1980). 실제로 국내 연구인 이성식의 약물사용 연구(2007b)에서는 처벌의 억제효과가 사회유대가 약한 사람에게서 더 나타난다는 연구결과를 제시하였다. 이성식의 사이버비행에 대한 연구(2008a)에서는 처벌 효과가 비록 주위 사람들과의 애착과 관여 같은 사회유대에 따라 차별적으로 작용하지는 않았지만 윤리의식이 낮은 청소년들에게서 더 크게 작용한다는 결과를 제시하였다.

이와 같은 논쟁은 처벌의 효과가 자기통제력이 높은 혹은 낮은 사람에게서 더 작용하는지의 관심을 불러오기도 하였다. Gottfredson과 Hirschi(1990)가 제시한 일반이론(일명 자기통제이론)은 낮은 자기통제력의 충동적인 성향의 아이들이 어려서부터 문제행동을 일으키고 그들이 비행을 저지르게 된다는 주장이 제시되었고, 큰 지지를 받아왔다(Pratt and Cullen, 2000; 이성식, 2005b). 물론 일반이론에 따르면 처벌과 같은 요인은 중요하지 않으며 어려서 형성된 안정적 개인성향으로서 자기통제력만이 주요 설명요인이라고 본다. 그런데 처벌 효과에 주목하였던 억제이론가들은 자기통제력을 다룸에 있어 처벌의 조건적 효과에 주목하였는데, 그에 대한 논의는 앞서 상반되는 두 입장이 있다. 즉 합리적 선택론에 따르면 처벌 효과는 충동적이지 않고 합리적으로 분별력이 있는 자기통제력이 높은 사람들이 처벌로 인한 손실을 더 고려하기 때문에 그들에게서 더 나타날 것이라고 볼 수 있다(Nagin and Porgasky, 2001). 하지만 잠정적 비행자론에 따르면 자기통제력이 높은 사람은 처벌과 관계없이 법을 준수하여 비행을 저지르지 않을 것이기 때문에 그들에게 처벌의 억제효과가 나타나지는 않은 반면, 자기통제력이 낮은 잠정적 비행자들에게서 그 효과는 더 작용한다고 볼 수 있다(Wright et al., 2004). 앞서 국내 연구에서 이성식의 약물사용 연구(2007b)에서는 처벌의 억제효과는 자기통제력이 낮은 잠정적 비행자들에게서 더 작용한다는 결과를 제시하였으나, 이후의 사이버비행 연구(2008a)에서는 처벌은 자기통제력에 관계없이 작동한다는 결과를 제시해 조건적 논의를 지지하지 못하였다.

한편 또 다른 논의로 세 번째 중도대상론의 입장에서는 위와 같은 두 입장의 논쟁에서도 알 수 있듯이 처벌의 억제효과는 사회유대가 높고 도덕적 신념과 자기통제력이 높은 사람에게서도 아니고, 또 사회유대가 낮고 도덕적 신념과 자기통제력이 낮은 사람에게도 작용하지 않고 중간 정도에 해당되는 사람에게서 작동할 가능성이 높다고 본다(Porgarsky, 2002). 사회유대, 도덕적 신념, 자기통제력이 높은 사람은 처벌 없이도 어차피 법을 준수하는 사람들이기 때문에 그들에게 처벌이 있고 없고가 중요하지는 않다. 그리고 사회유대와 도덕적 신념, 자기통제력이 낮은 잠정적 비행자들도 처벌과 관계없이 그 특성 때문에 비행 가능성이 높고 또한 그들에게 합리적 결정력에 결함이 있다고 본다면 그 이유에서라도 이 대상자들은 처벌에 의해 좌우되지는 않을 것이라고 볼 수 있다(신동준, 2009). 따라서 오히려 처벌 효과는 사회유대나 도덕적 신념, 자기통제력이 높지도, 낮지도 않은 중간 정도의 대상자에게 더 작동할 것이라는 주장이 제기되는데, 실제로 국내 연구를 보면 청소년 대상의 연구에서 김정규(2010)는 처벌의 억제효과는 도덕적 신념과 자기통제력에서 높지도, 낮지도 않은 보통의 일반대상자들에게서 더 나타난다는 결과를 제시해 중도 입장을 지지하였다.

III. 연구문제와 방법

1. 연구문제

이 연구는 청소년의 사이버비행에 있어서 공식처벌의 억제효과를 다루고자 한다. 이에 있어 기존의 많은 연구들이 처벌의 신속성, 확실성, 엄격성 중에서 확실성이 가장 중요하다고 밝히고 있는 점에서 확실성을 중심으로 그 영향력을 다루고자 하며, 처벌의 객관적인 영향력보다는 그 인지도를 중심으로 다룬다는 점에서 공식처벌의 확실성 인지도가 사이버비행을 잘 예측하는 설명요인이 되는지를 살펴보고자 한다. 우선 첫 번째 연구관심으로 억제이론에 따라 공식처벌의 확실성 인지도가 높을수록 사이버비행을 적게 할 것이며 공식처벌 확실성 인지도와 사이버비행과는 부(-)적 관계가 있을 것이라고 예측한다.

연구문제 1: 공식처벌 확실성 인지도가 사이버비행에 영향을 주는가?

그러나 두 번째 연구관심으로 기존 논의에서의 논쟁대로 처벌 효과를 사회유대요인들로 주위 사람들과의 유대 및 도덕적 신념 등과 비교해서 그 영향력은 어떠한지를 다룰 것이다. 아울러 일반이론에서의 자기통제력의 영향력과도 비교하여 청소년들이 주로 외적 통제인 처벌에 의해 통제되는지, 아니면 내적 통제에 의해 비행과 비행이 통제되는지를 살펴볼 것이다. 본 연구에서 다루는 독립변인들은 공식처벌 확실성 인지도와 아울러 주위 사람들과의 유대, 도덕적 신념, 그리고 자기통제력이다. 사회유대이론이나 일반이론에서는 처벌의 확실성이 아니라 각기 사회유대, 도덕적 신념 혹은 자기통제력이 비행 원인이 된다고 본다. 따라서 이 연구에서는 공식처벌 확실성 인지도는 과연 다른 사회유대 및 개인성향의 변인들이 포함될 때 영향력이 약해지는지를 살펴보기로 한다.

연구문제 2-1: 공식처벌 확실성 인지도는 주위 사람과의 유대와 비교해 사이버비행에 영향이 어떤가?

연구문제 2-2: 공식처벌 확실성 인지도는 도덕적 신념과 비교해 사이버비행에 영향이 어떤가?

연구문제 2-3: 공식처벌 확실성 인지도는 자기통제력과 비교해 사이버비행에 영향이 어떤가?

아울러 세 번째 연구관심은 공식처벌인지도의 조건적 가설의 검증으로, 공식처벌 확실성 인지도와 주위와의 유대, 도덕적 신념, 그리고 자기통제력과는 어떻게 상호작용효과를 갖는지를 살펴볼 것이다. 이 연구는 공식처벌의 억제효과가 조건적이라는 기존의 논의들을 검증함에 있어 합리적 선택론, 잠정적 비행자론, 중도대상론의 세 입장으로 나누어 다루기로 한다. 합리적 선택론에 따르면 주위와의 유대가 높은, 아울러 도덕적 신념이 높고, 자기통제력이 높아 처벌로 인한 손실을 판단할 능력이 높고 그것을 우려하는 청소년에게서 공식처벌의 억제효과는 강할 것으로 예측한다. 하지만 잠정적 비행자론에 따르면 처벌의 억제효과는 비행 가능성이 높은 잠정적 비행자들에게서 더 강하게 나타날 것으로 예측되는 바, 주위와의 유대가 낮고, 또 도덕적 신념 정도와 자기통제력이 낮은 청소년들에게 있어서 공식처벌 확실성 인지도가 높을수록 비행을 적게 할 것이라고 예측한다. 그러나 중도대상론에 따르면 처벌의 억제효과는 주위와의 유대가 높고 도덕적 신념과 자기통제력이 높은 청소년도 아니고, 또 낮은 청소년도 작용하지 않고 중간 정도에 해당되는 청소년에게서 나타날 가능성이 더 높다고 예측할 수 있다.

연구문제 3-1: 공식처벌 확실성 인지도는 주위 사람과의 유대, 도덕적 신념, 자기통제력이 높을 때 사이버비행에 영향을 주는가?

연구문제 3-2: 공식처벌 확실성 인지도는 주위 사람과의 유대, 도덕적 신념, 자기통제력이 낮을 때 사이버비행에 영향을 주는가?

연구문제 3-3: 공식처벌 확실성 인지도는 주위 사람과의 유대, 도덕적 신념, 자기통제력이 중간일 때 사이버비행에 영향을 주는가?

여기서는 주위사람과의 유대, 도덕적 신념, 그리고 자기통제력을 각각 하, 중, 상 세 정도로 나누고 하를 기반으로 하와 중의 비교와 하와 상의 비교를 위한 두 개의 더미화한 변인을 만들고, 이들 변인들과 공식처벌 확실성 인지도와의 상호작용효과를 살펴보기로 한다. 이때 합리적 선택론에 따르면 공식처벌 확실성 인지도와 다른 변인들의 하와 중 또는 하와 상의 비교 더미변인과의 상호작용효과에서 하보다는 중과 상에서 공식처벌인지도의 억제효과가 더 나타날 것이라는 점에서 부(-)적 부호로 작용할 것이라고 예측할 수 있다. 하지만 잠정적 비행자론에 의하면 그 반대로 중과 상보다는 하에서 공식 처벌 확실성 인지도의 억제효과가 나타날 것이라는 점에서 그 상호작용효과의 부호는 정(+)적일 것으로 예측할 수 있다. 하지만 중도대상론에 따르면 다른 변인들의 정도가 중간일 때 억제효과가 클 것이기 때문에 하와 상의 비교 더미변인과의 상호작용효과는 크게 유의미하지 않지만 하보다는 중에서 억제효과가 나타날 것이라는 점에서 하와 중간의 비교 더미변인과의 상호작용효과에서 그 부호가 부(-)적으로 작용할 것이라고 예측할 수 있다.

본 연구에서 종속변인으로는 사이버비행의 의도를 사용하기로 한다. 기존 연구에서 처벌인지도의 영향력이 낮았던 이유는 처벌과 비행의 인과관계를 정확히 다루지 못한 방법론적 문제라는 지적이 있는데, 횡단적 자료를 사용할 경우 처벌인지도는 현재시점에서, 그리고 비행은 지난 일 년 동안의 경험으로 다루기 때문에 이럴 경우 독립변인과 종속변인의 시점이 달라 정확한 인과관계를 파악하기 어렵다는 것이다. 그렇다고 종단적 연구자료를 사용할 경우 인과관계를 잘 정립할 수는 있지만 1차 조사와 2차 조사시점에서 시간적 간격이 있을 경우 처벌과 비행 사이에 발생하는 즉각적인 상황적인 인과관계를 파악하기 어렵다는 지적이 있어 비행의도를 통해 파악하는 것이 바람직하다는 주장이 있다. 실제로 그러한 연구설계로 비행의도를 통해 분석한 기존 연구에서는 처벌인지도가 비행억제에 영향을 준다는 결과가 있는데(Klepper and Nagin, 1989; Decker et al., 1993; 이성식, 2008a), 이러한 점에서 본 연구는 횡단적 연구자료를 사용함에 있어서 사이버비행 의도를 종속변인으로 하여 분석하기로 한다.

2. 연구방법

이 연구를 위해 2007년도 서울시에 재학중인 남녀 중학생을 대상으로 설문조사한 자료를 사용하기로 한다. 청소년비행의 주 연구대상 연령층은 과거에 비해 점차 낮아지고 있고, 더구나 인터넷이용에서 중학생이 주 이용층이라는 점에서 본 연구는 중학생을 연구대상으로 하였다. 조사는 6월 4주간에 걸쳐 실시하였는데, 조사를 위해 서울시 중학교 목록에서 비율에 따라 남학교 1개, 여학교 1개, 남녀공학교 4개 학교를 선정하였고, 선정된 학교에서 세 학급씩을 무작위로 선정하고 학급생 전원을 조사하여 학교별로 100여 명씩을 조사하는 계획을 세웠다. 이러한 과정에서 총 576명이 최종 조사대상으로 선정되었다.

본 연구의 주 독립변인으로 처벌의 확실성 인지도는 "사이버비행으로 처벌받을 것 같지 않다"의 한 문항을 사용하여 "전혀 그렇지 않다"에서 "매우 그렇다"에 이르는 5점 척도에 응답하도록 하였고 최종적으로 역으로 재부호화하였다.

조건적 변인으로 주위 사람과의 유대는 기존 Hirschi가 제시한 애착 정도보다는 사이버비행을 저지르게 될 경우 주위 사람과의 관계에서 나타날 손실을 중심으로 측정하였는데, "내가 만약 사이버비행을 저지른다고 할 때 부모님과의 관계에 문제가 있지 않을까 걱정된다", "내가 만약 사이버비행을 저지른다고 할 때 선생님과의 관계에 문제가 있지 않을까 걱정된다", "내가 만약 사이버비행을 저지른다고 할 때 친구들과의 관계에 문제가 있지 않을까 걱정된다" 등의 세 문항을 질문하고 5점 척도에 응답하도록 하였다(alpha=.943).

도덕적 신념은 "사이버비행은 옳지 않은 행동이다", "인터넷에서는 예절을 갖추고 행동해야 한다", "사이버공간에서는 다른 사람의 자유와 권리를 침해하지 말아야 한다", "사이버공간에서는 표현의 자유가 중요하더라도 그것이 다른 사람에게 해가 된다면 하지 말아야 한다" 등 사이버윤리의식에 해당하는 네 문항을 질문하고 5점 척도에 응답하도록 하였다(alpha=.862).

자기통제력은 기존의 연구에 의거하여(Grasmick et al., 1993), 충동성, 위험추구성, 현재지향성 등을 나타내는, 예컨대 "나는 충동적으로 행동하는 경우가 많다"와 같은 아홉개의 질문에 "전혀 그렇지 않다"에서 "매우 그렇다"에 이르는 5점 척도에 응답하도록 하였고 최종적으로는 역으로 재부화하였다(alpha=.880).

종속변인으로 사이버비행의도는 앞으로 사이버비행의 행동을 하겠는지의 행동의도 한 문항을 질문하고 5점 척도에 응답하도록 하였다.

본 연구의 통제변인으로 사회배경변인으로는 응답자의 성별과 연령을 사용하기로 한다.

IV. 분석결과

우선 <표 1>의 조사 대상자의 사회배경적 특성을 살펴보면 성별의 경우 남학생이 262명으로 45.5%를, 여학생이 314명으로 54.5%를 차지해 성별분포는 여학생이 다소

<표 1> 주요 변인들에 대한 기술통계분석결과

		명	%	평균	표준편차	범위
성별	남성	262	45.5			
	여성	314	54.5			
연령				13.353	0.948	11-16
처벌확실성인지				3.710	1.081	1-5
주위손실인지				11.366	3.423	3-15
도덕적신념				15.302	3.744	4-20
자기통제력				30.703	7.528	9-45
사이버비행의도				1.794	1.096	1-5

많았다. 조사 대상자의 연령은 11세에서 16세까지 분포되었는데, 그중 13세가 243명(42.2%)으로 가장 많았고 평균연령은 13.353세이었다.

본 연구에서 다룰 주요 독립변인으로 공식처벌의 확실성 인지도는 1-5점 범위에서 평균값이 3.710으로 처벌의 인지도가 높았다. 사회유대요인으로 주위 사람들과의 손실인지는 3-15점 범위에서 평균값이 11.366으로, 사이버비행 예상시 주위 사람들과의 유대손실 인지도가 높은 편인 것으로 나타났다. 사이버비행에 대한 윤리의식으로 측정한 도덕적 신념의 경우도 4-20점의 범위에서 15.302로 응답자는 대체로 사이버비행이 옳지 않다는 태도를 갖는 것을 제시하였다. 응답자들의 자기통제력은 9-45 범위에서 평균값이 30.703으로 높은 것으로 나타났다. 본 연구에서 종속변인으로 다룰 사이버비행의 의도의 경우 1-5 범위에서 1.794로 응답자 상당수가 의도가 낮은 것으로 나타났다.

본 연구에서 관심을 갖고 있는 첫 번째 연구문제로 공식처벌의 억제효과에 관한 다중회귀분석의 결과를 보면 우선 <표 2>에 제시된다. 사회배경변인들을 통제변인으로 하고 독립변인을 공식처벌 확실성 인지도로 하였을 때의 결과를 보면 공식처벌의 확실성 인지도는 사이버비행의도에 $p<.001$수준에서 부(-)적으로 유의미한 영향력을 갖는다는 것을 나타냈다. 즉 공식처벌의 확실성을 인지할수록 사이버비행의도는 낮아 억제효과를 갖는다는 결과를 제시하였다. 사회배경변인으로 남성은 $p<.05$수준에서 사이버비행 의도가 더 높은 것을 제시하였으나 연령은 유의미한 영향력을 갖지 못하였다.

두 번째 연구문제로 공식처벌의 확실성 인지도는 주위 사람과의 유대, 도덕적 신념, 그리고 자기통제력 등 다른 이론들의 변인들을 함께 고려할 때 과연 영향력이 약해지는

<표 2> 공식처벌의 억제효과에 대한 다중회귀분석결과

	종속변인	
	사이버비행의도	
독립변인	b	β
남성	.180*	.081
연령	-.028	-.023
처벌확실성인지	-.434***	-.428
R제곱	.187	
F값	37.682***	

* p<.05; ** p<.01; *** p<.001

<표 3> 공식처벌 및 다른 이론요인들의 영향력에 관한 다중회귀분석결과

	종속변인	
	사이버비행의도	
독립변인	b	β
남성	.088	.040
연령	-.016	-.014
처벌확실성인지	-.316***	-.312
도덕적신념	-.045***	-.156
자기통제력	-.025***	-.174
R제곱	.324	
F값	37.779***	

* p<.05; ** p<.01; *** p<.001

지의 기존 논의들을 검증하기 위해 요인들을 함께 고려한 다중회귀분석의 결과는 <표 3>에 제시된다. 그 결과를 보면 다른 변인들을 고려할 때 처벌의 억제효과가 줄어든다는 기존 논의와 달리 처벌 확실성의 인지도가 $p<.001$ 수준에서 매우 높게 부(-)적으로 영향력을 가져 억제이론을 지지하였으며 표준화된 회귀계수가 -.312로 오히려 처벌의 억제효과가 다른 변인들의 영향력보다 크다는 것을 나타낸다. 다른 변인들 역시 모두 $p<.001$ 수준에서 사이버비행의도에 부(-)적인 영향력을 나타내 주위손실 인지도가 높을수록, 도덕적 신념이 높을수록, 자기통제력이 높을수록 사이버비행의도가 낮다는 결과를 제시하였는데, 표준화된 회귀계수를 보면 영향력은 주위유대손실, 자기통제력, 도

<표 4-1>공식처벌과 주위손실과의 상호작용효과를 위한 다중회귀분석결과

	종속변인	
	사이버비행의도	
독립변인	b	β
남성	.105	.047
연령	.006	.005
처벌확실성인지	-.357***	-.352
주위손실(중)	-.430**	-.183
주위손실(상)	-.525***	-.237
처벌*주위손실(중)	.050	.020
처벌*주위손실(상)	.232*	.109
R제곱	.362	
F값	39.553***	

* p<.05; ** p<.01; *** p<.001

<표 4-2> 공식처벌과 도덕적 신념과의 상호작용효과를 위한 다중회귀분석결과

	종속변인	
	사이버비행의도	
독립변인	b	β
남성	.138	.062
연령	-.014	-.012
처벌확실성인지	-.383***	-.377
도덕적신념(중)	-.321*	-.146
도덕적신념(상)	-.931***	-.411
처벌*도덕적신념(중)	.091	.044
처벌*도덕적신념(상)	.273*	.134
R제곱	.279	
F값	26.826***	

* p<.05; ** p<.01; *** p<.001

덕적 신념 순이었다.

본 연구에서 관심을 갖는 공식처벌의 조건적 효과에 대한 기존의 세 입장을 검증하기 위한 분석결과는 <표 4-1>부터 <표 4-3>에 제시된다. 여기서는 앞서 언급한대로 주

<표 4-3> 공식처벌과 자기통제력과의 상호작용효과를 위한 다중회귀분석결과

	종속변인	
	사이버비행의도	
독립변인	b	β
남성	.141	.064
연령	-.031	-.025
처벌확실성인지	-.379***	-.374
자기통제력(중)	-.555***	-.252
자기통제력(상)	-.637***	-.194
처벌*자기통제력(중)	.225*	.111
처벌*자기통제력(상)	.222	.082
R제곱	.243	
F값	21.784***	

* p〈.05; ** p〈.01; *** p〈.001

위유대손실, 도덕적 신념, 그리고 자기통제력을 각각 하, 중, 상 세 정도로 나눠 새롭게 코딩화하고 하를 기반으로 중과 상의 더미화한 변인을 만들고, 이들 변인들과 공식처벌 확실성 인지도와의 상호작용효과를 살펴보기로 한다.

먼저 처벌 확실성 인지도와 주위유대손실과의 상호작용효과를 살펴본 <표 4-1>의 결과에 의하면 처벌 확실성 인지도와 주위손실(중)과의 상호작용효과는 유의미하지 않았지만 처벌 확실성 인지도와 주위손실(상)과의 상호작용효과는 p<.05 수준에서 정(+)적으로 유의미한 것으로 나타났다. 즉 이 결과는 처벌의 억제효과는 주위유대손실의 인지도가 낮은 잠정적 비행 가능성이 높은 청소년에게서 더 크다는 결과를 제시한다.

<표 4-2>는 처벌 확실성 인지도와 도덕적 신념간의 상호작용효과의 분석결과를 제시한다. 그 결과를 보면 앞의 경우와 마찬가지로 처벌 확실성 인지도와 도덕적 신념(중)과의 상호작용효과는 유의미하지 않아 처벌의 효과가 도덕적 신념의 정도가 중간인 청소년은 낮은 청소년과 유의미한 차이는 없었다. 하지만 처벌 확실성 인지도와 도덕적 신념(상)과의 상호작용효과의 경우는 그 관계가 정(+)적으로 p<.05 수준에서 유의미하였는데, 이 결과는 도덕적 신념이 높은 청소년보다는 그 정도가 낮은 청소년에게서 공식처벌의 억제효과가 더 나타난다는 것으로, 이 또한 잠정적 비행자론을 지지하는 것을 제시한다.

마지막으로 <표 4-3>은 처벌 확실성 인지도와 자기통제력 간의 상호작용효과의 분

석결과를 제시한다. 그 결과는 오히려 처벌 확실성 인지도와 자기통제력(상) 간의 상호작용효과는 유의미하지 않았으나 처벌 확실성 인지도와 자기통제력(중) 간의 상호작용효과는 $p<.05$ 수준에서 유의미한 것으로 나타났다. 그런데 그 부호는 정(+)적인 방향을 보여 자기통제력이 중간인 청소년보다 낮은 청소년에서 더 억제효과가 나타난다는 결과를 제시해 잠정적 비행자론을 지지하였다. 실제로 처벌 확실성 인지도와 자기통제력(상)간의 상호작용도 $p<.10$ 수준에서는 유의미하였는데 자기통제력이 높은 청소년보다 낮은 청소년에서 다소 더 억제효과가 나타난다는 결과를 제시하였다.

V. 결론

이 연구는 새로운 사회현상으로 청소년의 사이버비행에 대해 갖는 공식처벌의 억제효과를 살펴보려고 하였었다. 기존 오프라인 현실의 비행연구들에서는 공식처벌의 효과가 다른 이론들의 변인들과 함께 다루었을 때 한계가 있었다는 결과들이 많았지만 본 연구에서는 처벌의 확실성 인지도가 높은 청소년이 사이버비행의도가 낮다는 결과를 제시하였다. 이 결과는 실제로 사이버비행이 낮은 처벌과 발각성 때문에 일어나며, 사이버공간에서의 처벌이 논란이 있기는 하지만 그것을 강화할 경우 어느 정도 효과가 있을 것이라고 제시한다. 그리고 처벌의 억제효과는 오히려 주위 사람들과의 유대, 도덕적 신념, 그리고 자기통제력보다도 큰 것으로 나타나 억제이론의 논의를 지지하였다. 물론 본 연구결과는 주위 사람들과의 유대, 도덕적 신념, 그리고 자기통제력의 영향력도 $p<.001$ 수준에서 유의미하여 사이버비행이 공식통제 이외에 비공식통제 및 내적 통제에 의해 억제될 수 있다는 점을 나타내 사회유대이론 및 일반이론의 논의도 지지된다는 것을 제시하였다.

이 연구에서 가장 주목하였던 점은 공식처벌의 억제효과가 다른 이론의 변인들에 따라 조건적인지를 알기 위해 합리적 선택론, 잠정적 비행자론, 중도대상론의 세 입장을 제시하고 검증하는 것이었다. 본 연구에서는 공식처벌과 주위유대손실, 도덕적 신념, 자기통제력과의 상호작용효과의 결과에서 처벌의 억제효과는 주위유대손실 및 도덕적 신념, 자기통제력이 낮은 청소년에게서 더 나타난다는 결과를 제시해 합리적 선택론이나 중도대상론보다는 잠정적 비행자론이 더 설득력이 있다는 것을 알 수 있었다.

이러한 결과는 사이버비행의 경우 처벌이 어느 정도 효과적인 제재 수단이 될 수 있음을 제시한다. 이는 이전부터 존재해 온 비행의 경우 처벌의 억제효과가 미약할 수 있는 반면 새로운 현상의 비행이라는 점에서 그러한 새 비행현상에 단호히 대처할 때 효과가 있을 수 있음을 제시한다. 그렇지만 처벌 정책은 억제효과만으로 실행될 수는 없어서 신중히 모색되어야 할 것이다. 더구나 조건적 효과의 결과로 볼 때 처벌의 억제효과는 잠정적 비행자의 청소년들에게서 더 작용할 수 있다는 것을 알 수 있었는데, 그와 같은 처벌정책은 일반학생들이 아닌 비행 가능성이 높은 위험한 청소년들에게 적용되어야 하며, 이는 모든 일반 청소년보다는 위험 청소년 혹은 보호관찰 등의 대상자에게 처벌의 위협을 알리는 방안이 필요하다고 제시한다. 아울러 이 결과는 처벌도 중요하지만 이들에 대한 사회유대의 형성 및 도덕적 윤리교육, 자기통제력의 강화 등이 우선적으로 필요할 수 있음을 나타내기도 한다.

이 연구는 실제 사이버비행보다 사이버 비행의도를 사용하였다는 점에서 어느 정도 한계를 갖는다. 처벌의 억제력을 살펴볼 때는 인과관계를 명확히 해야 한다는 점에서 비행의도의 사용이 더 타당하지만, 기존 이론들의 요인들, 즉 사회환경이나 성향의 영향력을 살펴볼 때에는 다소 한계가 있기 때문이다. 즉 이 변인들의 영향력의 경우 비행 경험을 직접 다루는 것이 비행의도를 사용하는 것보다는 더 타당하다고 볼 수 있기 때문에 결과 해석에 주의를 요한다고 볼 수 있다. 하지만 사회심리학 연구에서 행동의도가 행동의 가장 중요한 예측변인이라고 한다면 사이버비행을 예측하는 데 본 연구결과가 큰 문제가 없다고 할 수 있다. 차후에는 시나리오 상황연구 등 보다 체계적인 연구설계를 바탕으로 청소년 및 성인들을 대상으로 하는 연구가 지속적으로 논의되었으면 하는 바람이다.

사이버공간에서의 익명성이 언어폭력에 미치는 영향에서의 경로모형과 검증

Ⅰ. 서론

정보화의 진전으로 인터넷을 통한 사이버공간은 청소년들에게 중요한 생활의 장이 되고 있다. 그러나 정보화 역기능의 하나로 사이버공간상에 청소년들의 비행은 급속히 증가하는 것으로 파악되고 있으며, 그 심각성의 우려도 높다. 최근 이러한 문제 확산으로 사이버공간상에서 일어나는 청소년들의 비행행동에 대한 실태나 원인과 대책에 대한 관심이 높아가고 있다. 그 중 다른 여러 비행유형보다도 우리는 사이버공간에서 난무하는 욕설, 비방, 심지어 위협에 이르는 언어폭력을 많이 목격하게 된다. 사이버공간에서는 현실에서 규정된 사회적 지위나 성, 인종에서 벗어나 차별이나 제약 없이 누구나 평등하게 토론에 참여하고 의견을 나눌 수 있다. 더구나 익명성이 보장되는 공간에서는 텍스트만이 제공되기 때문에 면 대 면 상황보다는 더욱 자유롭게 능동적이고 적극적으로 자신의 의견을 개진할 수 있게 된다. 그러나 사이버공간이 지니는 이러한 이점에도 불구하고 사이버공간에서 익명성의 보장이 게시판, 채팅, 이메일 공간에서 비이성적이고 즉흥적으로 아무 글이나 띄우는 것을 조장할 수 있고, 또 인신공격, 욕설, 비방 등을 일삼게 한다는 우려가 높다.

사이버공간에서의 익명성은 사이버상의 언어폭력의 원인이 되는가? 최근 이에 대한 관심이 국외는 물론 국내 연구에서도 있어 왔다(Lea et al., 1992; Thompsen, 1996; 최영, 이종민, 김병철, 2002; 이철선, 2003). 이 연구는 사이버공간에서 일어나는 청소년들의 언어폭력의 원인을 파악함에 있어 익명 상황을 그 원인으로 다루려고 하며, 그리고 익명의 상황은 어떠한 이유로 사이버언어폭력에 영향을 줄 수 있는지를 기존 이론과 논의들을 통해 살펴보려고 한다. 여기서는 익명 상황의 영향에 관한 여러 다양한 입장을 통해 사이버언어폭력을 설명하기 위한 통합적인 연구모형과 가설을 제시하고, 이를 경험연구를 통해 검증하는 데 주목하고 있다.

II. 이론적 논의

1. 익명성의 효과에 대한 논의들

사이버공간에서 익명 상황은 게시판, 채팅 등에서 상대에게 욕설을 하고 인식공격을 하는 등의 언어폭력의 가능성을 높인다고 주장되고 있다. 대면 상황에선 그럴 가능성이 낮지만 자신의 신체와 신분이 노출되지 않는 익명 상황에선 사이버상의 욕설, 비방, 명예훼손 등의 행동이 쉽게 일어날 수 있다는 것이다. 익명 상황은 어떠한 이유로 언어폭력의 가능성을 높이는 것인가? 가장 많이 언급되는 이론으로는 몰개성화이론(Zimbardo, 1969; Kiesler, 1984)이 있다.

Le Bon의 군중연구에서 흥분한 군중 속에 파묻혀 있게 되는 경우 자신이 드러나지 않음으로 인해 과격한 행동을 쉽게 할 수 있다고 하듯이, 몰개성화이론에 따르면 익명의 상황에 놓이게 될 때 사람들은 내적으로 구속됨이 없이 탈억제되어 공격적인 언행을 하게 된다고 주장된다. Zimbardo(1969)가 그러한 몰개성화의 주장을 제시한 이래 사이버공간에서의 익명성이 과연 어떠한 이유로 탈억제된 현상을 유발하는지에 연구가 제시되었다. 예컨대 Prentice-Dunn과 Rogers(1982)에 따르면 익명 상황은 '공적 자아의식'과 또한 '사적 자아의식'의 작용을 감소하게 만듦으로써 몰개성화와 탈억제를 촉진한다고 보았다.

사람들은 남을 의식하는 공적 자아의식이 높을 때 규범적인 행동을 한다. 그런데 익명 상황에서는 자신의 얼굴은 물론 신분이 노출되지 않게 됨으로 해서 남의 눈을 의식하지 않고 탈규범적으로 자유롭게 행동하게 될 수 있다. 즉 익명 상황에서는 소위 남의 시선을 의식하지 않는 공적 자아의식이 감소하게 되는데, 이러한 이유가 무책임하고 반규범적인 행동의 가능성을 높인다고 볼 수 있다.

몰개성화이론에 따르면 익명의 상황에서는 공적 자아의식의 감소와 아울러 사적 자아의식도 감소하게 됨으로 평소 해서는 안 된다고 생각하는 내적인 사회금기와 제약으로부터 벗어나 사회규범 의식이 약화되고, 자신이 평소 생각해왔던 내적 기준과 달리 자기조절 없이 절제되지 않은 행동을 할 수 있다. 즉 익명 상황은 개인으로 하여금 사회금기와 제약으로부터 벗어나게 하고, 내적 규제와 감정조절도 어렵게 하여 욕구와 충동을 통제하지 못하고 방출하게 만들 수 있다(Postmes and Spears, 1998).

한편 또 다른 논의로 사회실재감이론 그리고 사회적 단서결여이론에서는 사이버공간에서의 대화는 면 대 면 대화의 경우와 달리 상대가 텍스트 상에서만 존재하기 때문에 사회실재감이 매우 낮고(Short et al., 1976), 아울러 사이버 상에서는 대화자의 외모, 지위, 그 밖의 비언어적 사회단서가 부족하여 언어폭력의 가능성을 높인다고 본다. 이 이론에서는 사이버공간의 익명 상황에서는 비인격화된 의사소통이 이루어지기 쉽고, 상대를 덜 인지하게 되고, 상대를 덜 친밀하게, 그리고 더 업무적으로 만나게 된다고 강조한다.

사회적 맥락의 단서가 강한 상황에서는 통상 의사소통의 양식은 타자 중심적이 되고, 자기통제적인 경향을 보인다. 그렇지만 사회적 맥락의 단서가 제한적일 때에는 상대를 덜 인지하여 사람들의 행동은 자기중심적이고, 사회규범의 영향력이 약화되어, 규제되지 않은 행동의 가능성이 높다고 주장한다(Kiesler et al., 1984). 사이버공간의 익명의 상황에서는 사회실재감의 부족으로 타자의 상실로 언어폭력을 할 때 상대가 고통을 받는 모습을 덜 인지하게 됨으로 해서 큰 죄책감 없이 그 행동을 할 수도 있다. 이처럼 사회실재감과 사회단서 부족을 이유로 사이버공간의 익명 상황에서는 언어폭력의 가능성이 높을 수 있다.

사이버공간에서의 익명의 상황에서는 자신의 신체와 신분이 노출되지 않음으로 인해 발각의 위험이 낮기 때문에 공식처벌의 두려움이 작용하지 않게 된다. 억제이론가 혹은 합리적 선택이론가들은 사람들의 행동이 처벌의 정도, 특히 얼마나 발각이 되는지의 확실성의 정도에 의해 설명될 수 있을 것이라 보았는데(Gibbs, 1975; Tittle, 1980), 익명 상황에서는 실명의 경우와 달리 발각과 처벌의 가능성이 낮아 자신의 반규범적 행동을 큰 두려움 없이 표출할 수 있다.

아울러 익명 상황의 경우 자신의 언행에 대한 상대로부터 물리적 보복이 없다는 사실이 사이버상의 언어폭력을 야기할 수도 있다. 폭력의 경우 상대의 힘이 어느 정도인가에 따라 폭력 여부가 결정되기도 한다. 합리적 선택이론에서 보면 상대의 힘이 커서 반격이 우려될 때 손실의 작용으로 아무리 화가 나도 폭력을 망설이게 된다. 그렇지만 상대가 신체적으로 작거나 물리적 보복의 우려가 없을 때 거리낌 없이 폭력을 행사할 수 있다(Felson, 1996). 사이버공간은 상대와 면 대 면이 아닌 상황이기 때문에 그럴 염려가 없기 때문에 언어폭력의 가능성은 높은데, 특히 익명의 상황에서는 물리적 손해나 보복의 위험이 더 적다는 점에서 언어폭력의 가능성은 더욱 높을 것이다.

2. 익명의 영향력을 부정하는 입장

사이버공간의 익명 상황은 반드시 반규범적이고 자기조절이 불가능한 행동을 유발하는 것은 아니라는 주장이 있다. 익명 상황에서는 공적 자아의식과 사적 자아의식이 모두 낮아질 것이라는 몰개성화이론과 달리, 자아의식이론에서는 공적 자아의식의 경우는 몰라도 비대면 대화의 상황에서는 오히려 대면적 상황에서보다 사적 자아의식이 높아진다고 주장한다(Matheson and Zanna, 1988). Matheson과 Zanna(1988)은 공적 자아와 사적 자아는 수직적이어서 한쪽이 높으면 다른 쪽은 낮아진다고 하면서, 익명 상황으로 공적 자아의 감소가 일어나면서 사적 자아는 높아진다고 보았는데, 그럼으로 인해 익명 상황은 남의 시선에 신경 쓰지 않고, 오히려 자신의 내적 소신과 태도대로 행동하게 만들고, 또 자신을 솔직하게 표출하며, 자기조절을 할 수 있도록 한다는 주장을 제기하였다.

한편 사회정체성이론에서는 익명 상황이 반규범적 행동을 야기하거나 개인적 정체성을 노출하기보다는 오히려 집단의 정체성을 활성화시킴으로 해서 집단의 규범에 동조한다고도 보고 있다(Reicher et al., 1995; Postmes et al., 2001). 즉 익명 상황으로 자기존재의 정체성을 상실하지만 사이버공간 속에서 특정 집단에 소속되어 있는 경우는 집단의 규범에 따라 행동한다는 것이다. 따라서 그 집단에서 보면 익명 상황은 반규범적 행동보다는 집단동조 등의 행동을 야기한다고 주장된다.

공격적인 언어폭력은 반드시 익명 상황에서 발생하는 것이 아니라 그때그때의 상황적 맥락의 특정한 규범에서 비롯된다는 주장이 있다(Lea et al., 1992; Postmes and Spears. 1998). 예컨대 서로 비난하는 특정 상황에서는 실명이라 하더라도 상대의 비난에 비난과 폭언으로 대응하게 되며, 또 반대로 비난과 공격이 없는 대화의 분위기의 장에서는 자신이 익명의 상황에 처한다고 해도 언어폭력을 하지는 않는다는 것이다. 즉 익명성보다는 언어폭력과 관련하여 참여하는 사이트의 성격과 상황이 어떠한가가 중요하다고 볼 수 있다.

Fulk와 동료들의(1990) 사회적 영향모형에서는 사회실재감이론의 사이버공간의 익명 상황과 같은 기술적 특성에 주목하기보다는 사회환경의 영향력, 그리고 그에 대한 개인의 해석을 강조하였는데, 예컨대 사이버공간, 혹은 집단의 규범이나 모방학습 등의 요인을 강조하였다(Thompsen, 1996). 이 입장에서 본다면 토론과정에서 규범이나 문화가 공격적이거나 비난일색일 때 그러한 규범을 관찰, 학습하고, 그 영향으로 거리낌 없이 받아들이는 것이 오히려 언어폭력의 주요 원인이라고 할 수 있다.

따라서 사이버언어폭력에 자주 접하고 그러한 영향으로 사이버상의 언어폭력이 크게 나쁜 것은 아니라고 생각하는 사람들이 언어폭력을 하게 될 가능성이 높다고 볼 수 있다. 반대로 상대를 공격, 비난하는 행동이 옳지 않고 나쁘다고 생각하는 사람들은 익명의 상황과 관계없이 상대에게 언어폭력을 하지 않을 것이다. 이처럼 익명상황이 아니라 사이버공간의 문화규범과 사회영향으로 인해 언어폭력에 대해 갖고 있는 개인의 주관적 태도가 중요한 요인일 수 있다.

Ⅲ. 연구모형과 방법

1. 연구모형

이 연구는 기존의 논의들에 근거하여 사이버상의 익명상황이 과연 사이버언어폭력의 원인이 되는가의 연구모형을 구성하고 검증하는 데 목적을 두고 있다. 본 연구의 모형은 <그림 1>과 같다.

몰개성화이론의 논의에서처럼 사이버공간에서의 익명성은 공적 자아의식을 낮출 것이라고 예측한다. 그리고 흔히 자신의 행동으로 결과될 타인의 반응이 부정적이어서 비난이 있을 것을 예상하고, 혹은 그로인해 수치심을 느낄 것으로 기대될 때 위반행동을 삼가게 된다(Scheff, 1988; 이성식, 1995). 그런데 익명 상황에서 공적 자아의식이 낮은 청소년은 다른 사람을 덜 의식하고 위반행위로 결과될 예상되는 타인의 부정적 반응이나 그로 인한 수치심의 작용이 낮음으로 인해 언어폭력의 가능성이 높을 것이라고 볼 수 있다. 즉 익명성의 영향은 공적 자아의식에 의해, 그리고 공적 자아의식의 언어폭력에 대

<그림 1> 사이버공간에서의 익명성이 언어폭력에 미치는 영향의 모형

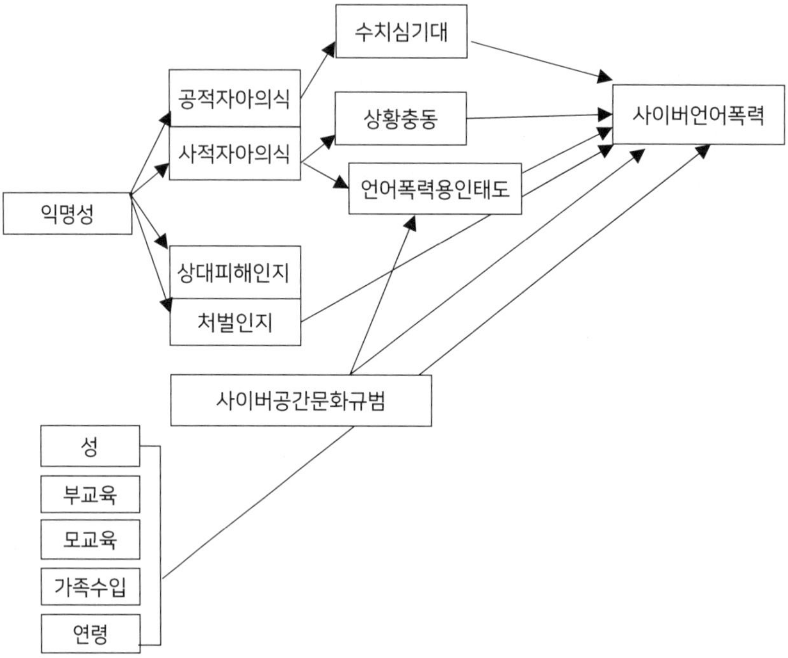

한 영향력은 예상되는 수치심의 기대 작용에 의해 매개될 것이라고 예측한다.

사이버공간에서의 익명성은 또한 사적 자아의식을 낮출 것이라고 예측한다. 자아의식이론에서는 익명의 상황이 사적 자아의식을 높인다고도 하지만, 여기서는 몰개성화의 논의에서처럼 사이버공간의 익명의 상황에 있는 청소년들은 사적 자아의식이 낮을 것이라고 본다. 그리고 낮은 사적 자아의식의 청소년은 언어폭력을 금기하는 내적 규범의식이 약화되고, 또 한편으로는 자기조절됨이 없이 충동적이고 절제되지 않게 됨으로 인해 언어폭력을 하게 될 가능성이 높을 것이라고 본다(Postmes and Spears, 1998). 즉 사적 자아의식의 언어폭력에 대한 영향력은 언어폭력에 대한 허용적 태도와 사이버공간상의 상황충동성의 작용에 의해 매개될 것이라고 예측한다.

사이버공간에서의 익명의 상황에서는 사회실재감이론의 주장과 같이 상대를 덜 인지하고 덜 친밀하게 생각하게 됨으로 해서 자신의 언어폭력으로 결과될 상대의 고통이나 피해를 덜 인지하게 만듦으로써 언어폭력의 가능성을 높인다고도 볼 수 있다.

아울러 사이버공간에서의 익명성은 예상되는 발각, 처벌가능성의 인지도의 약화를 가져올 것으로 예측한다. 따라서 언어폭력으로 인해 발각과 처벌이 약할 것이라고 예상하는 청소년들이 언어폭력을 하게 될 가능성이 높을 것이라고 본다.

한편 익명성과는 독립적으로 청소년들이 평소 방문하는 사이트 게시판이나 채팅방 등에서의 언어폭력의 수용도나 문화규범이 청소년들이 평소 언어폭력에 대해 갖는 태도에 영향을 줄 것으로 볼 수 있다. 즉 익명상황에서의 낮은 사적 자아의식의 영향 이외에 그러한 사이버상의 문화의 영향이 또 다른 경로로 독립적으로 혹은 청소년의 언어폭력에 대한 태도에 영향을 주어 언어폭력을 설명할 것이라고 본다.

한편 기존 폭력연구에서 보면 여성보다는 남성이, 그리고 하층의 청소년들이 폭력을 더욱 저지르게 된다고 하는데(Heimer, 1997), 사이버언어폭력의 경우도 남자가, 그리고 하층 청소년들이 하게 될 가능성이 더 높을 것이라는 점에서 여기서는 이들 변인을 통제변인으로 다루기로 한다. 아울러 사이버언어폭력의 가능성은 연령에 따라서도 다를 것이라고 볼 수도 있다. 연령이 많은 매체경험이 많은 사람보다 초보자가 인터넷 규범을 모르고 자신의 주장만을 펼치다가 언어폭력을 하게 될 가능성이 많다고 볼 수 있기 때문이다(Thompsen, 1996). 따라서 이 연구에서는 연령을 또 다른 예측변인이자 통제변인으로 사용하기로 한다.

2. 연구방법

본 연구모형의 검증을 위해 조사 연구대상자는 서울에서 학교를 다니는 남녀 중, 고등학생으로 한다. 중학교의 경우 1개의 남학교, 1개의 여학교, 4개의 남녀공학 학교를 선정하고, 고등학교의 경우 남학교 3개와 여학교 3개를 무작위로 선정하였다. 선정된 12개 학교에서는 각각 1, 2, 3학년 한 학급씩을 무작위로 선정하여 학급 학생 전원에게 설문에 응답하도록 하는 방식을 취하는데, 한 학급당 30여 명씩 총 1,113명을 조사분석 대상으로 선정하였다. 조사는 2003년 6월 15일부터 2주간에 걸쳐 실시하였다.

본 연구의 주요 독립변인 및 매개요인들로 먼저 익명성은 인터넷 게시판이나 채팅, 토론방에서 주로 실명을 사용하는지를 질문하고 "전혀 그렇지 않다"에서 "거의 그렇다"에 이르는 5점 척도에 응답하도록 하고 역으로 부호화하였다.

공적 자아의식은 인터넷 게시판이나 채팅, 토론방에서 "나는 남들에게 어떻게 보여지는가에 신경을 쓴다", "상대나 다른 사람이 나에게 어떤 반응을 보일까를 많이 생각한다". "나는 남들에게 좋은 인상을 심어 주려고 한다", "나는 상대방의 나에 대한 평가에

민감한 편이다"의 네 문항을 질문하고 "전혀 그렇지 않다"에서 "거의 그렇다"에 이르는 5점 척도에 응답하도록 하였다(alpha=.792).

사적 자아의식은 인터넷 게시판이나 채팅, 토론방에서 "나는 내 주관과 생각대로 말한다", "나는 내자신에 대해 많이 생각하는 편이다", "나는 나 자신을 알려고 노력한다", "나는 내안의 느낌과 감정이 무언지 신경을 쓴다"의 네 문항을 질문하고 "전혀 그렇지 않다"에서 "거의 그렇다"에 이르는 5점 척도에 응답하도록 하였다(alpha=.763).

사이버언어폭력을 할 때 기대되는 수치심은 "내가 상대에게 욕이나 비방을 한다면 상대나 다른 사람에게 창피해질 것 같다"의 한 문항을 질문하고 "전혀 그렇지 않다"에서 "거의 그렇다"에 이르는 5점 척도에 응답하도록 하였다.

사이버공간상에서의 상황충동성을 위해서는 인터넷 게시판이나 채팅, 토론방에서 "나는 충동적으로 말하게 된다", "나를 조절하기가 힘들다", "나는 흥분하게 되는 경우가 종종 있다", "기분 나빠 화가 나는 경우가 많다" 등 네 문항을 질문하고 "전혀 그렇지 않다"에서 "거의 그렇다"에 이르는 5점 척도에 응답하도록 하였다(alpha=.775).

사이버언어폭력 용인태도는 "인터넷에서 욕설이나 비방을 하는 것은 나쁜 행동이다"를 5점 척도로 질문을 하고 역으로 부호화하였다.

상대피해인지는 "인터넷에서에서 욕설과 비방으로 상대의 피해는 클 것이라고 생각한다"를 5점 척도로 질문하였다.

처벌인지도는 인터넷에서 욕설과 비방을 한다고 할 때 발각되고 처벌을 받을 가능성은 얼마나 되는가를 질문하고 "전혀 안 그럴 것이다"에서 "확실히 발각, 처벌될 것이다"에 이르는 5점 척도에 응답하도록 한다.

응답자가 이용하는 사이트의 사이버언어폭력에 관한 사이버문화를 위해서는 "내가 이용하는 인터넷 게시판이나 채팅, 토론방에서 욕설이나 비방을 하는 것은 흔한 일이다"를 질문하고 "전혀 그렇지 않다"에서 "거의 그렇다"에 이르는 5점 척도에 응답하도록 한다.

종속변인으로 다룰 사이버언어폭력은 인터넷상에서 상대방에게 욕설이나 비방을 하였는지를 지난 1년간의 경험과 빈도를 질문하였는데 '없다', '일 년에 한두 번', '두세 달에 한번', '한 달에 한번', '일주일에 한두 번', '거의 매일'에 응답하도록 하였다.

아울러 본 연구에서 사용할 통제변인으로 성, 연령 이외에 응답자 부모의 교육수준과 가족의 수입 등 가정구조적 변인을 위해 부모의 교육수준은 아버지, 어머니의 교육수준을 각각 '중졸 이하', '고졸', '대졸 이상'에 응답하도록 하고, 또한 가족의 수입은 한달 평균수입을 ‘100만원 이하’, ‘101-200만원’, ‘201-300만원’, ‘301-400만원’, ‘401만원 이상’에 응답하도록 하였다.

Ⅳ. 분석결과

먼저 본 연구의 조사 대상자의 사회배경적 특성을 살펴보면 <표 1>에 제시하듯이 총 대상자 1,113명 중 남학생이 559명으로 50.2%를, 여학생이 554명으로 49.8%를 차지해 거의 동일하게 조사되었다. 조사 대상자의 연령은 13세부터 20세까지 분포된 것으로 조사되었는데, 중학교 1학년부터 고등학교 3학년까지 비슷한 수로 조사하였기 때문에 대부분의 청소년들은 14세에서 19세에 각 연령별로 유사하게 분포된 것으로 나타났다. 응답자들의 부모님 중 아버지의 교육수준은 대졸이 다소 많았고, 어머니는 고졸이 많아 아버지 학력이 다소 높았다. 가족의 수입을 통해 경제수준이 어느 정도인가를 살펴보면 가족의 월수입이 200만원대가 245명(22.0%)으로 가장 많았고, 100만원 이하인 저소득층의 가정은 65명으로 전체 응답자의 5.8%를 차지한 것으로 나타났다.

본 연구에서 사용하는 주요 변인들에 대한 기술통계분석결과를 보면 <표 2>에 제시된 바와 같이 응답자들은 다소 약간 높게 익명의 상황에서 게시판, 채팅을 하는 것으로 나타났다. 공적 자아의식과 사적 자아의식 모두 평균적으로 높은 것으로 나타났으며, 언어폭력으로 예상되는 수치심의 평균 점수는 중간 정도였고, 사이버대화상에서 흥분되거나 자기조절이 어려운 상황충동성은 그 점수가 다소 낮았다. 언어폭력을 용인하는 태도는 1-5범위에서 1.612로 낮게 나타나 전체적으로 그러한 행동은 나쁘다고 인식하는 것으로 조사되었다. 또한 언어폭력으로 인한 상대방의 피해에 대한 인지도는 대체로 높은 것으로 조사되었고, 언어폭력으로 기대하는 처벌의 가능성은 다소 높은 것으로 나타났다. 응답자가 이용하는 게시판, 채팅방에서의 언어폭력의 문화 정도는 평균이 2.253으로 중간에서 다소 낮게 나타났으며, 대부분의 응답자들은 사이버언어폭력의 경험이 적은 것으로 나타났다.

본 연구의 연구모형에 대한 분석결과는 <표 3>과 같다. 먼저 익명 상황이 공적 자아의식과 사적 자아의식에 미치는 영향력을 보면 첫 번째부터 두 번째 행의 결과에서 나타나듯이 익명적인 상황에서는 몰개성화이론에서 제시한대로 공적 자아의식과 사적 자아의식이 모두 낮게 된다는 결과를 제시하였다. 또한 남자청소년들이 공적 자아와 사적 자아의식이 낮다는 결과를 제시하였으며, 아울러 가족수입이 높은 청소년이 공적 자아와 사적 자아의식이 높다는 결과를 제시하였다.

세 번째 행의 결과를 보면 공적 자아의식이 낮은 아이들이 $p<.001$ 수준에서 언어폭

<표 1> 조사 대상자의 특성

		명	%
성별	남성	559	50.2
	여성	554	49.8
연령	13세	28	2.5
	14세	168	15.1
	15세	178	16.0
	16세	183	16.4
	17세	195	17.5
	18세	185	16.6
	19세	169	15.2
	20세	2	2
	무응답	5	4
부교육	중졸 이하	55	4.9
	고졸	450	40.4
	대졸 이상	560	50.3
	무응답	48	4.3
모교육	중졸 이하	90	8.1
	고졸	622	55.9
	대졸 이상	353	31.7
	무응답	48	4.3
가족 수입	100만원 이하	65	5.8
	101-200만원	211	19.0
	201-300만원	245	22.0
	301-400만원	200	18.0
	401만원 이상	179	16.1
	무응답	213	19.1
총		1113	100.0

<표 2> 주요 변인들의 기술통계분석결과

	평균	표준편차	범위
익명성	3.290	1.182	1-5
공적자아	14.513	3.003	4-20
사적자아	14.441	2.796	4-20
수치심	2.900	1.114	1-5
상황충동	11.371	3.315	4-20
용인태도	1.612	.901	1-5
상대피해인지	3.975	1.201	1-5
처벌인지	3.455	1.388	1-5
사이버문화	2.253	1.126	1-5
사이버언어폭력	.552	1.137	0-5

<표 3> 사이버언어폭력에 대한 연구모형의 분석결과

	종속변인							
	공적자아	사적자아	수치심	상황충동	용인태도	피해인지	처벌인지	언어폭력
독립변인	(1)	(2)	(3)	(4)	(5)	(6)	(7)	(8)
남성	-.418*	-.466*	.089	-.039	.056	.159	.095	.208**
연령	.046	.127*	.030	.075	-.035*	-.039	-.031***	-.052*
부교육	-.157	-.005	-.136	-.135	-.089	-.065	-.109	-.077
모교육	.122	.365	.132	-.036	.150*	.037	.004	.028
가족수입	.193*	.171*	-.045	.097	.022	-.025	-.051	.022
익명성	-.266**	-.295***	-.005	.024	.002	-.033	-.036	.021
공적자아			.063***					.019
사적자아				-.181***	-.021*			.004
사이버문화			-.146***		-.178***			.172***
수치심								-.102***
상황충동								.047***
용인태도								.135**
상대피해인지								-.130***
처벌인지								-.020
R제곱	.024	.044	.067	.028	.068	.010	.032	.179
F검증	**	***	***	***	***		***	***

*p〈.05; **p〈.01; ***p〈.001

력으로 주위로부터 예상되는 수치심의 기대가 낮다는 결과를 제시하였는데, 앞의 결과와 연관지워 보면 익명상황의 청소년들은 공적 자아의식이 낮아 언어폭력으로 인한 수치심을 덜 경험한다는 것을 알 수 있다. 또한 익명상황 및 공적 자아의식과는 독립적으로 청소년들이 방문하는 사이버공간의 환경에서 언어폭력이 흔할 경우 청소년들은 수치심을 덜 경험한다는 것을 나타냈다.

네 번째 행의 결과를 보면 익명의 상황에서 사적 자아의식이 낮은 청소년들은 사이버공간의 대화나 토론의 상황에서 쉽게 흥분하고 자기조절이 어려울 수 있다는 결과를 제시하였다. 아울러 다섯 번째 행의 결과에서 보듯이 사적 자아의식이 낮은 청소년들도 언어폭력에 대해 호의적일 수 있다는 결과를 제시하였다. 즉 이 결과를 앞의 두 번째 열의 결과와 연관해서 보면 익명의 상황에서는 사적 자아의식이 낮아짐으로 인해 언어폭력을 더 허용할 수 있다는 결과를 제시하고 있다. 또한 사이버공간에서 언어폭력이 흔한 환경의 청소년들은 언어폭력에 대해 더 허용한다는 결과를 나타냈다.

그러나 본 연구의 예측과 달리 여섯 번째, 일곱 번째 행의 결과에서 알 수 있듯이 익명의 상황에 있는 청소년들이 상대의 피해를 덜 인지하고, 아울러 발각과 처벌 가능성을 덜 지각한다는 결과는 얻지 못하였다.

사이버언어폭력을 종속변인으로 하였을 때의 결과를 살펴보면 마지막 행의 결과에서 알 수 있듯이 언어폭력 시 예상되는 수치심의 경험이, 사이버공간 대화 상황에서의 상황충동성과 사이버언어폭력에 대한 태도가 사이버언어폭력에 유의미한 영향력을 미치는 것으로 나타났다. 그리고 익명성, 그리고 공적 자아와 사적 자아의식의 사이버언어폭력에 대한 영향력은 이들 변인들에 의해 매개되는 것으로 조사되었다. 즉 이 결과를 앞의 결과와 연관해서 보면 <그림 2>의 경로분석결과에서 보듯이(여기서는 사회배경변인들의 영향력은 생략함) 사이버공간의 익명성이 공적 자아의식을 낮추고 그런 이유가 사이버언어폭력에 대해 수치심을 덜 느끼게 하며, 또한 익명의 상황은 사적 자아의식을 낮추어 사이버공간 대화상황에서 충동적이고 자기조절을 어렵게 하거나 언어폭력에 허용되어 언어폭력에 영향을 줄 수 있다는 결과를 제시하였다. 이러한 연구결과는 대체로 몰개성화 이론을 자지한다고 볼 수 있다.

한편 익명성과는 독립적으로 청소년들의 사이버폭력문화규범의 영향력을 보면 그것이 언어폭력에 대한 태도를 통해 간접적이기도 하지만 직접적으로도 사이버언어폭력에 $p<.001$ 수준에서 가장 크게 유의미하게 작용하는 것으로 나타났다. 한편 상대의 피해

<그림 2> 사이버공간에서의 익명성이 언어폭력에 미치는 영향의 경로분석

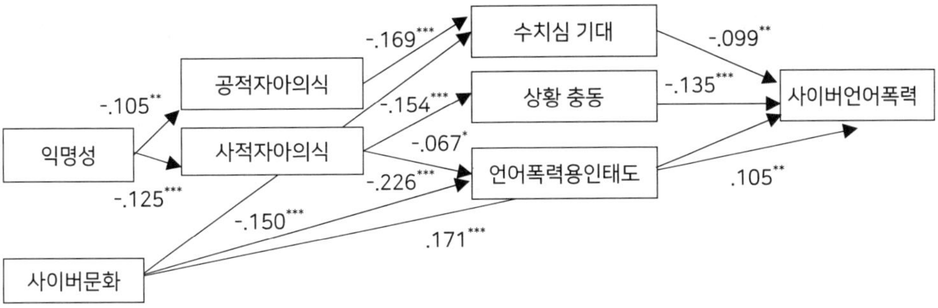

에 대한 인지도도 언어폭력에 큰 영향력을 미치는 것으로 조사되었는데, 그렇지만 익명성과 상대피해인지도와는 유의미한 관계가 없어 본 연구의 가설을 지지하지는 못하였다. 아울러 본 연구모형에서는 익명성이 처벌의 인지를 낮춤으로써 언어폭력에 영향을 줄 것으로 예측하였지만 앞의 결과에서 처벌의 인지도는 익명성과 관계없었고 처벌인지도의 언어폭력에 대한 영향력도 유의미하지 않다는 결과를 제시하였다.

그밖에도 계층변인들은 전체적으로 직접적인 영향력이 없었으나, 앞의 결과에서 제시되듯이 가족수입이 적은 경제적으로 어려운 청소년들이 공적 자아와 사적 자아의식이 낮음으로 인해 간접적으로 사이버언어폭력의 가능성이 높은 것으로 나타났고, 남자청소년이 여자청소년보다, 연령이 적을수록 사이버언어폭력을 더 저지르게 되는 것으로 나타났다.

V. 결론

이 연구는 사이버공간에서 일어나는 언어폭력의 원인을 파악함에 있어 익명의 상황을 그 원인으로 다루고 그 영향력과 영향의 경로를 경험연구를 통해 파악하려는 데 주목하였다. 이 연구에서는 몰개성화 이론을 지지하여 크게 두 가지 경로를 제시하는 것으로 조사되었는데, 즉 익명의 상황이 공적 자아의식을 낮추고, 또 사적 자아의식도 낮추어 언어폭력을 유발할 수 있다는 결과를 제시하였다.

본 연구결과에서는 익명의 상황이 사이버공간에서 공적 자아의식의 감소를 가져와 남의 눈을 의식하지 않고 수치심의 작용 없이 언어폭력을 하게 유발할 수 있고, 또 사적 자아의식의 감소를 가져와 자기조절을 어렵게 하여 충동적이게 하고, 또 내적 규범의식을 약화하여 언어폭력을 할 수도 있다는 태도를 낳게 하여 언어폭력을 유발할 수 있다는 결과를 제시하였다. 그렇지만 사회실재감이론과 억제이론에 근거하여 제시하였던 본 연구의 예측과는 달리 익명의 상황이 상대피해나 처벌가능성의 인지도를 낮춰 언어폭력을 낳게 할 것이라는 가설은 지지되지 못하였다.

이러한 결과는 사이버공간에서의 청소년비행을 설명함에 있어 익명성이 그 주요 원인이 될 것이라는 그동안의 주장을 어느 정도 입증하는 것이었다. 따라서 사이버상의 욕설, 비방 문제를 해결하기 위해 실명제를 하나의 방안으로 내세우는 입장을 어느 정도 뒷받침할 수 있다는 것을 제시한다.

그럼에도 본 연구에서 제시하듯이 사이버언어폭력을 익명성의 문제로만으로 파악하는 것은 문제가 있다고 볼 수 있었다. 비록 익명상황이 사적 자아의식의 감소를 가져와 언어폭력을 하는 것은 나쁘지 않다라는 태도를 형성하게는 하고 있지만, 아울러 익명성과 독립적으로 청소년들이 사용하는 대화의 장의 사이버문화규범이 개인의 태도에 영향을 주기도 하고, 또는 직접적으로도 사이버언어폭력에 크게 영향을 줄 수 있다는 결과가 있었기 때문이다.

이러한 결과는 익명성의 차단이라는 기술적 차원의 대책이나 실명제라는 대책 이외에 보다 사회차원의 노력이 아울러 더 중요하다는 것을 제시한다. 즉 아이들에게 사이버언어폭력은 나쁜 행동이라는 윤리교육의 필요성을 나타내며, 사이버공간에서 언어폭력을 추방하기 위한 사회문화차원의 정화노력이 요구된다는 것을 말해주고 있다.

본 연구에서는 익명의 상황이 간접적으로 사이버언어폭력에 영향을 준다는 결과를 제시하였다. 그러나 실명제의 방안으로 전환하기에는 표현의 자유를 제한할 수 있는 등 여러 부작용의 우려가 높다. 따라서 익명성의 문제를 보다 신중하게 대처해 나가는 적절한 방안이 필요할 것이라고 본다.

소셜네트워크 서비스상에서의 사회자본과 범죄 그리고 그 쟁점

I. 서론

오늘날 웹 2.0기반의 소셜미디어라 불리는 새로운 커뮤니케이션 양식이 우리사회에 등장하여 영향을 미치고 있다. 소위 SNS라 불리는 트위터와 페이스북과 같은 소셜네트워크 서비스는 그 대표적 형태로 개방, 소통과 정보공유, 참여 등으로 특징된다. 그리고 이 분야는 최근 들어 사회의 다양한 영역에 적용되어 연구되기 시작하였다. 국내 연구를 중심으로 보면 트위터의 이용동기(심홍진, 황유선, 2010a)부터 소셜미디어의 사회자본과의 연관성(심홍진, 황유선, 2010b; 최영, 박성현, 2011), 사회운동과 사회참여(금희조, 2010), 정치적 의사소통(류정호, 이동훈, 2011), 그리고 정신건강(금희조, 2011; 전신현, 2012) 등과의 연관성에 이르기까지 그 영역은 다양하다. 아마도 이 분야의 관심은 앞으로 많은 영역에서 전개될 것이다.

이 연구는 소셜네트워크의 새로운 장에서 일어나는 여러 영역과 주제 중 하나로 범죄에 주목하고자 한다. 사실 사이버공간의 다른 공간에서보다 SNS상에서 범죄의 가능성은 낮다. 그럼에도 SNS상에서는 명예훼손과 유언비어, 스토킹, 사생활침해, 저작권침해 등 다양한 범죄가 일어나고 있고, 앞으로도 사회문제의 이슈가 될 것으로 본다. 그러나 아직 이 분야는 국내외적으로 시도된 바 없는데, 이 연구에서는 다음과 같은 주제와 관심에 주목하고자 한다.

첫째, 소셜네트워크 서비스상에서 얼마만큼의 범죄가 일어나는가에 관한 것이다. 그동안 몇몇의 사건들이 보도되기는 하였지만 그 실태가 어느 정도인지에 관한 연구는 없었다. 여기서는 소셜네트워크 서비스상에서는 인터넷 게시판보다 범죄의 가능성이 높은지 혹은 낮은지를 파악하려고 한다. 아울러 소셜네트워크 서비스에서 범죄가 일어난다면 그 양상은 무엇인지, 그것은 기존 인터넷범죄에서와 비교해 볼 때 어떤 특정 유형의 혹은 새로운 범죄가 일어나는지를 알아볼 것이다.

둘째, 소셜네트워크 서비스상에 범죄가 기존 인터넷과 달리 높거나 혹은 낮다면 그 이유는 무엇 때문인지 그 이유를 밝히려고 한다. 이 연구에서는 소셜네트워크 서비스상에서의 범죄의 가능성은 기존 인터넷 사이트와 비교해 볼 때 상대적으로 낮을 것이라 보는데, 여기서는 그 이유 중 하나로 사회자본이라는 개념에서 찾고자 한다. 기존 연구에서는 소셜네트워크 서비스의 새로운 변화를 사회자본 개념과 연관짓는 논의가 많은데 (Ellison et al., 2007; 심홍진, 황유선, 2010; 최영, 박성현, 2011), 사회자본은 기존 범죄연구에서 논의되어 왔던 개념이자 요인이기도 하기 때문이다(신동준, 2010). 이 연구에서는 과연 소셜네트워크 서비스상에서는 사회자본의 정도가 높아 범죄 가능성이 낮은지를 살펴볼 것이다.

셋째, 이 연구에서는 무엇보다 대표적인 소셜네트워크 서비스라 할 수 있는 트위터와 페이스북에서의 범죄에서도 그 정도에 차이가 있는지를 살펴보고자 하며, 이 역시 그 차이는 무엇 때문인지를 그 구조적 특성 및 사회자본 개념을 통해 설명하려고 한다. 트위터와 페이스북은 여러 특성뿐만 아니라 특히 교량형의 연결망과 결속형의 연결망으로 각기 구별되어 왔는데(이재신, 2012), 이 또한 사회자본 개념과 밀접한 연관이 있기 때문이다.

넷째, 사회자본과 범죄와의 관계에 대한 기존의 논의나 쟁점에 비추어 봤을 때 그 설명에 있어 한계 및 대안은 무엇인지도 함께 고려할 것이다. 여기서는 그 한계를 살펴보고(신동준, 2010), 그 대안으로 집합효율성 및 하위문화에서 원인을 찾고, 따라서 앞서 기존 인터넷과 소셜네트워크 서비스에서의 범죄의 차이 및 트위터와 페이스북에서의 범죄의 차이를 사회자본 이외에 그와 같은 요인들을 통해 검증할 것이다.

다섯째, 소셜네트워크 서비스상의 범죄의 원인을 사회자본과 같은 소셜네트워크 서비스상의 특성에서만 찾는 것은 충분치 못하다. 따라서 여기서는 기존의 범죄이론의 설명요인들, 예컨대 행위자의 개인성향으로서 낮은 자기통제력, 비행친구와의 차별접촉 및 도덕적 신념 등 행위자 특성을 다루고 그 영향력을 함께 알아보고자 한다. 이는 보다

충분한 설명을 위해 단순히 기존 주요 요인들을 적용하는 것 이외에도 소셜네트워크 서비스는 기존 인터넷환경과는 달리 현실에서의 관계들이 확장되는 형태여서 기존 오프라인 연구에서 사용되었던 현실 기반요인들이 잘 적용될 수 있을 것이라는 기대가 있기 때문이다.

이처럼 이 연구는 새로운 미디어이자 이용매체로서 소셜네트워크 서비스에서의 범죄의 실태와 양상을 알아보는 것 이외에, 소셜네트워크 서비스에서 범죄의 가능성이 높은지 혹은 낮은지, 그 이유는 무엇인지, 그리고 이 연구에서 무엇보다 주목하는 것은 트위터와 페이스북 간에는 범죄의 가능성에 차이가 있는지, 그 이유는 무엇인지를 사회자본의 개념을 중심으로 파악하고자 하며, 이때 그 한계와 쟁점, 아울러 기존 범죄이론들의 적용 가능성은 무엇인지 등을 다루고 대책방안을 찾는 것에 목적을 두고 있다.

II. 이론적 논의

1. 소셜네트워크 서비스와 사회자본: 트위터와 페이스북

최근 사람들간의 대인관계망을 형성하고 확장시키는 매체로서 소셜네트워크 서비스(SNS)가 크게 성장하고 있다. 소셜네트워크 서비스는 웹 2.0을 기반으로 개방, 참여, 대화, 커뮤니티, 연결성 등으로 특징을 갖는데, 개방을 통해 인터넷사용자들의 참여를 이끌고, 쌍방향의 대화와 커뮤니케이션으로 사람들의 정보, 생각들을 서로 공유하며, 특정 주제에 관심을 갖는 사람들이 서로 연결하여 자신의 의견을 적극적으로 제시하고 상호관계를 맺는 공간이라고 할 수 있다(설진아, 2011).

소셜미디어는 마이크로블로그로서 트위터와 페이스북, 미투데이, 싸이월드 등이 대표적인 SNS라 할 수 있다. 이와 같은 소셜네트워크 서비스는 우리의 일상에 많은 변화를 가져왔고, 그 긍정적, 그리고 부정적 영향이 크다. 그중 대표적인 영향의 하나가 소셜네트워크 서비스가 사람들간의 관계를 증진시킴으로 사회자본을 형성하게 한다는 점이다. 기존 인터넷 연구에서는 인터넷 이용이 사회자본 형성에 긍정적인지, 아니면 부정적인지에 대한 논란이 있었다(Kraut et al., 1998; Shah et al., 2001; Best and Krueger, 2006). 하지만 소셜네트워크 서비스의 경우는 기존 인터넷사용의 경우보다도 그것이 새로운 사람과의 연계를 확장해줄 뿐만 아니라 기존의 관계를 유지, 강화하는 등 관계중심의 목적으로 사용되기 때문에 사회자본을 보다 증진시킨다고 볼 수 있다(Ellison et al., 2007; Steinfield et al., 2008; 최영, 박성현, 2011).

사회자본이란 Bourdieu(1986)에 따르면 지속적인 관계의 연결망을 통해 얻을 수 있는 자원으로, Coleman(1988)은 개인 간의 관계속에 배태된 자원으로, 그리고 Putnam(2000)은 네트워크, 규범, 신뢰와 같은 사회조직의 요소들이라고 정의내려, 연구자에 따라 그 정의가 다르지만 사람 간의 관계로서의 자원이라는 공통점을 갖는다. 사회자본의 논의는 복잡하지만 그 관심의 하나는 사회네트워크 혹은 연결망이라는 개념이다. 그것을 사회자본 그 자체로 봐야 할지 사회자본을 형성하게 하는 구조로 봐야 할지 논란이 있지만 그것이 개방적인지 혹은 폐쇄적인지, 연결망이 강한지, 약한지, 그리고 Putnam(200)의 논의에서 보면 사회자본의 네트워크가 교량형과 결속형인지로 구분되어 논의된다. 교량형은 보다 확대된 네트워크를 기반으로 새로운 사람들과의 약한 유대를 기반으로 하는 사회자본 네트워크이다. 반면 결속형은 가족이나 친한 친구들 사이의 강한 유대를 특징으로 한다. 전자가 보다 개방적이고 정보의 교환을 중시하는 형태라면, 후자는 폐쇄적이지만 정서적 교환을 중시한다고 볼 수 있다.

소셜네트워크 서비스에는 교량형과 결속형 네트워크 모두가 존재한다. 여기서는 여러 소셜미디어 유형중에서도 대표 형태인 트위터와 페이스북에 주목하기로 하는데, 이 둘은 교량형과 결속형의 네트워크 특성을 모두 갖는다. 그러나 그 정도의 차이가 있을 수 있어 트위터가 신속한 메시지 전달, 보다 확대된 교량형과 개방형의 형태라면 페이스북은 친지들과의 교류 및 새로운 관계 형성 등 상대적으로 결속형의 특징을 더 갖는다고 구분지을 수 있다(심홍진, 황유선, 2010a; 최영, 박성현, 2011). 이로 인해 트위터와 페이스북은 실제 사회자본에서도 차이가 있을 수 있다. 사회자본을 구성원들 관계에서의 실질적 관계, 즉 신뢰와 유대로 본다면 트위터의 교량형의 확장된 네트워크에서는 가까운 친지보다는 다양한 사람들과의 정보추구와 사회 이슈 참여 등을 특징으로 하고 약한 유대의 특성을 갖지만, 페이스북 등의 관계지향의 결속형 소셜미디어는 가까운 친지와의 유대를 더욱 유지, 강화하는 것에 특징이 있어 그 신뢰와 유대관계가 더 강할 것이라 볼 수 있다(심홍진, 황유선, 2010b). 그렇다면 트위터와 페이스북에서의 사회자본의 정도는 과연 다른가? 그 이유는 무엇 때문인가? 그리고 사회네트워크, 신뢰와 유대 정도가 범죄에 영향을 준다면 사회자본의 정도 차이로 인해 트위터와 페이스북에서 범죄의 정도가 서로 다를 것인가? 이와 같은 주제를 이 연구에서 살펴보려고 한다.

2. 소셜네트워크 서비스로서 트위터와 페이스북 차이, 범죄 가능성

트위터와 페이스북은 가장 대표적인 소셜네트워크 서비스이다. 트위터는 간단한 내용을 실시간으로 포스팅하여 일상적인 단문메시지를 전달하고 공유하는 형태이다. 트위터와 페이스북은 표현방식에서 차이가 있어, 트위터는 단문방식의 텍스트 중심이지만, 페이스북은 글자 수에 제한이 없고 텍스트 이외에 사진 등 표현방식이 다양하다. 즉 트위터는 페이스북보다 정보가 단문형태라서 단순하고 정보내용이 충분치 못하다. 이러한 이유로 상대적으로 트위터가 사회단서가 부족할 수 있고, 사회현존감에서 페이스북과 차이가 있을 수 있다. 더구나 페이스북과는 달리 트위터는 상대적으로 서로 알지 못하는 익명 상황에서 자신의 생각을 표현할 수 있다는 점에서 차이를 보인다. 트위터는 팔로잉-팔로우어 시스템으로 관계맺기 방식이 누군가를 추종하는 방식이다. 즉 트위터는 쌍방향의 관계의 대화라기보다는 한명이 중심이 되고 추종자들이 그를 따르는 단방향성 구조이다. 트위터는 사용자의 사전 허락 없이 일방적으로 관계를 형성할 수 있다. 그러한 점에서 트위터에서는 서로가 상호성이 낮고 알지 못하는 익명의 관계일 수 있다. 트위터는 자신을 추종하는 팔로우에게 메시지를 주면 그는 또 다른 사람에게 전달하는 식으로 서로 모르는 사이에서 전파되지만 페이스북은 아는 사람과의 소통이 중심인 서로 신분이 확인된 상태에서의 관계소통을 특징으로 하는 점에서 차이를 보인다.

그런데 이와 같은 트위터와 페이스북의 관계맺기 및 표현방식의 구조적 특성은 범죄의 차이와 연관될 수 있다. 표현방식, 사회단서의 부족이나 익명성은 그동안 사이버범죄의 주요 원인 중 하나로 주목받았다(Kiesler et al., 1984; Postmes and Spears, 1998). 그 상황에서는 탈억제되어 충동조절이 어렵고, 상대를 덜 인지하게 되고 자기중심적이며, 따라서 자신의 범죄가 나쁘지 않다는 태도를 갖기도 하고, 또 발각 가능성이 낮기 때문이다. 트위터는 단문의 형식으로 사회단서가 부족하고, 또 실명보다는 익명의 서로 모르는 관계에서 소통이 이루어질 수 있기 때문에 페이스북보다 범죄 가능성이 더 높을 수 있다.

더구나 트위터와 페이스북은 사회네트워크의 구조적 특성에서도 차이를 보인다. 우선 네트워크의 크기와 형태를 볼 때 개방적이고 확대된 네트워크인 트위터는 페이스북보다는 네트워크 크기가 크다. 그리고 트위터에서는 구성원의 관계가 보다 넓은 범위의 모르는 사이인 경우가 많다. 그로 인해 사회자본의 연결망에서 차이를 가져올 수 있는데, 트위터는 확대된 교량형 네트워크의 형태를 띄지만, 페이스북은 신분이 확인된 상태에서 서로 친분이 있는 아는 사이의 관계가 많고, 상대적으로 폐쇄적이면서 결속형 네트워크 형태를 갖는다. 아울러 트위터와 페이스북은 실제 사회자본으로서 구성원 간의 신뢰와 유대에서 차이가 있을 수 있는데, 그러한 구조적 특성, 결속력과 유대의 차이로 인해 페이스북보다 트위터에서 범죄의 가능성이 높을 수 있다.

그 이론적 근거로 Shaw와 McKay(1942)의 사회해체이론에서는 사회구조적으로 해체된 지역, 즉 도심의 빈곤하고, 이동율이 높으며, 인종의 다양성이 높은 구조적 특성의 지역은 지역유대와 결속력이 낮기 때문에 범죄율이 높다는 주장을 하였다. 즉 그 지역은 구성원들의 유대와 결속력이 약해 범죄를 통제할 수 없기 때문에 범죄율이 높다고 보았다(Sampson and Groves, 1989; Bursik and Grasmick, 1993). 이러한 주장대로라면 트위터의 경우 페이스북과 표현방식에서도 차이가 있고 네트워크 크기가 크고 서로 알지 못하는 관계라는 구조적 특성상 결속형보다는 교량형의 네트워크 특성을 갖고, 확대된 네트워크에서 교류의 폭을 확장시킬 수는 있을지 몰라도 유대와 결속력이 상대적으로 낮기 때문에 범죄가 통제되지 못하고 그 가능성은 더 클 것으로 볼 수 있다. 그 반면 페이스북에서는 그 구조적 특성으로 인해 이용자 구성원 간의 네트워크가 결속형이고 유대와 결속력이 높아 범죄가 통제됨으로 인해 범죄의 가능성은 상대적으로 더 낮다고 볼 수 있다. 하지만 이와 같은 사회자본의 특성과 관련해서는 그것이 과연 범죄를 잘 설명할 수 있을지의 논란과 의문이 제기되었다.

3. 사회자본과 범죄의 관계 그리고 비판과 대안

사회해체이론의 논의에 따라 사회구조적으로 해체된 지역(빈곤, 높은 이동율, 인종의 다양성 등)이 네트워크와 유대, 결속력이 낮기 때문에 범죄율이 높다는 통제론적 시각의 체계이론의 주장은 비판을 받기 시작하였다(Bursik and Grasmick, 1993). 하위문화/차별접촉이론 시각의 논의에 따르면 갱과 같은 경우 강한 네트워크, 결속력이 오히려 범죄를 유발할 수 있기 때문이다(Wilson, 1996). 실제로 초기의 주장과 달리 강한 유대와 결속이 필연적으로 낮은 범죄율로 이어지지는 않는다는 연구결과가 있다. 예를 들어 Bellair의 연구(1997)에서는 지역주민들간에 상호작용활동 빈도가 낮을수록 범죄율이 낮다는 결과를 보여 약한 유대가 오히려 범죄율을 낮춘다는 것을 제시하였다. 사회자본을 기존 논의에서처럼 네트워크와 신뢰/유대로 간주하게 되는 경우 그것으로 필연적으로 범죄를 낮추지 못하는 것은 강한 유대의 한계, 그리고 오히려 약한 유대의 중요성 때문이다. 특히 사회자본을 구성원간의 네트워크로 보는 경우 더 그렇다. 이처럼 사회자본이라는 개념이 범죄설명에 기여하는 바는 적다(신동준, 2010). 그러한 이유로 최근에는 사회자본보다는 집합효율성이라는 개념을 더 선호한다.

집합효율성이란 사회자본의 신뢰/유대이외에도 사회통제를 위한 기대감으로서의 비공식적 통제를 포함한다(Sampson et al., 1997). 즉 어떤 지역이 구성원 간에 신뢰/유대가 높은지, 그리고 범죄에 실제로 통제력을 가하는지가 중요하고 그러한 지역에서 범죄율이 낮다고 본다. 실제로 이와 같은 집합효율성은 범죄설명에 중요한 요인이 된다는 것이 밝혀져 왔고(Sampson and Raudenbush, 1999; Morenoff et al., 2001; Gibson et al., 2002), 인터넷 사이트에서의 구성원들의 집합효율성이 높고 낮음이 사이버언어폭력에 영향을 준다는 국내연구결과도 있다(이성식, 황지영, 2008). 따라서 사회자본의 네트워크 유형으로서 그것이 교량형이냐 결속형이냐 하는 것은 소셜네트워크 서비스상의 범죄를 설명하기에는 충분치 못하며, 또 단순히 신뢰와 유대의 측면으로서의 사회자본으로도 부족하다. 그 대신 소셜네트워크 서비스상에 집합효율성의 정도에 따라 범죄가 달라진다고 보는 것이 보다 타당하다.

더욱이 오프라인에서 뿐만 아니라(Anderson, 1999) 인터넷공간에 친불법적 하위문화의 정도가 얼마인가는 범죄를 설명하는 주요 요인이 될 수 있다(Tompsen, 1996; 이성식, 2012). 실제로 인터넷이용공간에서는 사회자본이나 집합효율성과 같은 통제적 요인이외에 범죄를 학습하고 유발하는 환경적 요인 또한 중요하다고 할 수 있어 통제론적 시각의 개념만으로는 트위터와 페이스북의 범죄의 차이를 설명하기에 한계가 있을 수 있다. 이처럼 트위터는 페이스북보다 익명의 그리고 더 확대된 네트워크에서 서로 알지 못하는 사람간에 다양한 가치가 혼재하고 갈등하는 가운데 하위문화의 존재 가능성이 높다고 할 때 그 이유로 범죄의 가능성이 높다고 볼 수 있다.

이처럼 이 연구에서는 소셜네트워크 서비스상의 범죄를 설명하기 위해 소셜네트워크 서비스의 특성으로 사회자본이외에도 집합효율성 및 하위문화의 영향력에 주목하기로 한다. 사회자본은 그 개념이 불분명하여 여기서는 사회자본의 사회네트워크로서 교량형과 결속형 연결망 그리고 실질적 사회자본이라 할 수 있는 신뢰/유대를 모두 사용하기로 하며, 이때 신뢰/유대는 집합효율성의 요소이기도 한데, 보다 중요하게는 실질적으로 범죄를 통제 혹은 유발하는 요인으로서 또 다른 집합효율성의 비공식적 통제력과 그리고 하위문화의 영향력에 보다 주목하기로 한다.

III. 연구가설과 방법

1. 연구가설

이 연구에서는 소셜네트워크 서비스상에서의 범죄를 알아보고 소셜네트워크 서비스상에서는 기존 인터넷의 대표적 형태라 할 수 있는 인터넷 게시판에서보다 과연 범죄의 가능성이 낮은지를 살펴볼 것이다. 아울러 소셜네트워크 서비스 내에서 트위터와 페이스북에서는 범죄의 정도가 차이가 있어, 과연 페이스북보다 트위터에서 범죄가 더 많이 발생하게 되는지도 살펴보기로 한다. 이 연구에서는 앞에서의 논의를 기초로 다음과 같은 연구가설을 제시하기로 한다.

첫째, 소셜네트워크 서비스상에서는 인터넷 게시판에서보다 범죄의 가능성이 낮을 것이다.

둘째, 소셜네트워크 서비스 내에서 트위터와 페이스북에서 범죄의 정도는 다를 것이며, 페이스북보다 트위터에서 더 많이 발생하게 될 것이다.

셋째, 여기서는 위의 첫 번째와 두 번째 가설의 이유로 그 차이를 설명하기 위해 여러 요인을 제시해 보는데, 우선 그 구조적 특성의 차이를 고려할 것이다. 즉 소셜네트워크 서비스와 인터넷 게시판은, 그리고 트위터와 페이스북은 표현방식이나 익명성, 네트워크 크기, 구성원 간의 아는 사이의 관계 등의 구조적 특성으로 인해 범죄에 차이가 있을 것으로 예측한다. 아울러 보다 중요하게는 그 구조적 특성으로부터 영향을 받는 사회자본 등의 요인으로 인해 그것이 중요한 설명요인으로 작용할 것이라고 보는데, 여기서는 사회자본 요인으로 사회네트워크로서 교량형과 결속형의 네트워크 특성 및 신뢰/유대 이외에 집합효율성의 비공식적 통제력과 그리고 하위문화정도를 제시하고 이 요인들에서 차이가 있음으로 인해 그것이 소셜네트워크 서비스와 인터넷 게시판, 그리고 트위터와 페이스북간의 범죄의 차이를 설명할 것인지를 살펴보고자 한다.

본 연구의 모형은 <그림 1>에서 보듯이 이 연구에서는 이용공간의 구조적 특성으로 익명성, 네트워크 크기, 구성원들의 아는 사이의 여부를 다루기로 하는데, 기존 연구들

<그림 1> 소셜네트워크 서비스상에서의 범죄에 관한 구조적 모형

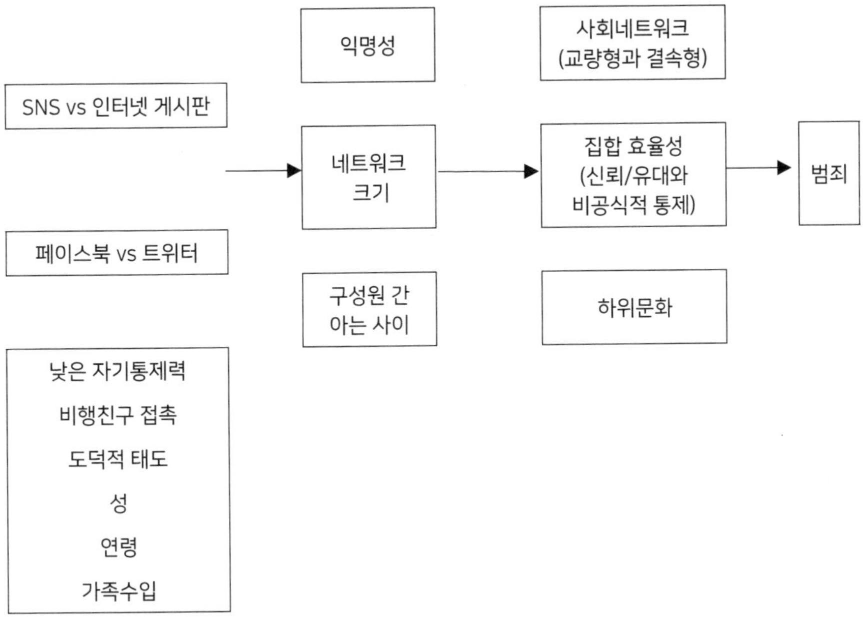

에 근거해 볼 때(Morenoff et al., 2001; Gibson et al., 2002; Ferguson and Mindle, 2007; Browning et al., 2008) 그러한 구조적 특성이 사회네트워크 및 신뢰/유대, 비공식적 통제력과 하위문화에 영향을 줄 것이라고 본다. 그리고 소셜네트워크 서비스보다 인터넷 게시판에서, 그리고 페이스북보다 트위터에서 익명의 정도가 높은 반면 네트워크의 크기가 상대적으로 크고 개방형의 확대된 네트워크에서 서로가 아는 사이일 가능성이 적어 결속형 네트워크의 정도는 낮고 대신 교량형 네트워크의 성격을 가지며, 이용자간에 신뢰/유대 및 비공식적 통제력 정도가 낮고, 범죄에 호의적인 하위문화 정도가 높아 결과적으로 범죄의 가능성은 높을 것이라고 예측한다.

그렇지만 소셜네트워크 서비스상의 특성만으로 그곳에서 일어나는 범죄를 설명하는 것은 한계가 있다. 실제로 기존 범죄연구에서 개인성향으로서 낮은 자기통제력(Gottfredson and Hirschi, 1990)이나 차별접촉의 환경적 요인(Sutherland, 1947) 등이 주요 요인으로 제시되어 왔고 사이버공간에서도 주요 요인으로 밝혀지고 있기 때문이다(이성식, 2011). 또한 사회통제이론(Hirschi, 1969)에서 제시하는 도덕적 신념이나 윤리의식도 그 영향력이 강하다는 것이 제시되고 있다(Joinson, 2003). 이는 이러한 요인들이 사이버범죄 연구에 잘 적용되어 왔고 그래서 보다 충분한 설명을 위한 것이기도 하지만 실제로 소셜네트워크 서비스는 기존 인터넷환경과는 달리 현실에서의 관계들이 확장되는 형태여서 이러한 현실 기반요인들이 잘 적용될 수 있을 것이라는 기대가 있기 때문이다. 이처럼 이 연구에서는 네 번째 가설로 기존의 범죄의 주요 요인들로 낮은 자기통제력, 비행친구와의 차별접촉, 도덕적 신념과 같은 행위자 특성이 소셜네트워크 특성과는 독립적으로 범죄를 잘 설명하는지를 살펴볼 것이다.

본 연구의 모형은 다음 그림과 같으며 이 구조적 모형을 분석하기로 한다.

2. 연구방법

이 연구는 대학생들을 대상으로 조사를 실시하기로 한다. 소셜네트워크 서비스의 경우 중고등 청소년의 이용률은 아직 적고 상대적으로 청년층이나 성인의 이용률이 높은데 성인에 대한 조사는 그 대표성을 확보하기에 조사의 어려움이 있어 그것이 용이한 대학생을 표본으로 선정하기로 한다. 온라인상의 SNS 이용자를 조사대상으로 하게 되는 경우 비교대상으로 인터넷 게시판 주 이용층을 확보하기의 어려움이외에 일정 트위터 혹은 페이스북상의 조사 대상자가 편향적으로 과다 표집하게 될 가능성이 높아 이 연구에서는 오프라인상에서 대학교를 선정하고 학교를 방문하는 방식의 조사를 실시하기로 한다. 이 조사를 위해 서울시 한강을 중심으로 동서남북지역별로 두 개의 학교를 배정하는 방식으로 총 8개의 학교를 선정하였으며, 각 학교에서는 자연/이공계와 인문사회/경상계 학생이 절반씩 표집되도록 하였다. 2012년 6월25일부터 7월 9일까지 각 학교 100여 명씩 총 800명을 대상으로 설문조사를 실시하였으며 불성실한 응답 38부를 제외한 762부가 최종적으로 본 연구에서 사용되었다.

이 연구에서는 조사 대상자에게 얼마나 소셜네트워크 서비스(SNS)를 사용하는지, 그리고 주로 사용하는 SNS는 무엇인지를 질문하고, 그것이 트위터인 사용자와 페이스북인 사용자, 그리고 그밖에 SNS(싸이월드, 미투데이 등) 사용자로 구분하고, SNS사용자는 사용하는 SNS에 대해, 그리고 SNS를 사용하지 않는 자는 포털사이트 인터넷 게시판에 대해 본 연구의 주요 변인에 해당되는 각각 주 이용서비스에서의 구조적 특성과 네트워크, 그리고 집합효율성 및 하위문화의 정도, 범죄의 경험 등 해당질문에 응답하도록 하였다.

본 연구에서 다룰 주요 변인에 대한 측정을 위해서 구조적 특성요인 중 우선 표현방식으로서 익명성은 "주로 내 실명을 사용하기보다는 나를 알지 못하는 다른 아이디명을 사용한다" 등 세 문항을 사용하고 5점 척도에 응답하도록 한다(alpha=.900).

네트워크 특성으로 네트워크 크기는 교류하는 사람들의 수로, 예컨대 트위터의 경우 팔로어와 팔로우의 숫자, 그리고 페이스북은 네트워크상의 이용자의 숫자 등 SNS상에서 교류하는 사람들의 수를 개방형으로 질문하였다.

아울러 구성원이 아는 사이인지는 위에서 교류하는 사람이 잘 아는 사이인지와 얼마나 되는지를 한 문항으로 질문하고 다음과 같이 "모른다(0-20%)", "모르는 편이다(21-40%)", "보통이다(41-60%)", "잘 안다(61-80%)", "매우 잘 안다(81-100%)"의 다섯 항목에 응답하도록 하였다.

사회네트워크 특성으로서 교량형과 결속형 네트워크에 대한 질문은 Williams(2006)에서 사용한 문항들, 예컨대 교량형은 "그곳에서 만난 사람들은 내가 나와 다르게 생각하는 사람에게 관심을 갖도록 한다" 등의 문항들을(alpha=.925), 그리고 결속형 네트워크는 "그곳에서 소통하는 사람 중 내 결정에 조언을 해줄 사람이 있다" 등(alpha=.924) 각각의 열 개씩의 문항을 사용하기로 한다.

집합효율성의 주요 구성요소로 실질적 사회자본이라 할 수 있는 신뢰/유대는 Sampson과 동료들의 연구(1997)에서 기초한 Browning과 동료들의 연구(2004)에서의 문항을 인터넷 혹은 SNS상에 변형하여 "그곳에서 만나는 사람들은 친근하다" 등의 네 문항을 사용하기로 한다(alpha=.872). 집합효율성의 또 다른 요소인 비공식적 통제력은 "그곳에서는 누군가 범죄를 할 경우 제재를 할 것이다" 등의 네 문항을 사용하고 5점 척도에 응답하기로 한다(alpha=.802).

하위문화 속성은 이용하는 사이트나 그곳에서의 구성원들의 관계에서 법위반을 허용하는 정도로 측정하였는데, "내가 사용하는 곳에서 법위반은 흔한 일이다" 등의 세 문항을 질문하고 5점 척도에 응답하도록 한다(alpha=.851).

행위자 특성요인으로 낮은 자기통제력은 기존의 연구에 의거하여(Grasmick et al., 1993), 충동성, 위험추구성, 단순작업추구성, 활동성, 이기성, 화기질 등 여섯 특성에 대해 두 문항씩의 질문을 하였는데, 예컨대 "나는 충동적으로 행동하는 경우가 많다"와 같은 총 열 두개의 질문에 "전혀 그렇지 않다"에서 "매우 그렇다"에 이르는 5점 척도에 응답하도록 한다(alpha=.858).

비행친구와의 접촉은 친하게 지내는 친구 중 불법행위를 한 친구가 있다면 몇 명인지를 개방형으로 질문하고 "없다", "1명", "2-3명", "4-9명", "그 이상"에 응답하도록 하고

0-4점을 부여 하였다.

도덕적 태도는 Hirschi가 도덕적 신념을 측정하기 위해 사용하였던 문항들 중 "방각되지 않으면 법을 위반해도 괜찮다" 등의 법위반태도를 다섯 문항을 사용하고 5점 척도에 응답하도록 하였다(alpha=.898).

종속변인으로 범죄의 경우는 이성식의 연구(2011b)의 인터넷비행을 기초로 1) 단순욕설, 2) 사이버폭력(명예훼손/비방/스토킹) 3) 성폭력(성희롱/성매매제의/음란물), 4) 개인정보 및 사생활침해 5) 해킹/바이러스/스팸메일, 6) 사기/절도, 7) 저작권침해 등 일곱 개의 항목에서 지난 1년 동안의 경험 횟수를 사용하기로 한다. 이때 각 문항에서 원래대로의 개방형 질문에서의 횟수를 합산할 경우 전에서 빈도가 많은 일부 범죄 문항의 값이 차지하는 비중이 높아지는 문제가 있고, 또 각 문항에서 '없다'와 '있다'만을 고려할 경우 그 합산값은 범죄 빈도보다는 다양성을 위주로 측정할 수 있기 때문에 각 열 개 문항에서의 횟수는 '없다', '1회', '2-3회', '4-9회', '10회 이상'으로 다시 나누고 0부터 4점까지 점수를 부여하였고, 최종적으로 열 개씩의 문항을 합산하여 사용하기로 한다. 그러나 이 합산값을 종속변인으로 사용할 경우 좌측으로 편향되어 다중회귀분석에서 OLS방식으로 사용할 경우 독립변인들의 영향을 정확하게 예측할 수 없게 되는 문제가 있어 여기서 최종적으로는 그 값을 로그화하여 사용하기로 한다. 본 연구에서의 종속변인으로 사이버범죄 로그화한 후의 결과는 0-3.04범위에서 평균값이 .500이었고 그 정도는 낮은 것으로 조사되었다

본 연구에서 사회인구학적 통제변인으로 성은 여성(=0)과 남성(=1)은, 연령은 태어난 연도를 묻고 연령으로 재부호화를 하였고, 계층변인으로 주관적 계층으로 '하', '하중', '중', '중상', '상'에 응답하도록 하였다.

Ⅳ. 분석결과

본 연구의 조사 대상자의 특성 및 주요 변인들에 대한 기술통계 분석의 결과를 살펴보면 <표 1>과 같다. 성별분포에서 전체 응답자 763명 중 남자가 460명(60.4%), 여자는 302명(39.6%)(무응답 1명)이었다. 조사 대상자의 연령을 살펴보면 만 18세에서 29세까지 분포되었고 평균연령이 21.960이었다. 계층변인으로 조사 대상자의 주관적 경제수

준의 평균값은 1-5 범위에서 3.310이었다.

<표 2>에서 알 수 있듯이 조사 대상자들 중 소셜네트워크 사용자는 486명이었는데 전체 응답자중 63.7%를 차지하였으며 주요 SNS는 페이스북이 429명으로 전체 사용자 중에서 88.3%를 차지하였고, 트위터는 43명으로 8.8%에 불과하였다. 그밖에 기타 SNS의 경우는 14명(2.9%)로 매우 낮아 대체로 페이스북을 가장 많이 이용하는 것으로 나타났다. SNS를 사용하지 않는 응답자는 273명으로(무응답 4명) 그 중 인터넷이용자는 272명으로 조사되었다.

조사 대상자의 사이버상에서의 범죄를 보면 조사 대상자 중 645명인 84.8%가 범죄의 경험이 없는 것으로 조사되었으며, 1회 경험자가 15명(2.0%), 2-3회 경험자가 38명(5.0%), 4-9회 경험자가 57명(7.5%), 그리고 10회 이상 경험자가 5명(0.7%)인 것으로 나타났다.

<표 3-2>는 본 연구의 첫 번째 가설을 위해 범죄를 인터넷 게시판에서의 범죄와 소셜네트워크상 그 중에서도 트위터와 페이스북에서의 범죄 정도를 비교한 결과를 제시한다. 우선 전체적으로 보면 인터넷 게시판 사용자 272명중에서는 226명인 83.1%가 범죄의 경험이 없고, 트위터는 43명중 35명(81.4%), 페이스북은 429명중 358명(85.4%)이

<표 1> 조사 대상자들의 사회인구학적 특성

		명	%	평균	표준편차	범위
성별	남성	460	60.4			
	여성	302	39.6			
연령				21.960	2.314	18-29
경제수준				3.310	.831	1-5

<표 2> 조사 대상자들의 소셜네트워크 사용빈도 분석결과

		빈도	%
SNS	사용함	486	63.7
	페이스북	429	88.3
	트위터	43	8.8
	기타	14	2.9
	사용안함	273	46.3

경험이 없는 것으로 나타나, 페이스북에서의 경험자가 응답자의 14.6%로 가장 낮았지만, 인터넷 게시판에서의 16.9%보다도 트위터에서의 범죄 경험자가 18.6%가 더 많은 것으로 조사되었다. 그 결과를 범죄 유형별로 살펴보면 단순욕설의 경우는 인터넷 게시판에서 가장 활발하였고, 그밖에 사이버폭력이나 성폭력도 인터넷 게시판이 소셜네트워크 서비스에서보다 더 많은 것으로 나타났고, 오히려 트위터에서는 사이버폭력이나

<표 3-1> 전체 범죄 빈도분석결과

전체 범죄 빈도(%)				
없음	1회	2-3회	4-9회	10회 이상
645(84.8)	15(2.0)	38(5.0)	57(7.5)	5(0.7)

<표 3-2> 게시판, 트위터, 페이스북에서의 범죄의 빈도분석결과

	게시판					트위터					페이스북				
	없음	1	2-3	4-9	10이상	없음	1	2-3	4-9	10이상	없음	1	2-3	4-9	10이상
단순욕설	238	6	12	3	13	38	2	0	1	2	377	3	14	4	21
	(87.5)	(2.2)	(4.4)	(1.1)	(4.8)	(88.4)	(4.7)	(0.0)	(2.3)	(4.7)	(90.0)	(0.7)	(3.3)	(1.0)	(5.0)
사이버 폭력	264	2	3	2	1	43	0	0	0	0	401	5	9	1	3
	(97.1)	(1.1)	(1.1)	(1.1)	(0.4)	(100.0)	(0.0)	(0.0)	(0.0)	(0.0)	(95.7)	(1.2)	(2.1)	(0.2)	(0.7)
성폭력	257	3	6	0	6	42	0	1	0	0	413	1	1	1	4
	(94.5)	(1.1)	(2.2)	(0.0)	(2.2)	(97.7)	(0.0)	(2.3)	(0.0)	(0.0)	(98.6)	(0.2)	(0.2)	(0.2)	(1.0)
사생활 침해	261	6	3	0	2	43	0	0	0	0	410	2	3	3	1
	(96.0)	(2.2)	(1.1)	(0.0)	(1.1)	(100.0)	(0.0)	(0.0)	(0.0)	(0.0)	(97.9)	(0.4)	(0.7)	(0.7)	(0.2)
신종범죄	268	1	1	2	0	41	2	0	0	0	417	0	1	1	0
	(98.5)	(0.4)	(0.4)	(1.1)	(0.0)	(95.3)	(4.7)	(0.0)	(0.0)	(0.0)	(99.5)	(0.0)	(0.2)	(0.2)	(0.0)
사기/절도	270	1	0	0	0	42	0	1	0	0	418	0	0	1	0
	(99.3)	(0.4)	(0.0)	(0.0)	(0.0)	(97.7)	(0.0)	(2.3)	(0.0)	(0.0)	(99.8)	(0.0)	(0.0)	(0.2)	(0.0)
저작권 침해	263	4	3	1	1	41	0	1	1	0	412	3	3	0	1
	(96.3)	(1.5)	(1.1)	(0.4)	(0.4)	(93.0)	(0.0)	(2.3)	(2.3)	(0.0)	(98.1)	(0.7)	(0.7)	(0.0)	(0.2)
전체	226	6	13	25	4	35	2	2	2	0	358	7	18	9	27
	(83.1)	(2.2)	(4.8)	(9.2)	(0.7)	(81.4)	(4.7)	(4.7)	(4.7)	(0.0)	(85.4)	(1.7)	(4.3)	(2.1)	(6.4)

<표 4> 측정모형

이론개념	측정도구	람다계수	타당도계수
게시판 (vs SNS)	게시판	1.00	1.00
익명성	익명성1	1.00	.68
	익명성2	1.11	.84
	익명성3	.98	.65
네트워크 크기	네트워크 크기	1.00	1.00
아는 사이	아는 사이	1.00	1.00
교량형 네트워크	교량형1	1.00	.64
	교량형2	1.00	.75
	교량형3	1.07	.74
	교량형4	1.06	.72
	교량형5	.78	.39
	교량형6	.73	.34
	교량형7	.83	.45
	교량형8	.78	.39
결속형 네트워크	결속형1	1.00	.54
	결속형2	1.08	.64
	결속형3	1.12	.68
	결속형4	1.09	.65
	결속형5	1.08	.63
	결속형6	1.11	.67
	결속형7	.98	.53
	결속형8	.94	.49
신뢰/유대	신뢰/유대1	1.00	.49
	신뢰/유대2	1.08	.58
	신뢰/유대3	1.22	.73
	신뢰/유대4	1.06	.55
비공식통제	비공식통제1	1.00	.37
	비공식통제2	1.17	.51
	비공식통제3	1.34	.66
낮은 자기통제력	낮자1	1.00	.41
	낮자2	1.05	.46
	낮자3	1.21	.60
	낮자4	.83	.29
	낮자5	1.06	.46
	낮자6	1.15	.55
	낮자7	.75	.23
	낮자8	.80	.26
	낮자9	.66	.18
	낮자10	.38	.06
	낮자11	.63	.16
	낮자12	.63	.17
비행친구	비행친구	1.00	1.00
도덕적신념	도덕적신념1	1.00	.69
	도덕적신념2	.84	.49
	도덕적신념3	.95	.62
남성	남성	1.00	1.00
연령	연령	1.00	1.00
경제수준	경제수준	1.00	1.00
범죄	범죄	1.00	1.00

성폭력의 정도는 가장 낮아 거의 발생하지 않는 것으로 조사되었다. 그러나 트위터에서는 인터넷 게시판이나 페이스북에서보다 해킹이나 스팸메일 발송이라든지, 인터넷사기 그리고 저작권침해의 정도가 가장 높은 것으로 조사되었다. 이는 트위터가 주로 정보교류의 목적에서 사용된다는 것과 관련이 있는 것으로 볼 수 있다. 본 연구결과에서는 모든 유형에서 페이스북에서의 범죄는 가장 낮았다.

본 연구에서는 Lisrel 프로그램을 본 연구의 구조적 모형을 분석하기로 하는데 그 결과에 앞서 측정모형의 결과는 <표 4>에 제시된다. 여기서 람다계수는 각 측정도구들의 이론적 개념에 대한 비표준화된 회귀계수로 여러 측정도구들 중 가장 적합하다고 판단되는 하나를 기준지표로 1.0으로 고정하여 사용하였다. 타당도계수는 그에 대한 표준화된 회귀계수로 측정도구들이 이론적 개념을 얼마나 잘 반영하고 있는가를 제시하는데 전체적으로 그 값들은 높았다.

<표 4>의 측정모형은 전체 대상자들에 대한 결과로, SNS사용자들(페이스북과 트위터)을 대상으로 한 측정도구들의 값도 거의 유사해 여기에는 따로 제시하진 않았다. 본 분석결과에서는 교량형 및 결속형 네트워크에서 타당도가 낮은 두 문항씩을 제거하여 각기 여덟 문항씩을 사용하였고, 비공식적 통제력에서도 한 문항을, 도덕 신념에서는 두 문항을 제거하였다. 일부 낮은 자기통제력의 측정도구들의 타당도계수가 낮음을 제시하였는데, 앞서 신뢰도계수는 .858로 충분히 높았고, 아울러 여섯 개의 하위 개념들을 두 문항씩 사용한 것이어서 그대로 사용하였다. 본 연구의 전체적인 모형은 기본모형부합지수 카이제곱 5940.70 수치가 $p<.001$ 수준에서 유의미하였고, CFI=.90. IFI=.90, NFI=.88로 충족된 모형을 나타냈으며, RMSEA=.074로 .005보다는 컸지만 .08보다는 작아 수용수준의 모형부합지수를 제시하였다. 아울러 페이스북과 트위터를 비교하기 위한 SNS 사용자들을 대상으로 한 모형에서도 카이제곱 3281.75 수치가 $p<.001$ 수준에서 유의미하였고, CFI=.92, IFI=.92, NFI=.88로 충족된 모형을 나타냈으며, RMSEA=.064로 앞서 모형보다는 더 좋았고 .08보다는 작아 수용수준의 모형부합지수를 제시하였다.

본 연구의 실제모형에 대한 분석결과는 <표 5>와 <표 6>에 제시되는데, 우선 소셜네트워크 서비스 SNS와 인터넷 게시판의 비교를 살펴본 <표 5>의 결과는 다음과 같다. 그 결과를 보면 소셜네트워크 서비스에서보다는 인터넷 게시판에서 표현방식이 더 익명적이지만($p<.001$) 네트워크 크기와 구성원이 아는 사이인지에는 유의미한 차이가 없었다. 익명성은 교량형 및 결속형 네트워크와 부(-)적 관계($p<.001$)를 나타냈고 신뢰/

<표 5> SNS와 인터넷 게시판의 범죄에의 영향에 관한 구조적 모형의 분석결과

독립변인	종속변인 익명성	네트크기	아는사이	교량형	결속형	신뢰유대	비공식통제	하위문화	범죄
게시판	.68***	-.01	-.04	-.02	-.02	.01	-.03	-.03	-.03
익명성				-.16***	-.21***	-.28***	-.02	.41***	-.09
네트워크 크기				.04	.09***	.03	.02	.07*	.02
아는사이				.06*	.09**	.06*	.05	-.02	.04
교량형									.06
결속형									-.00
신뢰유대									.05
비공식통제									.02
하위문화									.25***
낮은 자기통제력									.08
비행친구									.14***
도덕적신념									-.12*
남성									.08*
연령									.01
경제수준									-.00

chi-square=5940.70 df=1223

* p〈.05; ** p〈.01; *** p〈.001

유대와도 p<.001 수준에서 부(-)적 관계를 보였다. 비록 익명성이 비공식통제에는 유의미한 영향을 못미쳤지만 하위문화와도 p<.001 수준에서 정(+)적 관계를 나타냈다.

범죄를 종속변인으로 하였을 때의 결과를 보면 그들 변인들 중에는 하위문화가 p<.001 수준에서 범죄에 정(+)적으로 유의미한 영향력을 나타냈는데, 위의 결과들을 정리해 보면 <그림 2>에서 보듯이 소셜네트워크 서비스보다 인터넷 게시판이 더 익명적이어서 그로 인해 불법을 용인하는 하위문화의 형성으로 더 범죄가 일어난다는 결과로 요약할 수 있다. 익명성 및 네트워크 크기와 구성원 간의 아는 사이는 교량형 및 결속형 네트워크, 신뢰/유대와 부분적으로 유의미한 관계를 나타냈지만 이와 같은 사회자본 관련 네트워크나 집합효율성 변인은 범죄에 유의미한 영향력을 갖지는 못하였다. 하지만 네트워크 크기가 클수록 하위문화 형성으로 범죄 가능성은 높은 것으로 나타났다.

아울러 기존 범죄설명요인들 중에서는 비록 낮은 자기통제력의 영향은 유의미하지

<표 6> 페이스북과 트위터의 범죄에의 영향에 관한 구조적 모형의 분석결과

	종속변인								
독립변인	익명성	네트 크기	아는 사이	교량형	결속형	신뢰 유대	비공식 통제	하위 문화	범죄
트위터	.16***	.05	-.31	.00	.01	.05	.02	.02	.03
익명성				-.17***	-.22***	-.29***	.01	.40***	-.10
네트워크 크기				.04	.09***	.03	.02	.07	.02
아는사이				.06	.09*	.08*	.05	-.02	.05
교량형									.06
결속형									-.00
신뢰유대									.05
비공식통제									.02
하위문화									.26***
낮은 자기통제력									.08
비행친구									.13**
도덕적 신념									-.12
남성									.08
연령									.01
경제수준									.00

chi-square=3281.75 df=1223

* p〈.05; ** p〈.01; *** p〈.001

않았지만 비행친구와의 접촉이 $p<.001$ 수준에서, 그리고 도덕적 신념이 $p<.05$ 수준에서 유의미한 영향력을 갖는 것으로 나타나 비행친구 수가 많을수록, 그리고 도덕적 신념이 낮을수록 범죄를 더 저지르는 것으로 나타났다. 아울러 연령, 경제수준의 영향력은 유의미하지 않았지만, 여성보다는 남성이 더 범죄를 저지르는 것으로 나타났다.

본 연구에서 보다 관심을 갖는 소셜네트워크 서비스 SNS에서 페이스북과 트위터를 비교한 <표 6>의 결과를 보면 페이스북보다는 트위터에서 표현방식이 더 익명적이고 ($p<.001$) <표 5>와 마찬가지로 익명성은 교량형 및 결속형 네트워크와 그리고 신뢰/유대와도 $p<.001$ 수준에서 부(-)적 관계를 보였고, 비공식통제에는 유의미한 영향을 못 미쳤지만 하위문화와도 $p<.001$ 수준에서 정(+)적 관계를 나타냈다. 그들 변인들 중에는 하위문화가 $p<.001$ 수준에서 범죄에 정(+)적으로 유의미한 영향력을 나타냈는데, <그림 3>에서 보듯이 페이스북보다 트위터가 더 익명적이고 그로 인해 하위문화의 형성으

<그림 2> SNS와 인터넷 게시판에서의 범죄에 관한 구조적 모형 분석결과

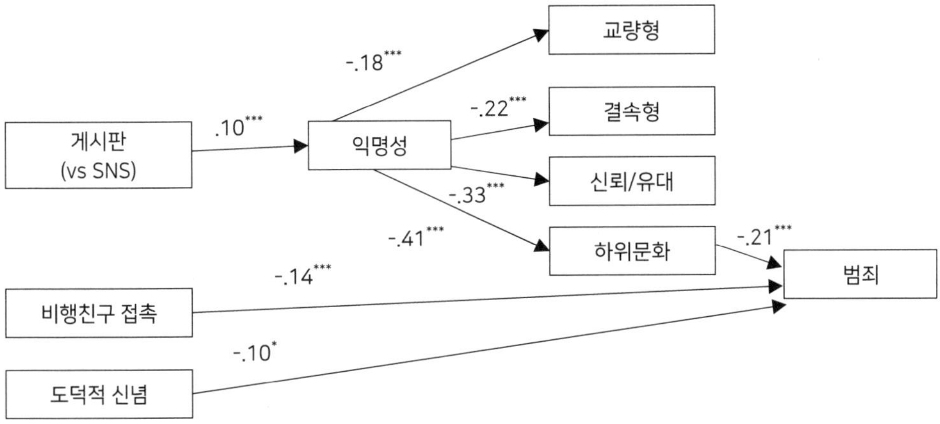

<그림 3> 페이스북과 트위터에서의 범죄에 관한 구조적 모형 분석결과

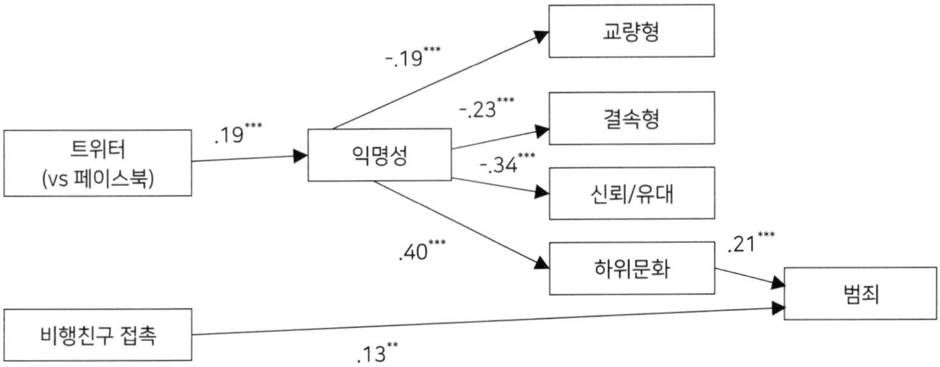

로 더 범죄가 일어난다는 결과를 제시하였다. 앞선 결과처럼 사회자본 관련 네트워크나 집합효율성 변인은 범죄에 유의미한 영향력을 갖지는 못하였다. 아울러 기존 범죄설명 요인들 중에서는 비록 낮은 자기통제력과 도덕적 신념의 영향은 유의미하지 않았지만 비행친구와의 접촉이 $p<.01$ 수준에서 유의미한 영향력을 갖는 것으로 나타났다.

V. 결론

이 연구는 소셜네트워크 서비스에서의 범죄 실태와 양상, 그리고 소셜네트워크 서비스에서의 범죄 가능성은 인터넷 게시판보다 낮은지, 그 이유는 무엇인지, 그리고 소셜네트워크 서비스에서 트위터와 페이스북 간에는 범죄 가능성에 차이가 있는지, 그 이유는 사회자본의 개념으로 설명할 수 있는지, 그 대안으로 집합효율성과 하위문화의 설명력 및 기존 범죄이론들의 적용 가능성 등은 어떤지를 살펴보고자 하였다.

우선 본 연구의 첫 번째와 두 번째 가설로 인터넷 게시판과 SNS 상에서 범죄, 그리고 소셜네트워크 서비스 내에서 트위터와 페이스북에서의 범죄 정도를 보면, 본 연구는 대학생을 대상으로 하였기 때문에 그 범죄의 정도는 대체로 낮았지만 인터넷 게시판에서 더 많았고 사이버폭력류의 범죄는 인터넷 게시판에서 더 높았던 반면 트위터에서는 해킹이나 스팸메일 발송, 인터넷사기 그리고 저작권침해의 정도가 높아 차이가 있었던 것으로 조사되었고, 전체적으로 페이스북에서의 범죄 가능성은 매우 낮았다. 이처럼 소셜네트워크 서비스나 인터넷 게시판의 범죄 정도 차이가 있었지만 그 유형에서도 차이가 있음에 주목할 필요가 있었다.

세 번째의 가설로 과연 인터넷 게시판보다 소셜네트워크 서비스에서 범죄 가능성이 낮다면 그 이유가 무엇인지를 보면, 본 연구가 제시한 익명성, 네트워크 크기, 구성원 간의 아는 사이인지 중에서 인터넷 게시판이 더 익명적이기 때문에 범죄를 더 많이 하였던 것으로 조사되었고, 그러한 익명성이 사회자본이나 집합효율성 요인들에도 영향을 미치지만 특히나 법위반에 호의적인 하위문화로 인해 범죄를 더 한다는 결과를 제시하였다. 아울러 소셜네트워크 서비스 내에서 페이스북과 트위터의 비교를 보더라도 페이스북보다는 트위터에서 더 익명적이기 때문에, 그로 인해 하위문화의 특성으로 인해 범죄를 더 한다는 결과를 제시하였다.

아울러 네 번째 연구가설로 기존 범죄이론의 설명요인들의 적용에 있어 그중에서는 비록 낮은 자기통제력의 영향은 미약하였지만 비행친구와의 접촉이나 도덕적 신념 등의 개인태도가 소셜네트워크 관련 변인들과는 독립적으로 범죄를 잘 설명하는 것으로 나타났다.

이 연구결과는 본 연구의 예측대로 인터넷 게시판보다는 소셜네트워크 서비스의 범죄가 낮고, 소셜네트워크 서비스 내에서는 페이스북보다 트위터에서 더 범죄를 저지르게 된다는 것으로 나타났지만 그 이유가 본 연구의 예측대로 사회자본 때문은 아니었고 사회자본은 범죄를 설명함에 있어서 다소 부족한 개념이라는 것을 제시하였다. 본 연구에서는 그 대안으로 집합효율성과 하위문화를 제시하였지만 신뢰/유대 이외에 비공식적 통제 역시 본 연구모형에서 그 설명력은 낮았고 하위문화가 주요 요인이 됨을 알 수 있었다. 그리고 그러한 차이를 가져오는 요인으로는 표현방식으로서의 익명성이었다. 이러한 결과는 인터넷 게시판과 소셜네트워크 서비스에서 익명적 사용이라든지 하위문화 형성에 대한 사회적 노력과 대처가 필요할 수 있음을 제시한다.

그런데 본 연구결과에서는 전체적으로 인터넷 게시판과 소셜네트워크 서비스, 그리고 트위터와 페이스북의 차이의 익명성 및 하위문화 수준을 통한 그 차이는 크지는 않았다. 또한 이 연구는 대학생을 주 대상으로 하였다는 점에 연구결과를 일반화하기는 어려우며 앞으로는 청소년층이나 일반 성인들을 대상으로 하는 확대된 연구가 필요하다고 본다. 아울러 트위터와 페이스북을 비교하기 위해 본 연구에서 익명성이나 네트워크 크기 등의 제한된 변인들만을 사용한 점에서 차이를 더 잘 설명할 수 있는 변인들을 추가하여 연구할 필요가 있을 것이다. 또한 사회자본이나 집합효율성, 하위문화 요인들을 일렬로 나열해 그 영향을 살피기보다는 앞으로의 연구에서는 그들 간의 관계가 어떤지의 연구도 필요하다고 본다. 예를 들어 사회네트워크 요인이나 신뢰/유대 및 비공식적 통제력은 하위문화 형성을 매개로 작용하였기 때문에 직접적 영향력이 유의미하지 않았을 수도 있다. 더구나 이 연구에서는 비행친구와 같은 전통적인 요인들의 영향력이 더욱 중요한 것으로 나타났는데 앞으로의 연구에서는 이러한 온, 오프라인의 요인들 간의 통합적 작용(예를 들면 상호작용효과)의 영향력도 함께 살펴보는 연구도 필요하다고 본다. 앞으로의 연구에서는 이러한 점들이 보완되길 기대한다.

소셜네트워크 서비스상에서의 범죄피해에 있어서 낮은 자기통제력과 범죄피해 기회요인들의 영향

I. 서론

페이스북이나 트위터와 같은 새로운 미디어로서 소셜네트워크 서비스(SNS) 등장은 우리의 일상을 많이 바꿔 놓았다. 소셜네트워크 서비스는 소통의 증진, 정보의 교류 등 여러 긍정적인 역할을 하지만 그 안에서 여러 범죄현상의 부작용도 발생하고 있다. 소셜네트워크 서비스 이용상에는 개인정보 및 사생활 침해나 여러 불법적 정보에의 노출, 그리고 욕설과 폭력, 스토킹, 성매매 제의, 그리고 악성코드 피해 등에 이르기까지 다양한 범죄가 일어난다. 이 연구는 소셜네트워크 서비스 이용상의 범죄피해를 그 주제로 삼고 그 원인을 파악하려고 한다. 그동안 범죄피해의 원인 연구는 오프라인에서 더 나아가 온라인상에서의 범죄피해 연구에서도 등장하여 이루어지고 있지만 아직 소셜네트워크 서비스 이용상의 범죄피해 연구는 국내외적으로 이루어지지 않고 있다. 이 연구는 소셜네트워크 서비스 이용상의 범죄발생과 피해가 어느 정도인지, 어떤 유형의 범죄피해가 일어나는지, 그리고 주요 설명 원인은 무엇인지를 서울시 대학생들을 대상으로 다루려고 한다.

범죄피해 원인 연구에서는 생활양식(Hindelang et al., 1978) 및 일상행위이론(Cohen and Felson, 1979)을 위시로 하여 범죄발생의 기회요인이 피해에 어떻게 작용하는지 관심을 가져왔다. 생활양식이론에서는 개인의 사회인구학적 특성과 범죄위험에의 노출을, 그리고 일상행위이론에서는 범죄피해의 세 요인으로 동기화된 범죄자 이외에 기회요인으로 적합한 대상과 감시의 부재를 제시하였고, 이후 많은 연구들에서 이와 같은 기회요인들이 범죄피해에 어떻게 작용하는지에 관심을 가져왔다(Miethe et al., 1987; Meier and Miethe, 1993; Spano and Freilich, 2009). 이와 같은 기회이론의 논의는 온라인 범죄피해에도 적용되어 연구되기 시작하였고 어느 정도 지지를 받아오고 있다(Holt and Bossler, 2009; Marcum et al., 2010; Reyns et al., 2011).

그러나 또 한편에서는 그러한 기회요인들 이외에 기존 범죄이론에서 각광을 받았던 여러 요인들이 범죄피해연구에도 적용되기 시작하였다. 그중에서도 Gottfredson과 Hirschi의 일반이론(1990)에서의 낮은 자기통제력은 가장 주목받는 요인 중 하나로, 자기통제력이 낮은 사람들은 범죄를 저지르기도 하지만 범죄피해 가능성이 높으며(Schreck, 1999; Schreck et al., 2002), 온라인 범죄피해에도 해당된다고 논의되고 있다(Bossler and Holt, 2010; 이성식, 2010b)

이 연구는 그동안 연구되지 않았던 소셜네트워크 서비스상의 범죄피해를 설명함에 있어 과연 기존의 생활양식 및 일상행위이론의 기회요인들 및 일반이론에서의 낮은 자기통제력이 주요인이 될 수 있는지 경험연구를 통해 검증해보려고 한다. 이렇듯 낮은 자기통제력과 기회요인들을 소셜네트워크 서비스상의 범죄피해의 주요 원인으로 다룸에 있어 무엇보다 주목하는 점은 낮은 자기통제력의 영향이 기회요인들과 독립적으로 직접적인지, 아니면 그 영향은 기회요인들을 통해 간접적인지를 파악하려고 한다. 이에 이와 관련된 기존 논의들과 쟁점들을 알아보고 소셜네트워크 서비스 이용상의 범죄피해를 종속변인으로 하는 연구모형을 구성하여 검증하고, 어떤 요인이 피해원인으로 중요하게 작용하는지를 알아보고 이 연구결과의 함의를 논의해 보려는 것이 주된 목적이 된다.

II. 이론적 논의

1. 범죄기회요인과 온라인 범죄피해

범죄피해의 원인 연구에서 가장 주목받는 이론은 생활양식이론(Hindelang et al., 1978)과 일상행위이론(Cohen and Felson, 1979)이다. 생활양식이론에서는 개인의 사회인구학적 특성에 따라 범죄피해에 차이가 있는데, 그 원인은 생활양식과 범죄위험에의 노출정도가 다르기 때문이라고 보았다. 남성, 젊은층, 미혼, 하층의 사람들은 귀가 시간이 늦고 밤늦게 쇼핑, 여가활동 등을 함으로써 피해위험에 더 노출되기 때문에 피해를 더 당한다는 것이다. 한편 일상행위이론에서는 범죄피해발생의 세 요인으로 동기화된 범죄자 및 적합한 대상과 감시의 부재를 제시하였는데, 동기화된 범죄자가 일정한 시간과 장소에서 적합한 대상이 있고 범죄를 저지할 수 있는 감시가 부재할 때 범죄를 저지른다고 보아, 예컨대 부유한 가정에서 문단속이 소홀할 때 가구침입피해가 발생한다고 보았다. 이후 Cohen과 동료들은(1981) 범죄위험노출, 범죄자와의 근접성, 대상의 매력, 감시의 부재 등의 요인들을 제시하여 통합된 기회이론을 제시하였고, 이후 많은 연구들은 이와 같은 기회요인들이 범죄피해에 어떻게 작용하는지를 연구해왔고 어느 정도 지지를 보여왔다(Miethe et al., 1987 ; Meier and Miethe, 1993; Spano and Freilich, 2009).

이와 같은 기회이론의 논의는 최근 들어 온라인 범죄피해연구에도 적용되어, 그 설명력은 높은 것으로 평가되고 있다. 그 대표적 연구로 Holt와 Bossler(2009)는 온라인상의 괴롭힘 피해의 연구에서 범죄위험에의 노출과 감시의 부재 및 대상의 매력 등의 요인을 다룸에 있어 범죄위험에의 노출은 컴퓨터사용시간, 이메일사용, 채팅방방문, 쇼핑, 게임 등의 활동 및 과거 일탈과 범죄 경험을, 감시의 요인으로는 물리적 감시와 사회적 감시로 나누어 범죄피해 방지 소프트웨어 프로그램 장치의 활용(물리적 감시)이나 사회적 감시가 낮은 정도로서 친구들의 범죄를, 그리고 매력요인으로는 사회인구학적 특성으로 성별(여성이 더 매력적 대상) 등을 독립변인들로 사용하였다. 그 결과는 여성이 $p<.001$ 수준에서 피해를 가장 잘 예측하고, 그 다음으로 사회적 감시요인으로 친구의 범죄가 $p<.01$ 수준에서, 그리고 채팅방의 방문과 범죄경험이 $p<.05$ 수준에서 온라인 괴롭힘 피해를 잘 설명하는 것을 제시하였다.

그와 같은 논의는 재산상의 피해에도 적용되어, 예컨대 Pratt과 동료들(2010)의 온라인 사기피해 연구에서는 사회인구학적 특성들 이외에 주로 범죄위험에의 노출을 중심으로 인터넷사용시간과 인터넷 웹사이트에서의 상품 구입 등의 기회요인을 독립변인으로 다루었는데, 인터넷에서의 상품 구입이 다소 약하지만 $p<.05$ 수준에서 유의미하였다는 결과를 제시하였다. 마찬가지로 Reyns(2013)는 온라인 개인정보피해에 관한 연구에서 온라인에서의 일상생활로 은행 업무, 쇼핑, 이메일, 채팅 등의 활동 및 사회인구학적 특성과 피해위험의 인지도를 독립변인으로 사용하였는데, 피해위험의 인지도가 $p<.001$ 수준에서 가장 높은 설명력을 나타냈고, 은행 업무가 $p<.001$ 수준에서, 이메일

이나 인스턴트 메신저 사용이 $p<.01$ 수준, 그리고 쇼핑이나 다운로딩 활동이 $p<.05$ 수준에서 피해를 설명하는 주요 요인임을 제시하였고, 그 밖에 남성이, 그리고 연령이 많을수록 더 피해경험이 높다는 결과를 제시하였다.

Marcum과 동료들은(2010) 사이버성폭력의 피해연구에서 범죄위험에의 노출 및 감시, 그리고 대상의 매력을 포괄적으로 고려함에 있어 좀 더 다양한 지표들을 사용하였는데, 범죄위험에의 노출로는 인터넷사용시간, 온라인활동유형 등을, 감시요인으로는 보안장치(물리적 감시) 및 부모나 그 외 어른들의 감시(사회적 감시), 그리고 대상의 매력으로 개인정보제공 등 여러 요인들을 독립변인으로 사용하였다. 이 연구에서는 여러 지표별로 고등학생과 대학생 대상에게 적용하였고 다양한 결과들이 제시되어 그 결과가 다소 복잡하긴 하지만, 대체로 채팅활동 등의 범죄위험에의 노출과 개인정보공개 등의 대상의 매력은 주요 요인이 되지만 감시요인의 설명력은 낮다는 결과를 제시하였다.

보다 최근에 Reyns와 동료들(2011)은 사이버스토킹 피해의 연구에서 범죄자와의 근접성 요인을 추가하여 범죄위험에의 노출, 감시, 그리고 대상의 매력과 함께 포괄적으로 고려함에 있어, 범죄자와의 근접성으로는 모르는 사람과의 만남, 사회네트워크에서의 친구의 수 등을, 범죄위험에의 노출로는 인터넷사용시간, 온라인 사회네트워크의 수 등을, 감시요인으로는 보안장치(물리적 감시) 및 친구의 범죄(사회적 감시), 그리고 대상의 매력으로 성별 및 개인정보제공 등을 독립변인으로 사용하였고, 그 밖에 사회인구학적 특성과 온라인범죄경험 등을 고려하였다. 그 결과 여성과 온라인범죄경험 이외에 모르는 사람과의 만남과 친구의 범죄가 $p<.001$ 수준에서 피해에 높은 설명력을 나타냈고, 그 외에 사회네트워크의 수 등도 중요하여 거의 모든 네 가지 기회요인들이 중요하였지만 인터넷사용시간이라든가, 대상의 매력 등의 영향력은 중요하지 않은 것을 제시하였다.

국내연구로 이성식(2009a)은 인터넷 블로그에서의 범죄피해 연구에서 범죄위험에의 노출과 감시 및 대상의 매력을 고려함에 있어, 범죄위험에의 노출로는 타인의 접근용이성, 하루 평균 방문자 수, 게시물 열람수준 및 개인정보제공 수준을, 감시요인으로는 범죄발생시 신고, 삭제, 경고 등의 제재수준을, 그리고 대상의 매력으로는 사적 의견표현이나 게시물의 선정성 등을 합산한 값을 다루었다. 이 연구결과 범죄위험에의 노출로는 방문자 수 및 개인정보제공 수준, 그리고 대상의 매력이 $p<.05$ 수준에서 피해를 예측하는 주요 요인으로 작용하였고, 그 밖의 감시나 위험요인, 그리고 사회인구학적 특성은 유의미하지 않음을 제시하였다.

2. 낮은 자기통제력의 온라인 범죄피해에의 그 직, 간접적 영향력

범죄피해 연구에서는 생활양식 및 일상행위이론에 기반한 기회요인 이외에 기존 연구에서 범죄의 원인으로 간주되었던 요인들이 범죄피해에도 적용되어 연구되어 왔는데, 그 대표적 요인이 Gottfredson과 Hirschi(1990)가 일반이론에서 제시한 자기통제력이다. 즉 낮은 자기통제력의 개인성향을 갖는 사람들은 충동적으로 행동하기 때문에 비행이나 범죄를 더 저지르게 될 가능성이 높을 뿐만 아니라(Pratt and Cullen, 2000), 앞으로의 일들에 덜 고려하게 되고 부주의하게 됨으로써 범죄피해를 당할 가능성이 높다는 주장이 제기되었다(Schreck et al., 1999, 2002). Schreck(1999)은 초창기 대표적 연구자로서 자기통제력이 낮은 사람들은 부주의하여 문단속이 소홀하는 등으로 가구피해를, 또 잦은 음주로 피해를 당하기도 하고, 대인갈등 상황에서 참지 못하고 상대와 충돌하다가 피해를 당한다고 보았다. 이후 연구에서 Schreck과 동료들의 연구(2002)에서는 낮은 자기통제력이 위험생활양식이나 비행친구와의 접촉과 독립적으로 직접적으로 범죄피해에 영향을 미치는 주요 요인임을 제시하였고, 그러한 연구결과는 종단적 패널자료를 사용한 이후 연구(Schreck et al., 2006)에서도 지지되었다.

그러한 주장들은 온라인에서의 범죄피해연구에도 적용되기 시작하였는데, 낮은 자기통제력의 사람들은 온라인 피해 가능성이 높음을 제시하였다(Bossler and Holt, 2009; Holt and Bossler, 2009). 국내연구로 이성식(2008b)은 인터넷 악성댓글 피해의 연구에서 낮은 자기통제력과 함께 인터넷이용시간, 부모유대, 그리고 사용하는 인터넷 환경특성(비공식통제력), 가해경험 및 사회인구학적 특성 등을 요인으로 다루었는데, 낮은 자기통제력이 $p<.01$ 수준에서 부모의 유대와 인터넷 비공식통제력과 함께 중요한 요인이었음을 제시하였다.

낮은 자기통제력이 범죄피해 가능성을 높이지만 그 직접적 이유 이외에 간접적으로는 대표적 이유가 그러한 사람들은 범죄피해의 기회에 더 쉽게 노출되기 때문이라고 주장된다. 예를 들어 자기통제력이 낮은 사람들은 밤늦게 부주의하게 돌아다니다가 범죄위험의 노출로 피해를 당할 수 있다. 인터넷에서도 낮은 자기통제력의 사람들은 안전하게 인터넷을 사용하기보다는 음란물이나 여러 부주의한 다운로드 행위 등으로(Higgins, 2005; Buzzell et al., 2006) 개인정보침해나 바이러스 감염에 노출되기 쉽고, 또한 알지 못하는 낯선 사람과의 부주의한 정보공개나 조심하지 않는 발언과 대화로 인해 여러 피해에 노출되기도 한다. 또한 보안장치의 미설치 등으로 자신을 보호하지 못하고 소홀함으로 인해, 또한 그러한 사람들은 범법친구들과의 접촉으로 범죄자에게 더 노출되고 감시가 부재하는 등의 이유로 피해를 당할 가능성이 높을 수 있다.

Bossler와 Holt(2010)는 낮은 자기통제력의 온라인 범죄피해에의 영향을 다룸에 있어 다섯 영역의 피해영역에 각기 적용하였는데, 패스워드침해, 정보침해, 괴롭힘 피해 등에 유의미한 영향을 주었지만 신용카드 피해나 악성코드 피해에는 영향력을 미치지 못하였다는 결과를 제시하였다. 하지만 이 연구는 모든 피해영역에서 낮은 자기통제력의 영향은 친구의 범죄 변인을 통해 매개되어 간접적인 영향력만을 나타냈고 친구의 범죄가 궁극적인 피해원인임을 제시하였다. 또한 국내연구에서 이성식(2010b)은 휴대전화 이용상에 범죄피해연구에서 낮은 자기통제력의 영향을 주로 다루었는데, 낮은 자기통제력의 청소년이 휴대전화 범죄피해 가능성이 높지만 그 영향력은 휴대전화번호 공개수준이나 휴대전화 범죄경험 친구와의 접촉, 휴대전화 가해경험 등의 기회요인을 매개로 간접적인 영향력을 갖는다는 결과를 제시하였다.

하지만 자기통제력의 영향은 직접적일 수 있어, 오프라인 범죄피해 연구에서 Schreck과 동료들(2002)은 낮은 자기통제력이 그러한 기회요인에 의해 매개되지 않고 직접적이라는 결과를 제시하였고, 인터넷 악성댓글의 이성식(2008b)의 연구에서도 낮은 자기통제력의 영향이 매개되지 않고 직접적임을 제시하였다. 그러나 앞서 제시하였듯이 온라인 연구들(Bossler and Holt, 2010; 이성식, 2010b)에서는 주로 낮은 자기통제력의 영향이 직접적이지 않고 기회요인들에 매개된다는 결과를 제시하는데, 이는 온라인 범죄피해의 경우 오프라인 범죄와는 달리 범죄기회요인이 더 중요하게 작용하기 때문이라고 볼 수 있다.

III. 연구모형과 방법

1. 연구모형

이 연구에서 제시하는 소셜네트워크 서비스 이용상의 범죄피해에 관한 연구모형은 <그림 1>과 같다. 우선 기회요인들과 낮은 자기통제력은 소셜네트워크 서비스 이용상의 범죄피해에 주요 원인이 될 것이라고 예측한다. 그리고 낮은 자기통제력은 직접적으로 뿐만 아니라 기회요인들을 통해 소셜네트워크 서비스 이용상의 범죄피해에 간접적

<그림 1> 소셜네트워크 서비스 이용상의 범죄피해에 관한 연구모형

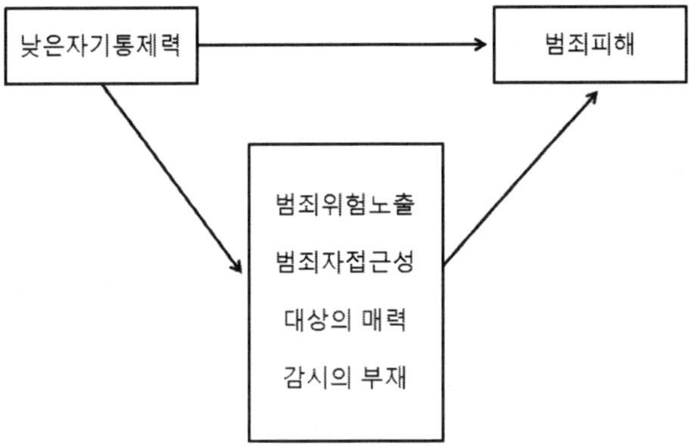

인 영향을 가질 것이라고 본다.

본 연구에서 다룰 기회요인으로는 범죄위험에의 노출, 범죄자와의 근접성, 대상의 매력, 그리고 감시의 부재이다. 좀 더 구체적으로 범죄위험에의 노출을 위해서는 소셜네트워크 서비스 이용시간을, 범죄자와의 근접성 요인으로는 사용하는 SNS에서의 법위반의 정도와 교류하는 사람들 중 모르는 사람의 수를, 대상의 매력을 위해서는 개인정보의 공개정도와 본인이 매력적 대상인지의 인지도를, 그리고 감시요인으로는 물리적 감시로 보안장치 및 백신의 설치, 사회적 감시로는 이용상에 있어서 부모나 어른의 감시, SNS에서의 이용자들의 비공식통제 수준, 그리고 SNS에서의 친구 중 법위반자(사회적 감시의 부재)를, 그 밖에 개인의 방어노력 등 다섯 요인을 다루기로 한다.

이에 낮은 자기통제력의 이용자일수록 소셜네트워크 서비스 이용상에 범죄피해의 경험이 많을 것이라 예측하며, 아울러 그들은 범죄위험에 노출되고, 범죄자와 근접하며, 대상의 매력이 높고, 감시의 부재성이 높아 그것을 이유로 간접적으로 범죄피해의 경험이 많을 것으로도 예측한다. 본 연구에서는 성별과 연령을 통제변인이자 또 다른 생활양식변인으로, 그리고 여자의 경우 대상의 매력요인으로도 사용하기로 한다.

2. 연구방법

이 연구는 서울시의 대학생들을 대상으로 조사를 실시하기로 한다. 이 연구에서는 오프라인 상에서 대학교를 선정하고 학교를 방문하는 방식의 조사를 실시하기로 한다. 이 조사를 위해 서울시 한강을 중심으로 동서남북 지역별로 두 개의 학교를 배정하는 방식으로 총 8개의 학교를 선정하였으며, 각 학교 100여 명씩 총 800명을 대상으로 설문조사를 실시하였으며, 조사는 2012년 6월 25일부터 7월 9일까지 실시하였다. 여기서는 불성실한 응답 38부를 제외한 762부가 이용되었으며, 그중 소셜네트워크 이용자 486명(63.7%)을 최종분석 대상자로 선별하였다.

본 연구의 주요 독립변인으로 낮은 자기통제력은 Grasmick과 동료들의 연구(1993)에 따라 충동성, 단순작업성, 위험추구성, 육체성, 이기성, 화기질 등 여섯 가지 특성에 대해 각 두 문항씩 총 열 두개의 문항을 사용하였고, 각 문항에 대해 "전혀 그렇지 않다"에서 "매우 그렇다"에 이르는 5점 척도에 응답하도록 하였다(alpha=.855).

범죄위험에의 노출로 소셜네트워크 서비스 이용시간은 개방형 질문으로 하루평균 사용시간을 질문하였다.

범죄자와의 근접성의 요인으로 사용하는 SNS에서의 법위반의 정도를 위해서는 "내가 사용하는 SNS에서 법위반은 흔하다", "내가 사용하는 SNS에서 법위반은 어느 정도 받아들인다", "나는 그 SNS에서 법위반하는 사람을 자주 접하게 된다"의 세 문항을 사용하였고 5점 척도에 응답하도록 하였다(alpha=.855). 교류하는 사람들 중 모르는 사람의 수는 SNS에서 교류하는 사람의 수를 개방형 질문으로 묻고, 그중 잘 모르는 사람의 수를 질문하였다.

대상의 매력에서 개인정보의 공개 정도는 "SNS에서 나는 내 정보를 공개하는 편이다", "그 곳에서 내 일상을 자주 올린다", "SNS에서 나는 내 의견을 그때그때 솔직히 제시한다"의 세 문항을 질문하고 5점 척도에 응답하도록 하였고(alpha=.724), 매력적 대상으로서의 인지도는 "나는 법위반자에게 좋은 표적이 될 수 있다고 생각한다"의 한 문항을 사용하였다.

감시요인으로 물리적 감시인 보안장치 및 백신 등의 설치 정도의 질문을 5점 척도로, 사회적 감시로는 "내가 사용하는 SNS를 부모님이 알고 방문하시기도 한다"와 "내가 사용하는 SNS를 교수님이 알고 방문하시기도 한다"를(alpha=.684), SNS에서의 이용자들의 비공식통제 수준을 위해서는 "내가 사용하는 SNS에서는 법위반에 통제가 있어 위반이 쉽지 않다", "그곳에 불건전한 내용이 올려진다면 즉각 삭제될 것이다", "그곳은 서로 건전하게 운영하기 위한 공유하는 규범과 규칙이 있다"의 세 문항을 5점 척도로 사용하였다(alpha=.737). 또한 기존 연구들에서 사회적 감시의 주요 지표로 사용하였던 이용하는 SNS에서의 친구 중 법위반자(감시의 부재)는 “그곳에서 친하게 지내는 사람 중 법위반자가 있는지”를 5점 척도로 질문하였고, 그 밖에 개인의 방어노력을 위해서는 “나는 SNS에서 피해를 당하지 않으려고 조심하여 신경을 쓰는 편이다”의 한 문항을 사용하고 5점 척도에 응답하도록 하였다.

종속변인인 범죄피해는 지난 1년 동안 소셜네트워크 서비스 이용중에 16개 항목의 범죄피해를 경험하였는지를 질문하였는데, 1) 욕설, 2) 명예훼손과 비방, 3) 허위사실과 유언비어, 4) 집단괴롭힘, 5) 협박이나 위협, 6) 스토킹, 7) 성희롱, 8) 성매매 제의, 9) 음란물, 10) 개인정보(사진, 동영상)유포, 11) 개인정보(주민번호나 아이디)유출, 12) 해킹, 13) 악성코드/바이러스, 14) 스팸메일/문자, 15) 사기, 16) 저작권침해 등의 항목에 대해, ‘없다’, ‘1회’, ‘2-3회’, ‘4-9회’, ‘10회 이상’에 0-4점을 부여하였고 최종 합산하였다. 그러나 이 합산값을 종속변인으로 사용할 경우 좌측으로 편향되어 다중회귀분석에서 OLS방식으로 사용할 경우 독립변인들의 영향을 정확하게 예측할 수 없는 문제가 있어 여기서 최종적으로는 그 값을 로그화하여 사용하기로 한다.

Ⅳ. 분석결과

본 연구의 조사 대상자의 특성 및 주요 변인들에 대한 기술통계 분석결과를 살펴보면 <표 1>과 같다. 성별 분포에서 전체 응답자 486명 중 남성이 274명(56.4%), 여성은 212명(43.6%)이었다. 조사 대상자의 연령을 살펴보면 만 18세에서 28세까지 분포되었고 평균연령이 21.745이었다.

<표 2>는 소셜네트워크 서비스 이용자의 범죄피해 경험을 제시한다. 그 결과를 보면 대체로 피해수준은 낮은 것으로 나타났으며, 그중 단순욕설 피해자가 이용자 중 14.4%로 가장 많았고, 스팸메일 피해자가 8.3%, 악성코드/바이러스 피해자가 6.4%, 해킹 피해자가 3.5%, 음란물이 2.2%, 개인정보유출, 허위사실이 각각 2.0%로 그 다음을 차지하였다.

아울러 <표 3>은 주요 요인들로 사용될 변인들에 대한 기술통계분석의 결과를 제시한다. 먼저 낮은 자기통제력의 경우는 12-60범위에서 평균값이 33.337로 대체로 응답자들은 자기통제력이 낮지 않은 것을 제시하였다. 여러 기회요인들 중 먼저 범죄위험에의 노출로 소셜네트워크 서비스 이용시간을 보면 0-12 범위에서 평균시간이 2시간 정

<표 1> 조사 대상자들의 사회인구학적 특성

		명	%	평균	표준편차	범위
성별	남성	274	56.4			
	여성	212	43.6			
연령				21.745	2.324	18-28

<표 2> 조사 대상자의 소셜네트워크 서비스 이용상의 범죄피해경험

	없음	1회	2-3회	4-9회	10회 이상	무응답
욕설	384(79.0)	15(3.1)	13(2.7)	8(1.6)	34(7.0)	32(6.6)
명예훼손과 비방	468(96.3)	4(0.8)	3(0.6)	0(0.0)	0(0.0)	11(2.3)
허위사실과 유언비어	368(96.3)	4(0.8)	2(0.4)	4(0.8)	0(0.0)	8(1.6)
집단괴롭힘	481(99.0)	1(0.2)	0(0.0)	0(0.0)	0(0.0)	4(0.8)
협박이나 위협	478(98.4)	2(0.4)	1(0.2)	0(0.0)	1(0.2)	4(0.8)
스토킹	477(98.1)	1(0.2)	0(0.0)	2(0.4)	1(0.2)	5(1.0)
성희롱	473(97.3)	4(0.4)	1(0.2)	1(0.2)	1(0.2)	6(1.2)
성매매 제의	477(98.1)	3(0.2)	0(0.0)	1(0.2)	1(0.2)	4(0.8)
음란물	467(96.1)	4(0.8)	3(0.6)	1(0.2)	3(0.6)	8(1.6)
개인정보유포	477(98.1)	2(0.4)	2(0.4)	0(0.0)	0(0.0)	5(1.0)
개인정보유출	466(95.9)	2(0.4)	5(1.0)	1(0.2)	2(0.4)	10(2.1)
해킹	455(93.6)	9(1.9)	7(1.4)	1(0.2)	0(0.0)	14(2.9)
악성코드/바이러스	438(90.1)	6(1.2)	14(2.9)	2(0.4)	9(1.9)	17(3.5)
스팸메일/문자	418(86.0)	3(0.6)	6(1.2)	6(1.2)	26(5.3)	27(5.6)
사기	480(98.8)	0(0.0)	1(0.2)	0(0.0)	0(0.0)	5(1.0)
저작권침해	472(97.1)	1(0.2)	1(0.2)	1(0.2)	0(0.0)	11(2.3)

도인 것으로 나타났다. 범죄자와의 근접성의 요인으로 사용하는 SNS에서의 법위반의 정도를 보면 3-15범위에서 평균값이 6.631로 그 값이 낮은 것으로 나타났으며, 교류하는 사람들 중 모르는 사람의 수는 0-999범위에서 평균 67명인 것을 제시하였다. 대상의 매력을 위한 개인정보의 공개정도는 3-15범위에서 평균값이 9.823을 나타내 중간 정도를 나타냈고, 본인이 매력적 대상인지의 인지도를 보면 1-5범위에서 평균값이 2.598로

<표 3> 주요 변인들의 기술통계결과분석

		평균	표준편차	범위
낮은 자기통제력		33.337	6.846	12-60
범죄위험에의 노출	SNS 이용시간	1.940	2.010	0-12
범죄자와의 근접성	SNS 법위반정도	6.631	2.377	3-15
	모르는 교류자 수	67.076	132.430	0-999
대상의 매력	개인정보의 공개정도	9.823	2.308	3-15
	매력적 대상 인지도	2.598	.943	1-5
감시	보안장치/백신설치	2.858	1.081	1-5
	부모/교수감시	4.437	1.908	2-10
	SNS이용자 비공식통제	9.432	2.186	3-15
	SNS에서의 친구위반자	2.012	.876	1-5
	개인방어노력	3.064	1.026	1-5
범죄피해	SNS범죄피해	1.197	3.142	0-24
	LogSNS범죄피해	.362	.745	0-3.22

<표 4> 낮은 자기통제력이 소셜네트워크 서비스 범죄피해에 미치는 영향의 다중회귀분석결과

	종속변인	
	범죄피해	
독립변인	b	β
남성	.209**	.140
연령	.010	.031
낮은 자기통제력	.014**	.131
R제곱	.038	
F값	5.657***	

* p〈.05; ** 〈.01; *** 〈.001

중간보다 약간 낮은 점수를 보였다. 감시요인으로 보안장치 및 백신설치(물리적 감시)의 경우 1-5범위에서 평균값이 2.858을 나타냈고, 사회적 감시로 이용자의 부모나 교수의 감시는 2-10범위에서 평균값이 4.437로 매우 낮았다. 아울러 SNS에서의 이용자들의 비공식통제 수준은 3-15범위에서 평균값이 9.432로 중간 정도를 나타냈고, SNS에서의 친구중 법위반자(감시의 부재) 정도는 1-5범위에서 평균값이 2.012로 상대적으로 낮았다. 그

밖에 개인의 방어노력은 1-5범위에서 평균값이 3.064로 중간 정도를 나타냈다. 본 연구에서 종속변인으로 사용할 소셜네트워크 서비스에서의 범죄피해의 합산값은 0-24범위에서 평균값이 1.197로 낮았으며, 이를 로그화한 값의 평균값은 0-3.22범위에서 .362로 나타났다.

<표 4>는 성, 연령 및 낮은 자기통제력을 독립변인으로 하고 소셜네트워크 서비스 이용상의 범죄피해를 종속변인으로 하는 다중회귀분석의 결과를 제시한다. 그 결과는 낮은 자기통제력의 응답자가 $p<.01$ 수준에 소셜네트워크 서비스 이용상에 범죄피해를 더 당한다는 결과를 제시하였다. 아울러 남자가 $p<.01$ 수준에 더 피해를 당하지만 연령에 따른 차이는 없는 것을 제시하였다. 남자와 같은 사회인구학적 특성이 유의미한 것은 생활양식이론을 지지하는 결과이기도 하다.

<표 5-1>부터 <표 5-4>는 성, 연령 및 낮은 자기통제력을 독립변인으로 하고 기회요인들을 종속변인으로 하는 다중회귀분석의 결과를 제시한다. 먼저 <표 5-1>에서는 범죄위험에의 노출의 경우 낮은 자기통제력의 응답자가 $p<.05$ 수준에서 소셜네트워크 서비스 이용시간이 많아 범죄피해위험에 더 노출된다는 결과를 제시하였고 남자가 더 범죄위험에 노출된다는 결과를 아울러 제시하였다.

<표 5-2>에서 범죄자와의 근접성의 경우 낮은 자기통제력의 응답자가 $p<.001$ 수준에서 매우 높게 법위반 정도에 영향을 미쳤다. 하지만 낮은 자기통제력은 모르는 교류자의 수에는 유의미한 영향력을 갖지는 못하였다. 아울러 남자가 그리고 연령이 낮을수록 범죄자와의 근접성이 더 높은 것을 제시하였다.

<표 5-3>에서 대상의 매력의 경우 낮은 자기통제력의 응답자가 $p<.01$ 수준에서 개인정보공개 정도가 높고, 또한 $p<.001$ 수준에서 자신을 매력적인 표적이 된다고 인지하는 것으로 나타났다. 성과 연령은 대상의 매력과는 유의미한 관련은 없었다.

마지막으로 <표 5-4>에서 감시의 경우 낮은 자기통제력의 응답자가 $p<.001$ 수준에서 친구가 범죄자일 가능성이 $p<.001$ 수준에서 매우 높고, 또한 개인방어노력도 $p<.05$ 수준에서 미흡한 것을 제시하였다. 하지만 낮은 자기통제력이 보안장치/백신설치나 부모나 교수의 사회적 감시, SNS 이용자의 비공식통제와는 유의미한 관련이 없었다. 대체로 일부 요인에서만 남자가 그리고 연령이 낮을수록 감시 수준이 낮았지만 성, 연령은 감시와 큰 관련이 없었다.

<표 6>은 낮은 자기통제력 및 기회요인들이 과연 소셜네트워크 서비스 이용상의 범

<표 5-1> 낮은 자기통제력이 범죄위험에의 노출에 미치는 영향의 다중회귀분석결과

	종속변인	
	범죄위험에의 노출	SNS 이용시간
독립변인	b	β
남성	.563**	.138
연령	-.021	-.024
낮은 자기통제력	.031*	.104
R제곱	.029	
F값	4.498**	

* p<.05; ** <.01; *** <.001

<표 5-2> 낮은 자기통제력이 범죄자와의 근접성에 미치는 영향의 다중회귀분석

	종속변인			
	범죄자와의 근접성			
	SNS 법위반정도		모르는 교류자 수	
독립변인	b	β	b	β
남성	.719***	.149	25.863*	.097
연령	-.147**	-.144	-20.253***	-.180
낮은 자기통제력	.060***	.172	.170	.009
R제곱	.065		.033	
F값	10.815***		5.276***	

* p<.05; ** <.01; *** <.001

죄피해에 얼마나 영향을 미치는지의 다중회귀분석의 결과를 제시한다. 먼저 낮은 자기통제력은 앞서 <표 5>에서 $p<.01$ 수준에서 영향을 미쳤던 결과와는 달리 $p<.05$ 수준에서 유의미한 영향력을 나타내 기회요인들에 다소 매개된다고 나타내기도 하였지만 완전히 매개되지 않고 직접적인 영향력을 갖는다는 결과를 제시하였다.

아울러 기회요인들 중에서는 범죄자와의 근접성으로 SNS 법위반의 정도와 대상의 매력으로 매력적 대상의 인지도가 각각 $p<.05$ 수준에서 범죄피해와 정(+)적인 관계를 갖는 것을 제시하였다. 즉 사용하는 SNS에서 법위반 정도가 높아 범죄자와 근접하거나 스스로가 피해 표적이 된다고 생각할수록 범죄피해를 더 당한다는 결과를 제시하였다. 하지만 범죄자와의 근접성으로 모르는 교류자 수나 대상의 매력으로 개인정보의 공개

<표 5-3> 낮은 자기통제력이 대상의 매력에 미치는 영향의 다중회귀분석결과

	종속변인			
	대상의 매력			
	개인정보의 공개정도		매력적 대상 인지도	
독립변인	b	β	b	β
남성	.066	.014	.091	.048
연령	-.016	-.016	-.018	-.045
낮은 자기통제력	.045**	.133	.022***	.159
R제곱	.018		.030	
F값	2.925*		4.809**	

* p〈.05; ** 〈.01; *** 〈.001

<표 5-4> 낮은 자기통제력이 범죄자와의 근접성에 미치는 영향의 다중회귀분석결과

	종속변인									
	감시									
	보안장치/백신설치		부모/교수감시		비공식통제		친구위반자		개인방어노력	
독립변인	b	β	b	β	b	β	b	β	b	β
남성	.056	.026	-.277	-.072	.511*	.116	.326***	.184	-.224**	-.108
연령	-.007	-.014	-.073	-.090	.124**	.133	-.067***	-.177	.046*	.103
낮은 자기통제력	-.001	-.003	.008	.028	-.012	-.037	.021***	.165	-.015*	-.101
R제곱	.001		.018		.042		.079		.028	
F값	.106		2.929*		6.880***		13.491***		4.572**	

* p〈.05; ** 〈.01; *** 〈.001

는 범죄피해에 유의미한 영향력을 갖지 않았으며, 아울러 범죄위험에의 노출로 SNS이용시간 및 감시의 요인들로 여러 요인들이 범죄피해에 유의미한 영향력을 나타내지는 못하였다. 이렇듯 전체적으로 볼 때 기회요인들의 범죄피해에 대한 영향력은 높지 않았다. 또한 사회인구학적 요인들의 영향도 유의미하지 않았고 <표 4>에서 남성이 더 피해를 당한다는 결과와 달리 여기서는 그 영향력이 유의미하지 않았는데 이는 남성이 <표 5-1>부터 <표 5-4>에서 보았듯이 범죄위험에의 노출 등의 기회요인에 의해 매개되었기 때문으로 보인다.

앞서 <표 5-1>부터 <표 5-4>의 결과와 <그림 2>에서 볼 때 낮은 자기통제력은

<표 6> 소셜네트워크 서비스 이용자의 범죄피해 설명요인에 관한 다중회귀분석결과

		종속변인	
		범죄피해	
독립변인		b	β
남성		.125	.083
연령		.013	.040
낮은 자기통제력		.013*	.113
범죄위험에의 노출	SNS 이용시간	.024	.062
범죄자와의 근접성	SNS 법위반정도	.051*	.160
	모르는 교류자 수	.001	.014
대상의 매력	개인정보의 공개정도	.012	.037
	매력적 대상 인지도	.087*	.108
감시	보안장치/백신설치	.026	.037
	부모/교수감시	-.024	-.062
SNS이용자 비공식통제		.024	.069
SNS에서의 친구위반자		-.024	-.028
개인방어노력		.068	.095
R제곱		.102	
F값		3.383**	

* $p < .05$; ** $< .01$; *** $< .001$

<그림 2> 소셜네트워크 서비스 이용상의 범죄피해에 관한 경로분석결과

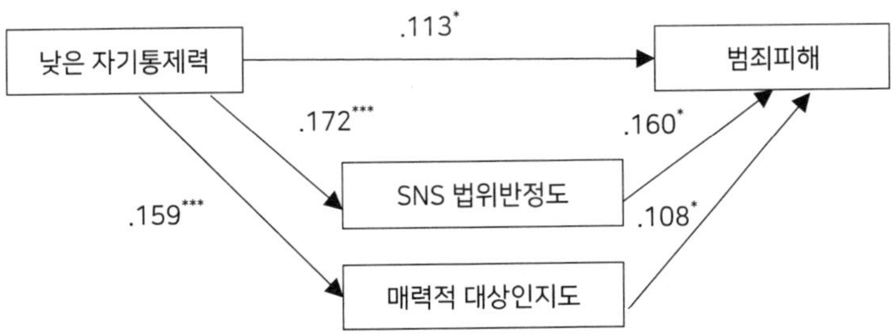

많은 기회요인들에 영향을 주었지만 모두 범죄피해로 이어지지는 않는 것으로 나타났고, 다만 낮은 자기통제력의 사람들이 직접적으로 뿐만 아니라 SNS에서 범죄자와 더 근접하고 스스로 대상으로서 매력이 높다고 인지함으로써 그것을 이유로 간접적으로도

피해를 당한다는 결과를 제시하였다.

V. 결론

이 연구는 소셜네트워크 서비스 이용상의 범죄피해 정도와 그것을 설명하기 위해 기존의 피해연구에서 사용되어왔던 기회요인들 및 개인성향으로서 낮은 자기통제력의 영향을 살펴보았다. 소셜네트워크 서비스 이용상에서는 욕설피해가 가장 많았으며, 그 외에 스팸메일, 악성코드/바이러스, 해킹, 음란물, 개인정보유출 등이 많은 것으로 제시되었으나 전체적으로 볼 때 피해정도는 낮았다. 이는 소셜네트워크 서비스에서는 보통의 인터넷 게시판이나 여러 사이트와는 달리 서로 아는 사이인 경우가 많고 또 소통과 유대가 주 사용 목적인데서 비롯되기도 하지만 조사 대상자가 대학생이기 때문으로 볼 수도 있다.

소셜네트워크 서비스 이용상의 피해요인으로 기회요인으로는 범죄자와의 근접성으로 SNS 법위반 정도와 대상의 매력으로서 매력적 대상의 인지도가 각각 어느 정도 유의미하였지만 그 외의 범죄자와의 근접성 요인이나 개인정보공개와 같은 대상의 매력, 그리고 범죄위험에의 노출이나 감시요인의 설명력은 매우 부족한 것으로 나타났다. 이는 기존 온라인 피해연구에서 감시요인의 설명력이 대체로 낮았던 것(Marcum, 2010; 이성식, 2009a)과는 어느 정도 일치하나 그럼에도 범죄친구의 사회적 감시의 부재는 기존 연구(Holt and Bossler, 2009; Reyns et al., 201)에서 어느 정도 주요 요인이었음에도 이 연구에서는 주요 요인이 되지 못하였다. 본 연구에서는 오히려 대상의 매력요인이 중요하였다. 그럼에도 기존 온라인 연구에서 어느 정도 중요하였던 개인정보제공은 중요하지 않은 것으로 제시되었는데, 상대적으로 모르는 익명 관계인 기존 온라인 사이트에서 개인정보공개는 다소 피해의 위험을 높일 수 있지만 서로 아는 관계가 많은 페이스북과 같은 소셜네트워크 서비스에서는 이미 많이 공개된 상태여서 위험성의 작용은 상대적으로 낮은 것으로 볼 수 있다. 이 연구는 기존 온라인 피해연구와 같이(Holt and Bossler, 2009; Pratt et al., 2010; Reyns, 2011) 컴퓨터 사용시간은 중요하지 않았다. 다만 네트워크 환경이 얼마나 범죄에 우호적인가와 위반자와 접촉할 수 있는가의 범죄자와의 근접성은 중요한 요인임을 나타내 이에 대한 대책이 필요함을 제시하였다.

기존 온라인 피해연구에서 낮은 자기통제력의 영향력을 다룬 연구가 그다지 많지는 않았지만 그럼에도 그 영향이 직접적이기보다는 기회요인들에 의해 매개되는 결과를 보여왔는데(Bossler and Holt, 2010; 이성식, 2010b), 본 연구에서는 낮은 자기통제력이 기회요인에 어느 정도 매개되기도 하지만 그 영향이 직접적이기도 하다는 결과를 제시하였다. 이는 본 연구에서 SNS에서의 활동 등 다양한 기회요인들을 충분히 고려하지 못한 데서 기인하기도 하지만 소셜네트워크 서비스에서는 기존 온라인 사이트 경우와 달리 기회요인의 작용이 크지 않기 때문이라고 볼 수도 있다. 그리고 소셜네트워크 서비스 경우 오프라인과 같이 서로 아는 사이인 경우도 있고, 페이스북의 경우 익명 관계가 낮아 통상의 온라인의 특성과는 다르기 때문일 수 있다. 기존 오프라인 연구에서 볼 때 대체로 낮은 자기통제력의 영향은 매개되지 않고 직접적이었다는 결과를 제시하여 왔는데(Schreck et al., 2002, 2006), 본 결과는 이런 점을 반영한 것은 아닌지 설명할 수 있다. 즉 기존 온라인 연구와는 다소 다르고 오프라인 연구와 다소 일치하는 결과를 보인다.

이 연구는 법위반 가능성이 상대적으로 낮은 대학생을 연구대상으로 하였다는 점에서 그 결과를 일반화할 수는 없다. 앞으로는 보다 확대된 대상으로 연구가 진행되어야 할 것이다. 또한 본 연구모형을 엄밀히 검증하기 위해서는 종단적 조사자료를 이용한 인과관계 파악이 필요하며 구조방정식모형을 통한 검증을 요하기도 한다. 아울러 더 많은 기회요인들을 고려하고, 아울러 가해경험을 포함하는 연구모형을 구성하여 보다 낮은 자기통제력의 매개작용을 정밀하게 검토해야 할 필요가 있을 것이다. 소셜네트워크 서비스상의 피해는 기존 온라인의 경우와 다른지 혹은 오프라인상의 피해와는 어떤 유사점이 있는지 좀 더 연구가 진행되고 논의될 필요가 있을 것이다. 앞으로는 이와 같은 더 확대된 연구와 논의를 기대해 본다.

사이버범죄 설명요인을 위한 주요 네 이론에서 요인들 검증

I. 서론

사이버범죄는 지속적으로 증가하고 있다. 사이버범죄에 효과적으로 대응하기 위해서는 그 원인을 모색하고 그것에 기반하는 정책이 바람직한데, 그러한 점에서 그 원인을 파악하려는 경험연구는 의의가 있다고 하겠다. 그동안의 연구들에서 여러 범죄 및 비행 이론들을 온라인 사이버공간에서의 행동에 적용하면서 그 원인을 모색해왔다(이성식, 2011a). 여기서는 여러 이론들 중에서도 그동안의 연구에서 주목을 받아왔던 주요 네 이론을 통해 설명요인을 다루기로 하는데, 긴장이론, 사회학습이론, 일반이론, 그리고 기회이론이 그것이다. 즉 일상생활에서 겪는 긴장과 스트레스를 온라인에서 표출하거나(긴장이론), 인터넷으로 부터 법위반의 행동을 학습하는 것(사회학습이론) 이외에 낮은 자기통제력과 같은 개인의 충동적인 성향에서 비롯될 수 있는 것인지(일반이론)를 살펴볼 것이다. 그리고 이 연구에서는 그와 같은 기존 연구들에서의 환경요인과 개인성향 이외에 그 시각을 다소 달리하는 접근으로 기회이론의 주장에 주목하고자 한다. 기존의 경험연구들에서는 인터넷사용시간과 같은 일부 기회관련 요인들을 다루기는 하였지만 상대적으로 포괄적으로 기회요인을 다루는 데 소홀하였는데, 인터넷매체가 갖는 여러 비행기회의 용이성이 비행발생에 중요할 것이라는 점에서 이 연구에서는 이를 주요 원인의 하나로 다루고자 한다.

이 연구는 대학생을 대상으로 사이버범죄의 원인을 모색해 보려고 한다. 상대적으로 대학생들은 범죄의 가능성이 낮다고 생각되지만 대학생들의 인터넷활용도는 매우 높고 오프라인에서 그 가능성은 낮을지 몰라도 온라인 인터넷공간에서의 범죄 가능성은 어느 정도 높다고도 볼 수 있기 때문이다. 이렇듯 이 연구는 그동안 소홀히 다뤄졌던 대학생들을 대상으로 하는 사이버범죄의 설명요인에 관한 연구라는 점에서 의의가 있으며, 아울러 주요 설명요인들을 다양하게 접근하고자 긴장이론, 사회학습이론, 일반이론, 그리고 기회이론 등으로부터 도출함에 있어 특히 기회이론을 포함하여 다루는 것에 기존 연구들과는 다른 특징이 있고, 이를 통해 대학생 사이버범죄의 설명요인들을 탐색해보고 여러 논의 중 어느 이론과 설명요인들이 우위에 있는지를 알아보고 함의를 알아보는 것에 목적을 둔다.

Ⅱ. 이론적 논의

1. 주요 이론과 사이버범죄에의 적용 논의들

1) 긴장이론

고전적 긴장이론가들은 Merton의 논의에 따라 구조적 불평등속에서 하층의 사람들이 겪는 부의 획득에의 실패에서 오는 긴장이 범죄와 비행의 주요 원인이라고 주장하였다. 하지만 이후 경험연구에서 하층 이외에 중상층도 비행을 하며 구조적 긴장의 논의가 지지를 못받자 청소년비행 연구의 경우를 보면 모든 계층이 겪는 가정, 학교, 친구관계 등 일상생활에서 겪을 수 있는 일상긴장을 비행 원인으로 다루기 시작하였는데, 그 대표적 논의로 Agnew(1992)는 일반긴장이론에서 그 논의를 체계화하면서 그러한 일상생활 영역에서의 긴장으로 목표달성의 실패, 긍정적 자극의 소멸, 부정적 자극의 발생이 부정적 감정을 야기함으로써 비행 원인으로 작용할 수 있다는 주장을 제시하였다. 이후 이러한 긴장이론의 논의는 어느 정도 지지를 받아 왔다(Agnew, 2001).

그러한 일상긴장요인들은 현실에서와 마찬가지로 사이버범죄에도 잘 적용될 수 있는데(Patchin and Hinduja, 2011), 오히려 오프라인보다는 온라인에서 더욱 설명력이 높을 수 있다. 현실 오프라인에서는 긴장이 있다고 해서 비행으로 표출될 가능성은 상대적으로 낮은 반면 온라인에서는 비대면 혹은 익명 상황에서 아무 제약이나 제재 없이 긴장을 쉽게 표출할 수 있기 때문이다.

2) 사회학습이론

사회학습이론은 Akers가 제시한 비행에 관한 대표적인 사회학이론으로 Sutherland의 차별접촉이론을 보다 발전시키고 변형한 것으로, 비행은 주위 환경을 통해 학습된다고 보는 이론이다. Akers(1985)는 비행행위를 설명하기 위해 네 가지 개념을 구성하였는데, 차별접촉, 정의, 차별강화, 모방이 그것이다. 즉 사회학습의 가장 중요한 원천으로 비행에 우호적인 위반자와 접촉하고, 그들로부터 친비행적 정의나 태도를 배우며, 비행으로 결과될 보상, 이득과 아울러 처벌 혹은 비용을 학습하여 보상이 크고 비용이 적을 때 비행을 하고, 실제로 비행을 저지른 사람을 관찰한 후 그것을 모방하게 되는 경우 비행을 저지르게 된다고 보았고, 그러한 주장들은 경험적으로 지지를 받아왔다(Akers and Jensen, 2006).

그러한 주장들은 사이버범죄를 설명함에 있어서도 적용되어, Skinner와 Fream(1997)은 해킹이나 인터넷 불법 소프트웨어 사용에 사회학습요인들을 적용함에 있어 차별강화나 모방의 영향력은 낮았지만 차별접촉과 불법사용에 대해 갖는 정의와 태도가 중요한 요인임을 제시하였다. 이후의 연구에서도 사회학습이론의 요인들은 음악 다운로드 등 주로 저작권침해 연구에서 적용되어 왔고 그 주요 요인이 된다는 것을 제시하였다(Higgins and Makin, 2004; Higgins and Wilson, 2006). 그러한 주장은 국내에서 악성댓글과 같은 인터넷 폭력에 있어서도 적용되어 여러 요인들 중 법위반의 정의나 태도는 가장 강력한 원인이 된다고 제시되어 왔다(성동규 외, 2006; 이성식, 2006b).

3) 일반이론

아마도 최근 논의에서 가장 주목받아왔고 지지되었던 이론은 Gottfredson과 Hirschi(1990)의 일반이론일 것이다. 이 이론에서는 대부분의 비행이 즉각적이면서도 충동적으로 발생한다는 점에 주목하였고, 그 원인이 순간만족과 충동성을 통제, 조절할 수 있는 능력으로서의 내적 성향 차이에 있다고 보았는데, 바로 자기통제력이라고 하였다. 즉 자기통제력이 낮은 사람은 비행을 더 저지른다고 보아 비행의 주요 설명요인이라고 하였고, 낮은 자기통제력은 다른 앞서 이론들에서의 사회환경 요인들과 독립적으로 비행의 주요 설명 원인이라고 보았는데, 그러한 주장은 그동안의 연구에서 지지받아 왔다(Pratt and

Cullen, 2000).

일반이론에서 낮은 자기통제력은 모든 범죄에 잘 적용될 것이라고 주장하였듯이 사이버범죄를 잘 설명할 것이라고 볼 수 있는데, 사이버공간에 적용하였던 기존 연구들을 보면 낮은 자기통제력은 사이버범죄의 주요 설명이 된다는 것을 제시하고 있다(Higgins, 2005; Buzzell et al., 2006; Malin and Fowers, 2009). 사이버공간에서는 한번의 클릭으로 보다 쉽고 용이하게, 더더욱 익명 상황에서는 우발적이고도 충동적으로 행동하게 되는데 그러한 상황에서 자기통제력이 낮은 사람들이 자신을 조절하지 못하고 우발적으로 비행을 저지르기 쉽다고 볼 수 있다. 국내에서 이성식 연구(2006b)에서는 낮은 자기통제력이 다른 요인들보다도 오프라인과 온라인 모두에서 가장 큰 영향력을 갖는 원인이라고 밝히고 있다.

4) 기회이론

기존의 주요 비행이론들이 주로 비행자 개인특성이나 사회환경에 주목한 것에 반해, 그것보다 비행발생 상황이나 기회여건에 주목하고 있는 이론이 있는데, 고전주의 학파에 근거한 이들 논의는 비행발생의 기회요인을 중시한다. 예를 들어 생활양식이론(Hindelang et al., 1978)에서는 비행기회 노출이 비행발생의 원인이라고 보았고, 일상행위이론(Cohen and Felson, 1979)에서는 비행이 일어나기 위해 매력적 대상이 있고, 비행을 저지할 감시요인이 없는 등 비행기회가 있어야 한다고 보았다. 그러한 주장은 범죄피해 연구를 중심으로 그동안의 경험연구들에서 지지를 받아왔다(Meier and Miethe, 1993).

그러한 주장은 사이버범죄 연구에도 적용되어, Holt와 Bossler(2009)의 온라인괴롭힘 연구에서는 채팅방에 많이 방문할수록, 그리고 사회적 감시가 부재할수록 피해를, Marcum과 동료들은(2010) 채팅방의 방문의 비행위험에의 노출과 개인정보공개 수준의 대상의 매력이 높을수록 사이버성폭력 피해를, 그리고 Reyns와 동료들은(2011) 온라인에서 모르는 사람과 만날수록, 사회적 감시가 낮을수록 사이버스토킹 피해를 더 당한다는 결과를 제시하였다. 기존 연구는 주로 비행피해를 중심으로 비행기회요인을 다뤄왔지만, 이 입장에서 보면 사이버공간에서 비행기회가 수월할수록 비행 가능성은 높다고 본다. 이와 관련하여 인터넷에서 많은 시간을 보내는 아이들 그리고 인터넷중독에 빠진 사람들은 적어도 그렇지 않은 사람들보다 우연한 비행기회에 더 노출됨으로 해서 사이버범죄를 저지를 가능성이 높다고 할 수 있고(이성식, 2005c), 마찬가지로 익명으로 인터넷을 사용하는 사람의 경우도 우연히 비행을 저지르게 될 기회가 높다고 할 수 있어(Kiesler et al., 1984; Postmes and Spears, 1998), 기회이론의 대표적 요인으로 볼 수 있다.

2. 기존의 주요 요인들 검증의 관련 연구들

그러면 위에서 언급한 요인들을 중심으로 함께 다뤄 살펴본 기존 연구들을 국내 연구를 중심으로 검토해보기로 한다. 그동안의 연구는 초등학생 및 중학생 등의 청소년 대상의 연구가 많았다. 이성식(2009c)은 청소년패널 데이터를 사용하여 전국 초등학생을 대상으로 사이버비행의 원인을 살펴보았다. 일상긴장, 낮은 자기통제력, 인터넷사용시간 등 세 이론의 주요 요인들을 검증한 이 연구에서는 기회요인으로 인터넷사용시간이 $p<.001$ 수준에서 가장 높은 영향력을, 그 다음으로 낮은 자기통제력 역시 $p<.001$ 수준에서, 그리고 긴장요인들 중에서는 부모와 친구관계 긴장은 유의미하지 않았지만 학업긴장이 $p<.05$ 수준에서 유의미하게 사이버비행을 설명하는 것을 제시하였다.

정혜원(2010)은 청소년패널 데이터를 사용하여 전국 중학생을 대상으로 사이버비행의 원인을 일상긴장, 낮은 자기통제력, 인터넷사용시간 등 세 이론의 요인들을 검증하였는데, 모든 요인이 중요하게 작용하였지만 낮은 자기통제력이 $p<.001$ 수준에서 가장 높게, 그리고 부모와 친구관계 긴장은 유의미하지 않았지만 학업긴장이 $p<.001$ 수준에서 그 다음으로, 그리고 인터넷사용시간이 $p<.001$ 수준에서 유의미하게 사이버비행을 설명하는 것을 제시하였다.

남수정(2011)은 전북지역의 중고등학생 대상의 연구에서 일상긴장과 낮은 자기통제력은 인터넷중독의 요인을 통해 간접적으로 영향을 줄 것이라 예측하였으나 그러한 간접적 영향력 이외에도 세 요인들 모두 직접적으로 사이버비행에 유의미하게 작용하였는데, 인터넷중독이 $p<.01$ 수준에서 가장 크게, 그 다음으로 낮은 자기통제력이 $p<.01$ 수준에서, 그리고 일상긴장이 $p<.05$ 수준으로 영향을 미쳤다는 결과를 제시하였다. 이때 익명사용은 독립적 영향보다는 조절변인으로 사용하였는데, 긴장과 익명사용이 상호작용효과를 갖는다고 하여 일상긴장의 청소년들이 인터넷을 익명으로 사용하게 되는 경우 사이버비행을 더 저지르게 된다는 결과를 제시하였다.

차은진(2012)은 중학생 대상의 연구에서 비록 긴장요인들을 다루지는 않았지만 위의 관련 요인들을 인과관계의 경로모형으로 검증하였다. 이 연구결과에서 낮은 자기통제력이 직접적으로도 사이버비행에 영향을 미쳤지만 인터넷중독을 매개로도 영향을 미쳤고, 인터넷중독의 청소년은 직접적 혹은 윤리의식(태도)을 매개로 간접적으로도 영향을 미친다는 결과를 제시하였다. 즉 낮은 자기통제력의 청소년은 인터넷중독에 빠지게 되고 그리하여 윤리의식 하락으로 사이버비행을 야기할 수 있음을 제시하였다.

III. 연구가설과 방법

1. 연구가설

이 연구는 기존의 연구에서 소홀하였던 대학생 대상의 연구에 관심을 갖는다. 그리고 본 연구에서는 긴장이론, 사회학습이론, 일반이론, 기회이론 등 네 이론을 근거로 하여 주요 요인들을 도출하고 그 영향력을 살펴보기로 한다. 이 연구에서는 기존 연구들에서와 같이 부모와의 관계나 학업에서의 긴장요인들을, 그리고 일반이론으로부터는 낮은 자기통제력의 영향을 다루기로 한다. 기존 연구들에서는 상대적으로 사이버범죄에 대한 태도요인을 제외하고는 사회학습요인들을 다루고 있지 않은데, 여기서는 차별접촉과 차별강화요인들, 그리고 모방의 영향력도 함께 다룰 것이다. 특히 이 연구에서는 사이버범죄의 여러 기회요인들을 고려하는 점에서 인터넷이용시간과 익명 사용 이외에 물리적 기회 및 여러 기회들을 포괄하는 사이버공간에서 비행기회 인지도를 또 다른 주요 요인으로 고려하기로 한다.

이처럼 이 연구에서는 다음과 같이 긴장이론으로부터는 부모와의 관계에서의 긴장과 학업에서의 긴장을, 그리고 사회학습이론으로부터는 인터넷에서의 법 위반자와의 차별접촉, 정의, 차별강화요인으로 사이버범죄로부터 얻는 보상과, 그 비용으로 공식처벌의 인지도를, 모방 등의 요인을 다루기로 한다. 아울러 일반이론으로부터는 개인의 안정된 성향으로서 낮은 자기통제력을, 그리고 기회이론으로부터는 전체적인 비행기회의 인지도와 함께 인터넷사용시간, 인터넷 익명 사용을 사용하기로 한다.

본 연구의 가설은 다음과 같다.

가설 1-1: 부모와의 관계에서 긴장이 높을수록 사이버범죄를 더 저지를 것이다

가설 1-2: 학업에서의 긴장이 높을수록 사이버범죄를 더 저지를 것이다

가설 2-1: 위반자와 차별접촉이 높을수록 사이버범죄를 더 저지를 것이다

가설 2-2: 위반에 대한 긍정적 정의가 높을수록 사이버범죄를 더 저지를 것이다

가설 2-3: 위반으로부터의 보상이 높을수록 사이버범죄를 더 저지를 것이다

가설 2-4: 위반으로의 처벌인지도가 낮을수록 사이버범죄를 더 저지를 것이다

가설 2-5: 위반자로부터 모방이 높을수록 사이버범죄를 더 저지를 것이다

가설 3: 낮은 자기통제력의 성향이 높을수록 사이버범죄를 더 저지를 것이다

가설 4-1: 비행기회의 인지도가 높을수록 사이버범죄를 더 저지를 것이다

가설 4-2: 인터넷이용시간이 많을수록 사이버범죄를 더 저지를 것이다

가설 4-3: 인터넷을 익명으로 사용할수록 사이버범죄를 더 저지를 것이다

2. 연구방법

이 연구는 대학생들을 대상으로 조사를 실시하기로 하며, 서울시에 재학중인 대학생을 선정하기로 한다. 이를 위해 서울시 한강을 중심으로 동서남북 지역별로 두 개씩의 학교를 배정하는 방식으로 총 8개의 학교를 선정하였으며, 각 학교에서는 자연/이공계와 인문사회/경상계 학생이 절반씩 표집되도록 하였다. 조사는 2012년 6월25일부터 7월 9일까지 각 학교 100여 명씩 총 800명을 대상으로 설문조사를 실시하였으며 불성실한 응답 38부를 제외한 762부가 사용되었다.

본 연구에서 주요 독립변인들로 긴장요인으로는 부모와의 긴장과 학업에서의 긴장을 사용하기로 하는데, 기존의 논의들에 의거(Agnew, 2001), 부모와의 긴장은 "나는 부모님과 갈등이 심하다", "나는 부모님과 마음이 안 맞는다", "부모님은 나를 잘 이해해주지 못한다"의 세 문항을(alpha=.892), 학업에서의 긴장은 "나는 학교에 잘 적응 못한다", "나는 학교가기가 싫다", "나는 학업에 흥미가 없다"의 세 문항을(alpha=.693) 사용하고 5점 척도에 응답하도록 하였다.

사회학습요인들로는 기존 논의들에 기초하고(Akers, 1985; 황성현, 2008) 이를 인터넷에 응용하여, 우선 법위반자와의 차별접촉은 "인터넷에서 친하게 지내는 사람 중 법을 위반한 사람이 있다"의 하나의 문항을 사용하기로 하는데 이에 "전혀 그렇지 않다"에서 "매우 그렇다"에 이르는 5점 척도에 응답하도록 하였다.

법위반의 정의는 "인터넷에서 법을 위반하는 것은 괜찮다"의 하나의 질문에 5점 척도

에 응답하도록 하였다.

차별강화를 위해서는 인터넷에서 법위반으로부터 얻는 보상과 비용을 사용하였는데, 보상으로는 일반적인 물질적 보상 이외에 주위의 인정과 재미나 스릴과 같은 심리적 보상을 고려하여 측정하였다. 이에 "인터넷에서 법위반으로 손해보는 것보다 얻는게 더 많다", "인터넷에서 법위반으로 주위의 반응이 더 좋다", "인터넷에서 법을 위반한다면 재미나 스릴이 있을 것이다"의 세 문항을 사용하였고(alpha=.892), 비용으로는 처벌의 인지도를 중심으로 "인터넷에서 법을 위반한다면 처벌을 받을 것이다"의 하나의 문항을 질문하고 5점 척도에 응답하도록 하였다.

모방은 "인터넷에서 법위반과 관련된 것을 배운다", " 인터넷에서 법위반을 모방하게 된다", "인터넷에서 내가 닮고 싶은 사람 중 법위반을 하였던 사람이 있다"의 세 문항을 사용하고 5점 척도에 응답하도록 하였다(alpha=.827).

낮은 자기통제력은 기존의 연구에 따라(Grasmick et al., 1993), 충동성, 위험추구성, 단순작업추구성, 활동성, 이기성, 화기질 등 여섯 특성에 대해 두 문항씩의 질문을 하였는데, 예컨대 "나는 충동적으로 행동하는 경우가 많다"와 같은 총 열 두개의 질문에 5점 척도에 응답하도록 하였다(alpha=.837).

비행기회는 인터넷에서의 비행기회의 인지도이외에 인터넷사용시간, 익명사용 등 세 변인을 사용하기로 하는데, 비행기회의 인지도는 "인터넷에서 법을 위반할 기회가 많은 편이다", "인터넷에서 법위반을 언제 어디서나 손쉽게 할 수 있다", "인터넷에서 법위반을 할 때 나를 드러내지 않고 숨길 수 있다"의 세 문항을 질문하고 5점 척도에 응답하도록 하였고(alpha=.886), 인터넷사용시간은 개방형의 질문으로 하루 평균 인터넷사용시간을 질문하였다. 그리고 인터넷 익명사용은 "인터넷에서 나는 익명의 상태에서 주로 아이디명을 사용한다"의 하나의 문항을 사용하고 5점 척도에 응답하도록 하였다.

종속변인으로 사이버범죄의 경우는 1) 단순욕설, 2) 명예훼손/비방, 3) 허위사실/유언비어유포, 4) 집단괴롭힘, 5) 협박/위협, 6) 스토킹, 7) 성희롱, 8) 성매매제의, 9) 음란물게시, 10) 개인정보사용 및 침해, 11) 해킹, 12) 악성코드유포, 13) 스팸메일유포, 14) 사기, 15) 저작권침해 등 열다섯 개의 항목에서 지난 1년 동안의 경험 횟수를 사용하기로 한다. 여기서는 열다섯 개의 문항을 합산하여 사용하기로 하는데, 그러나 이 합산값을 종속변인으로 사용할 경우 좌측으로 편향되어 다중회귀분석에서 OLS방식으로 사용할 경우 독립변인들의 영향을 정확하게 예측할 수 없게 되는 문제가 있어 여기서 최종적으로는 그 값을 로그화하여 사용하기로 한다. 연구에서 사회인구학적 통제변인으로 성은 여자(=0)와 남자(=1)를, 연령은 태어난 연도를 묻고 연령으로 재부호화 하였다.

Ⅳ. 분석결과

본 연구의 조사 대상자의 특성에 대한 분석결과를 살펴보면 <표 1>과 같다. 성별분포에서 전체 응답자 762명 중 남성이 460명(60.4%), 여성은 302명(39.6%)(무응답 1명)이었다. 조사 대상자의 연령을 살펴보면 만 18세에서 29세까지 분포되었고 평균연령이 21.960이었다.

<표 2>는 조사 대상자 대학생들의 사이버범죄에 대한 경험 여부와 평균 횟수를 제시한다. 열다섯 개의 사이버범죄행위 중 단순욕설 경험자는 243명으로 응답자의 31.8%를 차지하였고, 평균 7.38회로 가장 많은 빈도를 차지하였다. 그 다음으로는 저작권침해 경험자가 78명(10.2%)으로 평균 1.27회인 것으로 나타났고, 개인정보사용 및 침해 68명(8.9%), 음란물게시 40명(5.2%), 해킹 27명(3.5%), 허위사실/유언비어유포 26명(3.4%), 명예훼손 25명(3.3%), 성희롱 23명(3.0%) 순으로 나타났다. 성매매 제의나 사기, 스팸메일 유포는 경험자가 10명 이하로 적은 편에 속하였다.

<표 3>은 주요 변인들에 대한 기술통계분석결과를 제시한다. 본 연구에서 사용할 주요 독립변인으로 부모와의 긴장은 3-15범위에서 평균값이 6.670로, 학업긴장은 6.986으로 낮은 편으로 나타났다. 사회학습요인으로 법위반자와의 차별접촉은 1-5범위에서 2.306으로 중간보다 다소 낮은 정도였고, 법위반에 대한 정의는 1-5범위에서 2.245로 낮은 편에 속하였다. 사이버범죄로 얻는 보상 기대는 3-15범위에서 6.768로 낮았고, 비용의 측면인 처벌 인지도는 2.430으로 중간점수보다는 낮았다. 모방은 3-15범위에서 평

<표 1> 조사 대상자의 특성

		명	%	평균	표준편차	범위
성별	남성	460	60.4			
	여성	302	39.6			
연령				21.960	2.314	18-29

<표 2> 조사 대상자의 사이버범죄에 대한 빈도 분석결과

	빈도(%)	평균
단순욕설	243(31.8)	7.38
명예훼손/비방	25(3.3)	0.30
허위사실/유언비어 유포	26(3.4)	0.30
집단괴롭힘	17(2.2)	0.16
협박/위협	14(1.8)	0.15
스토킹	10(1.3)	0.03
성희롱	23(3.0)	0.24
성매매 제의	9(1.0)	0.01
음란물 게시	40(5.2)	0.34
개인정보사용/침해	68(8.9)	0.26
해킹	27(3.5)	0.06
악성코드 유포	14(1.8)	0.04
스팸메일 유포	7(0.9)	0.01
사기	8(1.0)	0.02
저작권침해	78(10.2)	1.27

<표 3> 주요 변인들에 대한 기술통계분석결과

	평균	표준편차	범위
부모긴장	6.670	2.371	3-15
학업긴장	6.986	2.321	3-15
차별접촉	2.306	1.003	1-5
정의	2.245	.957	1-5
보상	6.768	2.313	3-15
처벌인지도	2.430	1.093	1-5
모방	6.679	2.233	3-15
낮은 자기통제력	33.526	7.205	12-60
기회인지	8.332	2.625	3-15
인터넷이용시간	2.817	2.054	0-20
익명 사용	3.515	.929	1-5
사이버범죄	.767	1.362	0-6.22

균값이 6.679였다. 개인성향인 낮은 자기통제력은 12-60범위에서 평균값이 33.526이었고, 기회요인으로 기회인지도는 3-15범위에서 8.332, 인터넷이용시간은 0-20범위에서 평균값이 2.817로 3시간 내외였다. 또 다른 기회요인으로 익명사용은 1-5범위에서 평균값이 3.515로 중간보다 다소 높게 익명으로 사용하는 것으로 나타났다. 본 연구에서의 종속변인으로 사이버범죄는 열다섯 개의 행위를 합산한 후 로그화한 후의 결과 0-6.22 범위에서 평균값이 .767이었고 그 정도는 낮은 것으로 조사되었다.

<표 4>는 사회배경 특성 및 네 이론별로 요인들을 사용하고 사이버범죄를 종속변인으로 하여 분석한 각각의 다중회귀분석결과를 제시한다. 먼저 성과 연령을 독립변인으로 포함한 첫 번째 결과에서 남성이 $p<.001$ 수준에서 사이버범죄에 영향을 미쳤고 연

<표 4> 사이버범죄의 이론별 설명요인에 관한 다중회귀분석결과

	종속변인									
	사이버범죄									
	(1)		(2)		(3)		(4)		(5)	
독립변인	b	β	b	β	b	β	b	β	b	β
남성	.478***	.172								
여성	.004	.006								
부모긴장			.004	.006						
학업긴장			-.037	-.063						
차별접촉					.124*	.090				
정의					-.011	-.008				
보상					.084**	.144				
처벌인지도					-.114*	-.090				
모방					-.022	-.037				
낮은 자기통제력							.020**	.107		
기회인지									.097***	.188
인터넷이용시간									.096***	.144
익명 사용									.128*	.087
R제곱	.030		.004		.027		.011		.072	
F값	10.572***		1.236		3.746**		7.757**		17.220***	

* p<.05; ** p<.01; *** p<.001

령은 유의미한 영향을 갖지 못하였다. 사회배경변인들의 설명력으로 R제곱은 .030이었고 모형은 유의미하였다.

긴장이론의 요인으로 부모와의 긴장과 학업긴장을 독립변인으로 고려한 모형 (2)의 결과는 두 요인 모두 유의미하지 않았고 설명력도 매우 낮았다.

사회학습요인들의 모형 (3)에서는 위반자와의 차별접촉이 $p<.05$ 수준에서 유의미하였으나 법위반에 대한 정의는 사이버범죄에 유의미한 영향력을 갖지 못한 것으로 나타났고, 차별강화요인으로 사이버범죄로 얻는 보상은 $p<.01$ 수준에서 정(+)적으로, 비용의 측면으로 처벌인지도는 $p<.05$ 수준에서 부(-)적으로 유의미한 영향력을 갖는 것을 제시하였다. 사회학습이론의 마지막요인으로 모방의 영향력은 유의미하지 않았다. 사회학습요인들의 설명력으로 R제곱은 .027이었고 모형은 유의미하였다.

네 번째 모형에서 일반이론에서의 낮은 자기통제력의 영향력은 $p<.01$ 수준에서 유의미한 것으로 나타나 자기통제력이 낮은 응답자가 사이버범죄를 더 저지르게 되는 것을 제시하였고, 설명력으로 R제곱은 .011이었고 그 설명력이 사회학습이론보다는 적었지만 모형의 적합도는 긴장이론과 사회학습이론보다 높았다.

마지막으로 기회이론의 모형(5)의 요인들은 대체로 그 영향력이 강한 것으로 나타났다. 기회인지도는 $p<.001$ 수준에서 매우 강하게 사이버범죄에 영향을 미쳤으며, 인터넷사용시간이 많은 학생들도 $p<.001$ 수준에서 사이버범죄를 저지르게 된다는 것으로 나타났다. 아울러 익명사용도 $p<.05$ 수준에서 정(+)적으로 유의미한 영향력을 갖는 것으로 나타났다. 기회요인들의 설명력으로 R제곱은 .072로 네 이론 중 가장 높았으며, 모형의 적합도도 가장 높았다.

<표 5>는 본 연구에서의 주요 요인들을 모두 함께 독립변인으로 포함한 다중회귀분석결과를 제시한다. 그 결과를 보면 긴장요인으로 부모와의 긴장은 유의미한 영향력을 갖지 못하였지만 학업긴장은 앞서 <표 4>의 결과에서 유의미하지 않았지만 사이버범죄와 $p<.05$ 수준에서 부(-)적인 관계를 제시하였다. 즉 긴장이론 논의와는 반대로 학업긴장이 높을수록 사이버범죄를 덜 저지르는 것으로 나타났다. 이는 학업에 관심이 많은 학생들이 비행의 가능성이 낮은데, 그들은 그만큼 학업긴장을 더 겪기 때문인 것으로 해석된다.

사회학습요인들로는 앞서 유의미하였던 위반자와의 차별접촉이나 법위반에 대한 정의는 유의미한 영향력을 갖지 못한 것으로 나타났다. 대신 차별강화요인으로 사이버범

죄로 얻는 보상이 $p<.01$ 수준에서 정(+)적으로, 그리고 비용의 측면으로 처벌인지도가 $p<.05$ 수준에서 부(-)적으로 유의미한 영향력을 갖는 것을 제시하였다. 사회학습이론의 마지막요인으로 모방의 영향력은 미비하였다.

개인성향요인으로 일반이론에서의 낮은 자기통제력의 영향력은 앞선 결과에서는 $p<.01$ 수준에서 유의미하였지만 다른 변인들을 통제한 상태에서는 $p<.05$ 수준에서 유의미한 것으로 나타났다.

기회이론의 요인들은 영향력이 강한 것으로 나타났으며, 기회인지도는 $p<.001$ 수준에서, 인터넷사용시간도 $p<.001$ 수준에서, 그리고 익명 사용은 $p<.05$ 수준에서 정(+)적으로 유의미한 영향력을 갖는 것으로 나타났다. 표준화된 회귀계수인 베타값을 중심으로 보면 기회요인으로 기회인지도가 가장 높게 영향을 미쳤으며, 그 다음이 역시 기회

<표 5> 사이버범죄의 설명요인에 관한 다중회귀분석결과

	종속변인	
	사이버범죄	
독립변인	b	β
남성	.377**	.134
연령	-.010	-.017
부모긴장	-.009	-.016
학업긴장	-.060*	-.102
차별접촉	.067	.048
정의	.008	.006
보상	.086**	.145
처벌인지도	-.127*	-.100
모방	-.046	-.077
낮은 자기통제력	.018*	.092
기회인지	.088***	.169
인터넷이용시간	.083***	.163
익명 사용	.119*	.080
R제곱	.125	
F값	7.068***	

* p〈.05; ** p〈.01; *** p〈.001

요인인 인터넷사용시간이 영향력에서 매우 중요하였고, 그 다음이 강화요인으로 보상이, 그리고 학업긴장, 처벌인지도, 낮은 자기통제력, 익명 사용 순으로 중요한 것으로 나타났다. 이와 같은 네 이론의 요인들의 전체적인 설명력으로 R제곱은 .125이었다.

본 연구에서 통제변인으로 사용한 사회배경변인으로는 남성이 $p<.01$ 수준에서 유의미하여 남성이 여성보다 사이버범죄를 더 저지르는 것으로 나타났고 연령에 따른 사이버범죄의 차이는 유의미하지 않은 것을 제시하였다.

V. 결론

이 연구는 대학생들을 대상으로 하여 사이버범죄의 설명요인을 알기 위해 그 주요 설명요인들을 긴장이론, 사회학습이론, 일반이론, 그리고 기회이론 네 이론으로부터 도출하고, 어느 이론과 설명요인들이 우위에 있는지를 알아보는 데 관심을 두었다.

이 연구결과는 여러 이론들 중에서도 기회이론의 요인들이 사이버범죄를 잘 설명하는 것을 제시하였다. 기존의 초, 중고등학생 대상의 연구들에서 인터넷사용기간이 많거나 인터넷중독자가 사이버비행을 저지르게 된다는 결과와 같이 이 연구에서도 이는 주요 설명요인이 되었다. 이는 청소년뿐만 아니라 대학생에게 있어서도 적절한 인터넷사용이 사이버범죄의 주요 대책이 될 수 있음을 제시한다. 이 연구에서는 그 외에 여러 기회요인들(예를 들어 기술적 장치 등)을 포함할 수 있는 요인으로 기회인지도라는 요인을 사용하였는데, 이 요인은 인터넷사용시간보다도 중요한 요인이었고 가장 영향력이 큰 요인으로 제시되었다. 기존 연구에서는 이와 같은 기회요인을 자주 다루지는 않았지만 이는 사이버범죄 연구에서 기회요인이 중요한 요인이며 이러한 기회를 차단하는 노력과 장치가 필요하다는 것을 제시한다. 본 연구에서는 또한 익명 사용이 앞서 요인들보다 영향력은 낮았지만 역시 중요한 예측요인임을 제시하였다.

본 연구에서는 긴장요인들의 영향력은 미비하였다. 기존 연구들과 마찬가지로 부모와의 관계에서 오는 긴장은 사이버범죄와 큰 관련이 없는 것으로 나타났다. 비록 학업긴장의 영향력은 유의미하였지만 기존 연구들과는 다르게 그 영향은 부(-)적이었는데, 이는 앞서 설명한대로 대학생의 경우 중고등 청소년과 달리 학업긴장이 공부와 진학을 포기하는 측면이 아니라 학업에 더 많은 관심을 나타내는 것이기 때문일 수 있다고 해석될 수 있을 것이다. 이 연구에서는 일반긴장이론대로 목표달성의 실패, 긍정적 자극의 소멸, 부정적 자극의 발생 등의 측면에서 여러 실질적 긴장들을 측정하였어야 하는데, 기존 청소년 위주의 부모와 학업긴장을 주로 다룬데서 발생한 문제라고 생각된다. 앞으로 이는 측정에서 좀 더 세밀하게 다뤄 연구되어야 할 것이다.

본 연구에서 다룬 사회학습요인들로 기존 청소년 대상 연구에서 어느 정도 중요하게 작용하였던 차별접촉이나 정의(태도) 요인의 영향력은 매우 낮았다. 이는 대학생의 경우 청소년과 달리 위반자 친구와의 차별접촉이 상대적으로 중요하지 않은 요인임을 알게 된다. 또한 그동안 매우 중요하게 작용한 요인으로 주목받았던 법위반 정의나 태도요인 역시 유의미하지 않은 것으로 나타났는데, 이는 하나의 문항을 사용한데서 온 측정의 문제일 수도 있지만 기존 연구와는 다른 결과이다. 이 연구에서는 그동안의 연구에서 크게 사용되지 않았던 차별강화요인을 다뤘는데, 사이버범죄로 얻는 보상과 비용이 모두 중요하게 작용하는 것으로 나타났다. 이는 성인을 앞둔 대학생은 어느 정도 합리적 판단에 의해 행위를 결정하고 따라서 그와 관련된 요인들이 중요할 수 있음을 제시하는 것으로 볼 수 있다. 마지막으로 그동안의 연구에서 주목받지 못하였던 모방 역시 이 연구에서는 중요하지 않았다.

기존 연구에서 가장 중요한 요인 중 하나였던 개인성향으로서 낮은 자기통제력의 경우는 비록 그 영향력이 유의미하기는 하였지만 $p<.05$ 수준에서였고 기회요인들과 비교해서는 영향력이 작았다고 볼 수 있다. 이는 이 연구에서 여러 기회요인들을 다뤘기 때문인 것으로 볼 수 있는데, 본 연구에서 밝히지는 않았지만 낮은 자기통제력의 영향은 그와 같은 기회요인들에 의해 매개될 수 있기 때문으로 보인다. 즉 낮은 자기통제력의 학생들은 인터넷사용시간을 포함하여 여러 기회에 노출되기 때문에 사이버범죄를 저지르는 것으로 직접적 영향력은 상대적으로 낮았다고 볼 수 있는데, 향후에는 이에 대한 검증이 필요하다고 할 수 있다.

이 연구는 대학생을 대상으로 하여 여러 주요 요인들을 검증한 점에서 그동안 초·중고등 청소년을 대상으로 하였을 때와 어떤 점에서 다른지를 살펴보았다. 그동안의 연구와 크게 다른 점은 없지만 이 연구결과는 기회요인이 중요하였다는 점, 사회학습요인들 중에서 차별접촉이나 정의(태도)의 영향력, 긴장과 낮은 자기통제력의 영향력은 청소년 연구와 비교해 볼 때 상대적으로 낮은 점을 발견할 수 있었다. 이는 연령별로 그 설명요인이 상이할 수 있기 때문에 대책 측면에서도 차별적으로 접근할 필요가 있다는 것을 조심스럽게 제기해 본다. 앞으로는 다양한 연령층을 대상으로 직접 비교하는 연구가 있기를 기대해 본다. 이 연구는 대학생 대상의 탐색적 연구였다. 앞으로는 이와 같은 결과를 바탕으로 대학생을 위한 연구모형의 구성이 이루어지길 바라며, 요인들 간의 경쟁보다는 경로모형의 구성이나 요인들 간의 상호작용 등의 통합모형도 이루어지길 바란다. 아울러 사이버범죄 전체보다는 유형별로 구분하여 설명요인의 모색도 필요하다고 본다.

II부 통합설명의 모색

사이버피해가 가해에 미치는 영향의 일반긴장이론의 검증

I. 서론

범죄피해자와 가해자라는 이분법적 구분은 우리가 일상생활에서 흔히 범하는 오류 중 하나이다. 사실 대부분의 범죄피해와 가해는 서로 중첩되어 있으며, 범죄피해자가 가해자가 되는 현상이 곳곳에서 나타나고 있다. 기존 연구는 범죄피해가 가해에 미치는 영향에서 그 관계가 높음을 제시하고 있다(Lauritsen et al., 1991; 기광도, 2004b; 정원철, 아영아, 2006; 박순진 2009). 사이버공간에서 그 관계는 어떠할까? 인터넷사용의 증가로 사이버범죄가 주요 사회문제가 되고 있는데 사이버범죄 피해의 가해 영향에 대한 국내연구는 아직 없다. 그러한 점에서 이 연구는 대학생을 대상으로 사이버공간의 피해 경험이 가해에 영향을 미치는지를 살펴보려고 한다. 그리고 왜 그런지를 일반긴장이론(Agnew, 1992)에 근거하여 검증하려고 한다. 일반긴장이론에서는 일상에서의 긴장이 부정적 감정을 유발하고, 그 부정적 감정을 해소하기 위해 범죄를 저지른다고 보는데, 범죄피해는 그러한 긴장의 하나로 과연 부정적 감정을 유발하여 범죄가해로 결과되는지를 살펴볼 것이다.

그런데 본 연구가 무엇보다도 주목하는 점은 사이버피해가 사이버가해에 영향을 미치는데 있어 성별에 따라 차이가 있는지 알아보려고 한다. 일반긴장이론에 근거한 기존 논의에 따르면 남성과 여성은 성역할 사회화의 차이로 긴장시 부정적 감정의 반응이 다르고 또 외부로 표출함에 있어서도 달라 남성은 범죄 가능성이 높지만, 여성의 경우 범죄 가능성은 낮다고 한다(Broidy and Agnew, 1997; Broidy, 2001). 이 연구는 범죄피해의 가해에 대한 영향을 주제로 과연 사이버공간에서도 남녀 차이가 존재하는지를 살펴보기로 하는데, 기존 현실 오프라인에서와 같이 남녀 차이가 존재할지 아니면 사이버공간에서는 현실과 달리 남녀 간에 차이가 없을지를 논의하고 살펴볼 것이다. 그런데 일반긴장이론에서는 긴장과 범죄와의 관계에서 부정적 감정의 매개작용과 아울러 통합이론으로서 다른 이론에서의 여러 조건이 충족될 때 범죄에 영향을 준다고 보는데, 여기서는 낮은 자기통제력이나, 차별접촉, 사회유대요인들을 조건적 조절변인으로 제시하고 사이버피해와 그러한 조절변인들의 사이버가해에 미치는 상호작용효과를 검증해 볼 것이다. 그리고 부정적 감정의 매개와 여러 조건적 조절변인들의 상호작용효과의 영향에 있어 과연 성별차이가 있는지를 살펴볼 것이다.

이처럼 이 연구는 범죄피해가 가해에 미치는 영향을 일반긴장이론을 통해 사이버공간으로 확장하여 살펴보며, 남녀에 따라 그 영향력과 매개변인 및 조절변인의 작용이 어떻게 다를지에 주목하고, 대학생을 대상으로 하는 조사연구와 검증을 통해 알아보고 그 결과가 갖는 함의를 논의해 보는 것에 목적을 둔다.

II. 이론적 논의

1. 일반긴장이론

Merton(1938)의 아노미이론에 기반한 기존 전통긴장이론은 하층의 범죄를 설명하고자 하였고 부의 성공이라는 문화적 목표를 달성함에 있어 구조적 제약에서 오는 긴장을 범죄의 원인으로 다뤘다. 하지만 전통긴장이론이 경험적으로 지지를 못받게 되자 이후 연구들은 긴장을 사회구조적으로 접근하던 방식에서 긴장의 개념을 계층과 무관하게 일상에서 경험하는 긴장으로 확대하고 범죄 원인으로 제시하였다. Agnew(1992)는 그 대표적 논의로 일반긴장이론을 제시하면서 긴장을 세 차원으로 나누어 제시하였다. 첫째, 목표달성의 실패는 열망과 기대의 격차, 단기적 목표와 실제 성취의 격차, 부정의 등으로 인하여 발생하는 긴장이며, 둘째, 부정적 자극의 발생은 학대 및 괴롭힘, 범죄피해 등에 직면하며 발생하는 긴장, 셋째, 긍정적 자극의 소멸은 친구나 가족의 사망 및 이별, 질병, 이혼 등으로 겪는 긴장으로, 이러한 세 차원의 긴장을 범죄의 주요 원인으로 제시하였다. 그런데 일반긴장이론은 긴장과 범죄의 관계에서 부정적 감정을 범죄의 매개요인으로 제시하여, 일상생활에서 긴장이 발생하면, 화와 우울 등의 부정적 감정을 경험하게 되고, 이러한 부정적 감정을 해소하기 위해 범죄를 저지르게 되는 것이라고 보았다. 이후 경험연구에서는 예를 들어 청소년대상의 연구에서는 가정, 학교, 친구관계, 지역사회 등 여러 일상에서의 긴장이 부정적 감정을 유발하고, 부정적 감정이 범죄에 영향을 준다는 결과를 제시하였다(Agnew and White, 1992; Piquero and Sealock, 2000; Agnew, 2001; Agnew 2006).

그런데 일반긴장이론은 대표적인 통합이론으로서 여러 다른 이론들을 통합하려고 하였으며, 긴장이나 부정적 감정을 경험한 사람들 모두가 범죄를 저지르지는 않으며, 일정한 조건이 충족될 때만 범죄를 저지른다는 주장을 하였다. 여기서 조건적 조절변인으로 사용되는 요인들로는 일반이론(Gottfredson and Hirschi, 1990)의 낮은 자기통제력이나, 차별접촉이론(Sutherland, 1947)의 비행친구와의 차별접촉, 사회통제이론(Hirschi, 1969)의 부모애착, 학업관여, 신념 등의 사회유대요인이 대표적이다(Agnew, 2006). 즉 일상긴장으로 부정적 감정을 경험한 사람들이 낮은 자기통제력 성향을 가지거나, 비행친구와 사귀거나, 낮은 사회유대를 가질 때 범죄를 저지르게 된다는 주장을 하였는데 그 주장은 어느 정도 지지되어 왔다(Agnew, 1992; Mazerolle and Maahs, 2000; Agnew, 2006).

2. 사이버피해가 가해에 미치는 영향에서 일반긴장이론의 논의들

본 연구는 사이버피해가 가해에 영향을 주는 주요 원인이 되는지 검증함에 있어 일반긴장이론은 범죄피해를 긴장의 세 차원의 하나인 부정적 자극 발생의 예로 다뤘듯이 범죄피해자가 왜 가해자가 될 가능성이 높은지의 주요 설명의 근거가 된다. 범죄피해를 당할수록 부정적 감정을 경험하게 되고 그것을 해소하기 위해 가해를 할 수 있는 것이다. Agnew(2001)는 일상생활에서 일어나는 여러 긴장 중에서도 특별히 범죄에 영향을 더 많이 미치는 긴장의 네 가지 특징을 구체화하였는데, 첫째로, 부당하고 고의적이며, 다른 사람에 의해 발생하여 분노를 일으키는 긴장, 둘째로, 최근에 발생하여 심각하고 오래 지속되며 집중화된 긴장, 셋째로, 낮은 사회통제로 인하여 발생한 긴장, 넷째로, 불법적인 대응방법에 의존할 수밖에 없는 긴장이 그것이다. 범죄피해로 인한 긴장은 이러한 네 가지 특징을 모두 가진 대표적인 긴장이라 할 수 있으며, 누군가에 의해서 직접적이고 고의적으로 부당하게 발생하며, 영향이 지속적이며, 낮은 사회통제의 산물이자, 상대를 같은 방식으로 대응해야 긴장이 해소되는 성격을 갖는다.

범죄피해의 가해에 대한 영향은 그동안 일반긴장이론의 연구에서 제기되어 검증되었고(Agnew, 2002; Baron, 2004; Hay and Evans, 2006; Moon et al., 2008), 그러한 논의는 비록 적었지만 사이버공간에도 적용되어 Hinduja와 Patchin(2007)은 사이버상의 괴롭힘 연구에서 범죄피해자는 보복의 동기로 가해를 한다는 주장을 제기하였고 이후에도 제시하면서(Patchin and Hinduja, 2011), 그 주장을 일반긴장이론에 근거하였다. 국내에서도 학교폭력이나 집단괴롭힘을 주제로 피해자가 가해자가 된다는 논의가 이루어졌지만(김예성, 김광혁, 2008; 이성식, 전신현, 2011; 조윤오, 2012), 사이버피해가 사이버가해로 연결되는지의 연구는 아직 없다. 다만 조윤오(2013)는 사이버공간에서 사이버불링 피해를 경험하면 오프라인 청소년비행에 영향을 미칠 수 있음을 제시한 바 있고, 이성식과 전신현(2011)은 오프라인 현실에 피해를 당하게 될 때 사이버공간을 이용하여 익명으로 상대에게 가해를 하게 된다는 결과를 제시하였다.

사이버공간에서의 피해와 가해 관계를 일반긴장이론에서 접근한 국내연구는 없지만 일상긴장이 사이버공간의 범죄에 잘 적용된다는 논의가 기존 연구들에서 보여지듯이(Patchin and Hinduja, 2011; 이성식, 전신현, 2012), 사이버공간에서는 범죄피해시 부정적 감정을 즉시에 해소할 수 있는 용이한 속성들을 가지고 있기 때문에, 오프라인 현실보다 더욱 쉽게 가해 행위를 저지를 수 있다. 즉 범죄피해와 가해 관계는 오프라인보다 온라인에서 관계가 강할 수 있는데, 사이버공간은 익명성, 비대면성, 즉시성 등의 특징으로 오프라인보다도 더욱 손쉽게 자신을 노출하지 않고 즉흥적으로 범죄가해 행위를 저지르며, 부정적 감정을 해소할 수 있기 때문이다.

3. 사이버피해와 부정적 감정이 가해에 미치는 영향에서의 성별차이

범죄피해를 포함하여 일상긴장의 경험이 범죄가해에 미치는 영향에서 남녀 차이가 존재할 수 있는데, 사실 여성보다 남성에게서 더 높다. 남성에 비해 여성은 성역할 사회화의 차이로 일상긴장을 경험하고 부정적 감정을 느끼더라도 공격적인 반응을 보일 가능성이 낮다. 그러한 남녀 차이는 긴장으로부터의 부정적 감정이 서로 다르기 때문이기도 한데, 남성은 긴장의 원인을 외부에 귀인하고 화와 같은 공격적 감정을 보이고 외부로 표출하지만, 여성은 긴장을 내면화하여 우울해하거나 그 원인이 스스로에게 있다고 자책하는 경향이 있어 범죄로 이어질 가능성은 낮다(Broidy and Agnew 1997; Broidy, 2001; Piquero and Sealock, 2004). 이처럼 남성은 화, 여성은 우울이라는 서로 다른 감정의 반응을 경험하게 되고 범죄의 차이를 가져온다고 주장된다. 물론 남녀 모두에서 긴장이 발생하면 비행을 저지른다는 연구결과가 있고(Mazerolle, 1998), 범죄피해의 경우도 남녀 차이없이 가해에 영향을 준다는 결과가 있지만(Cullen et al., 2008), 범죄피해가 가해에 작용하는 것은 여성보다 남성에게서 더 크게 작용할 수 있다(Manasse and Ganem, 2009).

그러나 오프라인과 다르게 사이버공간은 익명성, 비대면성 등의 특성상 자신을 드러내지 않고 범죄를 저지르기 용이하기 때문에 여성의 경우 부정적 감정을 내면화하지 않고 그것을 해소하고 외부로 표출할 가능성이 높다. 실제로 이성식(2004)은 오프라인 현실비행의 경우 남성이 긴장으로, 그리고 우울보다는 화로 인해 비행을 더 하게 되지만, 사이버공간에서의 비행의 경우, 남성 이외에 여성도 긴장으로 비행을 하며, 여성은 우울을 경험해도 사이버비행에 유의미한 영향력을 나타냈음을 제시하였다. 범죄피해의 가해에 대한 영향력에 있어서 이성식과 전신현(2011)은 오프라인 현실에서는 집단괴롭힘 피해를 당할 시 남성은 직접적으로 가해할 가능성이 높고 여성은 낮지만, 여성의 경우에는 사이버공간의 비대면을 통한 공격을 한다는 결과를 제시하였는데, 이처럼 사이버공간에서는 남녀가 서로 다른 부정적 감정을 경험하여도 모두 피해 시 가해를 할 수 있어 남녀 차이가 크지 않음을 예측할 수 있다.

4. 사이버피해와 조절변인들의 상호작용효과에서의 성별차이

일반긴장이론의 통합적 논의대로라면 범죄피해와 긴장으로 모두가 범죄를 저지르지 않으며 일정한 조건이 충족됐을 때에 한해서 범죄를 저지른다고 볼 수 있는데, 그러한 주요 조절변인으로는 낮은 자기통제력, 비행친구와의 차별접촉, 사회유대요인이 대표적이며 이들의 작용에서도 성별 차이가 있을 수 있다.

낮은 자기통제력은 성별에 관계없이 범죄에 있어 주요 원인이 되며, 실제로 최근까지의 연구에서는 남녀 모두에게 주요 원임임을 밝힌 연구들이 다수 존재한다(Higgins and Tewksbury, 2006; Daigle et al., 2007; Shekarkhar and Gibson, 2011). 하지만 낮은 자기통제력의 영향력은 남성보다는 여성에게서 그 영향력이 더 크고(Burton et al, 1998; 이성식, 2014), 여성보다는 남성에게 그 영향력이 더 크다는 연구결과(Tibbetts and Herz, 1996)도 있다. 그러한 독립효과 이외에 가정, 학교, 친구관계에서의 긴장과 낮은 자기통제력과의 상호작용은 많은 연구가 없지만 남성보다 여성이 더 크다는 연구결과가 있다(Cheung and Cheung, 2010).

한편 비행친구와의 차별접촉의 영향력도 많은 연구에서 차이가 일관되지 않게 제시되고 있는데, 남녀 모두에게 유사한 영향력을 갖는다는 연구와(Alarid et al., 2000; Daigle et al., 2007), 여성보다는 남성에게 더 강한 영향력을 가진다는 연구(Smith and Paternoster, 1987; Piquero et al., 2005), 남성보다는 여성에게 강한 영향력을 가진다는 연구(Heimer, 1996) 등이 제시되고 있다. Morash와 Moon(2007)은 부모와의 긴장의 영향력에 있어 비행친구와의 접촉의 조건적 효과를 남녀별로 살펴보았는데, 그 영향력이 유사하지만 남성의 경우보다는 여성의 경우에서 다소 더 컸다는 결과를 제시하였고 다른 연구에서도 같은 결과가 나타났다(Botchkovar et al., 2010).

또한 기존 연구에서는 사회유대요인들로 주로 부모와의 애착이나 학업관여의 영향이 성별로 어떻게 다른지에 관심을 가졌다(Alarid et al., 2000). 하지만 사이버범죄의 경우는 현실에서의 부모와의 유대나 학업관여 요인들은 기존 연구들에서 중요하지 않았기 때문에, 이 연구에서는 그러한 사회유대요인들보다는 또 다른 요인인 개인의 도덕적 신념에 주목하기로 하는데 영향력에 대한 성별 차이에 관한 연구는 일부 연구(Simons et al., 1980) 이외에 많지는 않지만, Jang과 Johnson(2005)은 왜 여성이 긴장을 겪음에도 불구하고 범죄 가능성이 낮은지를 설명함에 있어 종교성과 같은 도덕적 신념이 상대적으로 높고 그것이 남성에서보다 더 작용한다는 결과를 제시하였다.

사실 앞서 연구들은 주로 요인들의 범죄에 대한 남녀 차이에 관한 것이지 긴장이나 범죄피해의 영향력에 있어 이와 같은 요인들의 조건적 조절변인들의 작용에 있어 성별 차이가 있는지에 관한 연구는 많지 않았다. 더구나 범죄피해의 가해 영향에 있어 조건적 변인들의 영향력에 대한 연구는 몇몇 있지만(Hay and Evans, 2006; Aceves and Cookston, 2007), 그것의 성별차이 연구는 거의 없다. 기존 연구에서는 독립적 영향력도 남녀에 따라 일관된 연구결과를 제시하지 않고 있는데, 여기서는 사이버피해를 독립변인으로 하여 사이버가해를 설명함에 있어 과연 낮은 자기통제력, 비행친구와의 차별접촉, 그리고 도덕적 신념과의 상호작용효과에 있어서 성별 차이가 존재하는지를 살펴볼 것이다.

III. 연구문제와 방법

1. 연구문제

이 연구는 사이버피해 경험이 사이버가해에 미치는 영향을 일반긴장이론에 기초하여 검증함에 있어 성별에 따라 영향력이 다를지 주목한다. 남성은 여성보다 범죄피해와 같은 긴장을 범죄로 표출할 가능성이 상대적으로 더 높지만 사이버공간의 경우는 익명성, 비대면성 등의 특성으로 자신을 드러내지 않고 범죄를 저지르기 용이하기 때문에 여성도 사이버가해행위로 긴장을 해소할 가능성이 크다고 볼 수 있는데, 여기서는 다음의 연구문제를 제시한다.

연구문제 1: 남녀 모두 사이버피해 경험이 많을수록 사이버가해를 할 것인가?

아울러 일반긴장이론의 논의를 통하여 본다면, 남성과 여성은 사이버피해로 인하여 부정적 감정을 형성하게 되고, 이러한 부정적 감정을 해소하기 위하여 사이버가해행위를 할 것으로 볼 수 있다. 이때 이로 인하여 발생하는 부정적 감정의 종류는 성별에 따라 다를 것으로 예상할 수 있는데, 이 연구에서는 과연 남성은 사이버피해시 화나 분노와 같은 부정적 감정을, 여성은 화보다는 우울을 더 경험하는지를 살펴볼 것이다. 아울러 과연 사이버피해시 남녀는 각각 화와 우울을 매개로 하여 감정을 해소하려 사이버가해를 저지르는지 살펴보기로 한다.

연구문제 2: 남녀는 사이버피해로 서로 다른 부정적 감정(화와 우울)을 경험할 것인가? 그리고 사이버피해는 그러한 부정적 감정을 매개로 사이버가해에 영향을 줄 것인가?

이 연구에서는 사이버피해가 사이버가해에 영향을 미치는 데 있어 조건적 조절변인들과 상호작용효과를 가질 것으로 본다. 이 연구에서는 조절변인으로 낮은 자기통제력과 비행친구와의 차별접촉, 도덕적 신념을 사용하기로 하는데, 그러한 조절변인들의 상호작용효과에 과연 성별 차이가 있는지를 살펴보기로 한다.

연구문제 3 : 사이버피해 경험과 낮은 자기통제력, 비행친구와의 차별접촉, 도덕적 신념의 사이버가해에 대한 상호작용효과에서 성별에 따라 차이가 있을 것인가?

본 연구는 사이버피해의 가해에 미치는 영향력을 일반긴장이론을 적용하여 경험적으로 검증함에 있어 독립변인으로 사이버피해 이외에 통제변인으로 대표적인 긴장요인인 부모긴장, 학업긴장, 친구긴장을 사용하기로 한다. 아울러 응답자들의 사회인구학적 특성으로 성 이외에 연령과, 계층변인으로 주관적 계층수준을 사용하기로 한다.

2. 연구방법

본 연구는 대학생을 대상으로 하고자 하는데, 그 이유는 2013년 7월 기준, 인터넷을 가장 많이 이용하는 연령대가 20대이며(99.9%)(한국인터넷진흥원, 미래창조과학부, 2014), 그러한 점에서 사이버범죄의 피해 및 가해를 경험할 확률도 높기 때문이다. 실제로 한국인터넷진흥원의 2013년 인터넷이용 실태조사결과에 따르면, 20대의 사이버폭력 경험률이 4.7%로 다른 연령대 대비 가장 높은 수치를 기록하였다. 따라서 대학생 대상의 연구를 위해 2012년 6월 25일부터 당해 연도 7월 9일까지 총 2주간, 서울시 소재 4년제 대학생 800명을 대상으로 설문조사를 하였다. 이 조사는 한강을 기준으로 동서남북 2개씩의 학교, 총 8개의 학교를 선정하였으며, 100명씩 조사하였다. 총 800부의 설문지를 배포하여 자기보고식 질문지법에 의한 설문조사를 실시하였고, 불성실한 응답 38부를 제외한 762부가 최종적으로 본 연구에 사용하였다.

본 연구에서 종속변인으로 다룰 사이버가해행위는 1) 욕설, 2) 비방, 3) 허위사실유포, 4) 집단괴롭힘, 5) 협박, 6) 사이버스토킹, 7) 사이버성희롱, 8) 성매매 알선, 9) 음란물 유포, 10) 개인정보유포 11) 개인정보도용, 12) 해킹, 13) 악성코드 및 바이러스 유포, 14) 스팸문자 발송, 15) 인터넷사기, 16) 저작권침해 등 16개에 해당하는 행동의 지난 1년간의 경험을 질문하여 합산하였다. 그런데 그럴 경우 최종값이 좌편향되어 다중회귀분석에서 OLS방식으로 분석하게 될 때 독립변인들을 정확히 예측할 수 없는 문제가 발생해 그 값을 로그화하여 사용하기로 하였다.

본 연구의 주요 독립변인으로 사이버피해는 앞서 종속변인인 사이버가해 행위와 마찬가지로 16개에 해당하는 행동의 지난 일 년간의 피해 경험을 질문하여 합산하였고 일관성을 위해 마찬가지로 그 값을 로그화하여 사용하기로 하였다.

본 연구에서 매개변인으로 다룰 부정적 감정으로 화와 우울을 다룸에 있어, 화는 "지난 일 년간 화가 난다" 1개로 질문하여 5점 척도에 응답하게 하였고, 우울은 전겸구와 이민규(1992)가 개발한 한국판 CES-D 척도를 바탕으로 "지난 일 년간 평소에 우울하였다" 등의 20문항을 사용하고 5점 척도에 응답하게 하여 합산하였다(전체alpha=.930, 남성alpha= .940, 여성alpha=.912).

본 연구에서 조절변인으로 다룰 낮은 자기통제력 변인은 Grasmick과 동료들(1993)의 연구에 의거하여 충동성, 단순작업 선호, 위험추구성, 육체활동성, 이기성, 화기질 등에 두 문항씩 총 12문항으로 질문하였으며(전체alpha=.858, 남성alpha=.865, 여성alpha=.846), 차별접촉이론의 요인으로서의 비행친구 변인은 "내가 친하게 지내는 친구 중 불법 행위를 한 친구가 있다"로 질문하였으며, 없다는 0으로, 있다는 1로 더미화하였다. 그리고 도덕적 신념은 Hirschi(1969)의 논의를 바탕으로 "발각되지 않으면 법을 어겨도 괜찮다" 등의 총 다섯 문항으로 질문하고 역으로 부호화하였다(전체alpha=.898, 남성alpha=.907, 여성alpha=.882).

본 연구의 통제변인으로는 기존의 주요 긴장요인들을 사용하기로 하는데, 부모긴장은 "나는 부모님과 갈등이 심하다"등 세 문항을(전체alpha=.878, 남성alpha=.885, 여성alpha=.866), 학업긴장은 "나는 학교에 잘 적응하지 못한다" 등 세 문항을(전체alpha=.766, 남성alpha=.799, 여성alpha=.710), 친구긴장은 "나는 친구들과 잘 어울리지 못한다" 등 세 문항으로 질문하고(전체alpha=.885, 남성alpha=.889, 여성alpha=.879), 5점 척도에 응답하도록 하였다.

사회인구학적 변인으로써 성은 여성은 0, 남성은 1로 더미화하여 코딩하였으며, 연령의 경우, 태어난 년도를 질문하여 만 연령으로 변환하였고, 마지막으로 계층변인의 경우, 가구의 주관적 경제수준을 다섯 항목에(하, 하중, 중, 중상, 상) 응답하도록 하였다.

Ⅳ. 분석결과

본 연구의 주요 변인 중 먼저 조사 대상자의 사회인구학적 특성을 살펴보면 <표 1>과 같이 전체 응답자 762명 중 남성은 460명(60.4%), 여성은 302명(39.6%)이었고, 평균 연령은 만 18세에서 29세 범위에서 21.96세이었고 남성의 연령이 약간 많았다. 응답자

<표 1> 주요변인들의 기술통계분석결과

변수명		전체		남성		여성		범위
		평균	명(%)	평균	명(%)	평균	명(%)	
성별	남성		460(60.4)					
	여성		302(39.6)					
연령		21.96		22.43		21.25		18-29
주관적경제수준		3.31		3.27		3.38		1-5
사이버가해 행위		0.76		0.96		0.48		0-4.62
사이버피해 횟수		1.91		2.04		1.70		0-4.62
부모긴장		6.67		6.74		6.57		3-15
학업긴장		6.99		6.98		7.00		3-15
친구긴장		6.20		6.24		6.13		3-15
화		2.33		2.27		2.41		1-5
우울		47.71		47.23		48.44		20-84
낮은 자기통제력		33.53		33.59		33.38		12-60
신념		18.79		18.62		19.03		5-25
비행친구	없음		694(91.0)		415(90.2)		278(92.1)	
	있음		69(9.0)		45(9.8)		24(7.9)	

<표 2> 사이버피해의 사이버가해에 대한 다중회귀분석결과

독립변인	종속변인					
	사이버가해					
	전체		남성		여성	
	b	β	b	β	b	β
연령	-.027	-.046	-.047	-.077	.011	.020
주관적경제수준	.026	.015	-.055	-.031	.182*	.123
부모긴장	.005	.009	-.040	-.066	.080*	.156
학업긴장	-.021	-.035	-.023	-.037	-.023	-.044
친구긴장	.057*	.092	.076	.114	.036	.071
사이버피해	.350***	.481	.385***	.496	.289***	.463
R제곱	.239		.250		.218	
F값	25.078***		18.679***		10.045***	

*p<.05; **p<.01; ***p<.001

의 주관적 경제수준은 1-5범위에서 평균값이 3.31이었고 여성이 약간 높았다.

본 연구의 주요 변인으로 종속변인인 로그화한 사이버가해는 0-4.62범위에서 전체의 평균이 0.76이었는데, 남성은 0.96으로 여성 0.48보다 더 높았다. 주 독립변인인 사이버피해의 경우 전체 평균은 1.91이었고 남성은 2.04, 여성은 1.70으로 남성이 여성보다 피해경험도 많았다. 통제변인이자 또 다른 긴장요인으로 부모긴장, 학업긴장, 친구긴장을 보면 3-15범위에 부모긴장은 전체의 평균이 6.57, 남성은 6.74, 여성은 6.57으로 남성이 더 높았고, 학업긴장은 전체의 평균이 6.99, 남성은 6.98, 여성은 7.00으로 거의 유사하였고, 친구긴장은 전체의 평균이 6.20에서 남성은 6.24, 여성은 6.13으로 남성이 다소 더 높았다. 조절변인으로 낮은 자기통제력 수준은 12-60범위에서 전체 평균이 33.53으로 다소 낮은 것으로 나타났는데 남성은 33.59, 여성은 33.38이었고, 도덕적 신념의 경우 전체 평균이 5-25범위에서 18.79, 남성은 18.62, 여성은 19.03으로 여성이 더 높았다. 비행친구가 있는지의 빈도분석의 결과를 살펴보면, 전체 응답자에서 69명(9.0%)이 비행친구가 있다고 응답하였고, 남성은 460명 중 45명(9.8%), 여성은 302명 중 24명(7.9%)으로 남성의 비율이 더 높았다.

본 연구의 첫 번째 연구문제로 사이버피해 경험이 사이버가해에 미치는 영향에 대한 남녀별 다중회귀분석결과는 <표 2>에 제시된다. 그 결과를 살펴보면, 남녀 모두 사이버피해 경험이 많을수록 사이버가해를 $p<.001$ 수준에서 많이 저지르는 것으로 나타났고, 남녀별로 큰 차이가 없음을 제시하였다. 통제변인으로 일상긴장 변인의 영향력은 낮았는데 남성의 경우 그러한 긴장요인들의 영향력은 모두 유의미하지 않았지만 여성의 경우는 부모긴장이 $p<.05$ 수준에 유의미한 결과를 보였고 아울러 주관적 가구의 경제수준이 높을수록 가해를 더 한다는 결과를 제시하였다.

두 번째 연구문제로 사이버피해 경험이 부정적 감정 화와 우울을 매개로 사이버가해에 미치는 영향에 대한 남녀별 경로분석결과는 <그림 1-1>과 <그림 1-2>에 제시되는데, 남성의 경우나 여성의 경우 모두 사이버피해가 화와 우울을 매개로 하지 않고 사이버가해에 직접적인 영향력을 미치는 것으로 나타났다. 하지만 남성의 경우 일상긴장요인들이 화를 유발하고 그것을 매개로 사이버가해에 영향을 주는 것으로 나타났고, 여성의 경우는 일상긴장요인들이 화가 아닌 우울을 유발하는 것으로 차이를 보였지만 우울의 사이버가해에 대한 영향은 유의미하지 않아 남녀 차이를 보였다.

세 번째 연구문제로 사이버피해가 조절변인들과 함께 사이버가해에 미치는 상호작용

<그림 1-1> 사이버피해의 가해에 미치는 매개효과의 경로분석결과(남성)

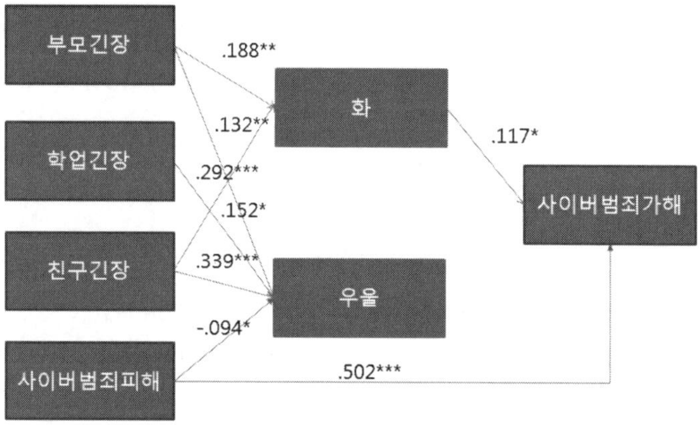

<그림 1-2> 사이버피해의 가해에 미치는 매개효과의 경로분석결과(여성)

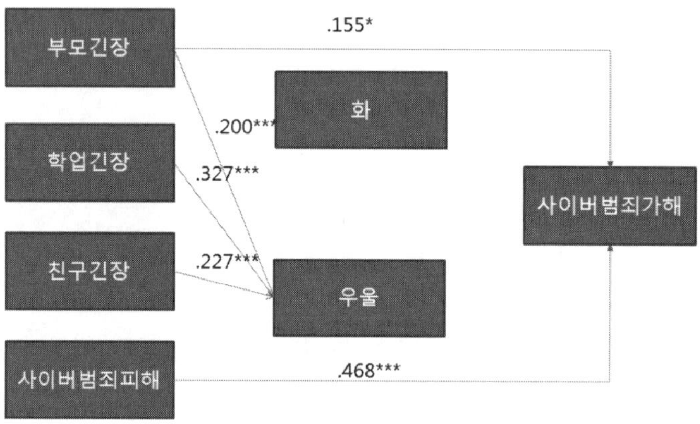

효과에 관한 남녀별 다중회귀분석의 결과는 <표 3>에 제시된다. 우선 독립효과의 결과를 보면 남녀 모두 사이버피해는 $p<.001$ 수준에서 가해에 영향을 미쳤지만, 남성의 경우 낮은 자기통제력, 비행친구유무, 도덕적 신념의 주효과는 모두 유의미하지 않았던 반면, 여성의 경우 낮은 자기통제력이 $p<.001$ 수준에서, 비행친구유무는 $p<.01$ 수준에서 유의미한 독립효과를 나타냈다. 분석결과는 독립효과 이외에 조절변인들과의 상호작용효과에서도 남녀 간에 차이를 나타냈다. 남성의 경우 낮은 자기통제력, 비행친구유무가 사이버가해에 있어서 사이버피해 경험과 유의미한 상호작용효과를 나타내지 못하였고 도덕적 신념의 경우 $p<.05$ 수준에서 사이버피해 경험과 부적으로 유의미한 조절효과를 나타냈다. 그 반면 여성의 경우 낮은 자기통제력이 사이버피해 경험과 $p<.01$ 수

<표 3> 사이버피해와 조절변인들의 가해에 미치는 상호작용효과에 대한 다중회귀분석결과

독립변인	종속변인																	
	사이버가해																	
	전체						남성						여성					
	b	β	b	β	b	β	b	β	b	β	b	β	b	β	b	β	b	β
연령	-.026	-.043	-.032	-.054	-.020	-.034	-.051	-.082	-.051	-.082	-.036	-.059	.022	.038	.007	.012	.013	.022
주관적 경제 수준	.035	.021	.025	.015	.026	.016	-.047	-.026	-.048	-.027	-.040	-.023	.155	.103	.150	.101	.170	.114
부모긴장	-.004	-.007	.000	-.001	-.006	-.010	-.045	-.076	-.043	-.071	-.050	-.084	.064*	.126	.064*	.125	.068	.132
학업긴장	-.045	-.075	-.027	-.044	-.033	-.055	-.047	-.074	-.031	-.048	-.042	-.067	-.042	-.081	-.023	-.044	-.030	-.057
친구긴장	.057*	.092	.060*	.097	.055	.089	.072	.106	.080	.119	.079	.117	.045	.087	.041	.080	.036	.069
사이버피해	.344***	.471	.339***	.466	.349***	.478	.373***	.481	.379***	.489	.388***	.500	.283***	.451	.259***	.416	.286***	.457
낮은 자기통제력	.030***	.150					.019	.087					.034***	.198				
비행친구유무			.481**	.102					.138	.028					.797**	.188		
신념					-.034*	-.094					-.013	-.035					-.028	-.086
사이버피해* 낮은 자기통제력	.012**	.119					.000	.072					.016**	.187				
사이버피해* 비행친구 유무			.209*	.085					.007	.074					.303*	.143		
사이버피해* 신념					-.011	-.060					-.001*	-.121					.001	.008
R제곱	.274		.261		.250		.266		.258		.267		.296		.299		.223	
F값	23.060***		21.876***		20.494***		14.958***		14.582***		15.228***		11.032***		11.414***		7.601***	

$^{*}p<.05$; $^{**}p<.01$; $^{***}p<.001$

준에서 상호작용효과를 갖는 것으로 분석되었고, 또한 비행친구 변인이 사이버피해 경험과 p<.05 수준에서 상호작용효과를 갖는 것으로 제시되었는데, 도덕적 신념과 사이버피해 경험의 상호작용효과는 유의미하지 않았다.

V. 결론

본 연구는 사이버피해 경험이 사이버가해에 미치는 영향을 일반긴장이론을 통하여 검증하며, 남녀별로 그 영향과 매개변인 및 조절변인의 차이를 살펴보고자 하였다. 본 연구에서는 본 연구의 예측대로 남녀 모두에서 사이버피해 경험이 사이버가해에 직접적으로 강한 영향을 미치는 것으로 나타나 기존 현실과 달리 사이버공간에서는 여성도 범죄피해를 당할 경우 범죄가해를 하는 것으로 나타났다. 하지만 일반긴장이론의 논의와는 다르게 사이버피해 경험은 부정적 감정을 통해 매개효과를 보이지는 못하였다. 다만 사이버피해가 아닌 다른 일상긴장요인들은 일반긴장이론의 논의대로 부정적 감정을 통해 매개되는 것으로 나타났으며, 남성은 주로 화, 여성은 우울을 경험하는 것으로 성별차이를 나타냈다.

일반긴장이론의 통합적 논의대로 살펴본 사이버피해와 조절변인과의 상호작용효과의 경우 남성의 경우 사회통제이론의 도덕적 신념과 사이버피해 경험만이 유의미한 상호작용효과를 나타낸 반면에, 여성의 경우 일반이론의 낮은 자기통제력과 사이버피해 경험이 유의미한 상호작용효과를, 그리고 차별접촉이론의 비행친구 변인과 사이버피해 경험이 유의미한 상호작용효과를 나타내어 남녀별로 차이가 있음을 제시하였다. 이러한 결과는 앞서 기존 연구들에서 사이버피해가 아니긴 하지만 일상긴장과 조절변인들 간의 상호작용효과를 다뤘던 몇몇 연구와 일관적인(도덕적 신념의 경우는 예외로) 결과로 보여진다. 이 남녀 차이의 결과는 범죄 가능성이 높은 남성의 경우 그것을 통제할 수 있는 완충요인의 작용이 중요하고, 여성의 경우 그와 반대로 본래 범죄 가능성이 낮기 때문에 범죄를 촉진할 수 있는 촉진요인이 더 중요하게 작용한 것이라고 해석할 수 있다. 또한 여성은 성역할 사회화의 차이로 통제와 감시를 받으면서 자라기 때문에 행동에 있어서 통제와 구속, 자기통제력 요인이 중요하지만, 남성은 여성보다 자율적이고 능동적으로 키워지는 면에서 도덕적 신념을 자유롭게 내면화하고 그 방식대로 행동하는 것으로 해석할 수도 있을 것이다. 또한 여성의 경우 남성과 비교해 다수의 친구를 사귀지는 않지만 소수의 친구들과 깊고 친한 관계를 유지하기 때문에 가까운 친구중의 비행친구의 영향이 큰 것으로 볼 수 있다.

이상의 결과들을 종합해보면, 사이버피해 경험이 사이버가해에 직접적인 중요한 영향을 미친다는 점에서 사이버가해에 대한 대책에서 피해를 방지할 수 있는 대책이 필요하다고 볼 수 있었으며, 사이버공간에서는 남녀 차이 없이 그러한 결과가 나타났다는 점에서 사이버공간은 적어도 현실과는 달리 남녀 차이가 없는 공간임을 확인할 수 있었다. 그러나 남녀별로는 조절변인의 작용이 달라 남녀별로 서로 다른 대책방안을 제시할 수 있었는데, 남성에게는 도덕적 신념의 교육적 윤리적 대책이 보다 중요하며, 여성의 경우는 가정에서의 일관되고 적절한 양육과정을 통하여 내적 성향인 자기통제력을 바르게 형성하는 것이, 보다 다양하고 넓은 인간관계를 형성할 수 있도록 하고, 비행친구를 사귀었을 때 올바른 관계를 형성할 수 있도록 하는 교육 및 상담 프로그램 제공이 필요하다고 볼 수 있다.

이 연구는 사이버범죄의 경우에서만 피해와 가해의 관계를 다루었기 때문에 현실의 경우와 직접적인 비교를 하지 못하였다. 앞으로의 연구는 그러한 비교를 통해 과연 사이버공간에서는 현실과 성별 차이에서 어떻게 다른지를 고찰할 필요가 있다. 또한 이 연구에서는 부정적 감정의 매개효과를 발견하지는 못하였는데, 이는 화를 비롯한 측정이나 또는 범죄가해를 야기하는 상황론적 측면을 고려하지 못한 방법론상의 문제일 수 있다. 본 연구는 대학생을 대상으로 하였지만 초등학생이나 중고등학생의 연령층에서는 어떻게 성별 차이가 나타나는지 살펴볼 필요가 있을 것이다. 앞으로 그러한 연구들을 기대해 본다.

사이버범죄에 있어 낮은 자기통제력과 사회유대 및 차별접촉 환경과의 상호작용효과

I. 서론

Gottfredson과 Hirschi(1990)의 일반이론은 범죄연구에 있어서 최근 가장 주목받고 있는 이론 중 하나로, 그 이론에서 제시하는 낮은 자기통제력의 설명력은 상당하다고 평가받고 있다(Pratt and Cullen, 2000). 하지만 일반이론에서는 어린 나이에 형성된 개인성향 요인에만 주목함으로써 청소년 성장기의 사회환경 요인에 소홀하였다는 비판을 받는다. 사회통제이론과 차별접촉/사회학습이론은 사회환경 요인을 다룬 가장 대표적 이론으로 꼽히는데, 발전이론가들은 청소년 성장기의 사회환경 요인들을 강조하여 낮은 자기통제력의 영향은 사회환경요인에 의해 매개되어 낮다는 주장을 제시하였다(Sampson and Laub, 1993). 그런데 낮은 자기통제력의 개인성향이 사회환경 요인들과 경쟁적으로 그 영향이 직접적인지 혹은 매개되는지의 논의보다는 낮은 자기통제력과 사회환경 요인들이 모두 동시에 작용하고 중요하다는 보완적이고 통합된 방식의 논의가 있다. 예를 들어 Wright 등(2001)은 낮은 자기통제력의 청소년은 사회유대가 낮거나 혹은 비행친구와 어울리는 경우 더욱 범죄 가능성이 높다고 주장함으로써 낮은 자기통제력이 독립적으로 범죄에 작용하는 것이 아니라 사회환경 요인과 함께 통합적이고 조건적으로 상호작용한다고 보았다.

이 연구는 낮은 자기통제력과 사회환경 요인의 논의를 사이버범죄에 적용하여 논의하려 한다. 사이버공간에서의 범죄행위는 최근 들어 주요 현상으로 관심 대상이 되고 있지만 그 행위를 둘러싼 연구는 아직 부족하기 때문이다. 그동안 낮은 자기통제력은 현실 오프라인 범죄 이외에도 사이버범죄의 주요 원인으로 작용한다는 것을 보여왔는데(이성식, 2005b), 이 연구에서는 사이버범죄를 통합적으로 설명하기 위한 시도의 일환으로 낮은 자기통제력 이외에 사이버공간에서의 환경요인으로 인터넷 주위 사람들과의 유대관계나 비행자와의 접촉 또한 중요할 것이라는 점에서 환경요인들과 함께 통합적으로 작용하는지 상호작용효과를 살펴보려고 한다. 그런데 이 연구에서 무엇보다 관심을 갖는 것은 낮은 자기통제력과 사회환경 요인의 작용 및 상호작용효과가 남녀 차이가 있는지를 살펴보려는 점에 있다. 기존 연구결과에 따르면 낮은 자기통제력 및 사회유대와 차별접촉요인의 비행과 범죄에의 작용은 남녀에 따라 다르다고 하는데(Rosenbaum, 1987; Smith and Paternoster, 1987), 이에 기초하여 과연 낮은 자기통제력 및 사회유대와 차별접촉요인, 그리고 상호작용효과에서도 남녀에 따라 다른지를 알아볼 것이다.

이처럼 이 연구에서는 사이버공간에서의 범죄행위를 설명하기 위해 주요 원인 중 하나로 개인성향으로서 낮은 자기통제력 이외에 사회환경요인으로 인터넷에서 사회유대와 차별접촉요인을 함께 다루는 통합적 논의를 시도하려고 하며, 아울러 그들 영향 및 상호작용효과를 살펴보는 데 있어 성별 차이가 있는지를 알아보고 남녀에 따른 설명모형의 차별성 및 결과가 갖는 의미를 논의하는 것에 주목한다.

II. 이론적 논의

1. 낮은 자기통제력 및 사회유대와 비행친구의 영향

Gottfredson과 Hirschi(1990)의 일반이론은 대부분의 범죄가 즉각적인 만족을 위해 즉흥적이면서도 충동적으로 발생한다는 점에 주목하였고, 따라서 범죄자의 자기통제력 부족이 범죄의 주요 설명요인이라고 하였다. Gottfredson과 Hirschi는 그러한 자기통제력이 어릴 때 부모의 양육방법에 의해 결정된다고 하면서, 어릴 때 형성된 자기통제력은 청소년기를 지나 성인이 되어서도 변하지 않아, 자기통제력이 낮은 아이들은 어려서부터 문제행동을 보이고 청소년과 성인이 되어서도 범죄를 할 가능성이 높다고 보았다. Gottfredson과 Hirschi는 자기통제력이라는 내적 성향이 범죄의 유일한 설명 원인이라고 보았기 때문에 기존의 사회통제이론이나 차별접촉/사회학습이론에서 강조되었던 사회유대나 비행친구들의 영향을 부정하였다.

일반이론은 그동안의 연구에서 많은 지지를 받아 자기통제력이 낮은 사람들이 범죄행위의 가능성이 높음이 제시되어 왔다(Grasmick et al., 1993; Pratt and Cullen, 2000; 민수홍, 2006). 그러나 범죄가 사회유대나 비행친구와의 접촉과 상관없이 어릴 때 형성된 성향에 의해서 만으로 설명될 수 있는지에는 많은 논란과 비판이 제기되어 왔다. 그 대표적 논의로 발전이론가들은 아이가 어떻게 하여 더욱 심각한 범죄자로 발전하게 되는지를, 그리고 어떤 아이들은 무슨 이유로 범죄를 중단하여 평범한 사람이 되는가를 설명할 필요가 있다고 보았다. 이들에 따르면 어려서 문제행동을 보였던 아이들이 지속적으로 혹은 보다 심각한 범죄를 저지르게 되는 이유는 그들의 사회유대가 약화되었기 때문이고, 사회와의 유대가 회복되거나 강화될 경우 더 이상 범죄를 저지르지 않고 범죄를 중단하게 된다고 보았다(Sampson and Laub, 1993). 마찬가지로 어려서 자기통제력이 낮은 사람이 성장기에 비행친구와 접촉할 경우 그것을 이유로 청소년비행 혹은 성인시에 범죄를 저지른다고 주장한다(Longshore et al., 2004; 이성식, 2007a). 그동안의 연구결과들을 보면 대부분의 많은 연구들은 사회유대나 비행친구의 범죄에 대한 영향이 낮은 자기통제력의 개인성향보다 그 영향력이 크다고 제시한다. 그렇지만 자기통제력의 영향력도 그 요인들에 의해 완전히 매개되지 않고 어느 정도 직접적이어서 그동안의 연구에서는 일반이론과 발전이론이 모두 지지되는 결과가 제시된다(Evans et al., 1997; Chapple, 2005).

2. 낮은 자기통제력의 사회유대 및 비행친구와의 상호작용효과

이후 논의에서는 낮은 자기통제력의 영향이 사회유대나 비행친구와의 접촉과 독립적이거나 혹은 그에 의해 매개되기보다는 사회유대 및 비행친구와 관련해서 어떻게 통합적으로 혹은 조건적으로 작용하는가에 관심을 가졌다. Wright 등(2001)은 자기통제력이 낮은 사람은 범죄 가능성이 높지만 그것은 사회유대가 낮은 경우에서 그렇다고 주장한다. 그리고 사회유대가 높을 경우에는 범죄 가능성이 낮다고 본다. 그들은 마찬가지로 자기통제력과 비행친구와의 접촉의 경우도 상호작용효과를 갖는다고 주장하는데, 즉 낮은 자기통제력을 갖는 사람들은 비행친구와 접촉하는 경우에 한해서 범죄를 저지를 가능성이 높다고 주장한다. 그들은 이처럼 낮은 자기통제력의 사람은 사회유대가 높을 때 범죄 가능성이 줄어드는 소위 사회보호효과를 갖지만, 비행친구나 주위 범죄자와 접촉하게 되는 경우는 범죄 가능성이 더 높아지는 사회증진효과를 갖는다고 주장한다.

사실 자기통제력의 상호작용효과에 대한 논의는 Gottfredson과 Hirschi의 본래 논의에서 이미 제기되었던 것으로, 낮은 자기통제력은 범죄의 필요조건이고, 범죄발생의 또 다른 충분조건으로 범죄기회가 갖추어져야 한다는 것을 강조한 바 있다(1990, p. 22-24). 즉 낮은 자기통제력의 사람이 아무 때나 언제나 범죄 가능성이 높은 것이 아니라 일정한 범죄의 기회가 갖추어져 있을 때 범죄를 더 저지른다고 주장하였다. 범죄기회에 대해서는 명확한 정의가 없지만 범죄를 손쉽게 저지를 수 있는 상황 여건이라 할 수 있는데, 이 개념을 조금만 더 확대해 본다면 사회유대가 약하거나 비행친구와 어울리는 경우라 할 수 있고, 그동안의 논의에서는 낮은 자기통제력의 사람들이 부모의 감독이 약하거나 친구들과 어울리는 경우에서 범죄를 더 저지른다는 결과를 밝히고 있다(LaGrange and Silverman, 1999; 이성식, 2010a).

이들 연구에서는 부모의 감독과 비행친구와의 접촉을 기회요인으로 다루었지만 이들을 사회통제이론과 차별접촉/사회학습이론의 요인들로 볼 수 있다면 이 이론들과의 통합 가능성을 제시할 수 있다. 이와 관련된 연구로 최근 Holt 등(2012)은 사이버비행의 연구에서 낮은 자기통제력은 비행친구에 의해 매개되기도 하지만 비행친구와의 차별접촉에 의해 작용이 확대된다는 결과를 제시하였다. 하지만 낮은 자기통제력의 영향은 비행친구가 많은 경우 더 높은 것이 아니라 그 정반대의 경우 더 작용한다는 연구결과도 있고(Meldrum et al., 2009), 그 상호작용효과가 유의미하지 않다는 결과가 제시되기도 하였다(McGloin and Shermer, 2009).

3. 낮은 자기통제력과 그 상호작용효과에서 성별 차이 가능성

기존 경험연구에 따르면 결과가 일관되지는 않지만 낮은 자기통제력 및 사회유대와 차별접촉요인의 작용이 남녀에 따라 다를 수 있다는 결과를 제시한다. 기존 연구들을 살펴보면, 우선 낮은 자기통제력의 경우 기존 연구에서는 남녀 모두 중요한 영향력을 갖는다는 것을 제시한다(Keane et al., 1993; Daigle et al., 2007). 하지만 낮은 자기통제력의 영향은 남녀별로 다르다는 연구결과도 있어, 그 영향이 남성에게는 강한 주요 예측요인이지만 여성에게서는 그렇지 않다는 결과가 있다(Burton et al., 1998). 그러나 그 반대로 낮은 자기통제력은 남성보다 여성에게 더 크게 작용한다는 연구결과도 있다(Tibbetts and Herz, 1996). LaGrange와 Silverman(1999)은 낮은 자기통제력의 요소 중 현재지향성은 남녀 모두에게 작용하지만 충동성은 남성에게, 위험추구성은 여성에게 더 크게 작용한다는 연구결과를 제시하기도 하였다.

한편 사회통제이론과 차별접촉/사회학습이론의 요인들의 영향을 보면 사회통제이론의 설명요인들은 남녀에게 유사하다는 연구결과가 있지만(Alarid et al., 2000), 부모와의 애착 등 가정유대요인은 대체로 남성보다 여성의 비행에 중요한 요인임이 제시되어왔다(Cernkovich and Giordano, 1987; Rosenbaum, 1987; Heimer, 1996; Laundra et al., 2002). Hirschi(1969)의 사회통제이론은 주위 사람과의 유대 여하가 비행을 설명할 수 있다고 보는데, 여성들은 남성보다 사회에 순응하고 동조하기를 더 요구받기 때문에 주위 사람과의 관계나 그밖의 유대 요소가 여자 청소년에게 더 중요한 의미를 가지며, 따라서 사회유대요인들이 여성의 비행과 범죄에 더 중요한 설명요인이 된다고 주장한다. 하지만 부모와의 애착 영향이 여성보다는 남성에게 더 크다는 연구가 있고(Anderson et al., 1999; Booth et al., 2008), 국내에서도 부모의 감독의 작용은 여성에게 더 강하지만 부모와의 애착은 남성에게 더 크게 작용한다는 연구결과가 있다(김준호, 김은경, 1995; 전영실, 2003).

하지만 이처럼 기존 연구에서 남녀 차이가 일관되지 않았던 것은 차별접촉요인으로 비행친구의 영향에서도 마찬가지이다. 비행친구의 영향은 남녀 모두에서 유사하게 작용한다는 연구가 있지만(Alarid et al., 2000; Daigle et al., 2007), 비행친구의 범죄에 대한 영향은 남성에게서 더 강하게 작용한다는 연구결과가 있고(Smith and Paternoster, 1987; Piquero et al., 2005), Heimer(1996)는 부모의 감독은 남성에게서, 비행친구는 여성에게서 더 크게 작용한다는 연구결과를 제시하였다. Burton과 동료들의 연구(1998)에서는 사회유대요인들은 남녀 모두에서 유의미하지 않았는데 비행친구의 영향은 남성보다 여성에게 유의미하다는 결과를 제시하였다.

그렇다면 본 연구에서 관심을 갖는 주제로 낮은 자기통제력과 사회유대 및 차별접촉요인과의 상호작용효과도 남녀에 따라 다르다고 볼 수 있는가? 그와 관련된 연구로 LaGrange와 Silverman(1999)은 낮은 자기통제력과 사회유대요인과의 상호작용효과가 여성들에게서만 유의미하였다는 결과를 제시하였다. 그 반면 이 연구에서는 낮은 자기통제력의 요소들이 집밖에 친구들과 어울리는 것과의 상호작용효과는 남성에게서 더 크다는 결과를 제시하였다. 한편 McGloin과 Shermer(2009)는 낮은 자기통제력과 비행친구접촉과의 상호작용효과를 남녀별로 다룬 연구에서 그 상호작용효과는 남녀 모두에서 유의미하지 않았음을 제시하였다. 최근 국내연구에서 정혜원과 박성훈(2011)은 낮은 자기통제력과 사회유대요인과의 상호작용효과를 남녀별로 살펴보는 연구에서 그 상호작용효과는 청소년들의 사소한 비행보다는 심각한 중범죄에서 더 잘 나타나며, 성별 차이에서 보면 낮은 자기통제력과 부모애착 혹은 학업성적과의 상호작용효과가 남학생의 경우보다 여학생에서 더 크다는 연구결과를 제시하였다.

마찬가지로 낮은 자기통제력과 사회유대를 직접적으로 다루지는 않았지만 낮은 자기통제력이 지역유대요인과 갖는 조건적 효과에 있어 남녀 차이에 대한 연구에서도 Meier 등(2006)의 연구에서는 낮은 자기통제력(충동성)의 범죄에 대한 영향력이 집합효율성이 낮은 지역의 청소년에게서 더 컸다는 결과를 제시하면서 그 상호작용효과가 남성보다는 여성에게서 더 크게 작용한다는 결과를 제시하였다. 하지만 Jones와 Lynam(2009)은 낮은 자기통제력은 지역의 유대와 감독 수준이 낮은 청소년에게서 영향력이 크다는 결과를 제시함에 있어서 상호작용효과는 여성에게서는 유의미하지 않았지만 남성에게서만 유의미하였다는 상반된 결과를 제시하였다.

III. 연구문제와 방법

1. 연구문제

이 연구는 사이버범죄를 설명함에 있어 개인성향으로서 낮은 자기통제력 이외에 인터넷 환경요인으로 사회유대와 차별접촉요인을 함께 다루는 통합적 논의와 그 성별 차이를 다룸에 있어 대학생을 대상으로 실시하기로 한다. 국내에서 중고등학생을 대상으로 하는 사이버비행 연구는 이루어지고 있지만 아직 대학생을 대상으로 한 연구는 드물어 대학생 대상으로 요인들의 영향력을 살펴보려고 하며, 또한 일반이론과 발전이론의 논쟁에서도 있었듯이 낮은 자기통제력과 환경요인의 영향력을 다루는 경우 어린 청소년보다는 성인에 가까운 연령의 청소년을 다룰 경우 개인성향과 환경요인의 그 영향력들이 확연히 구분되어 나타날 것이기 때문이다. 더구나 이 연구는 낮은 자기통제력 및 인터넷 환경요인 작용의 성별 차이를 다룸에 있어 어린 나이보다는 성인에 가까운 대학생을 대상으로 할 때 그 성별 차이가 더 크고 명확히 부각될 것이라는 판단이 있다.

연구문제 1: 사이버범죄에 대해 낮은 자기통제력과 사회유대요인과는 상호작용효과를 갖는가? 이에 있어 남녀 차이가 있는가?

연구문제 2: 사이버범죄에 대해 낮은 자기통제력과 차별접촉요인과는 상호작용효과를 갖는가? 이에 있어 남녀 차이가 있는가?

2. 연구방법

본 연구는 서울시의 대학생을 조사대상으로 하고, 지리상으로 동서남북 각 2개씩의 4년제 대학교를 선정하여, 총 8개의 학교 대상으로 100명씩을 조사하였다. 각 학교에서는 자연/이공계와 인문사회/경상계 학생을 절반씩으로 하여 조사가 진행되었다. 조사는 2012년 6월 25일부터 당해 연도 7월 9일까지 총 2주간 총 800명을 대상으로 설문지를 배포하여 자기보고식 질문지법에 의해 실시하였고, 불성실한 응답 38부를 제외한 762부가 최종적으로 본 연구에 사용되었다.

본 연구에서 주요 독립변인인 낮은 자기통제력은 Grasmick과 동료들의 연구(1993)에 따라 충동성, 단순작업성, 위험추구성, 육체성, 이기성, 화기질 등 여섯 가지 특성에 대해 각 두 문항씩 총 열두 개의 문항을 사용하였고, 각 문항에 대해 "전혀 그렇지 않다"에서 "매우 그렇다"에 이르는 5점 척도에 응답하도록 하였다(alpha=.858).

주위 사람과의 유대는 인터넷에서의 주위 사람들과의 애착관계보다는 범죄시 예상하는 주위 사람들과의 관계에서 오는 손실을 중심으로 측정하였는데(이성식, 1995b), "인터넷에서 법을 위반하게 되면 주위의 비난을 받게 될 것이다", "인터넷에서 법을 위반하게 되면 주위 사람과의 관계에 지장을 일으킬 것이다", "인터넷에서 법을 위반하게 되면 주위 사람으로부터 창피할 것이다" 등의 세 문항을 사용하고 5점 척도에 응답하도록 하였다(alpha=.827).

인터넷에서의 비행자 접촉은 "내가 사용하는 인터넷에서는 법위반자들과 자주 접하게 된다"의 한 문항을 질문하고 5점 척도에 응답하도록 하였다.

본 연구에서 사용할 종속변인으로 사이버범죄행위는 일곱 유형의 항목을 제시하고 각각에서의 경험 여부를 알아보았다. 각 문항은 1) 단순욕설, 2) 명예훼손 및 비방과 위협, 3) 성희롱이나 성매매 제의 및 음란물 유포 등의 성폭력, 4) 개인정보침해, 5) 해킹 및 바이러스, 스팸메일 유포, 6) 사기 등 재산상의 침해, 그리고 7) 저작권침해이고 각각의 경험 유무를 질문한 후 최종적으로는 합산하여 사용하기로 한다.

본 연구에서 사용할 사회인구학적 통제변인으로는 응답자의 연령과 부모님의 교육 수준, 그리고 주관적 경제 수준을 질문하였다. 연령은 응답자의 만 나이를, 부모님의 교육수준은 부모님 각각 '초졸', '중졸', '고졸', '대졸', '대학원이상'에, 경제 수준은 '하', '중하', '중', '중상', '상'의 다섯 항목에 응답하도록 하였고 1-5점을 부여하였다.

VI. 분석결과

본 연구의 조사 대상자의 특성을 살펴보면 <표 1>과 같다. 성별분포에서 전체 응답자 762명 중 남성이 460명(60.4%), 여성이 302명(39.6%)이었다. 조사 대상자의 연령을 살펴보면 만 18세에서 29세까지 분포되었고 평균연령이 21.960이었다. 아버지의 교육 수준은 1-5범위에서 평균이 3.670, 어머니의 교육 수준 평균은 3.450, 그리고 조사 대상자의 경제수준의 평균값은 1-5범위에서 3.310이었다. 본 연구에서 사용할 주요 독립변인으로 낮은 자기통제력은 12-60범위에서 평균값이 33.530이었고, 인터넷에서 주위 사람과의 유대는 3-15범위에서 평균값이 10.640으로 대체로 높은 편이었고, 인터넷에서의 비행자와의 접촉은 1-5범위에서 2.640으로 낮은 편에 속하였다. 본 연구에서의 종속변인으로 사이버범죄는 0-7범위에서 .700으로 범죄 정도는 매우 낮은 것으로 조사되었다.

본 연구에서 연구문제에 대한 검증결과는 <표 2>와 <표 3-1> 및 <표 3-2>에 제시된다. 우선 전체를 대상으로 분석결과를 보면 <표 2>에 제시되듯이 우선 첫 번째 분석(1)에서 낮은 자기통제력은 사이버범죄에 $p<.001$ 수준에서 높은 영향력을 갖는 것으로 나타났다. 즉 낮은 자기통제력의 대학생은 사이버범죄를 더 저지르는 것으로 나타났다.

환경요인으로 주위 사람들과의 유대와 비행자와의 접촉을 추가한 두 번째 분석결과(2)에서는 주위 사람과의 유대는 $p<.05$ 수준에서 부(-)적으로, 비행자와의 접촉은 $p<.01$ 수준에서 정(+)적으로 유의미한 영향을 미치는 것으로 나타나, 주위와의 유대가 높을수록 사이버범죄를 덜하며, 인터넷에서 범죄자와 접촉할수록 사이버범죄를 더 한다는 것을 제시한다. 그렇지만 표준화된 회귀계수를 보면 환경요인으로 주위와의 유대와 비행자와의 접촉은 개인성향인 낮은 자기통제력보다는 그 영향이 적은 것으로 나타났다. 이는 사이버범죄의 설명에서 개인성향과 같은 개인요인이 상대적으로 보다 중요함을 제시한다.

<표 1> 조사 대상자 및 주요 변인들에 대한 기술통계분석결과

		명	%	평균	표준편차	범위
성별	남성	460	60.4			
	여성	302	39.6			
연령				21.960	2.314	18-29
부교육				3.670	.739	1-5
모교육				3.450	.729	1-5
경제수준				3.310	.831	1-5
낮은 자기통제력				33.530	7.205	12-60
주위 유대				10.640	2.438	3-15
비행자 접촉				2.640	.985	1-5
사이버범죄				.700	1.110	0-7

<표 2> 낮은 자기통제력과 주위유대, 범죄자접촉의 사이버범죄에 대한 다중회귀분석결과(전체)

	종속변인					
	사이버범죄					
	(1)		(2)		(3)	
독립변인	b	β	b	β	b	β
연령	.027	.058	.035	.075	.037	.077
부교육	.038	.026	.043	.028	.048	.032
모교육	-.089	-.059	-.096	-.063	-.112	-.074
경제수준	-.041	-.031	-.035	-.026	-.032	-.024
낮은 자기통제력	.025***	.164	.021***	.137	.021***	.139
주위유대			-.039*	-.087	-.039*	-.087
범죄자접촉			.131**	.117	.135***	.121
낮자*주위유대					.002	.027
낮자*범죄자접촉					.012*	.084
R제곱	.032		.058		.064	
F값	4.893***		6.450***		5.533***	

* p<.05; ** p<.01; *** p<.001

세 번째 분석(3)에서 낮은 자기통제력과 환경요인들간의 상호작용효과를 살펴본 결과에서는 낮은 자기통제력과 주위 사람과의 유대와의 상호작용효과는 유의미하지 않았

<표 3-1> 낮은 자기통제력과 주위유대, 범죄자접촉의 사이버범죄에 대한 다중회귀분석결과(남성)

독립변인	종속변인					
	사이버범죄					
	(1)		(2)		(3)	
	b	β	b	β	b	β
연령	.012	.025	.026	.054	.025	.053
부교육	.055	.099	.065	.042	.071	.045
모교육	-.201	-.125	-.206	-.128*	-.221*	-.137
경제수준	-.092	-.068	-.088	-.065	-.085	-.062
낮은 자기통제력	.019*	.123	.013#	.080	.013#	.081
주위유대			-.076*	-.152	-.076**	-.150
범죄자접촉			.115*	.097	.116*	.150
낮자*주위유대					-.000	-.003
낮자*범죄자접촉					.009	.064
R제곱	.034		.072		.076	
F값	3.121**		4.846***		3.970***	

* p〈.10; * p〈.05; ** p〈.01; *** p〈.001

<표 3-2> 낮은 자기통제력과 주위유대, 범죄자접촉의 사이버범죄에 대한 다중회귀분석결과(여성)

독립변인	종속변인					
	사이버범죄					
	(1)		(2)		(3)	
	b	β	b	β	b	β
연령	.005	.010	.003	.036	.006	.012
부교육	.038	.028	.029	.022	.033	.024
모교육	.080	.061	.084	.064	.065	.049
경제수준	.069	.056	.082	.067	.082	.067
낮은 자기통제력	.034***	.241	.032***	.227	.032***	.233
주위유대			.015	.040	.016	.042
범죄자접촉			.154**	.160	.165**	.171
낮자*주위유대					.001	.026
낮자*범죄자접촉					.014#	.110
R제곱	.074		.099		.109	
F값	4.647***		4.444***		3.822	

* p〈.05; ** p〈.01; *** p〈.001

지만, 낮은 자기통제력과 범죄자와의 접촉과의 상호작용효과는 정(+)적으로 $p<.05$ 수준에서 유의미한 것으로 나타났다. 즉 낮은 자기통제력의 학생이 범죄자와 접촉할 때 사이버범죄의 가능성은 더 높다는 결과를 제시하였으며, 이는 개인성향과 환경요인이 통합적으로 작용한다는 것을 제시한다.

이를 남녀에 각각 적용한 결과는 남학생은 <표 3-1>에, 여성은 <표 3-2>에 제시된다. 우선 <표 3-1>과 <표 3-2>의 첫 번째 분석(1)의 낮은 자기통제력의 영향을 보면 남녀 모두에서 유의미한 것으로 나타났지만, 남성의 경우 $p<.05$ 수준에서 유의미하였던 반면, 여성의 경우 $p<.001$ 수준에서 더 높게 사이버범죄를 설명하는 것으로 나타났다.

두 번째의 환경요인을 추가한 분석결과(2)에서는 역시 남녀간에 다소 차이를 보였는데, 남성의 경우 주위 사람과의 유대가 $p<.01$ 수준에서, 범죄자와의 접촉은 $p<.05$ 수준에서 유의미하여 주위 사람과의 유대의 설명력이 다소 더 높았지만, 여성의 경우는 주위 사람과의 유대가 유의미하지 않았고 대신 범죄자와의 접촉은 $p<.01$ 수준에서 유의미하여 범죄자와의 접촉의 영향력이 더 큰 것으로 나타났다. 이때 남성의 경우 낮은 자기통제력은 $p<.10$ 수준에서 유의미하여 그 영향력이 환경요인보다 작았지만, 여성의 경우 낮은 자기통제력이 $p<.001$ 수준에서 유의미하여 범죄자와의 접촉보다도 더 크게 작용하는 것으로 나타났다.

낮은 자기통제력과 환경요인들간의 상호작용효과를 살펴본 세 번째 분석결과(3)에서는 남녀 모두 상호작용효과는 전체적으로 작았다. 그러나 낮은 자기통제력과 주위 사람과의 유대와의 상호작용효과는 남녀 모두에서 유의미하지 않았지만, 낮은 자기통제력과 범죄자와의 접촉과의 상호작용효과는 남녀 차이를 보였는데, 여성의 경우 $p<.10$ 수준에서 다소 약하게 유의미한 것으로 나타나 남성의 경우와 차이를 보였다.

V. 결론

이 연구는 대학생들을 대상으로 사이버범죄를 설명함에 있어 개인성향으로서 낮은 자기통제력 이외에 인터넷 환경요인으로 사회유대와 차별접촉요인을 함께 다루는 통합적 논의를 시도하기 위해 낮은 자기통제력과 환경요인들 간의 상호작용효과를 살펴보고 아울러 그 영향에 성별 차이가 있는지를 살펴보려는 것에 주목하였다.

이 연구결과는 낮은 자기통제력 이외에 인터넷에서 주위 사람들과의 유대와 범죄자와의 접촉 모두 사이버범죄에 유의미한 영향을 미쳤으며, 아울러 낮은 자기통제력은 범죄자와의 접촉과 상호작용한다는 결과로 통합론적 논의의 가능성을 제시하였다. 더구나 본 연구는 그러한 연구문제들을 남녀에 따라 살펴본 결과 남녀 성별 차이가 있었음이 발견되었다. 기존 연구에서는 일관된 연구결과가 없었지만 본 연구에서 보면 낮은 자기통제력은 남성보다는 여성에게서 더 크게 작용하였고, 주위 사람들과의 유대의 통제작용은 남성에서 더 작용하였지만 범죄자와의 접촉의 사이버범죄행위 유발 작용은 여성에게서 더 크게 작용하는 것으로 제시되었다. 이러한 결과는 사이버범죄 연구는 아니지만 외국의 몇몇 결과(Tibbetts and Herz, 1996; Heimer, 1996; Burton et al., 1998)와 일치한다. 아울러 기존 연구는 그러한 결과는 없었지만 본 연구에서는 낮은 자기통제력과 범죄자와의 접촉과의 상호작용도 남성보다는 여성에게서 다소 더 크게 작용하는 것으로 나타났다.

본 연구에서는 사이버공간에서의 범죄행위를 설명함에 있어 낮은 자기통제력이라는 개인성향만으로는 부족하고 환경요인이 필요함을 제시하였다. 아울러 기존의 전통이론들은 그 원인 작용이 남녀에 상관없이 일반적일 것이라고 주장하지만 그와 달리 범죄행위에 있어 원인이 남녀에 따라 다를 수 있다고 제시하였다. 그런데 성별 차이에 있어 낮은 자기통제력의 성향의 작용이 여성에게서 더 크게 작용하였고, 유발요인인 범죄자와의 접촉은 여성에게서, 통제요인인 주위 사람들과의 유대와 같은 요인은 남성에게서 더 작용한다고 제시하였는데, 이 결과는 범죄 가능성이 더 높은 남성에게는 통제요인이 중요한 반면, 범죄 가능성이 낮은 여성에게는 그것을 저지를 성향으로 낮은 자기통제력 이외에 촉진할 수 있는 환경유발요인의 정도가 더 중요하게 작용하는 것으로 해석할 수 있다.

기존의 외국연구들은 비록 오프라인상의 범죄행위에 대한 연구이지만 일관된 연구를 제시하지 못하고 있어 본 연구결과가 우리 사회의 구조 혹은 문화적 특수성 때문인지, 아니면 연구 대상자가 대학생이어서인지, 적용대상 행위가 오프라인이 아닌 온라인의 행위 때문인지를 알 수 없으나, 적어도 대학생의 사이버범죄에서는 그와 같은 남녀 차이를 발견할 수 있었다. 이러한 결과는 앞으로 남녀에 따른 서로 상이한 연구모형을 구성할 필요가 있음을 제시하며, 아울러 사이버범죄의 대응책에 있어서도 남녀에 따라 달리 모색될 필요가 있음을 제시한다. 앞으로의 연구에서는 이러한 연구결과들이 다양한 연령층 이외에 온라인뿐만 아니라 오프라인에서도 적용하여 그 결과를 지속적으로 살펴볼 필요가 있다고 생각한다.

인터넷사용, 일상긴장, 비행의 관계: 청소년패널자료의 분석

I. 서론

인터넷시대의 도래로 청소년들의 인터넷사용은 급증하였고 이제는 주요 일상생활이 되었다. 하지만 지나친 인터넷사용은 청소년의 건강을 해칠 뿐만 아니라 부모와의 갈등이나 주위 사람들로부터의 소외, 학업성적에 부정적 영향 등 일상생활에 지장을 초래한다는 우려가 높다(Kraut et al., 1998). 더욱이 인터넷사용은 청소년에게 유해하여 과도하게 인터넷을 사용할 경우 비행의 가해와 피해경험 가능성이 높다는 주장도 있다(이성식, 2005c). 이러한 이유로 인터넷게임 셧다운제의 실시를 통해 청소년들을 과도한 사용으로부터 보호하려는 정책이 시행되기 시작하기도 하였다. 인터넷사용은 비행과 연관이 있는가? 그렇다면 그 이유는 무엇인가? 그러나 인터넷사용은 영향이 부정적이기보다 일상에서 경험하는 긴장과 우울을 해소하고 사회자본 및 대인관계의 기회와 사회 지지감을 증진시킨다는 긍정론의 입장도 있다(McKenna et al., 2002; Caplan, 2003). 이와 같은 입장에서 보면 인터넷사용은 비행을 일으킨다기보다는 오히려 비행 감소의 긍정적 영향을 준다고 볼 수도 있다.

이 연구는 인터넷사용과 일상긴장, 비행 관계를 중심으로 그 관계를 분석함으로써 인터넷사용의 부정론과 긍정론의 입장을 살펴보려고 한다. 즉 인터넷사용은 긴장을 유발하여 비행에 영향을 미치는지, 아니면 인터넷사용으로 일상생활에서의 긴장이 해소되고 그것은 비행 감소에 기여하는지를 경험연구를 통해 살펴볼 것이다. 그런데 긴장은 인터넷사용의 결과가 아니라 원인이 되어, 인터넷사용이 긴장유발 혹은 감소를 낳고 비행여부에 영향을 주는 것이 아니라 긴장이 인터넷사용에 영향을 주고 비행에 영향을 준다고 볼 수도 있어 인과관계를 정확히 파악할 필요가 있다. 그리고 사실 긴장이 공통원인으로 긴장이 인터넷사용에, 긴장이 비행에 영향을 주는 것이고 인터넷사용과 비행과는 아무런 관계가 없을 수도 있다. 이처럼 이 연구는 인터넷사용과 일상긴장, 비행의 관계의 여러 입장을 검토할 것이며, 이를 위해 청소년 패널자료를 사용함으로써 인과관계를 살펴볼 것이다. 그런데 이때 이 연구에서 특히 주목하는 점은 인터넷사용의 유형과 목적에 따라 영향은 달라질 것이라는 점에서 이 연구는 인터넷사용을 크게 유형별로 교류, 오락, 정보추구형으로 나누어 그 영향이 다를지 다루기로 한다. 아울러 이 연구는 인터넷사용의 비행에의 영향을 다룸에 있어 비행도 사이버비행과 현실비행으로 나누어 그 영향이 다른지를 살펴볼 것이다.

이처럼 이 연구는 고등학생을 대상으로 하는 청소년 패널자료를 사용함으로써 인터넷사용, 일상긴장, 비행의 인과관계를 다루려고 하며, 과연 인터넷사용이 비행을 유발하는 등의 영향이 부정적이어서 이에 대한 조치가 합당한지, 오히려 인터넷사용은 청소년에게 긍정적인지, 아니면 인터넷사용과 비행과는 아무 관련이 없는지 등의 입장을 인터넷사용 유형별로, 사이버비행과 현실비행에 각각 살펴보고 연구결과가 갖는 함의가 무엇인지를 논의해보려고 하는 데 주목한다.

II. 이론적 논의

1. 인터넷사용, 일상긴장, 비행의 관계에 있어 여러 입장들

인터넷사용이 많은 청소년은 비행 가능성이 높은가? 인터넷중독 연구에서도 보여주듯이 지나친 인터넷사용은 청소년들의 현실 일상생활을 어렵게 하여 지장을 주게 되고 비행을 일으킬 소지가 있다. 인터넷사용과 비행 관계는 긴장이론을 통해서 설명할 수 있다. 청소년비행연구에서 긴장이론에 따르면 부모와의 갈등이나 학업부진, 학교부적응 등 가정, 학교에서의 일상긴장은 부정적 감정을 유발하고 청소년비행의 주요 원인이 된다고 주장하는데(Agnew, 1992), 인터넷의 과다사용은 그러한 일상의 긴장을 유발하여 비행에 영향을 줄 수 있기 때문이다.

Kraut와 동료들은(1998) 인터넷을 사용할 경우 일상 오프라인에서의 사회참여, 즉 부모, 친구 등 주위 사람들과의 상호작용관계가 소원해짐으로 긴장과 외로움, 우울을 경험할 수 있다고 하였다. Young(1999)도 인터넷과다사용이 청소년들의 일상생활에 지장과 장애를 초래할 수 있다고 보았고, 국내에서도 인터넷사용은 학업부적응 등을 낳는다는 연구가 있다(변성희, 김정민, 2007; 조윤경, 김영석, 2009). 이 입장에서 보면 지나친 인터넷사용은 학업문제를 일으키고, 부모와의 갈등 및 일상생활에서의 긴장을 야기함으로써 부정적 감정을 일으키게 되고 이는 비행을 유발하는 원인이 된다고 볼 수 있다. 이와 같은 입장에서는 인터넷사용이 긴장을 유발한다는 점에서 긴장유발론이라 할 수 있는데, 즉 인터넷사용이 부모와의 갈등, 학업문제 등 현실 일상생활에서의 긴장을 야기함으로써 비행을 유발하는 원인이 될 수 있다.

그렇지만 긴장유발론의 입장과는 달리 인터넷사용은 오히려 긴장 감소에 영향을 줄 수 있다. 즉 인터넷사용은 긴장이나 우울을 유발하기보다는 새로운 사람과의 만남과 유대형성으로 오히려 이롭다는 주장이 있듯이(Robinson et al., 2000), 이 입장에서 보면 인터넷사용으로 비행 원인으로 작용 가능한 긴장과 부정적 감정이 오히려 해소됨으로써 비행 감소가 가능하다고 볼 수 있다. 이와 같은 긴장해소론의 입장에서 보면 인터넷사용은 일상긴장 유발이 아니라 긴장을 해소하며, 또 한편으로는 인과관계가 역으로 오히려 일상긴장이 인터넷사용을 증가시킨다고 할 수 있다. 미디어욕구충족이론에 따르면 이용자가 미디어를 사용하는 것은 심리적 욕구와 동기를 충족하기 위함이며, 그렇다면 현실에서 만족하지 못한 욕구를 인터넷을 통해 충족하게 된다고 볼 수 있는데(Papacharissi and Rubin, 2000), 이처럼 현실에서 일상긴장을 경험하는 청소년이 부족한 부분과 욕구를 인터넷에서 해소하고자 인터넷에 의존하게 된다고 볼 수 있다. 즉 이 경우 일상긴장이 인터넷사용의 원인이 되며, 일상에서 긴장을 겪는 청소년은 인터넷사용을 통해 긴장을 해소함으로 인해 비행 가능성은 줄어든다고 볼 수 있다. 실제로 인터넷중독 연구에서도 현실에서 스트레스와 긴장, 외로움을 겪는 사람들이 그것을 해소하고 인터넷에서 사회 지지와 마음의 위안을 받고자 인터넷에 빠지게 된다고 하듯이(Morahan-Martin and Schumacher, 2000; Davis, 2001; 남영옥, 2005; 김선우, 김태현, 2011), 인터넷사용이 긴장 유발 혹은 해소에 영향을 주기보다는 오히려 일상긴장이 인터넷사용에 영향을 주어 비행 감소로 이어진다고 볼 수 있다.

그런데 일상긴장을 겪는 청소년들이 인터넷에 의존하여 인터넷을 많이 사용하다 보면 긴장은 해소될지 모르지만 또 다른 한편에서는 그만큼 인터넷사용으로 인해 비행기회가 많아지게 되어 비행 가능성이 높아진다고 볼 수 있다. 기회이론에 의하면 비행기회에 노출될수록 피해뿐만 아니라 우연히 저지를 수 있는 기회 때문에 가해 가능성도 높다고 한다(Sampson and Lauritsen, 1990; Osgood et al., 1996). 이 주장대로라면 인터넷사용이 많은 청소년은 그만큼 비행기회에 노출됨으로 인해 비행 가능성도 높다고 할 수 있다. 즉 일상긴장을 경험하는 청소년이 긴장해소의 목적으로 인터넷사용이 많아지는데, 그러다 보면 우연한 비행기회에 노출되어 사이버비행을 더 저지르게 된다고 볼 수 있다. 그러나 이 경우 인터넷 과다사용 혹은 인터넷중독은 사이버상에서 비행기회를 높여 사이버비행에 영향을 줄 수 있지만 현실 오프라인에서의 비행에는 아무 영향을 주지 못하거나 오히려 인터넷에 많은 시간을 보냄으로 현실에서의 비행기회는 낮아진다고 볼 수 있다(이성식, 2005c).

하지만 인터넷사용과 비행과는 아무 관계가 없을 수 있다. 이와 같은 입장에서는 인터넷사용과 비행과의 관계는 긴장을 유발하여 비행에 정(+)적으로 작용하지도, 그렇다고 긴장을 해소하게 하여 부(-)적으로 작용하지 않고 아무 관계가 없다고 본다. 실제로 긴장이론과 같이 전통비행이론들에서는 일상긴장과 같은 사회환경적 요인이 비행의 원인이지 인터넷사용과 같은 요인은 비행에 결정적인 원인이라고 보지 않는다. 이 입장에서 보면 일상긴장의 청소년이 인터넷사용을 많이 하고 또 비행을 하는 것이지 인터넷사용과 비행과는 아무 관계가 없다고 볼 수 있는데, 이처럼 일상긴장요인은 공통요인으로서 인터넷사용과 비행을 모두 설명하며, 이때 인터넷사용과 비행과는 아무 관계가 없는 허위관계가 된다고 할 수 있다

2. 인터넷사용과 비행과의 관계에 대한 기존 연구와 한계

인터넷사용과 비행과의 관계를 살펴본 기존 연구는 그다지 많지는 않지만 기존 대부분의 연구들을 보면 인터넷사용시간이 많을수록 비행을 더 저지르게 된다는 연구결과를 제시하고 있다(양돈규, 2000; 조남근, 양돈규, 2001; 이성식, 2005c). 초기 연구로 양돈규(2000)는 인터넷 중독자들이 인터넷상에서 욕설이나 그 밖의 사이버비행을 저지르게 된다는 것을 제시하였고, 이성식(2004c)은 사이버비행의 원인을 찾으려는 시도에서 여러 요인들

중에서도 인터넷사용시간이 사이버비행을 설명하는 중요한 요인 중 하나라고 제시하였다. 그러나 초창기 연구에서는 인터넷사용시간 및 중독과 사이버비행과의 관계에 주목하였지만 이유가 무엇인지를 밝히려는 노력은 부족하였다.

이후 이성식(2005c)은 인터넷중독과 청소년비행과의 관계에 대한 연구에서 그 영향을 사이버비행과 현실비행으로 나누어 어떻게 다른지를 살펴보았고, 긴장이론이나, 일반이론, 기회이론의 입장에서 이론검증을 통해 그 관계를 설명하였다. 그 결과에서는 인터넷 중독의 과다사용자들은 사이버비행을 더 많이 저지르게 된다는 결과를 제시하였지만 현실비행에는 영향을 주지 않는다는 결과를 제시하였고, 그 이유가 비행기회의 노출때문이라고 제시해 주로 비행기회 노출론을 지지하였다. 즉 인터넷과다 사용자는 그만큼 인터넷에서의 비행기회 노출증가로 사이버비행을 더 저지르지만 현실비행에는 영향을 주지 않는다는 것이다. 하지만 조원상과 이서원(2006)은 인터넷사용시간이 많은 인터넷 중독자가 더 공격적이고 폭력적이라는 조사결과를 제시해 그들이 현실비행의 가능성도 높음을 제시하였고, 실제로 인터넷사용은 현실비행과도 유의미한 정(+)적 관계를 갖는다는 연구결과가 있다(나순희, 2003). 이성식(2005c)의 연구에서는 인터넷중독이 긴장에 영향을 주지 않아 인터넷사용은 긴장을 일으키지도 감소시키지도 않고 사이버비행에 직접적인 영향을 갖는다고 하였다. 즉 긴장유발론도 긴장해소론도 지지하지 않았고 인터넷사용이 긴장에 영향을 주기보다는 긴장이 인터넷사용의 원인이고 대신 일상긴장의 청소년이 인터넷에 과다 의존하게 되고 사이버비행을 저지른다는 결과를 제시하였다.

한편 인터넷중독이 청소년비행이나 문제행동에 영향을 주기보다는 관계가 역이라는 주장이 제기되기도 하였다. 실제로 이수진(2008)의 연구에서는 초기 인터넷중독이 청소년문제행동에 미치는 영향은 유의미하지 않았고 대신 청소년 문제 행동자가 현실에서 좌절과 어려움을 겪고 현실을 회피하고자 사이버공간에 몰두하면서 인터넷중독에 빠지게 된다는 주장을 하였다. 하지만 그의 연구에 의하면 그러한 인터넷중독 청소년들은 지속적으로 비행 또는 문제행동을 저지른다는 결과를 제시해 인터넷사용이 비행에 영향을 줄 수 있다고도 보았다.

하지만 기존 연구들에서는 인터넷사용과 비행 관계를 다룸에 있어 그것이 정(+)적인 관계라는 것을 제시하였지만 왜 그런지의 설명요인을 다루는 데 소홀하였다. 아울러 기존의 대부분의 연구들은 주로 횡단적 조사자료에 의존함으로써 설명요인들 간에 그 전후 인과관계를 명확히 다루지 못한 한계를 지닌다. 그 관계를 명확히 파악하기 위해서는 종단적 자료를 통해 파악될 필요가 있으며, 인터넷사용이 긴장에 영향을 주어 비행과 관계되는지, 일상긴장이 인터넷사용에 영향을 주어 비행과 연관되는지의 인과관계를 정확히 알 필요가 있다. 아울러 기존 연구들에서는 가장 중요하게는 인터넷사용의 영향력을 파악함에 있어 사용유형별로 고려하지 못한 한계가 있다. 폭력게임이나 음란물 등에 노출될 시 청소년에게 유해할 수 있지만, 사람들과 교류나 친목 목적의 이메일, 메신저, 동호회 활동 등은 청소년에게 오히려 이로울 수 있기 때문이다.

따라서 이 연구에서는 인터넷사용과 비행 관계에서 그 설명요인으로 일상긴장을 다룸에 있어 전후 인과관계 파악을 위해 종단적 패널자료를 사용하려고 하며, 아울러 앞서 살펴보았던 여러 입장들 중에서 어느 입장이 설득력을 얻고 지지되는지 여러 모형을 검증하고자 한다는 점, 그리고 무엇보다도 인터넷사용의 유형을 고려하여 어떤 유형의 인터넷사용이 비행과 어떻게 연관되는지를 파악해 보기로 한다. 그 밖에 인터넷사용은 사이버비행 이외에 현실비행과도 관련있는지를 살펴보는 것이 기존 연구들과 다른 점이라 할 수 있다.

III. 연구문제와 방법

1. 연구문제

청소년대상의 종단적 패널자료를 이용하여 본 연구에서 다룰 연구문제는 다음과 같다.

연구문제 1: 인터넷사용은 긴장을 유발하는가 아니면 긴장을 해소하는가? 그래서 인터넷사용은 일상긴장을 매개로 해서 비행에 정(+)적으로 작용하는가? 부(-)적으로 작용하는가?

연구문제 2: 인터넷사용이 긴장에 영향을 주는 것이 아니라 일상긴장이 인터넷사용에 영향을 주고 인터넷사용이 비행에 영향을 주는 것인가? 그리고 그것은 비행에 정(+)적으로 작용하는가? 부(-)적으로 작용하는가? 아니면 일상긴장은 공통선행요인이 되어 인터넷사용과 비행과는 아무런 관계가 없는가?

연구문제 3: 인터넷사용과 일상긴장, 그리고 비행 관계에 있어 인터넷사용 유형별로 교류, 오락, 정보추구로 구분한다면 이에 따라 어떻게 다른가?

<그림 1-1> 인터넷사용, 일상긴장, 비행의 관계(긴장유발론)

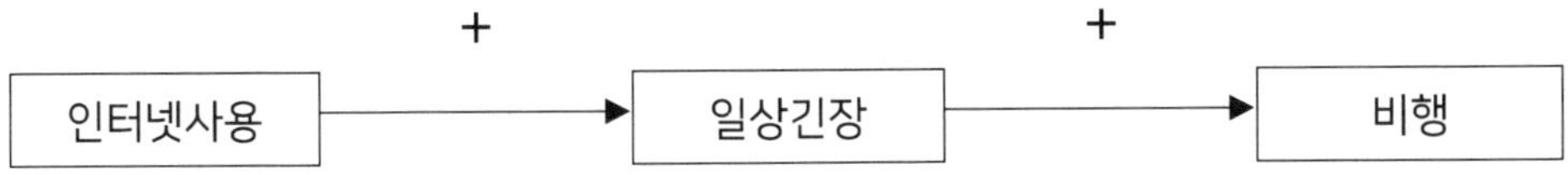

<그림 1-2> 인터넷사용, 일상긴장, 비행의 관계(긴장해소론)

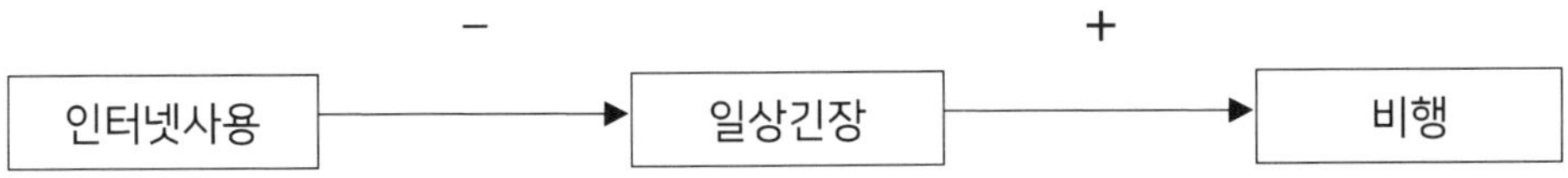

<그림 1-3> 일상긴장, 인터넷사용, 비행의 관계(긴장해소론)

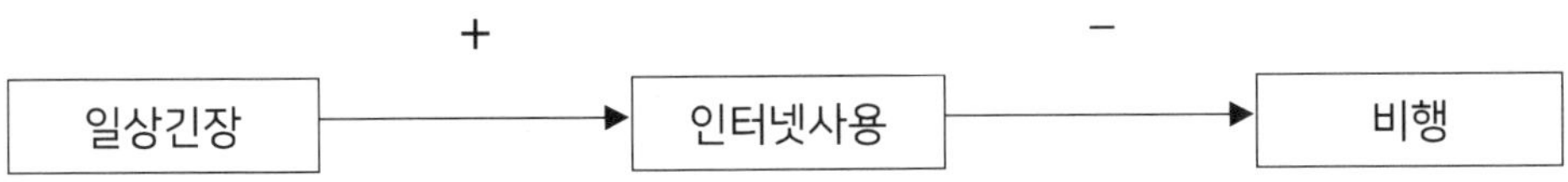

<그림 1-4> 일상긴장, 인터넷사용, 비행의 관계(비행기회노출론)

<그림 1-5> 일상긴장, 인터넷사용, 비행의 관계(무관론)

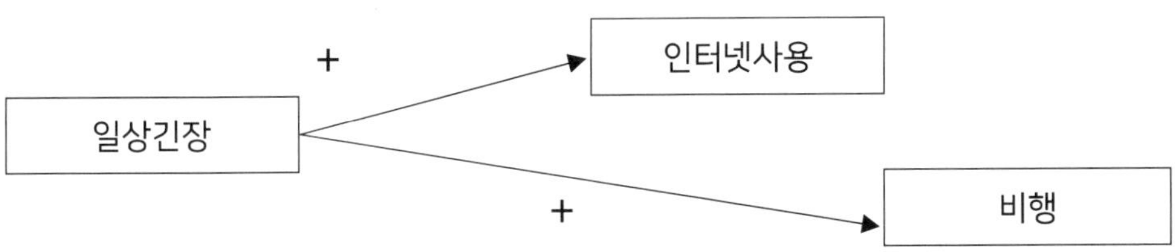

이 연구는 인터넷사용과 일상긴장, 그리고 비행과의 관계를 다룸에 있어 위와 같은 연구문제를 다음과 같은 네 가지 입장에서 검증하기로 한다.

첫째, 긴장유발론에 따르면 인터넷사용이 많을수록 일상적인 생활에 지장을 주게 되어 일상긴장을 경험하게 되고 그러한 긴장유발을 이유로 비행을 저지를 것이라고 볼 수 있다.

하지만 둘째의 긴장해소론의 입장에서 보면 인터넷사용으로 긴장은 오히려 줄어들고 비행감소에 영향을 줄 수 있다. 그리고 긴장해소론에서 보면 또 다른 한편으로 인터넷사용이 긴장에 영향을 주는 것이 아니라 일상긴장이 인터넷사용에 영향을 준다고 볼 수 있는데, 즉 일상긴장을 경험할수록 인터넷사용은 많아질 것이라고 볼 수 있고, 이 경우 긴장이 해소되기 때문에 비행 가능성은 줄어들 것이라고 볼 수 있다.

하지만 셋째, 비행기회노출론에 따르면 긴장을 경험하는 청소년이 인터넷을 사용하게 되면 그럴수록 사이버비행기회에 더 노출하게 되어 사이버비행을 더 저지를 것이라고 볼 수 있다. 하지만 이 경우 상대적으로 현실비행기회는 낮아 현실비행을 덜 저지르게 될 것이라고 볼 수 있다.

마지막으로 무관론에 따르면 일상긴장은 인터넷사용과 비행에 모두 영향을 주는 공통요인으로서 이때 인터넷사용과 비행과는 아무 관계가 없을 것이라 볼 수 있다.

이 연구는 이처럼 위의 네 입장을 경험적으로 검증하려고 한다. 그런데 인터넷사용, 일상긴장, 비행과의 관계는 인터넷사용의 유형별로 차이가 있을 수 있어, 이 연구에서는 위와 같은 여러 입장을 인터넷사용 유형별로도 살펴보기로 한다. 본 연구는 기존 연구들에 의거하여 인터넷사용의 유형을 교류사용, 오락사용, 그리고 정보사용으로 나누어 다루기로 하는데, 교류사용은 이메일이나 채팅, 동호회 활동 등 사람들과의 관계나 교류를 목적으로 하는 것이고, 오락사용은 게임이나 방송, 음악, 성인물 등의 사용을, 그리고 정보사용은 정보검색이나 학습의 목적으로 인터넷을 사용하는 경우이다. 다음에서 살펴보겠지만 본 연구에서의 인터넷사용 요인분석에서도 세 유형으로 구분되었는데, 그렇다면 어떠한 인터넷사용 유형이 긴장 및 비행과 어떻게 연관될 수 있을지를 네 입장별로 살펴보기로 한다.

2. 연구방법

이 연구를 위해 한국청소년정책연구원에서 2004년도 중학교 2학년을 대상으로 조사하기 시작한 청소년패널 자료에서 이 학생들이 고등학생 1학년이 되는 3차 자료부터 4차 그리고 5차 자료를 사용하여 고등학생을 대상으로 연구문제를 분석하기로 한다. 이 자료는 전체대상자가 3,125명으로 남학생이 1,572명(50.3%), 여학생이 1,553명(49.7%) 이다.

이 연구는 앞서 제시한 연구문제를 기반으로 분석을 시도한다. 첫 번째 연구문제를 위해서는 인터넷사용을 독립변인으로 하고 긴장요인들을 매개변인으로 하며, 비행을 종속변인으로 하는 모형을 검증하기로 한다. 따라서 3차 자료에서 인터넷사용시간을, 4차 자료에서 부모와의 긴장과 학교에서의 긴장을, 그리고 5차 자료에서 비행을 사용하기로 하며, 과연 인터넷사용시간이 많을수록 부모와의 긴장과 학교긴장을 경험하여 비행을 더 저지르게 되는지(긴장유발론), 아니면 인터넷사용시간이 많을수록 부모 및 학교긴장을 덜 경험하여 비행과 부(-)적 관계를 갖는지(긴장해소론)를 알아보기로 한다.

두 번째 연구문제를 위해서는 긴장요인들, 즉 부모와의 긴장과 학교긴장을 독립변인으로 하고 인터넷사용시간을 매개변인, 그리고 비행을 종속변인으로 하는 연구모형을 분석하기로 하는데, 3차 자료에서 부모와 학교긴장을, 4차 자료에서 인터넷사용시간을, 5차 자료에서 비행을 사용하기로 한다. 여기서는 부모와의 긴장, 학교에서 긴장을 경험할수록 인터넷사용이 많아 그것이 긴장해소로 비행에 부(-)적으로 작용하는지(긴장해소론), 아니면 긴장으로 인한 인터넷사용시간이 사이버비행에 정(+)적으로 작용하고 현실비행에는 부(-)적으로 작용하는지(비행기회노출론)를 살펴볼 것이며, 아울러 4차 자료의 인터넷사용시간과 5차 자료의 비행 관계가 3차 자료의 긴장에 의해 공통적으로 설명되고 두 관계는 허위관계가 되는지(무관론)를 살펴볼 것이다.

아울러 세번째 연구문제를 위해서 인터넷사용시간을 사용유형별로 교류시간, 오락시간, 정보시간으로 나누어서도 분석할 것이며, 앞서 첫 번째와 두 번째 연구모형별로 살펴볼 것이다.

이 연구에서는 종속변인으로 비행은 인터넷상의 사이버비행과 현실 오프라인에서의 비행을 구분하여 분석하기로 한다. 앞서 네 입장(긴장유발론, 긴장해소론, 비행기회노출론, 무관론)은 인터넷사용 유형별로도 상이하게 나타날 수 있지만 비행이 사이버비행인지 현실비행인지에 따라서도 다를 수 있기 때문이다. 아울러 이 연구에서 3차 자료에서 다룰 통제변인으로는 기존 비행연구에서 주요 요인으로 파악되고 있는 성, 계층요인으로 가족수입, 그리고 개인성향으로 일반이론에서의 낮은 자기통제력을 사용하기로 한다.

본 연구의 독립변인으로 인터넷사용시간은 하루 평균 인터넷사용시간을 개방형으로 질문한 문항을 사용하였다. 아울러 인터넷유형별 사용시간은 다음과 같이 측정하였는데, 인터넷사용유형은 '게임', '채팅 및 메신저', '이메일', '동호회/카페/커뮤니티활동', '게시판활동', '성인사이트', '공부 및 학습관련 정보검색', '기타 정보검색 및 열람' 등 일곱 항목에 대해 "전혀 사용 안한다"에서 "많이 사용한다"의 5점 척도에 응답하도록 한 문항들을 사용하였다. 그 문항들의 요인분석의 결과 3차년도나 4차년도 모두에서 세 요인으로 분류되었는데, 그 첫째는 교류형으로, '채팅 및 메신저', '이메일', '동호회/카페/커뮤니티활동', '게시판활동'의 네 문항이, 둘째는 오락형으로, '게임'과 '성인사이트', 셋째는 정보추구형으로, '공부 및 학습관련 정보검색', '기타 정보검색 및 열람'이 요인으로 구분되었다. 여기서는 그것을 각각 세 유형으로 구분하여 각기 합산한 후 평균을 중심으로 평균 이하는 '0', 평균 이상은 '1'의 점수를 부여한 후 앞서 인터넷사용시간을 곱하는 방법으로 각각 교류시간, 오락시간, 정보시간을 도출하여 사용하기로 한다.

부모긴장은 "부모님과 의견충돌이 있어서 스트레스를 받는다", "부모님의 지나친 간섭으로 스트레스를 받는다", "부모님과 대화가 안통해서 스트레스를 받는다"의 세 문항을(alpha=.862) 사용하였다.

학교긴장은 "학교성적이 좋지 않아서 스트레스를 받는다", "숙제나 시험 때문에 스트레스를 받는다", "대학입시 또는 취업에 대한 부담으로 스트레스를 받는다"의 세 문항을(alpha=.823) 질문하고 각각 "전혀 그렇지 않다"에서 "매우 그렇다"의 5점 척도에 응답한 문항을 사용하였다.

본 연구의 종속변인으로 사이버비행과 현실비행은 네 종류를 사용하였는데, 사이버비행은 1) 언어폭력, 2) 저작물침해, 3) 해킹, 4) 아이디도용 행위를, 현실비행은 1) 가출, 2) 성비행, 3) 폭력, 4) 강절도행위 등 네 항목씩 사용하였고, 지난 1년 동안의 경험 횟수를 질문하였다.

이 책에서 통제변인으로 성은 여성은 0, 남성은 1로, 그리고 가족수입은 가족의 월수입을 사용한다. 아울러 일반이론(Gottfredson and Hirschi, 1990)에서는 낮은 자기통제력과 같은 개인의 안정적 성향이 비행의 원인이어서 개인의 모든 일상, 즉 일상긴장과 인터넷사용, 비행을 설명한다고 보는 점에서 여기서는 이를 통제변인으로 다루기로 한다. 낮은 자기통제력은 충동성, 순간만족성, 위험추구성 등을 나타내는 문항으로(Grasmick et al., 1993), "나는 위험한 행동을 즐기는 편이다" 등의 여섯 문항을 사용하였다(alpha=.688).

IV. 분석결과

<표 1>은 본 연구에서 사용할 주요 변인들에 대한 기술통계분석의 결과를 제시한다. 먼저 조사 대상 고등학생들의 인터넷사용시간을 보면 고1때인 3차년도에서는 평균시간이 1.869이었고, 사용유형별로 보면 오락시간이 1.077로, 교류 및 정보시간보다는 다소 더 많았고 정보시간이 가장 적었다. 조사 대상자가 고2때인 4차년도 자료에서는 인터넷사용시간이 평균 1.607시간으로 1학년때보다 줄었고 유형별로도 교류, 오락, 정보시간 모두 감소를 보였다. 긴장요인으로 부모긴장 및 학교긴장에 대한 기술통계를 보면 고1때는 부모긴장은 3-15범위에서 7.912, 학교긴장은 9.666으로, 학교긴장의 평균점수가 높은 것으로 나타났고, 고2때는 부모와의 긴장은 7.781로 줄었지만 학교긴장은

<표 1> 주요 변인들에 대한 기술통계분석결과

	전체		
	평균	표준편차	범위
인터넷사용시간w3	1.869	1.561	0-15
교류시간w3	1.051	1.464	0-9
오락시간w3	1.077	1.595	0-9
정보시간w3	.910	1.340	0-9
인터넷사용시간w4	1.607	1.385	0-10
교류시간w4	.776	1.261	0-9
오락시간w4	.893	1.437	0-9
정보시간w4	.785	1.156	0-9
부모긴장w3	7.912	2.575	3-15
학교긴장w3	9.666	2.725	3-15
부모긴장w4	7.781	2.585	3-15
학교긴장w4	9.864	2.765	3-15
사이버비행w5	1.262	2.242	0-20
현실비행w5	.186	.927	0-15
낮은 자기통제력w3	15.916	4.006	6-30
가족월수입w3	311.314	183.025	0-5000

9.864로 증가하였다. 본 연구에서 종속변인으로 다룰 고3때의 사이버비행의 경우 평균이 1.262로 전체적으로 낮았으나 현실비행 0.186보다는 높은 것으로 나타났다. 본 연구에서 통제변인으로 다룰 낮은 자기통제력의 평균은 6-30범위에서 15.916이었고, 가족의 월수입의 평균은 약 311만원이었다.

첫 번째 연구문제로 과연 인터넷사용이 긴장을 유발함으로써 비행에 정(+)적으로 작용하는지 아니면 긴장해소로 비행에 부(-)적으로 작용하는지를 검증하기 위한 분석결과는 <표 2>에 제시된다. 먼저 인터넷사용시간을 독립변인으로, 긴장요인을 종속변인으로 하는 다중회귀분석의 결과를 보면 첫 번째 분석결과(1)에서 보듯이 인터넷사용시간은 부모와의 긴장에 유의미한 영향을 미치지 못하였지만 두 번째 분석결과(2)와 같이 인터넷사용시간이 많을수록 학교에서의 긴장은 증가하기보다는 부(-)적 방향으로 감소하는 것으로 나타났다. 이처럼 인터넷사용은 학교긴장을 줄인다는 긴장해소론의 입장을 더 지지하였다. 그 밖에 여성이 남성보다는 학교긴장을 더 경험하였고, 가족수입이 높은 청소년이 부모 및 학교긴장을 더 경험하는 것으로 조사되었으며, 또한 낮은 자기통제력의 학생들이 부모 및 학교긴장을 더 경험하는 것으로 나타났다.

인터넷사용시간 및 긴장요인들을 독립변인으로, 사이버비행을 종속변인으로 하였을 때의 세 번째의 분석결과(3)에서는 인터넷사용시간의 영향은 유의미하지 않았고 학교긴장이 $p<.01$ 수준에서 사이버비행과 정(+)적인 관계를 갖는 것으로 나타났다. 이 결과를 앞서 두 번째 분석결과와 연관하면 <그림 2>와 같이 인터넷사용으로 학교긴장을 낮추고 그럼으로 사이버비행을 덜 하게 된다는 것을 제시한다. 즉 사이버비행의 경우는 인터넷사용의 긴장해소론의 입장을 지지한다.

하지만 현실비행을 종속변인으로 하였을 때의 네 번째 분석결과(4)는 인터넷사용이 $p<.05$ 수준에서 현실비행에 직접적으로 정(+)적으로 작용하는 것으로 나타났을 뿐만 아니라 학교긴장이 낮을수록 $p<.01$ 수준에서 현실비행을 더 하는 것으로 나타났는데, 앞서 두 번째 결과와 연관하면 <그림 2>와 같이 인터넷사용은 학교긴장을 낮추고, 오히려 현실비행을 유발할 수 있음을 제시한다. 이 결과는 인터넷사용이 현실비행에 정(+)적으로 작용하지만 그렇다고 긴장 유발 때문이 아니라 오히려 긴장을 낮추기 때문이라는 결과여서 긴장유발론과는 달랐다. 이와 같이 인터넷사용시간이 많을수록 현실비행의 경우 가능성은 높지만 그렇다고 긴장유발론을 지지하지는 않았다.

한편 본 연구결과에서는 남성이 사이버비행과 현실비행을 더 하는 것으로 나타났다.

<표 2> 인터넷사용, 일상긴장, 비행의 관계에 대한 다중회귀분석결과

	종속변인							
	(1)		(2)		(3)		(4)	
	부모긴장w4		학교긴장w4		사이버비행w5		현실비행w5	
독립변인	b	β	b	β	b	β	b	β
남자w3	.049	.009	-.937***	-.170	1.017***	.230	.166***	.093
가족월수입w3	.001*	.044	.001***	.079	.000	.033	.000	.005
낮은 자기통제력w3	.092***	.143	.039**	.056	.015	.028	.016***	.073
인터넷사용시간w3	-.034	-.020	-.256***	-.143	.051	.035	.027*	.046
부모긴장w4					.021	.025	.028***	.081
학교긴장w4					.050**	.062	-.020**	-.081
R제곱	.022		.064		.061		.031	
F값	15.815***		48.403***		28.553***		13.200***	

* p＜.05; ** p＜.01; *** p＜.001

<그림 2> 인터넷사용, 일상긴장, 비행의 관계에 대한 주요 경로분석결과

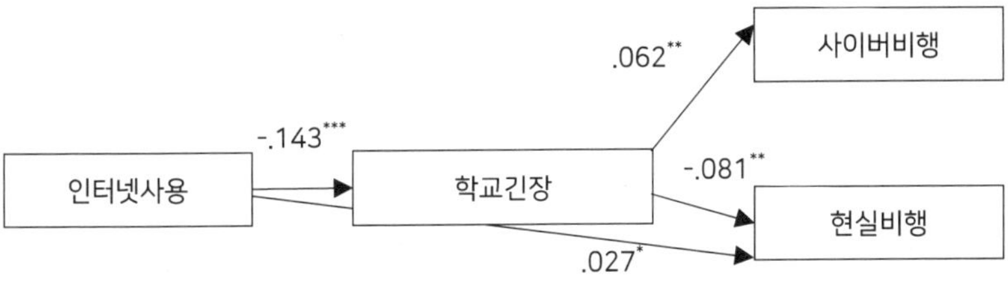

그리고 낮은 자기통제력과 부모와의 긴장은 기존 연구들처럼 현실비행을 잘 설명하는 것으로 나타났지만, 그와 달리 그 요인들은 사이버비행에는 유의미한 영향이 없는 것으로 나타나 대조를 보였다. 부모와의 긴장은 학교긴장과는 달리 인터넷사용시간과 아무 관련이 없었고 사이버비행에 영향을 주지 못하였으며 현실비행과만 정(+)적인 관계를 가졌다.

앞서 <표 2>에서의 분석과는 반대로 부모와의 긴장과 학교긴장이 인터넷사용을 매개로 비행에 영향을 주는지를 알기 위한 두 번째 연구문제에 대한 분석결과는 <표 3>에 제시된다. 그 결과를 보면 먼저 일상긴장을 독립변인으로, 인터넷사용시간을 종속변인으로 한 경우 첫 번째 분석결과(1)에서 보듯이 앞서 <표 2>에서 인터넷사용은 부모와의 긴장에 아무 영향이 없었던 것과는 달리 부모와의 긴장은 $p<.001$ 수준에서 인터

<표 3> 일상긴장, 인터넷사용, 비행의 관계에 대한 다중회귀분석결과

	종속변인					
	(1)		(2)		(3)	
	인터넷사용시간w4		사이버비행w5		현실비행w5	
독립변인	b	β	b	β	b	β
남자w3	.248***	.091	1.054***	.239	.174***	.098
가족월수입w3	-.001***	-.095	.000	.022	.000	.001
낮은 자기통제력w3	.052***	.152	.018	.033	.017***	.078
부모긴장w3	.034***	.064	.004	.005	.018*	.053
학교긴장w3	-.076***	-.151	.069***	.086	-.015*	-.047
인터넷사용시간w4			-.022	-.014	.016	.024
R제곱	.069		.062		.025	
F값	42.126***		29.043***		11.415***	

* p<.05; ** p<.01; *** p<.001

<그림 3> 일상긴장, 인터넷사용, 비행의 관계에 대한 주요 경로분석결과

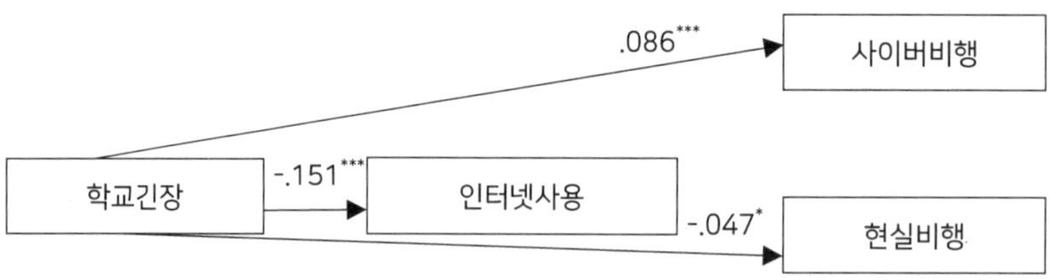

넷사용시간과 정(+)적 관계를 가졌고 학교긴장과 인터넷사용시간과는 앞서 <표 2>에서처럼 부(-)적 관계로 나타났다. 즉 부모와의 긴장을 겪는 청소년은 인터넷사용시간이 많지만, 학교긴장을 겪는 청소년은 인터넷사용을 덜 한다는 것을 제시한다. 그밖에 남자가, 가족월수입이 적은 청소년이, 그리고 자기통제력이 낮은 청소년이 p<.001 수준에서 인터넷사용을 더 한다고 제시하고 있다.

그런데 <표 3>의 두 번째 분석결과(2)와 세 번째 분석결과(3)에서 보듯이 인터넷사용시간은 사이버비행과 현실비행에도 유의미한 영향력을 갖지 못하였고 부모와의 긴장과 학교긴장은 직접적으로 p<.05 수준에서 현실비행에, 학교긴장은 p<.001 수준에서 사이버비행에 유의미한 영향을 가졌는데, 이는 긴장해소론도 그리고 비행기회노출론과도 다른 결과이며 인터넷사용과 비행은 모두 부모 및 학교긴장에 의해 설명되어 둘의 관

<표 4> 인터넷유형별 사용, 일상긴장, 비행의 관계에 대한 다중회귀분석결과

	종속변인							
	(1)		(2)		(3)		(4)	
	부모긴장w4		학교긴장w4		사이버비행w5		현실비행w5	
독립변인	b	β	b	β	b	β	b	β
남성w3	.069	.013	$-.914^{***}$	-.165	1.032^{***}	.233	$.160^{***}$	.089
가족월수입w3	$.001^{*}$	.046	$.001^{***}$	.090	.000	.030	.000	.001
낮은 자기통제력w3	$.089^{***}$	.138	$.026^{*}$	.038	.017	.031	$.018^{***}$	.078
교류사용w3	.075	.036	.004	.001	.028	.018	-.003	-.005
오락사용w3	-.023	-.013	$-.123^{**}$	-.066	.007	.005	.015	.025
정보사용w3	-.025	-.013	.163	.030	.049	.029	.000	.000
부모긴장w4					.021	.025	$.029^{***}$	.083
학교긴장w4					$.046^{**}$	.057	$-.022^{**}$	-.067
R제곱	.023		.048		.062		.030	
F값	10.911^{***}		23.662^{***}		21.761^{***}		10.091^{***}	

* $p<.05$; ** $p<.01$; *** $p<.001$

<그림 4> 인터넷유형별 사용, 일상긴장, 비행의 관계에 대한 주요 경로분석결과

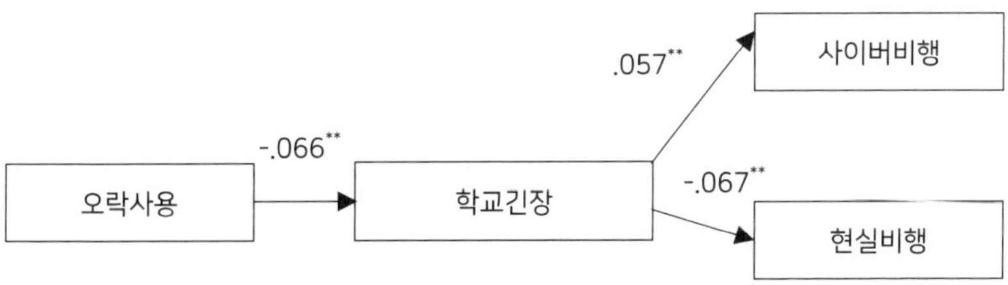

계는 허위관계라는 무관론의 입장을 지지하는 결과를 제시한다. 이 결과에서도 학교긴장은 사이버비행에는 정(+)적으로 작용하였지만 현실비행에는 부(-)적으로 작용하였다. 그 결과는 학교긴장, 인터넷사용, 비행의 관계만을 중심으로 제시한 <그림 3>에서 확인할 수 있다. 앞서 <표 2>의 결과처럼 낮은 자기통제력과 부모와의 긴장은 현실비행에서만 유의미한 영향력을 가졌다.

한편 이와 같은 결과를 세 번째 연구문제에서와 같이 인터넷사용 유형별로 살펴보면 그 결과는 <표 4>와 <표 5>에 제시된다. 먼저 첫 번째 연구문제인 인터넷사용, 일상긴장, 비행의 관계를 유형별로 살펴보면 <표 4>의 첫 번째(1)부터 네 번째(4)까지의 결

<표 5> 일상긴장, 인터넷유형별 사용, 비행의 관계에 대한 다중회귀분석결과

	종속변인									
	(1)		(2)		(3)		(4)		(5)	
	교류사용w4		오락사용w4		정보사용w4		사이버비행w5		현실비행w5	
독립변인	b	β	b	β	b	β	b	β	b	β
남자w3	.010	.005	.752***	.300	-.091*	.040	1.121***	.254	.167***	.094
가족월수입w3	-.000***	-.063	-.000**	-.048	.000	.030	.000	.026	.000	.002
낮은 자기통제력w3	.017***	.066	.038***	.121	-.002	-.006	.018	.033	.017***	.079
부모긴장w3	.012	.029	.023*	.047	-.006	-.013	.003	.004	.018*	.053
학교긴장w3	-.017*	-.045	-.050***	-.109	.022*	.052	.068***	.084	-.015*	-.045
교류사용w4							.085*	.048	.012	.017
오락사용w4							-.063	-.040	.008	.013
정보사용w4							.124**	.063	-.043*	-.043
R제곱	.011		.133		.005		.069		.026	
F값	6.463***		87.061***		3.111**		24.527***		8.920***	

* p<.05; ** p<.01; *** p<.001

<그림 5> 일상긴장, 인터넷유형별 사용, 비행의 관계에 대한 주요 경로분석결과

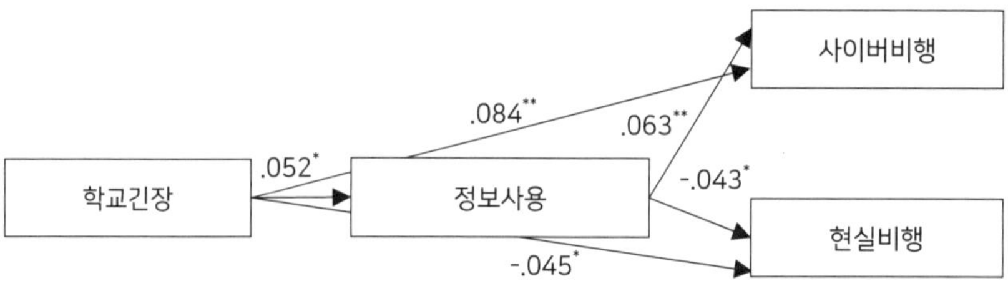

과에서 보듯이, 교류시간과 정보시간은 부모 및 학교긴장과도 그리고 아울러 사이버비행 및 현실비행에도 유의미한 영향력을 갖지 못하였지만 오락시간은 그렇지 않았다. 오락시간은 부모와의 긴장과는 유의미한 관계가 없었으나 학교긴장에는 p<.01 수준에서 부(-)적으로 유의미한 영향력을 갖는 것으로 나타났는데, 즉 오락시간이 많은 청소년은 학교긴장을 덜 경험하는 것으로 나타났다. 그리고 앞서 <표 2>와 마찬가지로 학교긴장은 현실비행과는 부(-)적으로, 그리고 사이버비행에는 정(+)적으로 유의미한 영향력을 가졌는데, <그림 4>와 같이 오락시간이 많은 청소년은 학교긴장이 낮아 사이버비

행의 가능성은 낮지만 그러한 청소년은 현실비행의 가능성은 높은 것을 제시한다. 즉 <표 2>의 결과의 경우 인터넷사용 유형별로 볼 때 인터넷사용 중 오락시간에만 적용되는 것을 알 수 있다.

한편 두 번째 연구문제의 일상긴장, 인터넷사용, 비행과의 관계를 인터넷사용 유형별로 살펴본 결과는 <표 5>에 제시된다. 첫 번째(1)부터 세 번째(3)까지의 분석결과를 보면 학교긴장은 교류시간과 오락시간에 부(-)적으로, 그리고 정보시간에는 정(+)적으로 영향을 미치는 것으로 나타났다. 즉 학교긴장을 느끼는 청소년은 교류나 오락시간은 적고, 그 대신 학업활동과 관련있는 정보시간이 많다는 것을 제시한다. 그런데 사이버비행과 현실비행을 종속변인으로 하였을 때의 네 번째(4)와 다섯 번째(5)의 결과를 보면, 사이버비행의 경우 교류시간 및 정보시간은 정(+)적인 관계를 보였으나 오락시간과는 유의미한 관계가 없었고, 현실비행의 경우 정보시간과 부(-)적인 관계를 보였다. 그 결과를 앞의 결과인 학교긴장과 연관하면 <그림 5>와 같이 학교긴장의 청소년은 $p<.001$ 수준에서 직접적으로도 사이버비행의 가능성이 매우 높을 뿐만 아니라 정보시간이 많아 사이버비행을 할 가능성이 높은 것을 제시하였고, 반대로 학교긴장의 청소년은 직접적으로도 현실비행의 가능성은 낮았고, 또한 정보시간이 많아 그 이유로 현실비행의 가능성이 낮은 것으로 제시되었다. 부모와의 긴장은 오락시간에 영향을 주었지만 비행으로 연결되지는 못하였고 다만 부모긴장은 앞선 결과와 같이 현실비행에 직접적으로 영향을 주는 것을 제시하였다.

이 결과는 앞서 <표 3>처럼 전체 인터넷사용시간으로 살펴보았을 때 인터넷사용시간과 비행과는 허위관계이지만, 유형별로 살펴보았을 경우 허위관계가 아닌 것을 제시하였는데, 그 결과는 정보시간을 중심으로 사이버비행과 현실비행에의 영향이 정반대인 것을 제시한다. 즉 학교긴장으로 정보시간이 많은 청소년은 사이버비행을 더 저지르지만, 현실비행을 저지를 가능성이 낮다는 결과를 제시하였다. 물론 학교긴장은 직접적으로도 비행에 영향을 주어 정보시간에 의해 완전 매개된다고 볼 수는 없었다.

Ⅴ. 결론

이 연구는 청소년들의 인터넷사용이 비행에 영향을 주는지의 유해성의 진위를 알기 위해 인터넷사용과 일상긴장, 그리고 비행의 관계를 중심으로 여러 연구문제를 제시하고 파악하고자 고등학생 대상의 청소년패널 자료를 이용하여 분석하였다.

먼저 첫 번째 연구문제로 인터넷사용이 긴장을 유발하여 비행에 정(+)적으로 작용하는지 아니면 긴장해소로 비행에 부(-)적으로 작용하는지를 분석한 결과를 보면, 인터넷사용시간이 많을수록 부모와의 긴장에는 아무 영향이 없었지만 학교에서의 긴장이 감소하여 사이버비행에는 부(-)적으로 작용한다는 긴장해소론의 입장을 지지하였다. 반면 현실비행에는 정(+)적으로 작용하여 인터넷사용은 학교긴장을 낮추어 오히려 현실비행을 유발할 수 있음을 제시해 사이버비행과 현실비행의 결과에서 차이를 보였다. 그런데 여기서 학교긴장은 긴장이론에서 말하는 긴장의 측면은 아니고 학교긴장이 높다는 것은 학업에 대한 관심과 적극성에서 오는 긍정적 측면의 긴장이라고 해석할 수 있다. 따라서 인터넷사용이 많은 청소년은 학업에 관심이 없어 학교긴장이 낮고 그러한 면에서 현실비행을 저지르는 것으로 보인다. 즉 이 결과는 학업성적이 낮고 학업에 열심히 하지 않는 청소년이 비행을 많이 한다는 기존 연구결과와 일치하는 것을 볼 수 있다. 그런데 그와 달리 본 연구결과는 인터넷사용이 낮은 학업에 관심을 갖는 청소년은 어느 정도 학업긴장을 느끼고 현실비행을 안하지만, 그러한 가운데 학업스트레스를 사이버공간에서 해소하고자 사이버비행을 저지르는 것으로 보인다. 즉 이 연구결과는 표면적으로는 인터넷사용이 많은 청소년이 사이버비행을 안한다는 결과를 제시해 긴장해소론을 지지하는듯 보이지만, 긴장해소론의 입장이 지지되기보다는 역의 해석으로 인터넷사용이 적은 학업에 관심을 갖는 청소년의 학업에서의 긴장해소가 오히려 비행동기가 되어 사이버비행의 원인으로 작용한다고 볼 수 있었다.

두 번째 연구문제, 즉 인터넷사용이 긴장에 영향을 주는 것이 아니라 긴장이 인터넷사용에 영향을 주어 비행과 연관되는지를 보면, <표 3>처럼 학교긴장의 인터넷사용에의 영향은 부(-)적이어서 학업긴장이 많을수록 인터넷사용은 적은 것으로 나타났다. 이는 학업에 관심을 갖는 청소년이 성적향상 등 노력하는 과정에서 학교긴장을 더 경험하고 그래서 인터넷사용이 적은 것으로 해석할 수 있다. 이렇듯 <표 2>의 결과와 함께 보면 학교긴장과 인터넷사용은 전후 인과관계가 모두 성립하지만 그 둘의 관계는 모두 부(-)적 관계임을 나타낸다. 반면 부모와의 긴장의 경우 <표 2>는 인터넷사용은 부모긴장에 영향을 주지 않았지만 부모와의 긴장의 청소년은 인터넷사용을 많이 한다는 결과를 제시하였다. 그런데 부모나 학교긴장이 인터넷사용을 매개로 비행에 영향을 주는지를 알기 위한 분석결과를 보면 <표 3>은 긴장이 인터넷사용에 영향을 주고, 긴장이 비행에 영향을 주는 것이지 인터넷사용과 비행은 모두 긴장에 의해 설명되며 둘의 관계가 허위관계라는 결과를 제시하였다. 즉 긴장을 선행요인으로 고려할 경우 인터넷사용과 비행과의 관계는 아무 관계가 없을 수 있다는 것을 제시한다.

세 번째 연구문제로, 위의 결과들을 인터넷사용 유형별로 보다 구체적으로 살펴보면 앞서 <표 2>의 인터넷사용, 일상긴장, 비행의 경로 관계는 <표 4>와 같이 주로 오락사용에서 그러한 결과가 나왔다. 즉 오락을 많이 하는 청소년은 학업에 관심이 적어 긴장도 덜 느껴 현실 오프라인에서 비행을 저지를 가능성이 높고 오히려 오락을 적게 하는 학업에 관심이 많은 청소년이 스트레스를 사이버비행으로 해소한다는 것을 제시하였다. 그리고 일상긴장, 인터넷사용, 비행의 경로의 관계를 사용유형별로 보면 <표 3>처럼 무관론이기보다는 <표 5>와 같이 주로 정보시간과 관련해서 그것을 매개로 비행에 영향을 주는 것을 제시하였는데, 현실비행과 사이버비행에 그 영향은 달랐다. 즉 학업에 관심을 갖고 어느 정도 학업긴장을 갖는 청소년은 정보시간이 많음으로 현실비행을 적게 하지만, 학교긴장으로 정보시간이 많은 청소년은 그러한 긴장을 사이버비행으로 해소하는 과정에서 사이버비행을 더 저지른다는 결과로 이해할 수 있었다. 이 결과는 비행기회 노출론과 관련이 높은데, 정보사용 시간은 사이버비행과는 정(+)적 관계이지만 현실비행과는 부(-)적 관계이기 때문이다. 이는 입시를 앞두고 온라인강좌 등 정보학습 시간이 많은 학생들이 현실비행기회에 덜 노출되어 현실비행의 가능성은 낮지만 온라인 학습을 하는 동안 스트레스를 사이버비행을 하면서 해소하는 것으로 이해할 수 있다.

이러한 결과로 볼 때 마지막 결과처럼 인터넷사용 유형별로 볼 때 보다 정확히 인터넷사용, 일상긴장, 비행 관계를 파악할 수 있었는데, 오락을 많이 하는 청소년은 현실비행을 저지를 가능성이 높은 반면 사이버비행의 가능성은 낮았고, 오히려 오락시간이 적은 청소년이 사이버비행을 더 많이 한다는 결과를 제시하였지만, <표 5>의 경우 오락과 비행과는 아무 관계가 없어 일관된 결과를 제시하지는 못하였다. 오히려 이 결과에서는 오락시간보다 정보시간이 비행과 연관이 많았는데, 학업에 관심을 갖고 어느 정도 긴장도 겪는 정보시간이 많은 청소년이 현실비행이 낮고, 반대로 그러한 청소년은 사이버비행을 더 저지르는 것으로 요약할 수 있었다. 이 결과는 이 연구의 대표적 연구결과이며 이는 비행기회노출론과 가깝다고 볼 수 있다.

이처럼 이 연구는 인터넷사용시간과 비행 관계가 매우 복잡하며, 그것이 사이버비행인지, 현실비행인지에 따라서도 관계의 차이가 있었고, 그렇다고 긴장과 연관지워서 볼 때에도 긴장유발론도 긴장해소론도 아닌 성격을 갖는 것으로 나타났다. 오히려 인터넷사용을 유형별로 살펴보아야 그 관계를 파악할 수 있다는 결과를 제시하였는데, 결론적으로 보면 정보시간과 비행 관계가 크며, 즉 학업에 관심을 두는 고등학생들은 정보시간이 많고 현실비행을 안하지만 그러한 가운데 오는 학교긴장과 스트레스를 사이버비행으로 해소한다는 것을 알 수 있었다. 이 경우 학업에 관심이 있는 학생들은 현실비행을 안하지만 사이버비행을 한다는 것은 사이버비행은 익명/비대면으로 죄책감없이 스트레스 해소용으로 저질러도 된다는 의식이 있어 쉽게 저지른다는 것으로 볼 수 있는 바 이에 대한 윤리의식이나 그 밖의 대책이 필요하다고 볼 수 있었다.

이 연구는 고등학생을 대상으로 분석하였다는 점에서 이 연구에서 나타난 인터넷사용, 일상긴장, 비행 관계를 저연령층의 학생들에게 일반화할 수는 없다. 그러한 점에서 앞으로는 초등, 중학생을 대상으로 하는 연구가 있기를 기대한다. 아울러 인터넷사용은 남녀 간에도 차이를 보이는 바 앞으로는 인터넷사용, 긴장, 비행의 관계를 남학생과 여학생에 적용하는 연구가 필요하다. 아울러 본 연구에서는 학교긴장이 모호하게 측정된 부분이 있어 결과해석에 주의를 요하였다. 따라서 앞으로의 연구에서는 학교긴장을 학교생활의 부적응, 교우들과의 긴장 등 보다 세밀한 측정에 기반한 연구가 필요하며 위의 인터넷사용, 긴장, 비행의 관계에 대한 여러 논의들이 좀 더 체계적으로 검증되고 논의되었으면 하는 바람이다.

사이버공간에서의 자아를 통한 사이버비행 원인 통합

I. 서론

오늘날 정보사회에서 인터넷으로 펼쳐지는 사이버공간의 세상은 청소년들에게 삶의 중요한 생활 부분이 되었다. 그러나 그 역기능의 하나로 사이버공간에서의 청소년비행은 심각한 사회문제로 대두되기 시작하였다. 인터넷 게시판에서의 악성댓글과 욕설, 채팅에서의 성희롱, 인터넷음란물, 해킹과 명의도용, 그 밖의 수많은 비행들이 사이버공간에서 펼쳐지고 있다. 그렇다면 사이버공간에서의 비행의 원인은 무엇인가? 사이버공간이 현실의 연장선이라고 본다면 사이버공간에서의 비행의 원인도 오프라인 현실과 크게 다를 바 없다고 볼 수 있다. 즉 이 입장에서 본다면 기존의 주요 비행이론으로부터의 일상긴장이나 사회유대, 비행친구와의 접촉, 자기통제력과 같은 요인들은 사이버비행에도 잘 적용될 수 있을 것이다. 하지만 지금까지의 경험연구를 보면 기존의 비행원인들이 어느 정도 작동하기는 하지만 사이버비행을 충분히 잘 설명하지 못하며(이성식, 2005a), 더구나 인터넷매체가 갖는 텍스트 기반의 탈육체성, 익명성, 쌍방향성, 탈시공간성, 비연속성 등의 특징으로 인터넷에서의 삶이 현실과 다소 다르다고 한다면 사이버비행의 원인은 기존 연구와는 다르게 새롭게 모색될 필요가 있다.

사이버공간에서는 성, 연령, 지위 등 실체를 드러내지 않고 자신을 숨긴 채 의사소통을 할 수 있는 점에서 현실사회의 구속과 억압으로부터 자유롭고, 자신을 변화무쌍하게 새롭고 다르게 매 순간 구성할 수 있는 점에서 현실과는 사뭇 다른 자아의 모습을 갖게 된다. 기존의 물질적 육체에서 자유로워진 자아는 사이버공간에서 탈구조적이고, 유동적이고, 다양한, 그리고 때로는 정체성혼란의 모습을 갖기도 하는데(Turkle, 1995), 이러한 특성이 사이버구성원으로 하여금 현실규범의 통제로부터 자유롭게 하고, 자신의 욕망에 따라 행동하게 하며, 규범위반의 부작용을 초래할 수 있다.

이 연구에서는 이와 같은 점에 주목하여 사이버비행의 새로운 원인 모색의 일환으로 사이버공간에서의 자아의 모습이 얼마나 어떻게 사이버공간에서의 청소년비행에 영향력을 갖는가를 살펴보려고 한다. 사이버자아는 사이버비행의 원인이 되는가? 어떠한 사이버자아의 모습이 사이버비행의 주요 원인으로 작용하는가? 모든 청소년이 아니라 일부 청소년들만이 사이버공간에서 현실과 다른 부정적이고 혼란스러운 자아의 모습을 갖는다면 누가 그러한 사이버자아를 경험하는가? 사이버자아가 사이버비행과 연관된다면 그 이유는 무엇 때문인가? 이와 관련된 연구는 국내외적으로 거의 없는 실정이며 이 연구는 시론적 수준에서 이 주제를 다루려고 한다. 이처럼 이 연구는 사이버자아를 중심으로 하는 사이버비행의 연구모형을 제시하고 청소년들을 조사 대상으로 경험연구를 실시하여 사이버비행의 원인 탐색에 목적을 두고 있다.

Ⅱ. 이론적 논의

1. 사이버공간에서의 자아의 모습

자아는 '나는 누구인가?'에 대한 답이다. 즉 자기 자신의 육체, 사고, 감정, 성격 및 행위들의 통일된 전체에 관한 생각이라고 정의된다(Rosenberg, 1979). 자아는 주위 사람들과의 상호작용을 통해 형성되며 또한 개인의 행동에 중요한 설명요인이 되기 때문에 인간심리의 사회적 속성 및 행동에 관해 연구하는 사회심리학 분야에서는 가장 중요하고도 핵심적인 개념이다. 자아는 개인의 개별적 모습을 담고 있지만, 자아에는 사회 모습이 반영되어 있으며, 따라서 개인은 사회와 독립적으로 존재하는 것이 아니라 다른 사람과 상호작용하면서 사회안에 존재한다는 것을 나타내고 있다(Hewitt, 2000). 예컨대 청소년들은 '부모의 자식으로서의 나', '학생으로서의 나', '누구의 친구로서의 나', '모임의 성원으로서 나', '교인으로서 나' 등과 같이 여러 역할정체성들을 갖게 되는데, 역할정체성은 현실 사회구조의 위치를 잘 반영하고 있다. 즉 자아는 개인의 사회구조에서의 위치에 따른 여러 역할정체성들로 구성된다고 볼 수 있으며, 다소 고정적이고, 안정적이며, 견고한 특성을 갖는다.

그렇다면 사이버공간에서 자아의 모습은 어떤가? 사이버공간에서의 자아의 모습은 우리가 흔히 쓰는 아이디나 대화명, 그리고 게임 아바타 등에서 찾아볼 수 있다. 사이버공간에서 청소년들은 자신의 실명으로 자신을 표현하고 대화하기도 하지만 자신의 이름과 다른 독특하면서 흔치 않은 별명과 대화명으로 활동한다. 그러한 아이디와 대화명은 현실 모습을 반영하기도 하지만 현실과 다른 모습을 담는 경우가 많고 또 청소년들은 사이버공간에서 동시에 여러개의 대화명으로 여러 자아의 모습을 갖고 활동을 하기도 한다. 또한 게임에서는 가상공간에서 살아가는 자신의 분신인 아바타를 통해 자신을 자유자재로 변화하기도 하고 자신의 욕구를 실현해나간다. 이처럼 사이버공간에서 청소년들은 탈육체성, 비대면, 익명성으로 인해 실제 이름, 모습과는 다른 정체성을 만들어 활동한다. 또 사이버공간에서 청소년들은 여러 개의 대화명으로 여러 자아의 모습을 갖고 활동하기 때문에 현실과 달리 다양한 모습으로 나타나게 된다. 이러한 점에서 사이버공간에서는 현실구조의 반영인 역할정체성의 모습을 발견하기 어렵고, 고정적이고 안정적 모습보다는 가변적 모습, 심지어 혼란스러운 해체적 모습을 갖게 되기도 한다.

사이버공간에서의 자아 특성을 보다 구체적으로 살펴보면 아래와 같이 탈구조성, 자유주체성, 이상성, 유동성, 다중성, 확장성 등 여섯 가지로 요약해 볼 수 있다.

첫째, 사이버공간에서는 현실 사회구조의 반영으로서 역할정체성의 모습은 발견하기 어려우며 그보다는 탈구속의 자유로운 '나'가 존재한다. 사이버공간에서는 현실의 구속에서 탈피하여 자유롭게 선택하는 자아의 모습이 존재하며, 현실의 사회 역할이나 위치에 얽매이지 않는 탈구조적인 자아의 모습이 있다. 따라서 사이버공간에서 자아는 현실의 모습과 다르다는 인식이 존재한다.

둘째, 사이버공간에서 세상의 중심은 나 자신에게 있다. 즉 사이버세상은 내가 만들어가는 세상이다. 따라서 사이버공간에서는 능동적, 창의적, 자율적, 적극적 자아의 모습을 갖게 된다(Granic and Lamey, 2000). 사이버공간에서는 사회의 모습이 반영된 'me'로서보다는 행동주체로서의 'I'로서의 '나'가 보다 강하게 존재한다. 즉 자신이 주도권을 갖는 자기중심적 모습으로서의 자아가 강하게 자리잡고 있다.

셋째, 사이버공간에서의 자아의 모습에는 현실의 자아의 모습과는 다른 자신이 원하는 자아의 모습이 드러난다. 이처럼 사이버공간에서는 자신이 원하고 바라는 이상적 자아의 모습이 있다(Bargh et al., 2002; Ellison, 2006). 그러한 점에서 사이버공간은 현실의 자아와는 다른 새로운 정체성의 실험장이 되기도 한다.

넷째, 사이버공간에서는 유동적 자아의 모습이 존재한다. 현실에서는 자신의 모습을 급격하게 변화시키기 힘들다. 현실의 정체성은 안정적, 고정적이고, 제한적이다. 그러나 사이버공간에서는 고정적이기보다는 자신이 무한히 끊임없이 변화할 수 있는 가변적이고 유동적 모습, 심지어 자신의 실제 모습과 다른 새로운 모습이 보여지기도 한다. 그러나 유동적 모습으로 새로운 정체성을 경험하기도 하지만, 또 다른 한편으로는 자신의 불안정한 측면이 혼란을 가져오기도 한다.

다섯째, 사이버공간에서 사람들은 자신을 유동적으로 변하는 것 이외에 다양한 모습, 방식으로 드러낸다. 사이버공간에서는 한 개인이 여러 개로 존재하고, 여러 사이버자아, 즉 다중자아가 존재할 수 있다(Turkle, 1995; 김선희, 2003). 그러나 무한하고 다양한 경험을 하게 되면 통합된 자아의 모습이 해체되는 부작용을 낳기도 한다. 자아는 중심으로부터 이탈하여 다중적, 복수적 자아에 중심을 잃고 혼란스러울 수 있으며, 이럴 경우 분절적 자아와 정체성 혼란을 경험할 수 있다(황상민, 2000).

여섯째, 사이버공간에서는 대인관계를 넓히는 확장적 자아를 경험한다. 새로운 환경인 인터넷을 통해 사람들은 무한히 새로운 상호작용을 하게 되고, 끊임없이 새로운 사람과 만난다. 또 네트워크로 이루어진 공간에서 사람들이 만나는 범위는 전지구적으로 확장되고 대인관계를 넓힐 수 있다. 그러다 보면 무한한 다양성을 경험하게 되고, 그러는 가운데 자아가 확장하게 된다(Rheingold, 1993).

2. 사이버자아와 사이버비행

사이버공간에서는 현실로부터 자유롭고 안정적이지 않고 탈구조적인 무한히 변하는 유동적인, 통일되지 않고 무정형적인 '나'가 발견된다. 또 사이버공간에서는 어떤 고정된 사회 토대를 상실한 채 불안해하며, 또 다중적인 자아를 갖고 존재론적으로 불확실성을 체험하는 불확실한 자아의 모습이 있다. 아울러 중요한 타자의 무한한 팽창으로 개인의 정체성은 전지구적으로 확대되고 포화된 다양한 인간관계 속에서 개인은 정체성을 확립하지 못하고 불안정하여 해체될 위기를 맞는다. 따라서 사이버공간에서 자아는 존재론적 문제에 봉착하고 주체와 객체의 구별이 없어지는 개인적 정체성을 상실하는 자아의 위기를 겪게 될 가능성이 높다(Barglow, 1994; Turkle, 1995). 이러한 자아의 모습에는 불안정하며, 혼돈스럽고, 다중자아 속에 현실을 잃고 방황하는 자아해체적인 모습이 있어 사회질서와 규범으로부터 벗어나기 쉽다. 그러나 사이버공간에서는 자아분열적이고 자아해체적인 위험이 있다고 하지만, 사이버공간 속 모두가 부정적인 모습을 갖는 것은 아니다. 사이버공간의 자아에는 불안정한 모습보다는 자율적이고 능동적인, 새로운 세계를 만들어 나가는 주체적인 자아의 모습도 있다. 더욱이 사이버공간에서는 자신의 이상을 실현할 수 있고 친밀한 유대와 공동체 형성이 가능하기 때문에 무한한 네트워크의 망에서 새로운 인간관계를 확대해 나가면서 새로운 정체성을 경험할 수 있다(McKenna et al., 2002). 사이버공간에서는 다양한 복수의 자아가 있음으로 분열된 자아를 경험한다고 하지만 현실에서 확고한 자아를 갖는 사람에겐 문제가 되지 않는다. 현실에서 자신의 존재가치를 상실한 채 방황하는 사람들이 사이버공간을 접하다가 더욱 혼란해지는 것이다. 즉 사이버공간에서의 부정적이고 분열적 모습도 현실로부터 출발하는 것이며, 따라서 누구나 부정적 자아를 경험하는 것이 아니라 사이버자아의 모습에 개인의 차가 존재한다고 볼 수 있다.

결국 사이버공간도 현실로부터 출발하고 이해하는 것이 필요하다. 사이버공간은 현실을 대체하는 새로운 미지의 공간이 아니라 현실의 연장선이자, 현실과 상호작용하는 공간이 되는 것이다. 사이버공간에서 우리는 새로운 역할을 경험하고 자기를 표현할 뿐 현실과 구분되는 초현실적인 경험을 하는 것은 아니다(Robinson, 2007). 사이버공간에서의 자아의 모습에 부정적 모습이 있고, 그것이 청소년비행 등을 낳는다고 우려할 수 있지만, 대부분의 사람들은 사이버공간에서 본래의 자아를 잃지 않고 어느 정도 일관성을 지니면서 자유롭고 다양하게 변한다. 그렇다면 어떠한 청소년들이 사이버공간에서 부정적 자아를 경험하고 비행을 저지르게 되는 것일까?

기존 청소년비행 연구에 따르면 현실에서 가정, 학교와의 사회유대가 약하고, 또한 자긍심이 낮고 확고한 자아를 갖지 못한 청소년들이 비행 가능성이 높다고 하는데(Hirschi, 1969; Wiatrowski et al., 1981), 현실 기반이 약한 청소년들이 사이버공간에서도 자아 해체적이고 부정적 자아를 경험할 가능성이 높다고 볼 수 있다. 현실과 사이버공간에서 균형을 이루며 활동하는 청소년들은 아무 문제가 없다. 하지만 현실유대와 자아가 약한 청소년들은 새로운 대안 공간인 사이버공간에 주로 의존하게 된다. 그들은 사이버공간을 통해 위로를 받기도 하지만, 현실을 극복하지 못한 채 사이버공간에 의존하는 아이들은 사이버공간에서도 확고하지 못한 분열적이고 해체적인 부정적 자아를 경험하기 쉽다. 즉 현실에서 사회유대가 강하고, 확고한 자아를 갖는 청소년들은 사이버공간에서 혼란스러운 부정적 자아를 경험하지 않을 것이지만, 현실에서 사회유대가 낮고 자긍심이 낮은 청소년들은 사이버공간에서 확고하지 못한 혼란스럽고 해체적인 자아를 경험하다가 사이버비행을 쉽게 저지를 것이라 볼 수 있다.

기존의 연구에 따르면 인터넷사용시간이 많고 인터넷중독의 청소년들은 사이버비행의 가능성이 매우 높다는 것을 제시하는데(이성식, 2005c), 현실과 멀리한 채 인터넷에서 지나치게 많은 시간을 보내거나 소위 인터넷중독에 빠진 아이들의 경우도 현실의 자아를 잃고 방황하면서 불안정적이고 해체적인 자아를 경험하기 때문에 사이버비행을 저지르게 되는 것이라 할 수 있다. 더구나 인터넷사용시 자신을 밝히는 경우보다 익명으로 사이버공간에 접하는 청소년들의 경우 현실을 잃고 방황하는 탈구속적인 자유로운 자아를 경험함으로써 혼란스러운 자아로 그만큼 비행을 저지를 가능성이 높다고 할 것이다(Postmes and Spears, 1998; 이성식, 2004c).

이상의 논의에서 볼 때 사이버자아의 모습에 부정적 모습을 갖는 것에 개인차가 있다고 볼 수 있는데, 즉 부모와 학교 등 사회유대가 낮고, 자긍심이 낮으며, 인터넷사용시간이 많고, 인터넷을 주로 익명으로 사용하게 되는 청소년들은 부정적이고 혼란스러운 사이버자아를 더욱 경험하게 될 것이라고 볼 수 있다.

그러면 청소년들이 사이버공간에서 부정적이고 자아해체적인 자아를 경험하게 될 때 과연 어떠한 연유로 비행을 저지르게 되는 것일까? 기존 연구들에서는 사이버자아의 모습과 비행과의 관계를 직접적으로 언급하거나 경험적 시도를 한 연구는 거의 없었다. 그럼에도 그 이유는 기존의 비행원인이론들을 통해 설명할 수 있다.

기존의 비행이론들 중 통제론적 관점에서는 비행 동기보다 비행을 통제하는 기제 부족이 비행의 원인이라 보았다. 사이버자아가 비행으로 이어지는 것은 이러한 맥락에서 이해할 수 있는데, 사이버공간에서 현실과는 분절된 자아를 경험하는 청소년들은 현실기반의 규범으로부터 자유로움으로써 통제기제가 약하다고 볼 수 있다. 우선 그러한 아이들은 자신의 비행 행동이 잘못되거나 탈규범적이라는 생각을 못하여 자신의 행동에 죄책감을 느끼지 못하기 때문에 비행을 내적으로 통제하지 못하고 쉽게 저지르게 된다. 또한 그러한 아이들은 사이버공간에서는 현실과 달리 공식기관의 처벌에서 자유로울 것이라고 생각하기 때문에 처벌의 통제기제가 작동하지 않아 두려움 없이 비행을 저지를 수 있다. 또 사이버공간에서 만큼은 비행을 하게 될 때 부모나 선생 등 주위 사람들에 의한 비난과 통제도 없을 것이라는 등의 비공식통제로부터도 자유로움으로써 그러한 작용들이 청소년비행에 영향을 미칠 것이라고 볼 수 있다.

기존의 비행이론으로 사회통제이론, 억제이론, 차별사회통제이론에서는 비행의 내외적 통제요인으로 도덕적 신념, 처벌인지도, 주위 사람들의 반응에 대한 생각 등을 제시하고 비행을 설명하는 주요 요인임을 강조하여 왔다(Hirschi, 1969; Paternoster et al., 1983; Heimer and Matsueda, 1994). 실제로 사이버비행의 가장 중요한 원인 중 하나는 사이버공간에서는 내외적 통제작용이 작동되지 않는 것임이 강조되고 있듯이(Williams, 2007), 사이버공간에서는 도덕적 신념과 윤리의식이 낮고, 처벌의 인지가 낮으며, 주위 사람들의 비난과 통제가 낮을 것이라는 인식이 사이버비행을 유발한다고 할 수 있다. 더구나 그러한 작용에는 사이버자아의 역할이 중요하다고 할 수 있는데, 사이버공간에서 경험하는 사이버자아는 내외적 통제작용을 약화시킴으로 인해 비행을 쉽게 유발할 수 있게 되는 것이다.

Ⅲ. 연구모형과 연구방법

1. 연구모형

본 연구는 사이버공간에서의 자아의 특성들이 청소년비행과 연관되어 그 원인으로 작용하는지를 살펴보려고 한다. 본 연구의 연구모형은 다음의 <그림 1>과 같이 설정해 보기로 한다. 본 연구모형의 주요 독립변인은 사이버자아라고 할 수 있으며, 여기서는 사이버공간의 자아의 특성으로 탈구조성, 자유주체성, 이상성, 유동성, 다중성, 확장성 등을 중심으로 그것이 과연 청소년들의 사이버비행을 유발하고 사회규범으로부터 벗어나게 하는지, 그리고 사이버자아의 어떤 특성이 청소년비행과 연관되는지를 살펴볼 것이다.

그러나 사이버자아의 경험에는 개인차가 존재할 것이라는 가정하에 누가 혼란스럽고 부정적인 사이버자아를 경험하는가를 알기 위해 본 연구에서는 선행요인을 다루기로

하는데, 개인의 사회환경요인으로 사회유대를, 개인특성으로는 자긍심을, 그리고 인

<그림 1> 사이버자아와 사이버비행의 연구모형

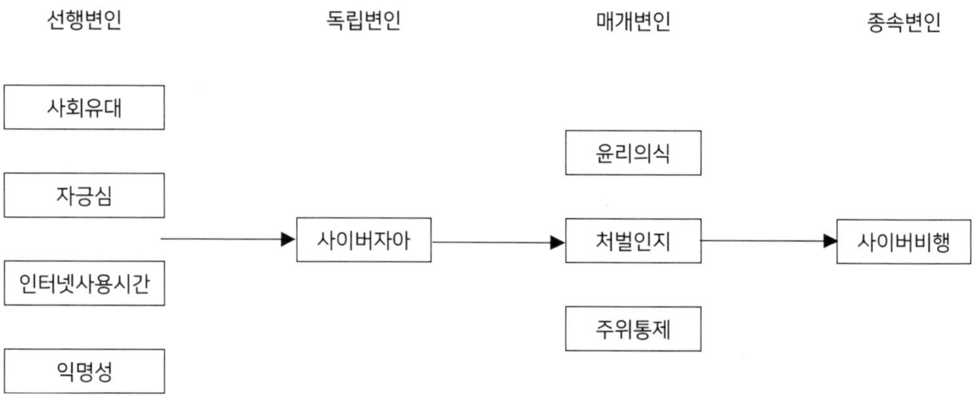

터넷사용과 관련하여 인터넷사용시간과 익명성을 제시하고 선행요인들이 사이버자아의 형성에 영향을 줄 것이라고 예측해 본다. 즉 앞서 논의하였듯이 현실 사회유대와 자긍심이 낮고, 인터넷사용시간이 많고, 익명으로 인터넷을 사용하는 청소년일수록 사이버공간에서 부정적 자아를 경험할 가능성이 높을 것이라고 예측한다.

아울러 이 연구에서는 사이버자아와 비행과의 관계를 다룸에 있어 독립변인으로서 사이버자아가 어떻게 사이버비행에 영향을 주는지를 알기위한 매개변인으로 내외적 통제요인을 중심으로 다루기로 하는데, 사이버윤리의식, 공식처벌의 인지, 주위 사람들의 비공식통제에 대한 인식 등을 주요 요인으로 다룰 것이다. 즉 부정적이고 혼란스러운 사이버자아를 갖는 청소년일수록 사이버윤리의식과 공식처벌에 대한 인지도가 낮을 것이며, 주위 사람들의 통제와 반응을 덜 인식함으로 인해 사이버비행을 더 저지르게 될 것이라고 예측한다.

2. 연구방법

본 연구의 조사 대상자로는 서울에서 학교를 다니는 남녀 중학생으로 한다. 조사를 위해 남학교, 여학교, 남녀공학을 비율적으로 고려하여, 1개의 남학교, 1개의 여학교, 4개의 남녀공학 학교를 선정하였고, 선정된 6개 학교에서는 각각 3학급씩을 무작위로 선정하여 선정된 학급 학생 전원에게 설문에 응답하도록 하는 방식을 취하였다. 한 학급당 30명씩, 한 학교로는 약 100명씩을 조사한 결과 총 576명이 최종 분석 대상으로 선정되었다. 조사는 2007년 6월 27일부터 4주간에 걸쳐 실시되었다.

본 연구에서 사용할 선행요인으로 사회유대는 사회통제이론(Hirschi, 1969)의 주요 요인인 부모와의 유대관계, 학업성적, 친구관계를 각각 다루기로 하며, 부모와의 관계는 "부모님은 나를 사랑하신다" 등 네 문항을(alpha=.773), 학업성적은 "나는 공부를 잘하는 편에 속한다"를, 친구관계는 "나는 친구들과 잘 지낸다"의 한 문항씩을 사용하였고 "전혀 그렇지 않다"에서 "매우 그렇다"에 이르는 5점 척도에 응답하도록 하였다.

개인요인으로 자긍심은 Rosenberg의 척도에 근거하여 "나는 나 자신에 긍정적인 태도를 갖고 있다" 등의 열 문항을 사용하여 "전혀 그렇지 않다"에서 "매우 그렇다"에 이르는 5점 척도에 응답하도록 하였다(alpha=.871).

인터넷이용특성으로 인터넷사용시간은 하루에 평균적으로 사용하는 인터넷사용시간을 묻고 "1시간 이내", "2시간정도", "3시간정도", "4시간정도", "5시간 이상"에 응답하도록 하였고, 익명성은 인터넷을 주로 익명으로 사용하는지를 알기위해 "인터넷에서 나는 나를 밝히지 않기 때문에 다른 사람은 내가 누구인지 모를 것이다"의 질문에 5점 척도에 응답하도록 하였다.

사이버자아는 사이버공간에서의 자아의 특성으로 탈구조성, 자유주체성, 이상성, 유동성, 다중성, 확장성과 관련된 한두 개씩의 문항을 질문하였는데, 탈구조성을 위해 "인터넷에서의 나는 현실에서의 나와 다르다"와 "인터넷에서는 현실의 모습을 잃게 된다"를, 자유주체성을 위해 "인터넷공간에서 나는 자유로움을 느낀다"와 "인터넷에서는 현실의 나로부터 구속받지 않고 자유롭다", 이상성을 위해 "인터넷에서는 내가 원하는대로의 모습으로 나타난다", 유동성을 위해 "인터넷에서 나는 변화무쌍하다", 다중성을 위해 "인터넷에서는 내가 누구인지 혼란스럽다"와 "인터넷에서는 현실과 가상을 드나들다가 내가 누구인지 모호하게 되는 경우가 있다", 대인관계 확장성을 위해 "인터넷에서 나는 주위로부터 인정을 받는다", "인터넷공간은 나에게 큰 위로의 공간이다" 등 열 개 문항을 사용하였고 각기 5점 척도에 응답하도록 하였다.

본 연구의 매개변인인 내외적 통제요인으로서 사이버윤리의식을 위해서는 "사이버비행은 옳지 않은 행동이다" 등 일곱 개 문항을 사용하였고(alpha=.712), 공식처벌인지도는 사이버비행을 저지르게 될 경우 발각 가능성, 법처벌의 확실성과 엄중성에 해당되는 문항들로 세 문항을 사용하였다(alpha=.845). 사이버비행에 대한 주위 사람들의 비공식통제반응의 인식에 대해서는 "내가 만약 사이버비행을 저지른다면 부모님은 나에게 실망하실 것이다" 등 세 문항을 질문하고 5점 척도에 응답하도록 하였다(alpha=.815).

본 연구의 종속변인인 사이버비행은 실제로 저지른 비행보다는 앞으로 사이버비행을 저지를 것인지의 사이버비행의도로 사용하기로 한다. 통상 한 시점의 횡단적 조사자료의 경우 사이버비행을 위해서는 지난 일 년 동안의 과거 경험을 질문하게 되는데, 이 경우 현재 시점을 기준으로 질문한 독립변인들과는 인과관계상에 문제가 발생하기 때문이다. 이성적 행위이론(Fishbein and Ajzen, 1975)에 따르면 행위 의도는 행위에 강한 영향을 갖는 주요 예측 변인이라고 하는데, 따라서 이 연구에서는 사이버비행 의도를 종속변인으로 다루기로 하며, 이를 위해 앞으로의 사이버비행의도에 대해 "전혀 아니다"에서 "매우 그렇다"에 이르는 5점 척도에 응답하도록 하였다.

그밖에 본 연구에서는 통제변인으로 성, 연령, 그리고 사회계층변인으로 한 달 가족수입 등 사회인구학적 변인을 사용하기로 하는데, 가족수입은 100만원 단위로 800만원 이상에 이르는 항목에 응답하도록 하였다.

Ⅳ. 분석결과

본 연구의 조사결과를 살펴보기에 앞서 조사 대상자의 사회배경적 특성을 살펴보면 (<표1>) 총 대상자 576명 중 남학생이 262명으로 45.5%를, 여학생이 314명으로 54.5%를 차지해 여학생이 다소 높은 비율을 나타냈다. 조사 대상자의 연령은 11세부터 15세까지 분포된 것으로 조사되었는데, 대부분의 응답자가 12세에서 14세에 분포된 것으로 나타났으며, 그중 13세가 243명(42.2%)으로 가장 높은 비율을 나타냈다. 조사 대상자의 한 달 평균 가족수입은 201만원에서 300만원 이하의 200만원대가 107명(18.6%)으로 가장 많았고, 300만원대가 90명(15.6%), 200만원 이하인 100만원대가 88명(15.3%)으로 비슷하게 나타났다.

본 연구에서 사용할 주요 변인들에 대한 기술통계분석의 결과를 살펴봄에 있어 먼저 사이버자아 측정문항들에 대한 빈도분석 및 요인분석결과는 <표 2-1>과 <표 2-2>에 보다 구체적으로 제시되고 있다.

<표 2-1>의 결과를 보면 사이버자아의 탈구조성에 관한 첫 번째와 두 번째 문항의 질문에서 "인터넷에서의 나는 현실에서의 나와 다르다"에 "그렇다"와 "매우 그렇다"에

<표 1> 조사 대상자의 특성

		명(%)
성별	남성	262(45.5)
	여성	314(54.5)
연령	11세	3(.5)
	12세	106(18.4)
	13세	243(42.2)
	14세	151(26.2)
	15세	73(27.2)
가족의 월수입	200만원 이하	88(15.3)
	201-300만원	107(18.6)
	301-400만원	90(15.6)
	401-500만원	71(12.3)
	501-600만원	38(6.6)
	601-700만원	21(3.6)
	701-800만원	17(3.0)
	801만원 이상	43(7.5)
	무응답	101(17.5)
총	576(100.0)	

응답한 긍정적 응답자는 70명(12.1%)이었고, "인터넷에서는 현실의 나를 잃게 된다"에서 긍정적 응답자는 46명(3.5%)으로 제시되었다. "인터넷에서는 자유로움을 느낀다"와 "인터넷에서는 현실의 나로부터 구속받지 않고 자유롭다"의 자유주체성에 해당되는 두 문항에 있어서는 "그렇다"와 "매우 그렇다"에 해당하는 긍정적 응답자가 각각 148명(25.7%)과 91명(15.8%)로 그 응답자 수가 다소 더 많았다. 이상적 자아에 해당되는 다섯 번째 문항인 "인터넷에서는 내가 원하는대로의 모습으로 나타난다"에서는 긍정적 응답자가 94명(16.3%)으로 제시되었고, "인터넷에서는 변화무쌍하게 변한다"는 유동성에 해당하는 질문문항에서는 긍정적 응답자가 51명(8.9%)으로 매우 적은 것으로 나타났다. 또한 "인터넷에서는 내가 누구인지 혼란스럽다"와 "인터넷에서는 현실과 가상을 드나들다가 내가 모호해진다"는 다중성에 해당하는 두 문항의 긍정적 응답자는 각각 모두 32명(5.5%)으로 그 응답자 수가 매우 적은 것을 제시하고 있다. 하지만 대인관계의 확장성을 나타내는 마지막 두 문항의 응답을 보면 긍정적 응답자가 각각 62명(10.8%)과 81명

<표 2-1> 사이버자아 문항들의 빈도분석결과

	전혀 아니다	아니다	그저 그렇다	그렇다	매우 그렇다	무응답
인터넷에서 나는 현실에서의 나와 다르다	159 (27.6)	143 (24.8)	166 (28.8)	41 (7.1)	29 (5.0)	38 (6.6)
인터넷에서는 현실의 나의 모습을 잃게 된다	203 (35.2)	148 (25.7)	138 (24.0)	27 (3.3)	19 (0.2)	41 (7.1)
인터넷공간에서 나는 자유로움을 느낀다	77 (13.7)	98 (17.0)	213 (37.0)	105 (18.2)	43 (7.5)	40 (6.9)
현실의 나로부터 구속받지 않고 자유롭다	117 (20.3)	136 (23.6)	194 (33.7)	62 (10.8)	29 (5.0)	38 (6.6)
내가 원하는대로의 모습으로 나타난다	129 (22.4)	127 (22.0)	184 (31.9)	64 (11.1)	30 (5.2)	42 (7.3)
인터넷에서의 나는 변화무쌍하다	176 (30.6)	140 (24.3)	172 (29.9)	32 (5.6)	19 (3.3)	37 (6.4)
인터넷에서는 내가 누구인지 혼란스럽다	243 (42.2)	158 (27.4)	106 (18.4)	23 (4.0)	9 (1.5)	37 (6.4)
현실과 가상을 드나들다가 내가 모호하게 된다	232 (40.3)	137 (23.8)	138 (24.0)	22 (3.8)	10 (1.7)	37 (6.4)
인터넷에서 나는 주위로부터 인정받는다	137 (23.8)	150 (26.0)	190 (33.0)	45 (7.8)	17 (3.0)	37 (6.4)
인터넷은 나에게 큰 위로의 공간이다	135 (23.4)	127 (22.0)	198 (34.4)	52 (9.0)	29 (5.0)	35 (6.1)

(14.0%)으로 나타났다. 이 결과를 보면 사이버자아에 해당되는 문항들에 있어서 사이버자아의 특성을 갖는 청소년들은 자유주체성과 이상성, 확장성의 경우는 10-25% 정도였지만 그 외에 탈구조성이나 유동성, 다중성에 있어서는 매우 적은 수의 청소년만이 그러한 자아를 경험한다고 응답하는 것을 알 수 있었다.

이들 문항들을 요인분석을 한 결과 <표 2-2>와 같이 크게 두 요인으로 구분되는 것으로 나타났는데, 자유주체성(3,4), 이상성(5), 확장성(9,10)의 문항들로 구성되는 긍정적 측면의 자아와 탈구조성(1,2), 유동성(6), 다중성(7,8)과 관련된 문항들로 구성되는 부정적 자아의 두 요인으로 구분되었다.

본 연구에서 사용하려고 하는 주요 변인들에 대한 기술통계분석의 결과는 <표 3>에 제시된 바와 같다. 응답자들의 부모와의 애정적 관계는 4-20범위에서 평균이 15.416으로 높게 나타났고, 학업성적은 평균이 2.739로 중간 정도, 그리고 친구관계는 1-5범위에서 4.011로 매우 높게 제시되고 있다. 개인특성요인으로 자긍심은 10-50범위에서 34.688로

<표 2-2> 사이버자아에 대한 요인분석결과

문항	요인1	요인2	커뮤날리티
1	.485	.544	.532
2	.047	.771	.597
3	.802	.023	.643
4	.736	.241	.600
5	.663	.353	.565
6	.433	.642	.599
7	.240	.765	.643
8	.220	.803	.693
9	.639	.244	.467
10	.758	.221	.623
아이겐값	4.682	1.282	

<표 3> 주요 변인들에 대한 기술통계분석결과

	평균	표준편차	범위
부모관계	15.416	3.568	4-20
학업성적	2.739	1.090	1-5
친구관계	4.011	1.041	1-5
자긍심	34.688	7.489	10-50
인터넷사용시간	2.051	1.056	1-5
익명성	2.727	1.128	1-5
긍정적자아	12.748	4.227	5-25
부정적자아	10.493	4.251	5-25
윤리의식	26.387	5.136	7-35
처벌인지	10.848	2.941	3-15
주위통제인식	11.366	3.423	3-15
사이버비행의도	1.794	1.095	1-5

중간보다 약간 높았고, 인터넷이용특성으로 인터넷사용시간은 하루에 평균 2시간 정도 사용하는 것으로 나타났으며, 익명으로 인터넷을 사용하는지는 1-5범위에서 2.727로 중간보다 약간 낮게 나타났다. 자유주체성, 이상성, 확장성의 문항들로 구성되는 긍정적

<표 4> 사이버자아의 사이버비행에 대한 다중회귀분석결과

	종속변인	
	사이버비행	
독립변인	b	β
남성	.030	.014
연령	-.046	-.037
가족수입	-.217***	-.221
부모관계	-.004	-.012
학업성적	.014	.014
친구관계	-.046	-.043
자긍심	.006	.041
인터넷사용시간	.024	.023
익명성	-.008	-.009
긍정적자아	-.004	-.015
부정적자아	.043**	.164
윤리의식	-.096***	-.450
처벌인지	-.083***	-.219
주위통제인식	-.066***	-.205
R제곱	.403	
F값	20.422***	

* p<.05; ** p<.01; *** p<.001

자아는 5-25범위에서 12.748이었고, 탈구조성, 유동성, 다중성으로 구성되는 부정적 자아는 5-25범위에서 10.493으로 나타나 그 평균 점수는 낮게 나타났다. 매개요인으로 다룰 내외적 통제요인으로 사이버윤리의식은 7-35범위에서 26.387로 응답자들의 윤리의식은 높은 편이었으며, 처벌인지도는 3-15범위에서 10.848로 다소 높았고, 주위 사람들의 비공식통제에 대한 인식은 3-15범위에서 11.366으로 높게 나타났다. 본 연구의 종속변인인 사이버비행의도는 1-5범위에서 1.794로 낮은 것으로 제시되었다.

본 연구의 연구모형을 분석하기 위한 다중회귀분석의 결과는 <표 4>에, 경로분석의 결과는 <그림 2>에 제시된다. 분석결과를 보면 본 연구에서 상정한 사회인구학적 변인으로 가족수입이 낮을수록 $p<.001$ 수준에서 사이버비행을 저지르는 것으로 나타났으나, 성, 연령의 유의미한 영향력은 없었다. 또한 선행변인으로 사회유대요인들, 자긍

<그림 2> 사이버자아의 사이버비행에 대한 연구모형의 경로분석결과

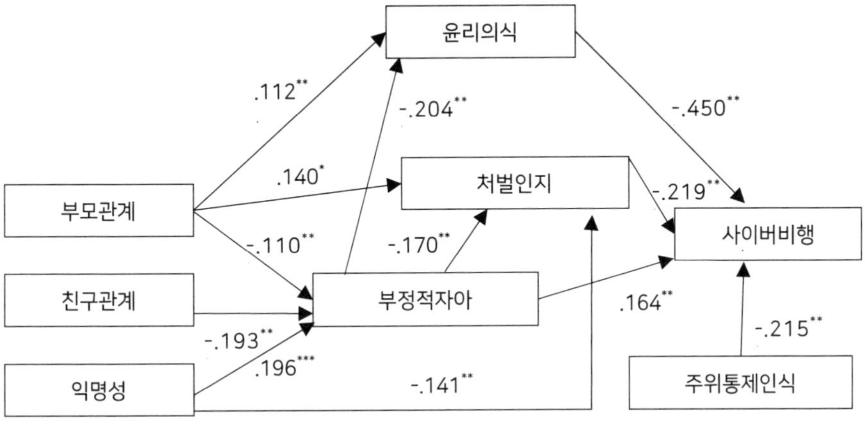

심, 인터넷사용시간, 익명성은 사이버비행에 직접적인 유의미한 영향력을 갖지 못하는 것으로 나타났다. 하지만 본 연구의 예측대로 긍정적 사이버자아는 유의미하지 않았지만 부정적 사이버자아는 p<.01 수준에서 사이버비행에 영향력을 갖는 것으로 나타났다.

<그림 2>의 경로분석의 결과를 보면 부모와의 관계와 친구와의 관계는 부정적 사이버자아에 각각 p<.05 수준과 p<.001 수준에서, 그리고 익명성은 p<.001 수준에서 유의미한 영향력을 갖는 것으로 나타났는데, 즉 부모와 친구와의 유대가 약한 청소년, 그리고 익명으로 인터넷을 사용하는 청소년들이 사이버공간에서 부정적 자아의 모습을 갖게 되고 그럼으로써 사이버비행을 저지르게 되는 것을 알 수 있었다. 본 연구의 예측과 달리 자긍심과 인터넷사용시간은 사이버자아에 유의미한 영향을 갖지 못하는 것으로 나타났다.

<표 4>의 다중회귀분석의 결과를 보면 본 연구에서 매개변인으로 상정한 사이버윤리의식, 공식처벌인지, 주위사람들의 비공식통제가 모두 p<.001 수준에서 사이버비행에 강한 영향력을 갖는 것으로 나타났고, 베타값을 보면 사이버윤리의식의 영향력이 -.450으로 가장 높은 것으로 제시되고 있다. <그림 2>의 경로분석의 결과를 보면 사이버자아는 직접적뿐만 아니라 사이버윤리의식과 처벌인지를 통해서 사이버비행에 간접적인 영향력을 갖는 것으로 나타났다. 즉 부정적 사이버자아가 형성되면 사이버윤리의식과 공식처벌인지도가 약해짐으로 인해 사이버비행을 저지를 가능성이 높음을 제시한다. 하지만 사이버자아의 작용은 주위 사람들의 통제작용 인식에 의해 매개되지는 않는 것으로 나타났다.

V. 결론

이 논문은 사이버공간에서의 청소년들의 사이버자아가 과연 사이버공간에서 저지르는 청소년비행의 원인이 되는지를 알아보려고 하였다. 아울러 사이버공간에서 혼란스러운 자아해체적인 부정적 자아는 무엇 때문에 비롯된 것인지를 알기 위해 그 선행변인으로 사회유대, 자긍심, 그리고 인터넷이용특성으로 인터넷사용시간과 익명 사용을 상정하고 그것의 사이버자아에의 영향을 살펴보았다. 또한 사이버자아가 형성되면 어떠한 경로와 이유로 사이버비행을 유발하는지를 알기 위해 매개변인으로 사이버윤리의식, 공식처벌의 인지, 주위 사람들의 비공식통제 인식을 상정하고 사이버자아가 그러한 내외적 통제작용을 약화시킴으로 인해 비행에 영향을 주는 것인지를 살펴보려고 하였다.

본 연구결과는 사이버자아의 특성 중 탈구조성, 유동성, 다중성으로 특징되는 부정적 자아의 요소가 사이버공간에서의 청소년비행의 주요 원인이 된다는 사실을 제시하였다. 아울러 부모 및 친구와의 관계에서 사회유대가 약한 청소년들, 그리고 익명으로 인터넷을 사용하는 청소년들이 그러한 부정적인 사이버자아를 경험할 가능성이 높다는 결과를 제시하였다. 부정적 사이버자아는 직접적으로도 사이버비행에 영향을 주었지만, 또 다른 한편으로는 본 연구의 예측대로 사이버윤리의식을 저해하고, 또 공식처벌의 두려움의 인지를 약화시켜 청소년비행을 유발시킬 수 있음을 제시하였다.

이처럼 본 연구결과로 누구나 사이버공간에서 부정적인 자아혼란을 경험하는 것은 아니며 현실 오프라인에서 사회유대가 약하고 익명으로 인터넷을 사용하는 청소년들이 사이버공간에 의존하다가 정체성을 잃고 부정적 자아를 형성하게 되며, 그러한 아이들이 사이버공간과 현실을 구분하지 못하고 윤리의식이 낮아 사이버공간에서는 비행을 저지를 수 있다고 생각하거나 혹은 처벌이 미약할 것이라고 생각하는 가운데 사이버비행을 저지르는 것으로 파악할 수 있었다.

이 연구는 사이버상의 청소년비행의 새로운 원인의 모색의 일환으로 사이버자아가 주요 원인이 되는지를 알아보고자 하였다. 본 연구결과는 결국 사이버자아가 사이버비행에 있어 중요한 설명요인이 된다는 것을 확인하였다. 따라서 청소년들에게 사이버공간이 현실과 다르지 않다는 것을 알리고 본연의 정체성을 잃지 않도록 여러 이용교육의 노력이 필요하다고 나타내고 있다. 하지만 사이버자아는 결국은 현실유대의 약화에서 비롯된다는 점에서 사회유대를 강화하는 것이 또 다른 비행예방의 일차적 과제임을 알 수 있었다. 또한 사이버자아의 원인이 익명성이라는 점에서 익명으로 인터넷을 사용하는 것에 대한 적절한 이용 대책이 요구된다. 이 연구는 사이버비행을 설명하려는 새로운 모색의 일환으로 시론적 연구에 불과하다. 앞으로는 사이버공간에서의 청소년비행을 설명하려는 더 많은 새로운 시도와 노력들이 있기를 기대한다.

소셜네트워크 서비스상의 범죄 설명에 있어 사회학습이론 검증과 통합적 보완 논의

I. 서론

인터넷에서의 사이버범죄가 최근 범죄학 분야에서 관심의 대상이 되는 가운데 SNS로 불리는 소셜네트워크 서비스상에서의 범죄도 새로운 현상으로 등장하기 시작하였다. SNS에서는 네트워크를 통해 사회관계를 구축하고 소통하는 등의 긍정적 측면도 많지만(김대호 외, 2012), 언어폭력, 집단괴롭힘, 사생활침해, 해킹, 사기, 저작권침해 등의 범죄문제도 등장한다. 그러나 그러한 새로운 현상을 설명하려는 연구는 아직 많은 연구가 진행되지 않은 부족한 상태여서 이에 대한 연구가 필요하다고 할 수 있다.

이 연구는 대학생을 대상으로 SNS상의 범죄행위를 설명하기 위해 기존의 범죄학이론 중 가장 주목을 받으면서도 통합적 논의라고 볼 수 있는 Akers(1985)의 사회학습이론을 중심으로 그 설명력을 검증하려고 한다. 사회학습이론은 주위 사람들과의 상호작용으로부터 범죄 학습을 범죄행위의 주요 원인으로 보고 있는데, SNS는 인터넷환경이면서도 가까운 친지들 혹은 확대된 네트워크에서 사람들과 상호작용으로 이루어지기 때문에 법위반을 학습할 수 있는 환경적 요인의 적용 가능성이 높다고 할 수 있기 때문이다.

그렇지만 인터넷 사이버범죄를 설명함에 있어서는 기존의 연구들에서 사회학습요인들 이외의 다양한 요인들의 중요성이 검증되어 왔기 때문에(이성식, 2011a), 사회학습이론만으로는 그 설명이 충분치 못할 수 있다. 범죄 원인을 주위 사람의 관계와 같은 미시적 환경 이외에 개인성향 요인이나 보다 거시적 환경요인, 그리고 상황적 기회요인으로 분류할 수 있다면, 어느 요인들도 간과할 수 없다. 사회학습이론에서 강조하는 요인들은 주위 사람들과의 상호작용에서 이루어지는 미시적 사회환경 요인이라는 점에서 이 이론을 보완하기 위해서는 개인의 안정적 성향요인 이외에 보다 거시적인 환경요인, 그리고 상황기회요인 등이 함께 고려될 때 설명력은 클 것이라고 볼 수 있다.

그러한 점에서 이 연구는 사회학습요인들과 아울러 기존 사이버범죄 연구에서 강조되어 왔던 낮은 자기통제력(Buzzle et al., 2006; Malin and Fowers, 2009; 이성식, 2010a), 거시적 하위문화 환경(이성식, 2012), 범죄기회요인(이성식, 2010a)을 함께 고려함으로써 그 설명력을 검증하고, 더 나아가 사회학습요인들은 그러한 여러 요인들과 함께 작용할 때 더 영향력을 갖게 될 것이라는 통합적이고도 보완적 주장을 검증해 보기로 한다.

이처럼 이 연구는 새로운 주제로 SNS상에서의 범죄행위를 설명함에 있어 사회학습이론을 중심으로 그 이론의 설명력을 검증하고 아울러 사회학습이론에서는 다루지 못하였던, 개인성향요인(낮은 자기통제력), 거시적 하위문화 환경, 그리고 기회요인들을 통해 그 이론을 보완하는 연구모형을 구성한 후 서울시에 재학중인 대학생들을 대상으로 검증하는 것을 연구목적으로 하고 있다.

Ⅱ. 이론적 논의

1. 사회학습이론과 사이버범죄행위

사회학습이론은 범죄에 관한 대표적인 사회학이론으로 Akers에 의해 발전되었다. 이 이론은 Sutherland의 차별접촉이론을 보다 발전시키고 변형한 것으로 사회환경을 통해 범죄를 학습한다고 본다. Akers(1985)는 Sutherland의 차별접촉 개념을 유지하면서 행태적 측면에서 차별강화 등의 개념을 통해 학습기제에 대한 설명으로 보완, 수정한 이론을 제시하였다. 그는 범죄행위를 설명하기 위해 네 가지 개념을 구성하였는데, 차별접촉, 정의, 차별강화, 모방이 그것이다. 즉 사회학습의 가장 중요한 원천으로 범죄에 우호적인 사람과의 접촉 혹은 상호작용으로부터 범죄를 학습하고, 그들로부터 친범죄적 정의나 태도를 형성하며, 범죄로 결과될 보상과 아울러 그로부터 결과될 처벌 혹은 비용을 학습하고, 실제로 범죄를 저지른 사람을 관찰한 후 그것을 모방하거나 유사하게 행동하는 경우 범죄를 저지르게 된다고 주장한다.

그동안의 연구에서는 사회학습이론의 주장들이 경험적으로 지지를 받아 왔는데(Krohn et al., 1985; Akers and Lee, 1996; Akers and Jensen, 2006), 그러한 주장들은 국내에서도 검증되어 왔다(황성현, 2007, 2008). 그중에서도 비행친구 혹은 위반자와의 차별접촉은 그동안의 연구에서 가장 강력한 원인의 하나로 평가되어 왔는데(Matsueda, 1982; Warr and Stafford, 2001; Warr, 2002), 더구나 사회학습요인들은 다른 이론들의 요인들(예로 낮은 자기통제력이나 사회유대, 긴장요인들)의 영향력을 매개하며 그 요인들보다도 설명력이 크다는 것이 검증되어 왔다(전영실, 2003; 김상원, 2007). 즉 낮은 자기통제력의 청소년이나 부모와 유대 등 사회유대가 낮은 청소년, 일상에서 부모와의 갈등이나 학업부적응 등 긴장을 겪는 청소년도 결국은 비행친구를 사귀게 됨으로 해서 범죄를 저지른다는 것이다.

사회학습이론은 그 주요 요인들이 높은 설명력을 갖고 여러 다른 이론의 요인들의 영향을 매개하는 궁극적 요인이라는 점 이외에 여러 면에서 유용하다. 차별접촉이론에 따르면 비행친구와의 접촉은 정의에 의해 매개되어 정의만이 최종적 변인이 된다고 주장하지만 기존의 많은 연구들에서는 비행친구와의 접촉의 영향력이 직접적이라는 것을 제시하는데, 사회학습이론은 차별접촉과 정의의 직접적 영향력을 모두 주장하고 있는 점에서 유용하다. 또한 그동안 차별접촉이론과는 비교되어 왔던 사회통제이론과는 그 근원과 주장이 달라 논쟁이 있었지만(Matsueda, 1982), 사회학습이론은 그것을 넘어서 통합적 설명을 제공한다는 점에서도 뛰어난 이론으로 평가받는다. 예를 들어 그 주요 요인인 차별강화는 범죄로부터 얻는 보상 이외에 그로부터 결과될 손실과 비용을 강조하는 요인으로, 이는 합리적 선택이론뿐만 아니라 손실의 측면에서 보면 범죄를 통제하는 사회유대와 손실의 측면을 강조하는 사회통제이론의 요인과도 크게 다르지 않은데 그 개념을 사용하는 사회학습이론은 차별접촉이론 이외에 사회통제이론의 논의를 포괄하는 통합적 논의로서 가치가 있다고 할 수 있다. 그 외에 사회학습이론은 모방의 영향력을 강조함으로써 차별동일시이론(Glaser, 1956)의 논의를 포함하기도 한다.

사회학습이론들의 요인들은 사이버공간에서의 범죄를 설명함에 있어서도 적용되어 왔다. 초기 연구로 Skinner와 Fream(1997)은 인터넷 불법 소프트웨어 사용에 있어 사회학습이론에서의 요인들을 적용하였는데, 차별접촉, 정의, 차별강화, 모방 중 비록 차별강화나 모방의 영향력은 낮았지만 차별접촉과 불법사용에 대해 갖는 친범죄적 정의와 태도가 중요한 요인임을 제시하였다. 이후 연구에서도 사회학습이론의 요인들은 불법 소프트웨어 사용 이외에 음악복제 등 여러 저작권침해에 주요 요인이 된다는 것이 그동안의 연구에서 밝혀져 왔으며(Higgins and Makin, 2004; Higgins and Wilson, 2006; 이성식, 2011d), 국내 연구에서 사이버불링 등의 연구에서는 비행친구나 법위반의 정의나 태도의 영향력이 매우 높다는 것을 제시하여(이성식, 2006b; 김경은, 2013; 남상인, 권남희, 2013) 사회학습이론이 지지된다는 것을 간접적으로 보여주고 있기도 하다. 그럼에도 인터넷공간에서의 사이버범죄행위 연구는 아직은 미진하여 그 검증이 충분치 못하다 할 수 있다.

2. 사회학습요인들의 다른 주요 요인들과의 보완적 논의

사회학습이론은 범죄를 설명함에 있어 행위자의 주위환경으로부터의 범죄학습 등의 미시적 환경요건을 제시하지만 그러한 미시적 사회환경이 영향을 미침에 있어서는 필요충분적 설명의 논의에서 볼 때 다른 설명요인들의 보완적 역할이 필요하다고 볼 수 있다. 범죄행위를 설명함에 있어서는 미시적 환경요인 이외에 개인의 안정적 성향, 거시적 환경, 그리고 범죄를 손쉽게 저지를 수 있는 기회요인 등이 필요하다고 할 수 있는데, 여기서는 그러한 요인들을 포함하는 통합적이고도 보완적 논의를 살펴보기로 하겠다.

1) 낮은 자기통제력

낮은 자기통제력과 같은 개인성향은 모든 유형의 범죄를 잘 설명한다고 주장되듯이(Gottfredson ands Hirschi, 1990), 그동안의 연구에서는 인터넷에서의 범죄행동을 설명하는 주요 요인으로도 주목받아 왔다(Buzzle et al., 2006; Malin and Fowers, 2009; 이성식, 2010a). 즉 자기통제력이 낮은 충동적인 사람들은 익명의 사이버공간에서 우발적으로 범죄를 저지르기 쉽다. 이처럼 인터넷에서의 범죄의 설명에 있어서 사회학습환경도 중요하지만 어려서 형성된 개인성향이 못지 않게 중요하다고 본다면, 그들 요인을 함께 고려하는 통합적 설명이 이루어질 필요가 있다고 볼 수 있다.

사회학습이론에서의 비행친구와의 접촉과 같은 사회학습요인들과 낮은 자기통제력과의 통합 가능성을 언급한 대표적 학자는 Wright와 동료들(1999)로, 낮은 자기통제력의 사람이 비행친구와 사귈 때 범죄 가능성이 높아지는 사회증진효과를 갖는다고 주장하였다. 아울러 Schoepfer와 Piquero(2006)는 낮은 자기통제력의 사람들이라 하더라도 도덕적 태도를 갖는 경우는 범죄 가능성이 낮지만 그렇지 못한 도덕적 태도가 낮고 친범죄

가치를 갖는 경우 범죄를 더 저지른다는 결과를 제시하였고, 그러한 주장은 이후 연구(Svensson et al., 2010)에서도 지지된다. 그러한 연구들은 인터넷범죄연구에서도 보여주는데, 예를 들어 Higgins와 동료들(2007)은 청소년들의 해적판 불법 소프트웨어 사용 연구에서 비행친구와 낮은 자기통제력, 그리고 불법 소프트웨어에 대한 호의적 태도와 낮은 자기통제력간에 유의미한 상호작용효과를 갖는다는 결과를 제시하였다. 아울러 Hinduja와 Ingram(2008)은 음악복제연구에서 사회학습요인들과 낮은 자기통제력과의 상호작용효과를 살펴보았는데, 낮은 자기통제력은 비행친구와의 차별접촉 및 차별강화와 유의미한 상호작용효과를 갖는다는 결과를 보고하였다. 즉 낮은 자기통제력의 아이들이 주위에 음악복제를 하는 친구와 사귈 때 혹은 음악복제로 많은 보상이 있고 비용은 적다고 판단하는 경우 음악복제의 침해행위를 더 한다는 결과를 제시하였다. 그러한 상호작용효과의 논의는 최근의 국내 외 연구(이성식, 2011d; Holt et al., 2012)에서도 지지된다.

이와 같은 연구에서 볼 때 인터넷에서의 범죄행위를 설명함에 있어 사회학습요인들은 낮은 자기통제력의 개인성향 요인들과 통합적으로 작용할 것이며, 따라서 그 요인들간에는 상호작용효과를 가질 것이라고 볼 수 있다.

2) 거시적 범죄문화

개인의 주위 사람들과의 상호작용과 같은 미시적 환경 이외에 이용자들이 사용하는 인터넷공간에 친불법적 하위문화의 정도가 얼마인가 하는 거시적 환경요인은 범죄행동을 설명하는 또 다른 주요 요인이 될 수 있다(Tompsen, 1996). 거시환경요인으로는 그동안 사회해체이론에서 발전된 집합효율성과 같은 요인이 주목을 받아 왔지만(Sampson et al., 1997), 실제로 인터넷이용공간에서는 집합효율성과 같은 통제적 요인 이외에 범죄행동을 유발하고 학습할 수 있는 거시환경적 요인이 주요 원인으로 작용한다는 논의가 있다(이성식, 2012). 예를 들어 이성식(2012)의 인터넷에서의 악성댓글 행동에 관한 연구에서는 집합효율성 개념보다도 하위문화요인이 더 큰 중요한 영향력을 갖는 거시적 환경요인이 된다는 결과를 제시하였다. 익명의 그리고 더 확대된 네트워크에서는 서로 알지 못하는 사람 간에 다양한 가치가 혼재하고 갈등하는 가운데 법위반의 하위문화 존재 가능성이 높은데, 이는 개인의 범죄행동의 가능성을 높일 수 있는 것이다.

이와 같은 거시적 하위문화 환경요인은 사회학습요인들과 함께 통합적으로 작용할 수 있다. 그동안의 논의에서 미시적 사회학습요인들과 거시적 하위문화요인들의 상호작용효과에 대한 논의는 발견하기 어렵지만 위반자와의 차별접촉이나 친범죄적 정의와 같은 사회학습요인들은 하위문화 환경에서 더 큰 범죄설명요인으로 작용할 것이라고 볼 수 있다. 예를 들어 법위반자와 차별접촉하거나 법위반 태도를 갖는 사람들도 법위반을 허용하지 않는 환경에서는 범죄를 저지르기 쉽지 않지만 법위반이 허용되는 하위문화가 존재하는 사이트나 SNS에서는 더더욱 어려움없이 쉽게 범죄를 저지를 것이다. 즉 사회학습요인들은 거시적 하위문화환경에서 더 통합적으로 작용할 것이며, 그들간에는 상호작용효과가 있을 것이라고 본다.

3) 범죄기회

기존의 주요 범죄이론들이 주로 범죄자 개인 특성이나 환경을 강조하는 논의들이었다면, 이후에는 범죄자의 특성보다는 범죄발생 상황이나 기회여건에 주목하는 논의가 등장하였다. 고전주의 학파에 근거한 이들 논의는 범죄발생의 기회요인을 중시하는데, 예를 들어 생활양식이론(Hindelang et al., 1978)에서는 범죄위험의 노출이 범죄발생의 원인이라고 보았고, 일상행위이론(Cohen and Felson, 1979; Meier and Miethe, 1993)에서는 범죄가 일어나기 위해 매력적 대상이 있고 범죄를 저지할 감시의 부재 등 범죄기회가 있어야 한다고 보았다.

이들 논의는 인터넷범죄연구에도 적용되어 왔는데, Holt와 Bossler(2009)의 온라인괴롭힘 연구에서는 채팅방에 많이 방문할수록, 그리고 사회적 감시가 부재할수록 괴롭힘의 피해를, Macum과 동료들(2010)은 채팅방 방문의 범죄위험에의 노출과 개인정보 공개 수준 대상의 매력이 높을수록 사이버성폭력 피해를, 그리고 Reyns와 동료들(2011)은 온라인에서 모르는 사람과 만날수록, 사회적 감시가 낮을수록 사이버스토킹 피해를 더 당한다는 결과를 제시하였다. 기존 연구는 주로 범죄피해를 중심으로 범죄기회요인을 다뤄왔지만, 가해자 입장에서 보면 범죄기회가 많고 수월할수록 범죄 가능성은 높다고 볼 수 있을 것이다. 인터넷에서는 손쉽게 한 번의 클릭으로 범죄를 저지를 수 있고 우연한 기회와 감시의 부재 등 범죄기회는 많게 되고 이는 범죄의 주요 원인으로 작용할 것인데, 그러한 점에서 주요 요인이 된다고 할 수 있다.

그런데 본 연구에서 사회학습요인들의 영향력을 살펴봄에 있어서도 범죄기회요인은 함께 고려되어야 할 또 다른 요인이 된다. 즉 이에 대해서는 그동안 거의 연구가 이루어지지는 않았지만 사회학습요인과 범죄기회도 범죄를 설명하는 필요충분요건이 될 수 있다. 불법적 사회학습의 환경에 있는 사람도 수행할 수 있는 상황적 기회여건이 갖추어질 때 더욱 범죄를 저지르게 될 것이기 때문이다. 기존에 비행친구와의 차별접촉과 기회요인은 상호작용효과를 갖는다는 연구결과도 있었듯이(Haynie and Osgood, 2005), 차별접촉과 같은 사회학습요인은 기회요인과 통합되어 논의될 필요가 있다. 즉 이 입장에서 본다면 차별접촉 이외에 여러 사회학습요인들도 범죄기회와 통합될 때 인터넷범죄에 대한 설명력은 더욱 클 것이라고 볼 수 있으며, 따라서 그들 간에 상호작용효과가 있을 것이라고 본다.

Ⅲ. 연구가설과 방법

1. 연구가설

이 연구는 대학생들의 SNS상의 범죄행위를 설명하기 위해 기존의 범죄학이론 중 사회학습이론을 중심으로 사회학습요인들, 즉 차별접촉, 정의, 차별강화, 그리고 모방의 영향력을 살펴보려고 한다. 여기서는 사회학습이론의 논의에 따라 SNS상에서 법위반자와 더 접촉할수록, 법위반에 대한 정의를 학습할수록, 법위반에 보상과 강화가 높고 비용이 낮을수록, 그리고 법위반자를 모방할수록 범죄를 더 저지를 것이라고 예측한다. 사회학습이론에 근거한 가설은 다음과 같다.

가설 1-1: SNS상에서 법위반자와 접촉할수록 범죄를 더 저지를 것이다

가설 1-2: SNS상에서의 법위반에 대한 정의를 학습할수록 범죄를 더 저지를 것이다

가설 1-3: SNS상에서 법위반에 보상이 높고 비용이 낮을수록 범죄를 더 저지를 것이다

가설 1-4: SNS상에서 법위반자를 모방할수록 범죄를 더 저지를 것이다

아울러 이 연구에서는 사회학습요인만으로는 SNS상에서의 범죄행위에 대한 설명이 충분치 못할 것이라는 점에서 그와 같은 주위 사람들과의 미시적 사회학습 환경요인들 이외에 개인의 성향요인으로서 낮은 자기통제력, 거시적인 환경요인으로 하위문화 환경, 그리고 기회요인으로 범죄기회를 함께 고려하기로 한다. 그리고 사회학습이론의 보완적이고 통합적인 논의를 위해 위의 사회학습요인들이 낮은 자기통제력, 하위문화 환

경, 그리고 기회요인들과 함께 작용할 때 더 큰 영향력을 갖게 될 것이라는 점을 검증하려고 한다. 따라서 앞서 논의에 근거해 볼 때 다음과 같은 가설들을 제시할 수 있다.

가설 2-1: 사회학습요인들(차별접촉, 정의, 차별강화, 모방)은 SNS상의 범죄를 설명함에 있어 낮은 자기통제력과의 상호작용효과가 정(+)적으로 작용할 것이다

가설 2-2: 사회학습요인들(차별접촉, 정의, 차별강화, 모방)은 SNS상의 범죄를 설명함에 있어 하위문화 환경과의 상호작용효과가 정(+)적으로 작용할 것이다

가설 2-3: 사회학습요인들(차별접촉, 정의, 차별강화, 모방)은 SNS상의 범죄를 설명함에 있어 범죄기회와의 상호작용효과가 정(+)적으로 작용할 것이다

2. 연구방법

이 연구는 대학생들을 대상으로 조사를 실시한다. SNS이용의 경우 중고등 청소년의 이용률은 아직 적고 상대적으로 청년층이나 성인의 이용률이 높은데 여기서는 조사가 용이한 대학생을 대상으로 하기로 하며, 서울시에 재학중인 대학생을 선정하기로 한다. 이를 위해 서울시 한강을 중심으로 동서남북 지역별로 두 개의 학교를 배정하는 방식으로 총 8개 학교를 선정하였으며, 각 학교에서는 자연/이공계와 인문사회/경상계 학생이 절반씩 표집되도록 하였다. 조사는 2012년 6월25일부터 7월 9일까지 각 학교 100여 명씩 총 800명을 대상으로 설문조사를 실시하였으며 불성실한 응답 38부를 제외한 762부가 사용되었다. 그중 SNS사용자는 486명으로 응답자 중 63.7%를 차지하였는데, 여기서는 이들을 대상으로 최종 분석하기로 한다.

본 연구에서 주요 독립변인들로 사회학습요인들은 기존의 사회학습요인들의 측정에 의거하여(Akers, 1985; 황성현, 2008), 우선 법위반자와의 차별접촉은 “SNS상에서 친하게 지내는 사람 중 법을 위반한 사람이 있다”의 하나의 문항을 사용하기로 하는데 이에 “전혀 그렇지 않다”에서 “매우 그렇다”에 이르는 5점 척도에 응답하도록 하였다.

법위반의 정의는 “SNS상에서 법을 위반하는 것은 괜찮다”의 하나의 질문에 5점 척도에 응답하도록 하였다.

차별강화를 위해서는 SNS상에서 법위반으로부터 얻는 보상과 비용으로 나누어 측정하기로 하며, 이에 세 문항씩 질문하였는데, 보상으로는 “SNS상에서 법위반으로 손해보

는 것보다 얻는게 더 많다", "SNS상에서 법위반으로 주위의 반응이 더 좋다", "SNS상에서 법을 위반한다면 재미나 스릴이 있을 것이다"(alpha=.892)를, 비용으로는 "SNS상에서 법을 위반한다면 주위로부터 창피할 것이다", "SNS상에서 법을 위반한다면 주위로부터 비난을 받을 것이다", "SNS상에서 법을 위반한다면 주위 사람의 관계에 지장이 있을 것이다"(alpha=.902)를 질문하고 5점 척도에 응답하도록 하였다.

모방은 "SNS상에서 법위반과 관련된 것을 배운다", " SNS상에서 법위반을 모방하게 된다", "SNS상에서 내가 닮고 싶은 사람 중 법위반을 하였던 사람이 있다"의 세 문항을 사용하고 5점 척도에 응답하도록 하였다(alpha=.827).

본 연구에서 사회학습요인들과 상호작용효과를 가질 것으로 기대하는 통합적 요인으로 사용할 낮은 자기통제력은 기존의 연구에 의거하여(Grasmick et al., 1993), 충동성, 위험추구성, 단순작업추구성, 활동성, 이기성, 화기질 등 여섯 특성에 대해 두 문항씩의 질문을 하였는데, 예컨대 "나는 충동적으로 행동하는 경우가 많다"와 같은 총 열 두개의 질문에 5점 척도에 응답하도록 하였다(alpha=.837).

하위문화 환경은 이용하는 SNS에서 법위반을 허용하는 정도로 측정하였는데(이성식, 2012b), "SNS상에서 법위반은 흔한 일이다", "SNS상에서 법위반은 어느 정도 받아들여지고 있다", "SNS상에서 법위반하는 사람을 자주 보게 된다" 등의 세 문항을 질문하고 5점 척도에 응답하도록 하였다(alpha=.838).

범죄기회는 범죄위험노출, 매력적 대상, 감시의 부재를 포괄할 수 있는 일반적 범죄기회의 인식이외에 범죄의 용이성을 중심으로 측정하여 "SNS상에서 법을 위반할 기회가 많은 편이다", "SNS상에서 법위반을 언제 어디서나 손쉽게 할 수 있다", "SNS상에서 법위반을 할 때 나를 드러내지 않고 숨길 수 있다"의 세 문항을 질문하고 5점 척도에 응답하도록 하였다(alpha=.886).

종속변인으로 SNS상의 범죄행위는 1) 단순욕설, 2) 사이버폭력(명예훼손/비방/스토킹) 3) 성폭력(성희롱/성매매제의/음란물), 4) 개인정보 및 사생활침해 5) 해킹/바이러스/스팸메일, 6) 사기/절도, 7) 저작권침해 등 일곱 개의 항목에서 지난 1년 동안의 SNS상에서의 경험 횟수를 사용하기로 한다. 이때 각 문항에서 원래대로의 개방형 질문에서의 횟수를 합산할 경우 전에서 빈도가 많은 일부 불법행동 문항의 값이 차지하는 비중이 높아지는 문제가 있고, 또 각 문항에서 '없다'와 '있다'만을 고려할 경우 합산값은 불법행동 빈도보다는 다양성을 위주로 측정할 수 있기 때문에 각 열 개 문항에서의 횟수는 '없다', '1회', '2-3회',

'4-9회', '10회 이상'으로 다시 나누고 0부터 4점까지 점수를 부여하였고, 최종적으로 이들 문항을 합산하여 사용하였다.

본 연구에서 사회인구학적 통제변인으로 성은 여자(=0)와 남자(=1)를, 연령은 태어난 연도를 묻고 연령으로 재부호화를 하였다.

Ⅳ. 분석결과

<표 1>은 본 연구에서 사용할 주요 변인들에 대한 기술통계분석의 결과를 제시한다. 우선 조사 대상자의 사회인구학적 특성이자 통제변인으로 사용할 성의 분포를 보면 전체 응답자 중 남성은 274명(56.4%), 여성은 212명(43.6%)으로 남성이 다소 많았다. 연령은 18세부터 28세까지의 분포이며 평균연령은 21.745세인 것으로 나타났다.

사회학습요인들로 위반자와의 차별접촉은 1-5범위에서 평균값이 2.012로 나타났으며, 위반에 대한 호의적인 정의는 1-5범위에서 3.635로 중간보다 다소 높은 것으로 나타나 응답자들이 SNS에서의 법위반에 부정적이지 않고 다소 긍정적인 태도를 갖는 것을

<표 1> 주요 요인들에 대한 기술통계분석결과

		명	%	평균	표준편차	범위
성별	남성	274	56.4			
	여성	212	43.6			
연령				21.745	2.324	18-28
차별접촉				2.012	.876	1-5
정의				3.635	1.098	1-5
보상				6.060	2.289	3-15
비용				6.435	2.216	3-15
모방				5.925	2.159	3-15
낮은 자기통제력				33.337	6.846	12-60
하위문화				6.415	2.301	3-15
기회				7.187	2.642	3-15
범죄행위				.534	1.659	0-17

알 수 있었다. 차별강화에서 보상은 3-15범위에서 평균값이 16.060으로 점수는 낮은 편이었으며, 비용은 3-15범위에서 평균값이 6.435로 보상보다는 높았지만 낮은 편이었고, 위반 모방의 경우도 3-15범위에서 평균값이 5.925로 점수가 낮았다. 개인성향으로 낮은 자기통제력은 12-60범위에서 평균값이 33.337로 점수가 낮았고, 이용하는 SNS에서의 위반에 허용적인 하위문화는 3-15범위에서 6.415로 낮았다. 또한 범죄기회의 인식에 있어서 3-15범위에서 평균값이 7.187로 다소 낮게 나타났다. 본 연구에서의 종속변인으로 사용할 SNS상의 범죄행위는 0-17범위에서 평균값이 .534로 그 정도는 낮은 것으로 조사되었다.

본 연구에서 가설 1-1부터 가설 1-4를 검증함에 있어 우선 사회학습요인들의 영향력을 알기 위한 다중회귀분석결과는 <표 2>에 제시된다. 그 결과를 보면 차별접촉과 차별강화로서 보상의 영향력은 통계적으로 유의미하지 않았던 반면 법위반에 호의적 정의와 모방의 경우 각각 $p<.05$ 수준에서 SNS에서의 범죄행위에 유의미한 영향력을 갖는 것으로 나타났다. 즉 SNS상의 법위반에 호의적 정의를 가질수록 그리고 법위반자를 관찰하고 모방할수록 SNS상에서 범죄를 저지르게 되는 것으로 나타났다. 아울러 차별강화의 비용의 영향력은 비록 다소 낮았지만 $p<.10$ 수준에서 부(-)적으로 유의미한 영

<표 2> 사회학습요인들의 SNS상의 범죄행위에 미치는 영향의 다중회귀분석결과

	종속변인	
	범죄행위	
독립변인	b	β
남성	.214	.063
연령	-.007	-.009
차별접촉	.082	.043
정의	.141*	.129
보상	.093	.079
비용	-.090#	-.117
모방	.133*	.169
R제곱	.073	
F값	4.982***	

p<.10;*p<.05;**p<.01;***p<.001

<표 3-1> 사회학습요인들과 낮은 자기통제력의 SNS상의 범죄행위에 미치는 상호작용효과의 다중회귀분석결과

	종속변인	
	범죄행위	
독립변인	b	β
남성	.223	.066
연령	-.003	-.005
차별접촉	.072	.038
정의	.127#	.103
보상	.106#	.106
비용	-.098*	-.127
모방	.126*	.160
낮은 자기통제력	.014	.058
접촉*낮자	.018	.071
정의*낮자	-.000	-.001
보상*낮자	.012	.097
비용*낮자	.004	.036
모방*낮자	.021*	.190
R제곱	.090	
F값	3.292***	

#p<.10;*p<.05;**p<.01;***p<.001

향력을 나타냈다. 사회학습요인들의 표준화된 회귀계수를 보면 모방, 정의, 비용순으로 중요 요인임을 제시하였다. 통제변인으로 남성과 연령의 영향력은 유의미하지 않았다. 전체적으로 사회학습요인들의 영향력이 크지는 않았지만 전체 설명력은 유의미한 것으로 나타났고 대체로 사회학습이론을 지지하는 것을 제시하였다.

<표 3-1>부터 <표 3-3>은 본 연구에서의 가설 2-1부터 가설 2-3까지의 통합론적 가설의 검증결과를 제시한다. 우선 <표 3-1>에서는 사회학습요인들과 낮은 자기통제력과의 상호작용결과를 제시하는데, 여러 상호작용효과 중에서 다른 사회학습요인들과의 상호작용효과는 유의미하지 않았지만 모방과 낮은 자기통제력간의 상호작용효과가 p<.05 수준에서 유의미한 것으로 나타났다. 즉 모방의 영향력은 자기통제력이 낮은 사람들에게서 더 크게 작용한다는 결과를 제시하였다. 이 결과에서 사회학습요인들의 주효과를 보면 모방은 정(+)적으로, 비용은 부(-)적으로 p<.05 수준에서, 정의와 보상은

<표 3-2> 사회학습요인들과 하위문화 환경의 SNS상의 범죄행위에 미치는 상호작용효과의 다중회귀분석결과

	종속변인	
	범죄행위	
독립변인	b	β
남성	.224	.066
연령	-.013	-.018
차별접촉	.095	.050
정의	.201**	.183
보상	.058	.080
비용	-.090#	-.107
모방	.120#	.103
하위문화	.058	.080
접촉*하위문화	-.023	-.031
정의*하위문화	.068*	.113
보상*하위문화	.044#	.104
비용*하위문화	-.028	-.091
모방*하위문화	.004	.011
R제곱	.098	
F값	3.616***	

#p〈.10;*p〈.05;**p〈.01;***p〈.001

p<.10 수준에서 비록 다소 작았지만 정(+)적으로 유의미한 영향력을 나타냈고 낮은 자기통제력의 주효과는 유의미하지 않았다.

한편 <표 3-2>에서는 사회학습요인들과 하위문화 환경과의 상호작용결과를 제시하는데, 여러 상호작용효과 중에서 위반에 호의적인 정의와 하위문화간의 상호작용효과가 p<.05 수준에서 정(+)적으로 유의미한 것으로 나타났다. 이 결과는 본 연구의 예측대로 법위반에 호의적인 정의를 갖는 사람은 하위문화 환경에서 더 범죄를 저지른다는 것을 나타낸다. 이 연구결과에서는 또한 보상과 하위문화간에서도 p<.10 수준에서 유의미한 상호작용효과를 나타냈다. 주효과를 보면 정의는 p<.01 수준에서, 모방과 손실은 p<.10 수준에서 다소 낮았지만 독립적으로 영향력을 가졌고, 하위문화의 주효과는 유의미하지 않았다.

아울러 <표 3-3>에서는 사회학습요인들과 기회요인과의 상호작용결과를 제시하는

<표 3-3> 사회학습요인들과 범죄기회의 SNS상의 범죄행위에 미치는 상호작용효과의 다중회귀분석결과

	종속변인	
	범죄행위	
독립변인	b	β
남성	.200	.059
연령	-.014	-.020
차별접촉	.131	.069
정의	.143*	.130
보상	.023	.031
비용	-.081#	-.106
모방	.134*	.170
기회	.066#	.103
접촉*기회	-.082	-.101
정의*기회	.032	.057
보상*기회	.058*	.189
비용*기회	.006	.023
모방*기회	-.011	-.039
R제곱	.107	
F값	4.022***	

#p<.10;*p<.05;**p<.01;***p<.001

데, 여러 상호작용효과 중에서 차별강화로서 보상과 기회요인간의 상호작용효과가 p<.05 수준에서 정(+)적으로 유의미한 것으로 나타났다. 즉 사이버범죄로 보상이 있을 거라고 기대하는 사람이 기회가 많을 때 더 범죄를 저지른다는 것을 제시한다. 이 결과에서는 주효과로 모방과 정의가 독립적으로 p<.05 수준에서 정(+)적으로, 비용은 p<.10 수준에서 부(-)적인 영향력을 나타냈고 범죄기회의 주효과도 p<.10 수준에서 유의미한 영향력을 가졌다.

V. 결론

이 연구는 대학생의 SNS상의 범죄행위를 설명하기 위해 기존의 범죄학이론 중 사회학습이론을 중심으로 사회학습요인들의 영향력을 다루었고, 차별접촉, 정의, 차별강화, 그리고 모방의 영향력을 살펴보았다. 아울러 이 연구에서는 사회학습이론의 보완적 논의로 사회학습요인들이 낮은 자기통제력, 하위문화 환경, 그리고 기회요인들과 함께 작용할 때 더 큰 영향력을 갖게 될 것이라는 점을 검증하려고 하였다.

연구결과에서는 사회학습요인들 중 차별접촉과 차별강화의 영향력은 대체로 유의미하지 않았던 반면 법위반에 호의적 정의와 모방의 경우 어느 정도 SNS에서의 범죄행위에 유의미한 영향력을 갖는 것을 제시하였다. 그리고 본 연구의 주요 관심으로 통합적 논의의 상호작용효과의 결과를 보면 사회학습요인들 중 법위반에 대한 정의는 그것을 허용하는 하위문화 환경의 조건에서 범죄에 영향력을 갖는다는 것을 제시하였고, 또한 비록 차별강화로서 보상은 기회요인과 함께 상호작용효과를 가져 범죄행위에 유의미하게 작용하는 것을 제시하였다. 또한 모방은 자기통제력이 낮은 사람에게서 더 영향력을 갖는 것으로 나타났다.

상호작용효과를 중심으로 보면 정의와 하위문화는 차별접촉이론의 전통을 함께하는 이론으로서 개인태도는 거시적 환경에서 더욱 영향력을 갖는다는 것을 제시하며, 아울러 고전주의 학파에 기반을 두는 기회요인의 경우도 그와 유사한 이득, 보상이자 합리적 선택요인과 함께 작용한다는 것을 제시한다. 또한 모방의 경우도 합리적이지 않고 충동적인 낮은 자기통제력의 사람들에게서 더 작용한다는 것도 어느 정도 예측할 수 있는 타당한 결과라고 볼 수 있다. 그러나 기존 연구에서 중요하였던 위반자와의 차별접촉의 경우 독립적으로도 또한 상호작용효과에서도 영향력이 미약한 것을 제시하였다. 오프라인 현실에서는 비행친구와의 차별접촉이 꾸준히 강력한 요인의 하나로 주목받아 왔음에도 이 연구에서는 그렇지 못하였는데, 이는 익명의 인터넷에서는 주위의 압력이나 영향보다도 개인의 평소 소신이나 가치, 태도가 더 중요하게 작용한다는 논의(Matheson and Zanna, 1989; Joinson, 2003)와 일치하는 결과이다. 그럼에도 인터넷에서는 모방에 의해 범죄가 이루어질 수 있다는 것은 주목할 만한 결과이다. 그리고 이후 추가적 분석에서 보면 비행친구와의 차별접촉 요인의 영향은 정의나 모방에 의해 매개되어 그 직접적 영향력이 없는 것을 확인하였다.

이러한 결과는 비록 사회학습요인들이 충분히 높은 설명력을 갖지 못해도 어느 정도 SNS상의 범죄행위를 설명하는 유용한 요인들임을 제시하는 것 이외에 본 연구의 예측대로 비록 여러 상호작용효과가 모두 작용하지는 않았지만 일부에서 상호작용효과가 나타나 본 연구의 통합적 논의가 부분적으로는 지지되는 것을 나타냈다. 이는 SNS에서와 같은 인터넷범죄에서 어느 하나의 이론에 근거한 요인들만으로 설명하기엔 부족하며 여러 요인들이 동시에 필요충분적으로 작용한다는 주장을 어느 정도 뒷받침하는 결과라고 볼 수 있다. 따라서 앞으로는 다양한 이론들의 통합이 시도되어 보다 적합한 설명이 이루어지길 기대한다.

사이버비행에서의 원인요인과 통제요인의 통합적 검증

I. 서론

청소년비행은 현실 오프라인을 넘어 최근 컴퓨터 인터넷과 더 나아가 휴대전화, 스마트폰을 이용한 모바일 비행에까지 확대해 나가고 있다. 이렇듯 청소년들의 일상 이용매체는 다변화되고 있고 따라서 이러한 매체에 따른 다양한 형태의 비행에 대한 연구가 요망된다고 할 수 있다. 더구나 앞으로 새로운 매체융합적 비행패턴도 등장할 것으로 예측되는바 이에 대한 연구가 필요하다고 할 것이다. 이 연구는 기존의 현실 오프라인에서의 비행이외에 인터넷 사이버비행 그리고 휴대전화상의 비행의 원인을 비교하면서 다루려고 한다.

이 연구는 가장 우선적으로는 청소년비행을 설명하기 위해 원인요인과 통제요인을 함께 고려하는 통합론적 모형을 구성하려고 한다. 기존의 비행이론들이나 경험연구는 청소년비행자의 특성이나 동기 같은 원인요인나 혹은 통제론적 시각의 기반하에 통제요인들에 각기 주목하였지만 이 연구에서는 비행을 보다 충분히 설명하기 위해서는 원인요인과 통제요인이 모두 필요충분적으로 필요하다는 점을 강조한다. 즉 비행의 원인과 동기가 높은 청소년들이 통제요인마저 없을 때 비행 가능성은 높은 것이며, 만약 통제요인을 갖추고 있다면 비행 가능성은 낮다고 보는 것이 다. 이처럼 이 연구는 원인요인과 통제요인을 통합적으로 고려해 보고자 하는데, 원인요인 이외에 통제요인을 함께 다루는 것은 비행을 어떻게 통제할까를 고려한다는 면에서 청소년비행을 어떻게 대처해 나갈 수 있을지의 해결에 도움을 주는 이점도 있다.

이 연구는 이러한 청소년비행의 통합모형을 현실 오프라인뿐만 아니라 최근 주목받고 있는 인터넷 사이버비행, 그리고 휴대전화비행 등 여러 이용매체상의 비행에 적용해 보고 과연 원인요인과 통제요인이 이용매체별로 차이가 있는지를 알아보고자 한다. 이전 비행이론과 연구들로부터 제시된 원인과 통제요인들은 모든 비행에 적용 가능할 것이라는 일반이론을 가정하고 있지만 이용매체 환경의 특성을 고려한다면 그것은 상이하게 작용할 것이라는 점에 주목하고 그것을 경험적으로 검증하여 살펴보려는 것이다. 그렇다면 이용매체상의 대책에 있어서도 차별적인 전략이 필요하다 할 것이다.

이 연구는 그동안의 현실, 인터넷, 휴대전화 비행의 설명요인에 대한 기존 연구들을 검토해 보고 이용매체별로 어떠한 원인요인과 통제요인이 중요한 설명요인이 될지를 알아보고 가설을 세운 후 그 가설들을 경험연구를 통해 비교·검토해 보려는 데 주목하고 있다. 이러한 연구결과를 기초로 이용매체별 해결책을 제시하고 전망에 대한 논의가 이 연구의 목적이다.

II. 이론적 논의

1. 청소년비행의 통합적 연구모형의 구성

청소년비행과 범죄를 설명하기 위한 큰 줄기로 실증주의와 고전주의 학파가 있지만 이 두 학파는 서로 다른 시각에서 비행을 설명하고자 하였다. 전자는 누가 왜 비행을 저지르는가에 주목한 반면, 후자는 어떤 상황과 여건에서 비행이 발생하는가에 주목하였다. 전자가 비행의 원인과 동기에 주목한 비행자이론이라면, 후자는 비행발생 기회와 상황측면에 주목한 비행발생이론으로 구분되기도 한다. 전통적으로 비행의 주요 이론이었던 긴장이론이나 하위문화이론, 차별접촉/사회학습이론 등이 전자에 있어 대표적 이론이라고 한다면, 사회통제이론(혹자는 이 이론을 전자에 포함하기도 하지만)이나 억제이론, 그리고 범죄기회이론 등은 후자에 대표적 이론이라고 할 수 있다.

이러한 여러 갈래의 이론 속에 주목할 만한 통합이론이 등장하기도 하였다. 그 대표적 논의 중 하나는 Gottfredson과 Hirschi(1990)가 제시한 일반이론이다. 이 이론에서는 어려서 형성된 개인의 안정된 성향으로서 낮은 자기통제력이 비행이나 범죄의 주된 원인으로 작용한다고 언급하면서도 또한 개인성향뿐만 아니라 비행기회 여건이 필요하다는 것을 강조하여 소위 실증주의와 고전주의 두 학파의 입장을 통합한 이론을 제시하였다. 또한 이후 Agnew(1992)와 같은 학자는 긴장이론에 토대를 두면서도 비행의 원인이자 동기로서 일상긴장 이외에 여러 다른 이론에서의 설명요인들이 필요충분적 조건으로 모두 필요하다는 일반긴장이론을 제시함으로써 통합적인 이론을 시도하였다.

그동안 몇몇 연구에서 통합이론적 논의를 시도해 왔지만 이 연구는 그러한 논의를 기초로 하면서도 또 다른 통합론적 시도를 제시한다. 이를 위해 기존 비행이론을 크게 원인론적 이론과 통제론적 이론으로 구분한 후 비행이 발생하기 위해서는 비행원인이 존재하고 동시에 저지할 수 있는 통제요인이 없어야 한다는 것을 주장하려고 한다. 이러한 시도는 개인성향원인과 기회상황요인을 필요충분조건으로 제시한 일반이론의 주장(Gottfreddon and Hirschi, 1990; Hay and Forrest, 2008)과 크게 다른 것이 없으며 다만 원인요인으로 개인성향 이외에 환경요인을 포함한 다른 주요 원인들을 언급한다는 점에서 좀 더 보완적인 시도라 할 수 있다.

예를 들어 긴장이론에서의 일상긴장이나 부정적 감정들도 비행의 주요 원인이며(Agnew, 1992; Piquero and Sealock, 2000), 아울러 기존 연구들에서는 차별접촉/사회학습이론에서의 비행친구와의 접촉이 비행의 가장 강력한 원인이 된다고 주장하고 있는데(Warr and Stafford, 1991) 이러한 요인들을 모두 원인요인으로 추가하고자 한다. 이처럼 이 연구에서는 기존의 주요 연구들에 의거하여 비행의 원인요인으로 개인 내적 성향으로서 낮은 자기통제력(일반이론) 이외에 사회환경적 요인으로서 일상긴장과 부정적 감정(긴장이론), 그리고 비행친구와의 접촉(차별접촉/사회학습이론)을 제시하기로 한다.

아울러 통제론적 시각의 이론들에 근거하여 이 연구에서는 통제요인들을 제시하기로 하는데, 원인요인이 있어도 통제요인이 존재한다면 원인요인이 작동하지 않기 때문에 비행 가능성은 낮지만, 원인요인이 존재하고 통제요인이 존재하지 않을 때 비행 가능성이 높다는 주장을 제시한다. 본 연구에서 다루려는 통제요인으로는 개인내적 통제요인으로 개인도덕신념 혹은 태도(인지이론 혹은 사회통제이론), 그리고 외적 통제요인으로는 공식처벌의 외적 통제(억제이론)와 주위 사람과의 유대와 같은 비공식통제(사회통제이론)를 제시하기로 한다. 즉 비행의 원인요인이 존재하더라도 개인의 도덕신념, 공식처벌, 주위 사람과의 유대관계가 강할 때에는 원인의 작용을 완충할 수 있어 청소년의 비행 가능성

<그림 1> 사이버비행의 통합론적 연구모형

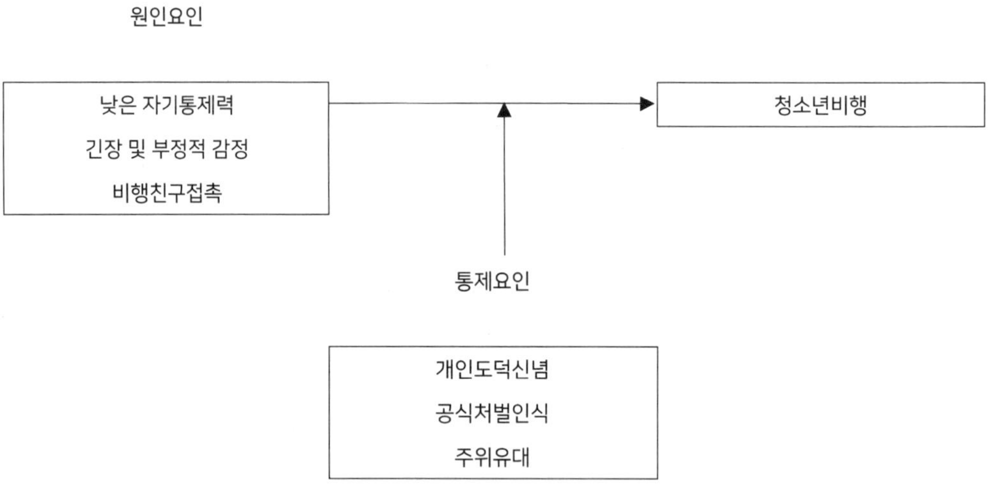

은 낮다고 볼 수 있으며, 통제요인들이 낮은 청소년에 한하여 비행 가능성은 높다고 보는 것이 타당하다는 주장이다. 본래 통제론적 시각의 이론에서는 청소년들의 비행동기가 누구나에게 주어진 것으로 보기 때문에 원인요인과 상관없이 통제요인에만 주목하였지만 원인이 누구나가 아니라 일부 청소년들에게 더 높게 해당되는 것이라면 위와 같은 원인과 통제요인의 통합 주장이 가능하다고 할 수 있다. 이처럼 비행설명의 통합론적 시도로 원인요인과 통제요인을 모두 고려하는 것은 비행설명으로 위험요소와 보호요소를 언급하고 두 요소가 모두 필요하다는 이전 주장(Howell, 2003)도 연관이 있다. 본 연구의 통합론적 연구모형은 <그림1>과 같다.

2. 세 이용매체별 원인요인과 통제요인의 영향력: 기존 논의

1) 세 매체별 원인요인

현실 오프라인에서의 비행을 중심으로 이루어졌던 기존 연구들에 의하면 낮은 자기통제력은 국내외적으로 청소년비행의 가장 중요한 설명요인의 하나로 평가된다(Pratt and Cullen, 2000; 민수홍, 2006). 물론 일반이론에서는 낮은 자기통제력이 비행의 가장 강력한 원인이라고 보면서 다른 요인들의 영향을 부정한 점에서는 비판을 받긴 하지만, 그럼에도 자기통제력이 낮은 충동적 청소년들이 비행 가능성이 매우 높다는 주장은 많은 연구들에서 지지를 받고 있다. 하지만 낮은 자기통제력의 영향에 비하면 그 영향력은 낮지만 긴장이론의 주장과 같이 부모와의 부적절한 관계나 갈등, 학업의 좌절과 부적응, 그리고 그로 인하여 부정적 감정을 경험하는 청소년이 비행을 저지른다는 주장도 지지를 받고 있다(Agnew, 1992; Piquero and Sealock, 2000). 아울러 비행친구와 접촉하는 청소년이 비행가능성이 매우 높다는 사실은 국내외적으로 크게 지지되고 있다(Warr and Stafford, 1991). 비행친구와 접촉하면 비행을 학습하고 용인하게 됨으로 비행을 저지르게 된다고 주장하는데, 낮은 자기통제력의 청소년이나 일상긴장을 겪는 청소년들도 결국 비행친구와 접촉하게 됨으로 해서 비행을 저지른다는 주장도 제기되듯이 가장 강력한 원인의 하나로 평가받는다(Elliott et al., 1985; Simmons et al., 1998; Mazarolle et al., 2000).

일반이론에서 낮은 자기통제력은 모든 비행에 잘 적용할 것이라고 주장하였듯이, 일반이론을 사이버공간에 적용하였던 기존 연구들을 보면 낮은 자기통제력의 충동적 아이들은 인터넷비행을 더 저지른다는 결과를 제시하고 있다(이경님, 하연미, 2004; 민수홍, 2005; 이성식, 2006b). 오히려 낮은 자기통제력은 오프라인보다 온라인에 더 큰 설명력을 지닐 것이라고 기대되기도 하는데, 일반이론에 따르면 낮은 자기통제력은 비행기회가 용이한 상황에서 더 크게 작동된다고 보기 때문이다. 온라인공간은 큰 노력없이 한 번의 클릭만으로 비행을 손쉽게 저지를 수 있고, 비대면의 익명 상황에서 발각의 위험이 상대적으로 적어 비행기회가 더 크다고 볼 수 있는데, 그러한 면에서 낮은 자기통제력의 영향은 인터넷비행에 더 잘 작용된다고 주장할 수 있다. 하지만 오프라인과 온라인 모두에 적용해 비교한 연구에 의하면(이성식, 2006b) 낮은 자기통제력은 다른 요인들보다도 오프라인과 온라인 모두에서 가장 큰 영향력을 갖는 원인이라고 밝히고 있다.

일상긴장요인들이 현실에서도 비행을 잘 설명하듯이 마찬가지로 사이버비행에도 잘 적용된다는 연구결과가 있다(이성식, 2004a). 오히려 일상긴장의 영향은 오프라인 현실보다 온라인에서 더 클 것이라는 주장도 제기되는데, 현실에서는 긴장과 부정적 감정을 경험한다해도 그것이 옳지 않다는 생각과 상대의 반격이나 상황 여건, 또 발각의 염려 등으로 곧바로 비행으로 표출되긴 어렵지만, 온라인에서는 그것이 상대적으로 허용되는 편이고, 사회적 실재감이 낮고 익명 혹은 비대면상황이어서 큰 제약없이 긴장과 부정적 감정을 쉽게 비행으로 표출할 수 있기 때문이다. 하지만 이성식의 연구(2006b)에서는 낮은 자기통제력의 영향력에 비해 일상긴장의 영향은 오프라인과 온라인의 경우도 상대적으로 낮은 것으로 제시되었다.

비행친구와의 접촉은 기존 연구에서 가장 강력한 원인요인이었지만 사이버비행에서는 그 영향력이 상대적으로 낮을 수 있다는 주장이 있다. 현실 오프라인에서는 단독비행보다 친구들과 함께 하는 비행이 많지만, 온라인에서는 컴퓨터에 혼자 앉아 비행을 한다는 면에서 친구로부터의 영향은 상대적으로 덜 받기 때문이다. 사이버공간에서는 주위의 압력이나 영향보다는 개인의 소신이나 평소 생각, 신념에 따라 행동하기 쉬운데(Joinson, 2003), 그러한 면에서 온라인 인터넷비행에서는 비행친구의 영향력이 낮다고 평가된다. 실제로 이성식의 연구(2006b)에서는 오프라인에서의 비행친구의 영향력과 달리 온라인에서는 그 영향력이 다소 미약하였다는 결과를 제시하였다.

이와 같이 볼 때 인터넷매체의 익명 및 비대면성, 비행기회의 용이성 등의 측면에서 볼 때 현실과 비교해서 인터넷비행의 경우는 낮은 자기통제력과 일상긴장의 영향력은 상대적으로 높지만 비행친구의 작용은 낮을 수 있다고 볼 수 있다. 그렇다면 인터넷비행과 달리 휴대전화를 이용한 상황에서의 비행의 경우는 어떠한가? 휴대전화는 휴대이동성, 은밀성, 동시연결성 등으로 특징된다(이재현, 2004; 성동규 외, 2007). 휴대전화비행은 온라인의 경우와 마찬가지로 일정 매체를 매개로 하며, 또 사적으로 은밀하게 사용할 수 있고, 주위 통제로부터 자유롭고 비대면의 상황이라는 점에서는 현실 오프라인의 경우와는 다르고 인터넷과 같다. 하지만 휴대전화의 휴대성과 이동성으로 인해 사용공간이 현실과 크게 다르지 않은 점에서 보면 가상공간이라는 인식은 상대적으로 낮고, 현실의 경우와 크게 다르지 않을 수 있다. 그러한 점에서 휴대전화의 경우 현실 오프라인과 온라인의 중간적 성격을 갖는다고 할 수 있는데, 최근 이성식과 김현준의 휴대전화비행 연구(2009)에서는 비록 긴장요인들의 영향력은 미약하였지만 낮은 자기통제력이나 비행친구와의 접촉이 휴대전화비행에 있어서 중요한 원인이라는 것을 밝히고 있다. 즉 긴장의 휴대전화비행으로의 표출은 인터넷처럼 쉽지 않지만 비행친구의 영향은 기존 인터넷비행 연구결과와는 다르게 크다는 복합된 결과를 제시한다.

2) 세 매체별 통제요인

기존 연구들에서 찾아볼 수 있는 대표적인 통제요인으로 개인 내적 도덕적 신념이나 윤리의식은 Hirschi(1969)가 사회통제이론에서 사회유대의 네 요소 중 하나로 강조하여 다루었듯이 비행을 통제할 수 있는 중요한 요인이 된다. 즉 도덕적 태도를 내면화하여 비행이 옳지 않은 행동이라고 생각하는 청소년들은 비행 가능성이 낮지만 그렇지 못한 청소년들은 비행을 저지를 가능성이 높다. 도덕적 신념이나 윤리의식의 중요성은 특히 오프라인보다도 사이버공간에서 중요하다는 것이 강조되어 왔는데, 현실에서는 주위 압력과 상황 때문에 평소의 생각과 달리 행동하는 경향도 높듯이(비행이 옳지 않은 것은 알지만 친구압력으로 어쩔 수 없이 가담하는 경우처럼) 도덕적 신념이나 윤리의식의 작용은 상대적으로 낮은 반면, 사이버공간에서는 주위 환경의 영향보다는 사적 자아의식이 높아 평소의 소신과 태도대로 행동할 가능성이 높기 때문이다(Joinson, 2003). 이처럼 현실비행의 경우보다도 윤리의식이 높은 청소년은 인터넷비행을 덜 저지르게 된다고 볼 수 있는데, 실제로 이성식(2006b)은 사이버언어폭력의 연구에서 개인의 내적 태도는 가장 강력한 설명요인이자 통제요인임을 제시하고 있다.

공식기관의 처벌에 의한 통제의 영향력은 어떨까? 억제이론에서는 공식기관의 처벌이 확실하고 엄중할 때 그것은 비행이나 범죄의 통제요인으로 작용할 수 있다고 주장하였다(Gibbs, 1975). 하지만 기존 현실 기반의 연구에서 공식처벌의 비행통제력은 매우 미비하다는 것이 밝혀져 왔다. 즉 청소년들이 법을 지키는 것은 법을 위반하는 것이 옳지 않거나 또는 주위 사람들과 관계와 유대 때문이지 처벌이 무서워서가 아니라는 것이다(Paternoster et al., 1983). 그러나 현실과 달리 사이버비행의 경우 공식처벌을 조금만 강화할 경우 그것을 미연에 방지할 수 있고 어느 정도 효과를 볼 수 있다는 주장이 제기된다. 공식처벌의 억제 및 통제효과는 일반사람들보다는 상대적으로 비행 가능성이 높은 잠정적 비행 대상자에게서 영향력이 클 수 있다고 제기되는데(Pogarsky, 2002), 사이버비행의 경우가 오프라인보다는 더 용인되고 또 비행기회가 용이하여, 잠정적 비행 대상자가 더 많다고 한다면, 현실에서 그 영향력이 미비하였던 것과는 달리 공식처벌의 설명력은 어느 정도 클 것이라고 볼 수 있다. 실제로 이성식(2008a)의 연구에서는 비록 윤리의식에 미치지는 못하지만 그에 못지않게 공식처벌은 사이버비행의 의도를 크게 약화시킬 수 있다는 결과를 제시하였다.

현실에서는 그동안 사회통제이론에서도 강조되어 왔듯이 주위 사람들과 애착과 유대가 주요 통제요인이 된다는 것이 제시되어 왔다. 즉 법을 위반하려다가도 부모를 실망시키지 않으려는 생각에 비행을 그만두며(Hirschi, 1969), 부모 이외에 주위 사람들의 비난으로부터의 수치심이 예상되어 비행을 통제하는 경우도 있고, 아울러 이웃들의 신뢰와 비공식통제가 비행의 통제요인으로 작동하기도 한다(Sampson et al., 1997). 하지만 사이버 온라인의 경우 그렇지 않은데, 사이버공간에 있게 되면 그동안은 현실과 다른 공간에 있다는 인식이 있어 현실에서 부모나 주위 사람들의 통제로부터 상대적으로 자유롭다고 느끼기 때문이다. 따라서 주위 사람과의 사회유대의 영향력은 현실의 경우는 몰라도 온라인 인터넷의 경우 다소 약할 수 있고, 온라인의 경우 앞서 설명한 바와 같이 상대적으로 개인의 신념과 윤리의식에 의해 설명될 가능성이 높다.

휴대전화비행의 경우 현실과 인터넷의 중간적 성격을 갖는다는 점에서 개인도덕신념, 공식처벌, 그리고 주위 사람의 비공식통제력의 영향도 그 중간을 나타낼 것이라고 기대할 수 있다. 이성식과 김현준의 연구(2009)에서는 공식처벌의 영향력은 다루지 않았지만, 다른 비행원인요인과 함께 개인태도와 부모의 애착과 같은 유대요소의 영향력을 다루었는데, 개인태도와 의식이 온라인 인터넷비행의 경우 매우 강하였던 연구결과와는 달리, 개인태도가 유의미한 영향력을 갖지 못한다는 결과를 제시하였고, 부모와의 애착의 영향력은 이전 온라인비행연구에서는 매우 미약하였던 것(이성식, 2006b)과는 달리 $p<.05$ 수준에서 비행을 통제할 수 있다는 결과를 제시하였다. 이 결과는 휴대전화비행의 경우 현실과 일치하는 부분도 있고 인터넷과 일치하는 부분도 있지만 현실과 인터넷과는 또 다른 특성을 갖는다는 것을 제시한다.

III. 연구가설과 방법

1. 연구가설

이 연구는 앞서 제시한 청소년비행에 대한 통합모형을 근거로 현실, 인터넷, 휴대전화 비행에 각각 적용해 보는 것을 시도한다. 청소년비행 통합모형은 원인요인과 통제요인으로 구분되며, 원인요인은 높고 통제요인이 낮을 때 비행 가능성은 높지만, 통제요인이 강할 때는 원인요인의 작용을 완충하는 통제 역할을 할 것이라고 가정하며, 이처럼 원인요인과 통제요인이 통합적으로 함께 작용할 것이라는 예측을 한다. 본 연구에서는 원인요인으로 낮은 자기통제력, 부정적 감정, 그리고 비행친구와의 접촉 등 세 요인을 사용하려고 하며, 통제요인으로는 개인도덕신념, 공식처벌의 인식, 주위 사람들과의 유대 등 세 요인을 사용하기로 한다. 우선 이러한 세 개의 원인요인과 통제요인들의 독립효과를 현실, 인터넷, 휴대전화 비행에 각각 적용하는 것이 이 연구에서 주목하는 점이며, 앞서 논의처럼 각각의 요소들의 영향이 세 이용매체상의 비행에 있어서 각각 상이할 것이라고 예측해 본다.

다음 가설들은 각각의 요인들의 영향력을 앞서 논의에 따라 정리한 것이다. 먼저 원인요인에서 낮은 자기통제력은 모든 비행에서 영향력이 클 것이지만 그중 인터넷비행에서 더욱 클 것이라고 예측하며, 반면 비행친구와의 접촉은 현실비행에서 영향이 클 것이라고 예측한다. 기존 연구에 근거해 볼 때 상대적으로 부정적 감정의 영향은 낮을 것으로 예측하는데, 현실보다는 인터넷비행에서 영향력이 클 것이라고 본다. 한편 통제요인에서 보면 개인도덕신념은 인터넷비행에서, 주위 사람과의 유대관계는 현실비행에서 그 작용이 클 것이며, 공식처벌의 영향력은 현실에서 상대적으로 낮고 인터넷비행에서 상대적으로 더 작동할 것이라고 예측한다. 한편 휴대전화비행의 경우 각각의 요소들의 영향력은 현실과 인터넷비행의 경우 중간 정도로 예측한다.

> 가설 1: 자기통제력이 낮을수록 비행을 더 할 것이며, 낮은 자기통제력은 모든 매체에서의 비행에 영향을 미칠 것이지만, 그 영향은 인터넷비행에서 더 클 것이다.
>
> 가설 2: 부정적 감정이 클수록 비행을 더 할 것이며, 그 영향은 상대적으로 크지 않지만 인터넷비행에서 더 클 것이다.
>
> 가설 3: 비행친구와 접촉할수록 비행을 더 할 것이며, 그 영향은 현실비행에서 더 클 것이다.
>
> 가설 4: 개인도덕신념이 높을수록 비행은 덜 할 것이며, 그 영향은 인터넷비행에서 더 클 것이다.
>
> 가설 5: 공식처벌인식은 높을수록 비행은 덜 할 것이며, 그 영향은 상대적으로 크지는 않지만 인터넷비행에서 더 클 것이다
>
> 가설 6: 주위 사람과의 유대관계가 높을수록 비행은 덜 할 것이며, 그 영향은 현실비행에서 더 클 것이다.

기존 연구들에서는 이러한 요인들의 독립효과에 주로 주목하였지만 이 연구에서는 이들 요인들의 각각의 독립효과 이외에도 원인요인과 통제요인들의 상호작용효과를 다룸으로써 본 연구의 통합모형을 검증해 보기로 한다. 앞서 요인들의 세 이용매체별 영향력을 고려해 볼 때 낮은 자기통제력은 앞서 가설 1에서 보듯이 인터넷비행에서 주요 원인요인이고, 현실비행에서는 가설 3에서 보듯이 비행친구와의 접촉이 주요 원인요인이며, 통제요인으로 개인도덕신념은 가설 4처럼 인터넷비행에서, 주위 사람과의 유대는

가설 6에서와 같이 현실비행에서 주요 통제요인으로 작용할 것으로 예상하는 바 여러 상호작용 중에서도 다음과 같은 가설을 제시해 보기로 한다.

가설 7: 낮은 자기통제력과 개인도덕신념은 인터넷비행에서 유의미한 상호작용효과를 가질 것이다.

가설 8: 비행친구접촉과 주위 사람과의 유대는 현실비행에서 유의미한 상호작용효과를 가질 것이다.

2. 연구방법

이 연구를 위해 2008년도 서울시 재학중인 중학생을 대상으로 설문조사한 자료를 사용하기로 한다. 청소년비행의 주 연구대상 연령층은 과거에 비해 점차 낮아지고 있고, 인터넷이용이나 휴대전화 이용의 경우도 중학생이 주 이용층이라는 점에서 본 연구는 중학생을 연구대상으로 하였다. 조사는 전국 단위보다는 조사 비용을 고려해 서울시 중학생을 대상으로 하였는데, 조사를 위해 서울시 중학교 목록에서 무작위로 일곱 개의 중학교를 선정하였고 선정된 학교별로 1, 2, 3학년의 한 학급씩 무작위로 선정하고 학급생 전원을 조사하도록 하여 학교별로 100여 명을 조사하는 계획을 세웠다. 이러한 과정을 통해 총 718명의 설문이 회수되었고, 불성실한 응답을 제외한 715명이 최종 대상자가 된다.

본 연구의 독립변인으로 원인요인으로서 낮은 자기통제력은 기존 연구에 의거하여 (Grasmick et al., 1993), 충동성, 위험추구성, 단순작업추구성, 활동성, 이기성, 화기질 등 여섯 특성에 대해 두 문항을 질문하였는데, 예컨대 “나는 충동적으로 행동하는 경우가 많다”와 같은 총 열 두개의 질문에 “전혀 그렇지 않다”에서 “매우 그렇다”에 이르는 5점 척도에 응답하도록 하였다(alpha=.816).

부정적 감정은 화, 우울, 불안감 등을 측정하는 총 열 문항을 사용하였는데, “나는 우울하다” 등의 질문에 5점 척도에 응답하도록 하였다(alpha=.926).

비행친구와의 접촉은 이용매체별로 친하게 지내는 친구 중 현실, 인터넷, 휴대전화 비행을 저지른 친구가 각각 몇 명인지를 질문하고 매체별로 한 문항씩 각각 사용하기로 한다.

통제요인으로 개인도덕신념은 현실, 인터넷, 휴대전화 비행에 대해 얼마나 나쁜 행동이라고 생각하는지를 각각 한 문항씩 묻고 "전혀 나쁘지 않다"에서 "매우 나쁘다"에 이르는 5점 척도에 응답하도록 하였다.

공식처벌의 인식은 처벌의 확실성을 중심으로 하여 현실, 인터넷, 휴대전화 비행에 대해 각각 발각되어 처벌을 받을 가능성을 질문하고 5점 척도에 응답하도록 하였다.

주위 사람들과의 유대관계의 비공식 통제수준을 위해서는 현실, 인터넷, 휴대전화 비행 각각에 대해 "비행을 할 경우 주위 사람들이 안다면 실망하실 것이다", "비행을 한다면 주위 사람들이 나를 비난할 것이다", "비행을 한 것을 주위 사람들이 안다면 나는 창피할 것이다" 등 세 문항씩을 질문하도록 하였다(alpha 현실=.953; 인터넷=.955; 휴대전화=.923).

종속변인으로 다룰 현실, 인터넷, 휴대전화 비행을 위해 각각 열 개의 비행 항목에서 비행 경험 횟수를 질문하였는데, 현실비행의 경우는 1) 흡연, 2) 음주, 3) 미성년불가업소출입, 4) 절도, 5) 강도, 6) 폭행, 7) 성희롱, 8) 강간, 9) 성관계, 10) 약물 등 열 개 항목의 경험을, 인터넷비행의 경우는 1) 욕설, 2) 비난, 3) 허위사실유포, 4) 성희롱, 5) 스토킹, 6) 음란물, 7) 아이디/주민번호도용, 8) 해킹/바이러스/스팸메일, 9) 사기/절도, 10) 저작권침해 등을, 휴대전화 비행의 경우도 인터넷비행의 항목과 일치하는 열 개의 문항을 사용하였다. 각 열 개 비행문항에서의 횟수는 '없다', '1회', '2-3회', '4-10회', '11회 이상'으로 다시 나누고 0부터 4점까지 점수를 부여하였고, 최종적으로 열 개씩의 문항을 합산하여 사용하기로 하였다. 비행은 가벼운 비행부터 심각한 비행이 있어 그것을 구분하여 살펴보는 것도 바람직하지만 여러 유형의 비행 경험을 함께 고려하기 위한 방법으로 이 문항들을 합산하도록 하였다. 이때 각 문항에서 원래대로의 횟수를 값으로 하여 합산할 경우 전체비행에서 빈도가 많은 일부 비행문항의 값이 차지하는 비중이 높아지는 문제가 있고, 또 각 문항에서 '없다'와 '있다'만을 고려할 경우 합산값은 비행의 빈도보다는 다양성 위주로 측정할 수 있기 때문에 위와 같은 방식으로 각기 0점부터 4점까지로 나누고 이를 합산하는 방식을 선택하였다.

아울러 사회인구학적 통제변인으로 성은 여자(=0)와 남자(=1)를, 연령은 태어난 연도를 묻고 연령으로 재부호화를 하였고, 계층변인으로 가족의 수입은 100만원 이하에서부터 101-200만원, 201-300만원 그리고 901만원 이상에 이르는 열 개의 응답 항목에 응답하도록 하였다.

Ⅳ. 분석결과

<표 1>과 같이 조사 대상자의 사회배경적 특성을 보면 성별의 경우 남학생이 364명으로 50.9%를, 여학생이 336명으로 47.0%를 차지해 성별 분포는 남자가 약간 많은 것으로 나타났다. 조사 대상자의 연령은 12세에서 16세까지 분포된 것으로 나타났는데, 그중 14세가 257명(35.9%)으로 가장 높은 비율을 차지하였고, 그 다음이 15세로 196명(27.4%), 13세가 191명(26.7%) 순으로 나타났다. 응답자의 계층적 변인과 관련하여 한 달 평균 가족수입을 살펴보면 가족 월수입이 201만원에서 300만원 이하가 164명(22.7%)으

<표 1> 조사 대상자의 특성

		명	%
성별	남성	364	50.9
	여성	336	47.0
	무응답	15	2.1
연령	12세	58	8.1
	13세	191	26.7
	14세	257	35.9
	15세	196	27.4
	16세	13	1.8
가족수입	100만 이하	32	4.2
	101-200만	89	12.8
	201-300만	164	23.0
	301-400만	124	17.8
	401-500만	101	14.6
	501-600만	34	4.8
	601-700만	21	3.4
	701-800만	9	1.4
	801-900만	9	1.4
	901만 이상	37	5.3
	무응답	96	13.4
총		715	100.0

로 가장 많았고, 300만원대가 124명(17.3%), 400만원대가 101명(14.1%) 순으로 나타났다.

<표 2>는 본 연구에서 사용하는 주요 변인들에 대한 기술통계분석의 결과를 제시한다. 주요 원인요인으로 낮은 자기통제력은 12-60범위에서 평균값이 33.332로 응답자들은 평균적으로 자기통제력이 높은 것으로 나타났고, 평소 일상생활로 경험하는 부정적 감정은 10-50범위에서 27.378로 중간보다는 다소 낮게 나타났다. 비행친구와의 접촉은 현실비행, 인터넷비행, 휴대전화비행을 저지른 비행친구 수로 알아 본 결과 인터넷 비행친구 수가 0에서 100까지의 범위로 가장 컸고 평균값도 3.341로 가장 높았다. 현실의 비행친구 수는 1.342로 나타났고 휴대전화 비행친구 수는 .710으로 가장 낮은 것으로 제시되었다.

통제요인으로는 우선 개인도덕신념으로 현실, 인터넷, 휴대전화 비행에 대한 태도를 살펴보면 1-5범위에서 현실비행에 대한 태도가 4.307로 대부분 그것이 나쁜 행동이라

<표 2> 주요 변인들에 대한 기술통계분석결과

		평균	표준편차	범위
낮은 자기통제력		33.332	8.907	12-60
부정적감정		27.378	9.642	10-50
비행친구접촉	현실	1.342	4.076	0-50
	인터넷	3.341	9.072	0-100
	휴대전화	.710	2.031	0-22
개인도덕신념	현실	4.307	.899	1-5
	인터넷	4.106	1.016	1-5
	휴대전화	3.992	1.203	1-5
공식처벌인식	현실	3.933	1.151	1-5
	인터넷	3.728	1.211	1-5
	휴대전화	3.492	1.307	1-5
주위유대	현실	11.581	3.511	3-15
	인터넷	11.017	3.650	3-15
	휴대전화	10.974	3.859	3-15
비행	현실	1.576	2.756	0-21
	인터넷	2.882	3.446	0-22
	휴대전화	1.679	2.661	0-17

는 응답을 보였고, 인터넷비행에 대한 태도가 4.106, 휴대전화비행에 대한 태도가 3.992로 상대적으로 휴대전화비행을 더 허용하는 것으로 나타났다. 공식처벌의 가능성에 대한 인식을 살펴보면 현실비행의 공식처벌 가능성은 1-5범위에서 3.933으로 가장 높았고, 그 다음이 인터넷비행이 3.728, 휴대전화비행이 3.492로 제시되었다. 또한 비행의 통제요인으로 주위 사람과의 유대(비행으로 결과될 주위 사람과의 유대손실)는 현실비행의 경우 3-15범위에서 11.581로 가장 높았고, 그 다음이 인터넷비행이 11.017, 휴대전화의 경우 10.974로, 현실비행에 대한 주위 사람들의 비공식통제가 가장 높고, 휴대전화에 대한 통제가 가장 낮은 것으로 나타났다.

본 연구에서 종속변인으로 다룰 청소년비행에서 현실비행은 0-21범위에서 평균값이 1.576으로 가장 낮았고, 인터넷비행은 0-22범위에서 2.882, 그리고 휴대전화비행은 0-17범위에서 평균값이 1.679로 나타나 상대적으로 사이버 인터넷비행의 경험이 가장 높은 것으로 제시되었다.

<표 3>은 본 연구에서 제시한 세 원인요인과 세 통제요인의 현실, 인터넷, 그리고 휴대전화 비행에 대한 영향력을 제시하는 다중회귀분석결과이다. 먼저 현실비행에서의 결과를 보면 원인요인으로 낮은 자기통제력과 비행친구와의 접촉이 $p<.001$ 수준에서 매우 큰 영향력을 갖는 것으로 제시되었고, 그중에서도 베타값을 비교해 볼 때 비행친구와의 접촉(β=.362)이 가장 중요한 원인임을 나타냈다. 즉 비행친구가 많은 아이들이 현실비행을 많이 저지른다는 것을 알 수 있다. 그러나 본 연구에서 제시하였던 또 다른 원인요인으로 부정적 감정의 영향력은 유의미하지 않았다. 통제요인으로는 개인의 도덕신념이 $p<.01$ 수준에서 부(-)적으로 통제작용을 하는 것으로 제시되었고, 아울러 주위 사람과의 유대에 의한 통제도 $p<.05$ 수준에서 유의미한 것으로 나타났다. 하지만 공식처벌의 통제작용은 기존 연구결과들처럼 통계적으로 유의미하지 않은 것으로 나타났다. 사회인구학적 요인으로는 남성이 $p<.05$ 수준에서, 그리고 가족수입이 높은 아이들이 $p<.05$ 수준에서 더 비행을 저지른다는 결과를 제시하였다.

두 번째로 인터넷비행의 결과를 보면 원인요인으로는 앞서 현실비행의 경우와 마찬가지로 낮은 자기통제력과 비행친구와의 접촉이 각각 $p<.001$ 수준에서 매우 큰 영향력을 갖는 것으로 제시되었고, 그중에서도 베타값에서 보듯이 비행친구와의 접촉(β=.230)보다는 낮은 자기통제력(β=.240)이 다소 더 중요한 원인임을 나타냈다. 이는 현실비행의 경우 낮은 자기통제력보다는 비행친구접촉이 더 중요하였다는 결과와는 다소 대조

<표 3> 원인 및 통제요인의 세 매체상의 비행에 대한 다중회귀분석결과

	종속변인					
	현실비행		인터넷비행		휴대전화비행	
독립변인	b	β	b	β	b	β
남성	.476*	.082	1.105***	.160	.133	.024
연령	-.158	-.054	.178	.051	.085	.030
가족수입	.124*	.092	.053	.032	-.031	-.025
낮은 자기통제력	.064***	.195	.094***	.240	.056***	.184
부정적 감정	.023	.077	.008	.023	-.003	-.009
비행친구접촉	.249***	.362	.082***	.230	.352***	.266
개인도덕신념	-.404**	-.129	-.343*	-.100	-.232*	-.104
공식처벌인식	.130	.051	-.219	-.075	-.204*	-.099
주위유대	-.083*	-.103	-.063	-.067	.010	.015
R제곱	.294		.201		.131	
F값	23.496***		13.884***		8.516***	

*p〈.05; **p〈.01; ***p〈.001

되며 본 연구의 예측을 지지하는 결과이다. 앞서 현실비행의 결과와 같이 부정적 감정의 영향력은 유의미하지 않았다. 통제요인으로는 개인도덕신념이 p<.05 수준에서 부(-)적으로 유의미한 통제작용을 하는 것으로 제시되었는데, 하지만 공식처벌과 주위 사람과의 유대는 통계적으로 유의미하지 않은 것으로 나타났다. 이러한 결과는 비록 공식처벌의 영향력은 유의미하지 않았지만 주위 사람과의 비공식통제의 영향력은 낮을 것이라는 예측과 인터넷비행에서는 개인 내적 신념이나 윤리의식이 통제요인으로 중요할 것이라는 가설과 일치한다. 사회인구학적 요인으로는 남성이 p<.001 수준에서 더 비행을 저지른다는 결과를 제시하였다.

휴대전화비행의 경우를 보면 현실 그리고 인터넷비행의 결과와 마찬가지로 낮은 자기통제력과 비행친구와의 접촉이 p<.001 수준에서 매우 큰 영향력을 갖는 것으로 제시되었고, 그중에서도 비행친구(β=.266)가 가장 중요한 원인임을 나타냈다. 부정적 감정의 영향력은 현실과 인터넷비행의 경우와 같이 유의미하지 않았다. 통제요인의 경우도 현실 및 인터넷비행의 경우와 같이 개인의 도덕신념이 p<.05 수준에서 유의미한 것으로 제시되었는데, 이러한 결과는 개인태도가 모든 비행에서 중요한 통제요인이 된다는

것을 제시한다. 아울러 주위 사람들의 통제작용은 현실비행에서 유의미하였던 것과는 달리 인터넷 그리고 휴대전화비행에서는 통계적으로 유의미하지 않은 것으로 나타났다. 하지만 공식처벌의 통제작용은 $p<.05$ 수준에서 유의미한 것으로 나타났는데, 이러한 결과는 현실 및 인터넷에서 유의미하지 않았던 것과는 대조적이다. 휴대전화비행의 경우 사회인구학적 요인의 영향력은 유의미하지 않았다.

이러한 결과로 미루어 볼 때 원인요인에서 낮은 자기통제력과 비행친구접촉은 현실, 인터넷, 휴대전화 비행에서 모두 중요한 원인요인으로 나타났지만 상대적으로 볼 때 낮은 자기통제력은 인터넷비행에서(가설 1), 비행친구의 영향력은 현실보다 크게 작용한 것으로 나타나(가설 3) 본 연구의 가설을 어느 정도 지지하였다. 휴대전화비행의 경우는 현실과 같이 비행친구의 영향력이 다소 더 컸다. 그리고 기존 연구들과 같이 낮은 자기통제력과 비행친구와 비교해 볼 때 부정적 감정의 영향력은 낮았다. 그리고 영향이 상대적으로 인터넷비행에서 클 것이라는 가설은(가설 2) 지지되지 않았다. 한편 통제요인의 경우 본 연구의 예측대로 주위 사람들의 유대는 인터넷과 휴대전화비행보다 현실비행에서 중요한 통제요인이었다(가설 6). 하지만 개인신념과 태도가 인터넷비행에서 더 중요할 것이라는 예측(가설 4)과 달리 개인도덕신념 모든 매체에서 중요한 통제요인이었으며, 아울러 공식처벌은 현실보다는 인터넷비행에서 더 잘 작동할 것이라고 예측하였는데(가설 5), 현실에서는 유의미하지 않았던 것과는 달리 인터넷비행에서는 $p<.10$ 수준에서 유의미하게 작용하여 어느 정도 가설과 일치하였지만 오히려 휴대전화비행에서 $p<.05$ 수준에서 유의미하여 중요한 통제요인인 것을 제시하였다.

한편 <표 4>는 주목한 통합론적 가설을 검증하기 위한 것으로 원인요인과 통제요인의 상호작용효과의 영향력에 관한 결과를 제시한다. 여기서는 앞서 <표 3>에서 원인요인으로 중요하게 나타났던 낮은 자기통제력과 비행친구를 중심으로 어떠한 통제요인이 요인들의 영향력을 통제하여 통합적으로 작용하는지를 살펴보기로 한다.

먼저 현실비행의 경우 결과를 상호작용효과를 중심으로 살펴보면 낮은 자기통제력과 개인도덕신념이 부(-)적으로 유의미한 상호작용효과를 제시하였고, 아울러 비행친구접촉은 공식처벌과, 주위 사람과의 유대와 모두 부(-)적으로 유의미한 상호작용을 갖는 것으로 제시되었다. 즉 낮은 자기통제력의 아이들이 개인도덕신념을 갖출 경우, 그리고 비행친구와 사귀는 아이들은 공식처벌을 인지하거나 주위유대가 클 경우 비행 가능성이 낮다는 것을 제시하였다.

<표 4> 원인 및 통제요인의 상호작용효과의 세 매체상의 비행에 대한 다중회귀분석결과

	종속변인					
	현실비행		인터넷비행		휴대전화비행	
독립변인	b	β	b	β	b	β
남성	.419	.072	1.074***	.157	.102	.019
연령	-.114	-.039	.103	.030	.109	.038
가족수입	.094	.070	.058	.036	-.018	-.014
낮은 자기통제력	.061***	.187	.085***	.223	.055***	.181
부정적감정	.016	.054	.018	.051	.003	.010
비행친구접촉	.236***	.343	.110***	.310	.408***	.308
개인도덕신념	-.500***	-.160	-.475**	-.140	-.266*	-.120
공식처벌인식	.105	.041	-.201	-.070	-.183*	-.088
주위유대	-.093**	-.116	-.071	-.076	.003	.005
낮자통*도덕신념	-.060***	-.193	-.052***	-.160	-.004	-.017
낮자통*공식처벌	.016	.050	.007	.021	-.015	-.058
낮자통*주위유대	.010	.095	-.001	-.004	-.005	-.020
비친구*도덕신념	-.017	-.049	-.002	-.011	-.056	-.039
비친구*공식처벌	-.121***	-.167	-.087***	-.256	.061	.056
비친구*주위유대	-.031**	-.107	.006	.071	-.043*	-.097
R제곱	.356		.279		.147	
F값	18.539***		12.544***		5.787*	

*p＜.05; **p＜.01; ***p＜.001

인터넷비행의 경우 현실비행과 마찬가지로 낮은 자기통제력과 개인도덕신념이 부(-)적으로 유의미한 상호작용효과를 제시하였고, 아울러 비행친구접촉은 공식처벌과 부(-)적으로 유의미한 상호작용을 갖는 것으로 제시되어, 낮은 자기통제력의 아이들이 개인도덕신념을 갖출 경우, 그리고 비행친구와 사귀는 아이들은 공식처벌을 인지할 경우 비행 가능성이 낮다는 결과를 제시하였다. 이러한 결과는 낮은 자기통제력과 개인도덕신념의 상호작용이 인터넷비행에서 클 것이라는 예측(가설 7)과 달리 현실과 인터넷 모두에서 나타난 것이며, 본 연구의 예측대로(가설 8) 비행친구의 작용은 현실에서는 주위유대가 통제하지만 관계는 인터넷에서는 나타나지 않는 것을 제시한다. 한편 본 연구결과에서는 현실 및 인터넷비행 모두 비행친구를 사귈 경우에 공식처벌은 주요 통제작용을 한다는 것을 제시하였다.

마지막으로 휴대전화비행의 경우 비행친구와의 접촉과 주위의 유대의 상호작용효과만이 유의미하게 나타났다. 이러한 결과는 가설 8과 같이 현실의 경우 이외에 휴대전화비행의 경우에 있어서도 비행친구의 영향력을 주위 유대가 통제할 수 있음을 나타낸다. 하지만 그 외의 상호작용효과는 나타나지 않고 전체적으로 영향력은 약하였는데, 즉 낮은 자기통제력은 독립적인 효과만을 가질 뿐이며 어떠한 요인에 의해서도 통제되지 않음을 제시하며, 마찬가지로 비행친구와의 접촉도 개인도덕신념이나 공식처벌에 의해 통제되지는 않고, 현실과 마찬가지로 주위 사람들과의 유대에 의해서만 통제할 수 있음을 제시하였다.

V. 결론

이 연구는 청소년비행에 대한 통합모형을 구성함에 있어 원인요인과 통제요인들을 함께 고려하고 아울러 이 모형을 오프라인 현실에서의 비행뿐만 아니라 인터넷, 그리고 휴대전화 비행 등 여러 매체 이용상의 비행에 적용해 보고 차이를 살피는 것에 주목하였다.

본 연구결과에서는 전체적으로 볼 때 본 연구의 통합모형이 어느 정도 적합함을 제시하였다. 즉 원인요인과 통제요인들은 각기 독립적으로 작용할 뿐만 아니라 서로 통합적으로 작용하여 상호작용효과를 갖는 것으로 나타났다. 즉 원인요인의 비행에 있어서의 작용은 통제요인의 존재로 인하여 영향력이 있거나 혹은 낮아지는 조건적 효과를 가지며, 결국 원인요인과 통제요인 모두가 함께 작동한다는 결과를 제시하였다.

아울러 본 연구결과는 원인과 통제요인의 독립적 작용이나 통합적 작용이 세 매체별로 다소 상이하다는 것을 제시하였다. 우선 원인요인으로는 세 매체상 비행 모두에서 낮은 자기통제력과 비행친구와의 접촉이 주요 요인으로 나타났다. 하지만 현실비행과 휴대전화비행은 낮은 자기통제력보다 비행친구의 영향이 더 컸으나 인터넷비행에서는 낮은 자기통제력의 영향력이 상대적으로 더 큰 것으로 나타나 대조적이었다. 통제요인으로는 주위 사람들의 유대는 인터넷과 휴대전화비행보다 현실비행에서 중요한 통제요인이었고, 공식처벌은 휴대전화비행에서, 그리고 개인도덕신념은 모든 매체의 비행에서 가장 중요한 통제요인인 것으로 나타났다. 이러한 결과는 낮은 자기통제력과 비행친구와의 접촉에 대한 사전 예방적 대처와 또한 아울러 청소년들에 대한 윤리의식이 필요함을 나타내는 것 이외에 어느 정도 세 매체별로 서로 다른 요인의 작용을 볼 때 차별적 전략이 필요함을 제시하였다. 예를 들어 현실비행에서는 주위유대가, 휴대전화비행은 강력한 법적 조치가 대응책으로 제시될 수 있다.

원인요인과 통제요인의 통합적 작용을 보면 물론 세 매체별로 다소 다르지만 전체적으로 볼 때 낮은 자기통제력의 영향은 개인태도에 의해 통제되고, 반면 비행친구와의 접촉의 영향은 공식처벌이나 주위 사람과의 유대에 의해 통제되는 것을 제시한다. 즉 개인 원인요인의 작용은 개인 통제요인에 의해, 그리고 비행친구와 같은 주위 환경의 원인요인은 역시 주위 환경 통제요인에 의해 통제될 수 있음을 나타낸다. 그러한 결과는 주로 현실비행에서 나타났고 인터넷비행의 경우도 나타났는데, 인터넷비행에서는 본 연구의 예측과 같이 주위 사람과의 유대의 통제작용은 미흡하였었다. 휴대전화비행의 경우 전체적으로 상호작용효과의 작용은 낮았는데, 다만 비행친구의 영향이 주위 유대에 의해 통제될 수 있다는 결과만을 제시하였다.

이와 같은 결과로 볼 때 앞으로 비행연구는 원인과 통제요인의 통합적 설명이 필요하다는 점과 아울러 매체별로도 작용이 유사한 점도 있지만 상이한 점도 발견된다는 점에서 새로운 매체의 비행현상 원인을 설명함에 있어서나 대응책을 제시함에 있어서 상이하게 접근할 필요가 있음을 알 수 있었다. 특별히 휴대전화와 같은 모바일 매체의 경우 현실과 인터넷의 중간 성격을 갖는다는 점에서 새로운 매체의 대응책을 모색해 볼 수 있었다. 조사 당시에는 휴대전화와 같은 모바일 매체에서의 비행 정도는 낮았지만 스마트폰의 확산으로 앞으로 그 현상은 계속 증가할 것으로 예측한다. 아울러 새로운 융합매체의 등장으로 현상의 다양성과 복잡성은 더 심해질 것으로 예측하는 바, 현상 설명과 대응책을 새롭게 모색할 필요가 생겼다. 앞으로는 이러한 연구들이 새롭게 진행되길 기대한다.

모바일 인스턴트 메신저상의 사이버불링 설명에서 배출요인과 촉진요인들의 상호작용효과

I. 서론

근간에 학생들의 스마트폰 사용 증가로 학교폭력이 현실에서 사이버공간으로 확장되고 있다. 흔히 사이버폭력 혹은 불링이라고 할 때 면대면 폭력이 아닌 확대된 네트워크 속 서로 모르는 익명 관계에서 폭력이라고 볼 수 있지만 요즘 청소년들 간의 스마트폰 이용상의 폭력은 차이가 있다. 카카오톡으로 대표되는 모바일 인스턴트 메신저(mobile instant messenger 이하 MIM) 사용으로 서로 아는 지인들의 네트워크를 기반으로 형성된 공간에서 현실 학생들 간의 학교폭력이 사이버공간으로 확장, 이동, 지속되고 있는 것이다.

2014년도 한국청소년정책연구원(이창호, 2014)에서의 중고등학생 4,000명 대상 사이버불링 실태조사에 따르면 지난 3개월 동안 응답자의 19.4%가 가해경험이 있었고, 카카오톡상에서 신청 거부나 대화방 제외의 배제형태가 10.1%, 온라인게임에서의 괴롭힘이 9.0%, 채팅서비스를 통한 괴롭힘이 7.0%순으로 제시되어 MIM에서의 폭력이 중요한 이슈로 등장하였음을 제시하였다. 마찬가지로 2014년도 한국형사정책연구원(이승현, 노성호, 2014)에서 초등학생 4-6학년 1,188명과 중학생 1,270명 대상으로 실시한 따돌림 실태조사에서 초등학생은 11.3%가, 중학생은 15.8%가 따돌림의 가해경험이 있었다고 응답하였는데, 초등학생의 경우 '카카오톡을 통해 누군가를 흉보거나 나쁜 말을 퍼뜨렸다'는 경험이 7.0%로 가장 많았고, 다음으로 '카카오톡을·통해 욕하거나 말로 공격함'

이 5.6%, '카카오톡 그룹채팅에 끼워주지 않고 따돌림'이 2.4%순이었고, 중학생의 경우도 순서대로 각각 11.3%, 8.2%, 4.8% 따돌림을 경험한 것으로 조사되어 이제 따돌림과 불링은 카카오톡이 중심이 되고 있음을 제시하고 있다.

이 연구는 이러한 점에서 카카오톡 등의 MIM 사용상에서의 사이버불링의 원인을 모색해 보려고 한다. 그동안 사이버폭력과 불링의 원인에 관한 연구는 몇몇 시도된 바 있지만(Patchin and Hinduja, 2011; 성동규 외., 2006; 이성식, 2006b; 전신현, 이성식, 2010; 남상인, 권남희, 2013), 아직 국내외적으로 MIM사용상의 사이버불링의 원인에 관한 연구는 아직 없기 때문에 모색하는 의의가 있다고 볼 수 있다.

MIM상의 사이버불링은 확대된 네트워크상의 서로 모르는 사이에서 이루어지는 기존 사이버불링과는 달리 가해자와 피해자의 관계가 서로 아는 관계일 가능성이 높고 청소년의 경우 학교폭력의 연장선에 있다. 그러한 점에서 현실 기반의 청소년비행이나 학교폭력의 원인으로 언급되었던 기존 주요 비행이론들의 적용 가능성이 매우 높다.

이 연구는 MIM상 사이버불링의 원인을 모색하기 위해 기존 주요 요인들을 적용함에 있어 그 요인들을 배출요인과 촉진요인으로 나누고 요인들의 통합 작용을 살펴보려는 점에 주목하고 있다. 여기서 배출요인은 현실 오프라인에서도 중요하게 작용하면서도 온라인에서도 공통적으로 작용할 수 있는 범죄를 촉발하는 현실 기반 요인으로 기존 오프라인 현실범죄나 사이버 온라인 범죄연구에서 주요 요인이 되었던 현실 일상긴장이나 낮은 자기통제력 등과 같은 요인들이 이에 해당된다. 한편 촉진요인은 그와 같은 배출요인의 작용을 더욱 촉진하게 하면서도 특히 사이버불링을 가능하게 하는 온라인의 MIM상의 특성요인들이다.

이 연구에서는 무엇보다도 통합론적 설명을 시도함에 있어 여기서는 사이버불링이 기존 배출요인뿐만 아니라 사이버공간의 촉진요인을 통해서도 설명될 필요성을 주장할 것이다. 더욱이 배출요인과 촉진요인은 사이버불링 발생의 필요충분조건이 되어 기존 배출요인과 동시에 특별히 MIM상에서의 온라인 촉진요인이 있어야만 사이버불링이 발생할 것이라는 통합모형을 제시하려고 한다. 이 연구는 통합적 논의로 Agnew(1992)의 일반긴장이론과 Gottfredson과 Hirschi(1990)의 일반이론을 근거로 배출요인으로는 일상긴장과 낮은 자기통제력을, 그리고 촉진요인으로 MIM상의 사이버불링의 특징이라 할 수 있는 사회학습과 기회요인들을 제시하여 통합모형을 구성하고 이를 검증할 것이다. 이처럼 이 연구는 MIM상의 사이버불링의 원인을 모색함에 있어 그 특성에 비추어 통합모형을 구성하고 이를 검증하는 데 목적을 두고 있다.

Ⅱ. 이론적 논의

1. 기존 범죄원인의 배출요인들

기존 오프라인 범죄연구에서 주요 요인으로 각광을 받아 왔고 아울러 그러한 요인들을 사이버범죄에 적용하였던 기존 연구결과들을 보았을 때 가장 주목받는 대표적 요인으로는 일상긴장의 환경요인들과 낮은 자기통제력과 같은 개인성향 요인을 꼽을 수 있다.

우리가 평소 일상생활 중 겪는 여러 긴장은 현실의 범죄 이외에 사이버범죄의 원인이 될 수 있다. Agnew(1992)는 일반긴장이론에서 우리의 일상생활 영역에서의 긴장이 부정적 감정을 야기함으로써 범죄 원인으로 작용할 수 있다는 주장을 제시하였다. 청소년 대상의 연구에서는 가정, 학교, 친구관계, 지역사회 등 여러 일상에서의 긴장이 부정적 감정을 유발하고, 부정적 감정이 비행에 영향을 준다는 결과를 제시하였다(Agnew, 2001; Agnew 2006).

긴장이론의 시각에서 보면 사이버불링은 일상생활에서 경험하는 긴장과 스트레스를 해소하기 위해 저지르게 된다고 볼 수 있다. 일상긴장은 현실 폭력이나 집단따돌림에서보다 사이버불링에 더 잘 적용될 수 있는데, 현실 오프라인에서는 긴장이 있다고 해서 비행으로 표출될 가능성은 상대적으로 낮지만 온라인에서는 더 쉽게 긴장을 표출할 수 있기 때문이다. 실제로 Patchin과 Hinduja(2011)는 일상긴장과 그로 인한 화와 좌절감이 사이버불링의 주요 동기이자 원인이 된다는 것을 제시하였고, 국내 연구로 홍영수와 김동기(2011)는 사이버비행 설명에서 여러 요인들 중 일상긴장과 스트레스의 영향이 가장 크다는 것을 제시하였다.

MIM상의 사이버불링의 경우 일상긴장의 영향력이 더 클 수 있는데 가정과 학교에서의 학업긴장 이외에 친구간의 갈등이 학교폭력으로 이어지고 연장선상에서 사이버불링이 일어난다고 볼 수 있기 때문이다.

Gottfredson과 Hirschi(1990)의 일반이론에서는 대부분의 비행이 즉각적이면서도 충동적으로 발생한다는 점에 주목하였고, 원인이 순간만족과 충동성을 통제, 조절할 수 있는 능력으로서의 내적 성향 차이에 있다고 보았는데, 바로 자기통제력이라고 하였다. 즉 자기통제력이 낮은 사람은 비행을 더 저지른다고 보아 비행의 주요 설명요인이라고 하였고, 낮은 자기통제력은 다른 이론들에서의 요인들과 독립적으로 그리고 그보다 더 비행의 주요 설명 원인이라고 보았고 어느 정도 지지되었다(Pratt and Cullen, 2000).

일반이론에서 낮은 자기통제력은 모든 비행에 잘 적용될 것이라고 주장하였듯이 사이버불링을 잘 설명할 것이라고 볼 수 있는데, 사이버공간에서는 한번의 클릭으로 보다 쉽고 용이하게, 더더욱 비대면의 상황에서는 우발적이고도 충동적으로 행동하게 되는데 그러한 상황에서 자기통제력이 낮은 사람들이 자신을 조절하지 못하고 우발적으로 비행을 저지르기 쉽기 때문이다. 그동안의 연구에서는 낮은 자기통제력은 여러 사이버비행의 주요 설명이 된다는 것을 제시하고 있다(Higgins, 2005; Buzzell et al., 2006; Malin and Fowers, 2009; 정혜원, 2010). 국내에서 이성식(2006b)은 사이버폭력연구에서 낮은 자기통제력이 다른 요인들보다도 오프라인과 온라인 모두에서 가장 큰 영향력을 갖는 주요 원인이라는 것을 제시하였고, 최근 남상인과 권상희(2013)의 연구에서도 낮은 자기통제력은 사이버폭력의 중요한 원인임을 제시하였다.

이렇게 볼 때 사이버불링은 그것이 우발적 행동이라는 점에서 자기통제력이 낮거나 충동적인 사람들에 의해 비롯되는 것이라고 볼 수 있다. 낮은 자기통제력은 오프라인이나 온라인 모두 중요한 요인이란 점에서 MIM상 사이버불링에 중요 요인이라고 볼 수 있으며 더구나 스마트폰 이용상에 즉각적이고 충동적으로 사용할 것이라는 점에서 그 영향은 크다고 볼 수 있다.

2. 촉진요인으로 MIM상의 사회학습과 기회

사이버불링을 설명하기 위해서는 앞에서 언급한 배출요인 이외에 온라인 MIM상의 특징에서 비롯되는 촉진요인들을 고려할 필요가 있다. 배출요인이 사이버불링을 유발하는 현실 기반의 요인이라면 촉진요인은 사이버불링을 더 촉진시키는 MIM상의 요인인데, 여기서는 촉진요인으로 사회학습요인과 기회요인을 다룰 것이다.

비행원인 연구에서 기존 연구들에서 가장 중요한 원인 중 하나는 법위반자와의 차별접촉과 그로 인한 비행학습이다. 차별접촉/사회학습이론에 따르면 비행친구나 위반자와 접촉하면 비행을 학습하게 됨으로 비행을 저지르게 된다고 보았는데(Akers, 1985; Warr and Stafford, 1991), 국내에서도 사이버불링연구를 중심으로 그 영향력이 크다는 결과를 제시하고 있다(전신현, 이성식, 2010; 김경은, 2013; 남상인, 권남희, 2013). 남상인과 권남희(2013)는 사이버불링을 설명하기 위한 여러 요인들 중 비행친구 수가 가장 중요한 예측요인임을 제시해 비행친구와 사귀어 그로 인해 폭력을 용인하는 학생이 온오프라인에 상관없이 폭력을 저지르게 된다는 결과를 제시하였다. 이와 같은 주장을 보면 사이버불링친구나 태도가 가장 중요한 요인이 될 수 있다.

더구나 MIM상의 사이버불링은 아는 친구들과의 상호작용에서 그 사회학습 과정의 영향력이 크게 작용할 수 있다. MIM에서는 그룹채팅이 가능한 커뮤니케이션 환경을 제공하기 때문에 일대일의 공격과 폭력도 가능하지만 카따와 같은 현실 기반 및 확장의 집단따돌림의 형태가 일어난다는 점이 기존 사이버불링과 다르다. 따라서 확대된 네트워크보다는 소수 그룹을 중심으로 폭력이 일어나는 특징이 있다. 이러한 면에서 볼 때 MIM상의 사이버불링은 무엇보다 서로 아는 친구사이에서 소수 집단으로부터의 사회학습요인이 중요하게 작용할 것이라고 본다.

사이버불링을 논할 때 기회요인은 또 다른 촉진요인이 된다. 기존의 주요 범죄이론들이 주로 범죄자 개인특성이나 환경을 강조하는 논의들이었다면, 고전주의 학파에 근거한 논의는 범죄발생의 기회요인을 중시하는데, 예를 들어 생활양식이론(Hindelang et al., 1978)에서는 범죄위험의 노출이 범죄발생의 원인이라고 보았고, 일상행위이론(Cohen and Felson, 1979; Meier and Miethe, 1993)에서는 범죄가 일어나기 위해 매력적 대상이 있고 범죄를 저지할 감시의 부재 등 범죄기회가 있어야 한다고 보았다. 이들 논의는 사이버범죄 연구에도 적용되어 왔는데(Holt and Bossler, 2009; Macum et al., 2010; Reyns et al., 2011), 기존 연구는 주로 범죄피해를 중심으로 범죄기회요인을 다뤄왔지만, 가해자 입장에서 보면 범죄기회가 많고 수월할수록 범죄 가능성은 높다고 볼 수 있을 것이다. 인터넷에서는 한 번의 클릭으로 손쉽게 범죄를 저지를 수 있고 우연한 기회와 감시의 부재 등 범죄기회는 많고 이는 범죄의 주요 원인으로 작용할 것인데, 그러한 점에서 사이버불링의 경우 주요 요인이 된다고 할 수 있다.

더구나 MIM상 사이버불링의 특징은 현실보다 더 쉽고 간편하며, 더 나아가 24시간 이용 가능하여 폭력을 지속할 수 있고, 또 MIM에서는 그룹채팅 이외에 대화상대를 탐색하고 추가하기 쉬운 구조이어서 가해자가 피해자를 물색하기 용이한 기술적 환경을 제공하고, 글 이외에 이모티콘, 사진, 동영상 등 다양한 방법으로 폭력을 행사할 수 있는 등 기회의 용이성이 높아 또 다른 특징이자 원인으로 작용할 수 있을 것이다.

3. 통합적 논의

앞서 본 논의에서 배출요인의 근거로 제시한 일반긴장이론과 일반이론은 대표적인 통합이론이다. 일반긴장이론은 범죄원인으로 긴장요인을 제시하면서 그것 이외에 여러 다른 이론들을 통합하려고 하였다. 즉 긴장이나 부정적 감정을 경험한 청소년들 모두가 비행을 저지르지는 않으며, 일정한 조건이 충족될 때만 비행을 저지른다고 주장하였다. 조건적 조절변인으로 사용되는 요인들로는 차별접촉/사회학습이론(Sutherland, 1947)의 비행친구와의 차별접촉과 비행태도, 사회통제이론(Hirschi, 1969)의 부모애착, 학업관여, 신념 등의 사회유대요인이 대표적이다(Agnew, 2006). 즉 일상긴장으로 부정적 감정을 경험한 사람들이 비행친구와 사귀거나 비행태도를 갖고, 비행을 통제할 사회유대가 낮을 때 비행을 저지르게 된다는 주장을 하였는데 상호작용효과는 미약하다는 결과도 있었지만 어느 정도 지지되고 있다(Mazerolle and Maahs, 2000; Agnew, 2006).

앞서 MIM상의 사이버불링의 특징이 서로 아는 관계에서, 소수의 그룹채팅상에서 사이버불링학습의 영향력이 크다고 보면 일반긴장이론에서의 통합논의 중 긴장의 영향에서 조건적 조절변인의 작용으로 다른 요인들보다도 사이버불링친구와의 차별접촉과 태도가 중요할 것이라고 볼 수 있다. 즉 일상긴장이 주요 동기의 하나로 긴장표출이 사이버불링의 원인이 될 것이지만 일상긴장이 MIM상의 사이버불링에 영향을 미침에 있어 사회학습요인들의 작용이 중요할 것이고, 긴장과 사회학습요인이 필요충분적으로 사이버불링에 상호작용효과를 가질 것으로 볼 수 있다.

마찬가지로 일반이론에서는 어릴 때 형성된 자기통제력이라는 내적 개인성향이 비행의 주 설명 원인이라고 보았지만, Gottfredson과 Hirschi는 낮은 자기통제력만을 유일한 비행 원인으로 본 것은 아니었으며 통합이론을 제시하였다. 그의 일반이론은 실증주의와 고전주의 학파를 통합하려고 하였듯이, 낮은 자기통제력은 비행의 필요조건이고, 비행발생의 또 다른 충분조건으로 비행의 기회가 갖추어져야 함을 강조하였다. 즉 낮은 자기통제력의 사람이 언제나 비행을 저지르는 것이 아니라 일정한 비행의 기회가 갖추어져 있을 때 비행을 저지른다는 점을 제시하였고 그와 같은 통합론적 논의는 어느 정도 지지된 바 있다(Longshore, 1998; LaGrange and Silverman, 1999; Smith, 2004; Hay and Forrest, 2008; 이성식, 박정선, 2014).

MIM상의 사이버불링의 경우도 낮은 자기통제력의 성향의 청소년들이 가능성이 높다고 볼 수 있는데 앞서 MIM상의 사이버불링의 특징으로 사이버불링이 보다 손쉽고 친구들과 24시간 대화가 가능하며, 그룹채팅 등의 기회의 용이성이 원인으로 중요하다고 본다면 낮은 자기통제력의 청소년은 그와 같은 기회요인과 함께 필요충분적으로 사이버불링에 상호작용효과를 가질 것이다.

일반이론에서는 낮은 자기통제력을 그 원인으로 제시하고 조절변인으로는 범죄기회를 제시하였지만 앞서 일반긴장이론에서 일상긴장과 조절변인으로 사회학습요인들이 상호작용하여 통합적으로 작용할 것이라 보았듯이 일반이론을 좀 더 확장해 본다면 낮은 자기통제력의 경우 사회학습요인들과 상호작용할 것이라 주장할 수 있다. 기존 연구들에서 낮은 자기통제력의 청소년이 비행친구 등 학습요인이 높을 때 비행을 더 한다는 결과를 제시하듯이(Wright et al., 1998; Higgins et al., 2007; Holt et al., 2012; 이성식과 박정선, 2014), 낮은 자기통제력은 사이버불링친구와의 차별접촉이나 태도 같은 사회학습요인들과 상호작용효과를 가질 것으로 예측할 수 있다. 마찬가지로 낮은 자기통제력과 기회요인이 상호작용효과를 갖듯이 일상긴장의 청소년도 기회요인과 상호작용하여 기회가 높을 때 사이버불링을 저지를 것이다.

이처럼 배출요인으로서 현실 기반의 일상긴장과 낮은 자기통제력은 촉진요인으로서 온라인 MIM상의 주요 요인인 사회학습 및 기회요인과 함께 필요충분적으로 사이버불링에 영향을 줄 것이며, 따라서 일상긴장과 낮은 자기통제력은 사회학습 및 기회요인과 상호작용효과를 가질 것이다.

Ⅲ. 연구모형과 방법

1. 연구모형

앞서 논의에 근거해 볼 때 MIM상의 사이버불링을 설명함에 있어 본 연구에서의 연구모형은 <그림 1>과 같다. 즉 사이버불링은 현실 오프라인에서의 배출요인들과 온라인 MIM상에서의 촉진요인들이 필요충분조건이 되어 두 요인들이 함께 작용할 때 그 가능성이 클 것이라고 예측하며, 이처럼 배출요인과 촉진요인 간에는 상호작용효과가 있을 것이라고 기대한다.

본 연구에서 배출요인들로는 앞서 논의에서처럼 일상긴장요인으로 가정과 학교, 친

<그림 1> 사이버불링의 원인에 대한 통합모형

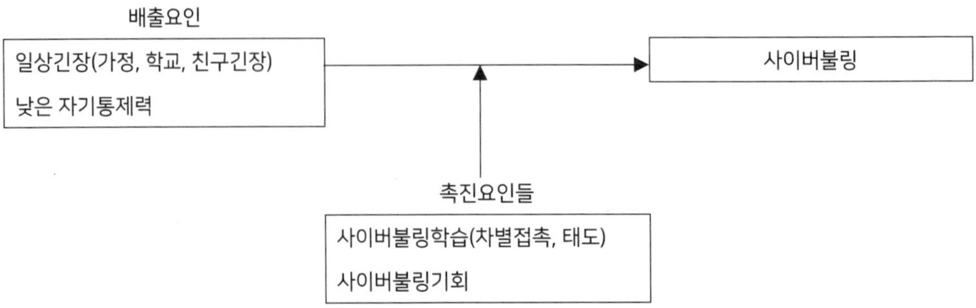

구관계에서의 긴장과 낮은 자기통제력을 사용할 것이며, 온라인 MIM상의 촉진요인들로는 MIM의 주요 특징이자 요인이라 할 수 있는 사이버불링학습(사이버불링 친구와 차별접촉 및 태도) 및 사이버불링기회를 다루고자 한다. 여기서 일상긴장이나 낮은 자기통제력은 MIM상의 사이버불링에 있어서 사이버불링학습 및 사이버불링 기회요인과 통합하여 상호작용효과를 가질 것이라고 예측한다.

2. 연구방법

이 연구는 정보통신정책연구원에서 2014년에 실시한 조사자료를 사용하기로 하는데, 이 자료는 서울 및 경기도의 중고등학생을 다단층화 계통 추출법을 통해 조사한 것으로, 중학교는 서울 3개교, 경기도 4개교에서 1, 2, 3학년별로 1학급씩, 고등학교는 서울 3개교, 경기도 4개교에서 1, 2학년을 2학급씩 조사하였다. 조사는 2014년 6월 9일부터 25일까지 실시하였고 최종 1,496명을 분석하기로 한다.

본 연구의 주요 변인으로 우선 일상긴장요인으로는 가정, 학교, 친구와의 긴장을 사용하기로 하는데, Agnew(2001) 논의를 참조로 부모와의 긴장은 "나는 부모님과 갈등이 심하다" 등 세 문항(alpha=.940), 학교에서의 긴장은 "나는 학교에 잘 적응하지 못한다" 등 세 문항(alpha=.773), 친구와의 긴장은 "나는 친구들과 잘 지내지 못한다" 등 세 문항(alpha=.960)을 질문하고 "전혀 그렇지 않다"에서 "매우 그렇다"에 이르는 5점 척도에 응답하도록 하였다.

낮은 자기통제력은 기존의 연구에 의거하여(Grasmick et al., 1993), 충동성, 위험추구성, 단순작업추구성, 현재지향성, 이기성, 화기질 등 여섯 특성에 대해 두 문항씩의 질문을 하였는데, 예컨대 "나는 충동적으로 행동하는 경우가 많다"와 같은 총 열 두개의 질문에 5점 척도에 응답하도록 하였다(alpha=.900).

사회학습요인으로 사이버불링친구와의 접촉은 "친하게 지내는 친구나 사람 중에 모바일 메신저를 통해 다른 사람을 놀리거나 괴롭히는 등의 행동을 한 사람이 몇 명이 있습니까"에 "전혀없다", "한두명 있다", "어느 정도 있다", "많은 편이다", "매우 많다"에 이르는 응답항목에 응답하도록 하였다.

사이버불링태도는 1) 욕설, 2) 비방과 허위사실유포, 3) 스토킹, 4) 성희롱, 5) 신상정보 유출, 6) 따돌림, 7) 위협과 협박 등 일곱 문항에 대해 각각 "전혀 나쁘지 않다"에서 "매우 나쁘다"에 응답하도록 한 뒤 역으로 코딩한 후 합산하였다(alpha=.983).

사이버불링기회는 사이버불링의 기회인지도로 "모바일 메신저를 통한 사이버불링을 할 기회가 많은 편이다" 등 세 문항을 질문하고 5점 척도에 응답하도록 하였다(alpha=.917).

본 연구에서 종속변인으로 다룰 사이버불링은 Williard(2006)의 논의에 기초하여 사이버불링에 해당하는 1) 욕설, 2) 비방/허위사실유포, 3) 스토킹, 4) 성희롱, 5) 신상정보 유출, 6) 따돌림, 7) 위협/협박 등 일곱 항목에 대해 일대일의 채팅과 그룹채팅에서 각각의 경우로 "없음(0)"과 "있음(1)"에 응답하도록 한 후 합산하였다.

IV. 분석결과

본 연구의 조사 대상자는 <표 1>과 같이 남성 756명(50.7%), 여성 734명(49.3%)로 남성이 다소 많았으나 거의 비슷하였고, 중 1, 2, 3학년 학생이 각각 230명, 226명, 225명으로 중학생 대상자가 전체의 45.5%를 차지하였고, 고등학생은 1학년이 421명, 2학년이 394명으로 54.5%를 차지해 중학생보다 다소 많았다.

주요 변인들에 대한 기술통계분석의 결과를 보면 일상긴장요인으로 부모와의 긴장은 3-15범위에서 평균값이 5.433으로 낮은 편이었고, 학교에서의 긴장은 평균값이 5.260, 그리고 친구와의 긴장은 4.404로 가장 낮은 것을 제시하였다. 낮은 자기통제력은 12-50범위에서 평균값이 28.149였고, 사이버불링친구는 1-5범위에서 평균값이 1.458로 매우 낮은 것으로 나타났다. 아울러 사이버불링에 대한 태도는 7-35범위에서 평균값이 11.903으로 대체로 부정적인 태도를 갖는 것으로 나타났다. 사이버불링의 기회는 3-15범위에서

<표 1> 주요 변인들에 대한 기술통계분석결과

		명	%	평균	표준편차	범위
성별	남성	756	50.7			
	여성	734	49.3			
학년	중1	230	15.4			
	중2	226	15.1			
	중3	225	15.0			
	고1	421	28.1			
	고2	394	26.3			
부모긴장				5.433	2.900	3-15
학교긴장				5.260	2.651	3-15
친구긴장				4.404	2.253	3-15
낮은 자기통제력				28.149	9.366	12-60
사이버불링 친구				1.458	.761	1-5
사이버불링 태도				11.903	7.842	7-35
사이버불링 기회				5.596	3.051	3-15
사이버불링				1.752	2.992	0-14

<표 2> MIM상의 사이버불링 유형별 경험

	일대일채팅		그룹채팅		전체	
	없음	있음	없음	있음	없음	있음
욕설	1126(76.1)	354(23.9)	1003(69.8)	434(30.2)	925(64.8)	503(35.2)
비방/허위사실	1258(85.2)	218(14.8)	1113(77.6)	321(22.4)	1050(73.8)	372(26.2)
스토킹	1410(95.3)	70(4.7)	1316(91.6)	121(8.4)	1295(90.7)	133(9.3)
성희롱	1402(94.8)	77(5.2)	1352(94.0)	86(6.0)	1320(92.4)	108(7.6)
신상유출	1399(94.5)	81(5.5)	1306(90.9)	130(9.1)	1283(89.9)	144(10.1)
따돌림	1225(82.9)	252(17.1)	1103(76.9)	332(23.1)	1016(71.4)	407(28.6)
위협/협박	1411(95.3)	69(4.7)	1368(95.2)	69(4.8)	1343(94.0)	85(6.0)

평균값이 5.598이었다.

본 연구에서 종속변인으로 다룰 MIM상의 사이버불링은 0-14범위에서 평균값이 1.752로 매우 낮았는데, <표 2>에서는 구체적 결과를 제시한다. 조사 대상자의 사이버

<표 3> 사이버불링 통합가설 검증결과

	종속변인					
	사이버불링					
	(1)		(2)		(3)	
독립변인	b	β	b	β	b	β
남성	1.135***	.191	.739***	.126	.702***	.120
학년	.119*	.057	.066	.032	.060	.029
부모긴장	.095**	.093	.047	.047	.038	.034
학교긴장	-.056	-.050	-.043	-.039	.000	.004
친구긴장	.233***	.176	.183***	.137	.127**	.091
낮은 자기통제력	.046***	.144	.031***	.096	.028***	.096
사이버불링 친구			.912***	.235	.809***	.197
사이버불링 태도			.066***	.170	.086***	.233
사이버불링 기회			.195***	.202	.163***	.182
부긴*친구					-.008	-.084
학긴*친구					-.066	-.046
친긴*친구					.109#	.066
부긴*태도					.002	.018
학긴*태도					.017**	.113
친긴*태도					.015*	.081
부긴*기회					-.011	-.036
학긴*기회					-.013	-.037
친긴*기회					.034*	.078
낮자*친구					.017	.044
낮자*태도					.000	.006
낮자*기회					.007**	.069
R제곱	.128		.277		.328	
F값	33.546***		57.113***		30.983***	

#p〈.10;*p〈.05;**p〈.01;***p〈.001

불링 경험을 보면 일대일 채팅의 경우(23.9%)나 그룹채팅(30.2%) 모두에서 욕설의 경험이 가장 많았고 전체적으로는 조사 대상자의 35.2%가 욕설 경험이 있는 것으로 나타났다. 그 다음으로 따돌림의 형태가 많았는데 일대일 채팅의 경우(17.1%)나 그룹채팅

(23.1%)에서, 그리고 전체적으로 28.6%가 경험이 있었고, 전체 경험 중심으로 보면 그 다음이 비방과 허위사실 유포가 26.2%, 신상정보의 유출 10.1%, 스토킹 9.3%, 성희롱 7.6%, 위협/협박이 6.0%순으로 제시되었다.

본 연구에서 관심을 갖는 모형의 검증결과는 <표 3>에 제시되는데, 우선 첫 번째 본 연구의 MIM상의 사이버불링을 설명함에 있어 배출요인으로 일상긴장과 낮은 자기통제력의 영향의 분석결과를 보면 학교긴장을 제외한 부모긴장과 친구긴장의 일상긴장요인 및 낮은 자기통제력의 영향이 유의미한 결과를 제시하였다. 부모긴장은 $p<.01$ 수준에서 유의미하였고 친구긴장은 $p<.001$ 수준에서 부모긴장보다 더 높은 영향력을 나타냈고, 낮은 자기통제력 역시 $p<.001$ 수준에서 유의미하였지만 표준화된 회귀계수인 베타값을 보면 친구긴장의 영향력보다는 낮았다. 아울러 남성이 여성보다 $p<.001$ 수준에서 더 사이버불링을 더 저지르는 것으로 나타났고 학년이 높을수록 사이버불링 가능성이 $p<.05$ 수준에서 높은 것으로 나타났다.

두 번째 분석결과는 배출요인 및 본 연구의 MIM상의 촉진요인을 독립변인으로 하고 MIM상의 사이버불링을 종속변인으로 한 다중회귀분석의 결과를 제시한다. 그 결과를 보면 일상긴장요인 중 부모와의 긴장과 학교에서의 긴장을 제외한 친구와의 긴장, 낮은 자기통제력, 그리고 조절변인으로 사이버불링 친구, 사이버불링 태도, 사이버불링 기회 모두가 $p<.001$ 수준에서 사이버불링을 잘 설명하는 것으로 나타났다. 표준화된 회귀계수를 보면 그 중에서도 사이버불링친구와의 접촉이 가장 강한 예측요인인 것을 제시하였고, 그 다음이 사이버불링 기회, 사이버불링 태도 순이었다. 이는 본 연구의 예측대로 촉진요인인 사회학습요인 및 기회요인이 중요하다는 것을 제시한다.

세 번째 분석결과는 본 연구의 연구모형으로 배출요인들과 촉진요인들 간의 상호작용효과를 제시한다. 그 결과를 보면 일상긴장요인과 사이버불링친구와의 차별접촉 간에는 유의미한 상호작용효과가 없었으나(친구긴장과 비행친구간의 상호작용효과는 $p<.10$ 수준에서 미약하게 유의미하였음) 일상긴장요인으로 학업긴장 및 친구긴장이 사이버불링태도와 각각 $p<.01$ 수준과 $p<.05$ 수준에서 유의미한 상호작용효과를 갖는 것을 제시하였고 아울러 일반긴장이론을 확대해서 살펴본 일상긴장요인들과 기회요인간의 상호작용효과 결과는 일상긴장요인들 중 친구긴장이 기회요인과 $p<.05$ 수준에서 상호작용효과가 유의미한 것을 제시하였다.

또한 일반이론의 논의대로 낮은 자기통제력과 사이버불링기회의 상호작용효과는

$p<.01$ 수준에서 유의미한 것으로 나타났다. 하지만 본 연구의 예측과는 달리 낮은 자기통제력과 사회학습요인들과의 상호작용효과는 유의미하지 않았다.

V. 결론

이 연구는 카카오톡으로 대표되는 MIM상의 사이버불링의 원인을 찾고자 하였고 무엇보다 통합론적 설명을 통해 그 원인을 다루려고 하였다. 이에 대표적 통합이론이라 할 수 있는 일반긴장이론 및 일반이론을 중심으로 통합모형을 검증하고자 하였다. 이에 이 연구에서는 일상긴장과 낮은 자기통제력을 배출요인으로 다뤘고 무엇보다 MIM상에서의 사이버불링에 있어서 촉진요인으로 사회학습요인과 기회요인이 중요할 것이라는 점에 주목하여 배출요인과 촉진요인들 간의 상호작용효과를 다루는 모형을 검증하고자 하였다.

본 연구결과는 대체로 통합모형을 지지하는 것을 제시하였다. 우선 배출요인으로는 일반긴장이론과 일반이론의 주장대로 부모 및 친구와의 긴장, 낮은 자기통제력이 원인으로 중요하였다. 그리고 촉진요인으로 사이버불링친구와의 차별접촉, 사이버불링 태도, 사이버불링 기회는 독립적으로 매우 중요하였을 뿐만 아니라 본 연구의 통합모형대로 배출요인과 촉진요인과는 통합적으로 작용하였다. 여러 긴장요인들 중 친구와의 긴장의 영향력이 강하였고, 친구와 긴장관계에 있는 청소년이 사이버불링에 긍정적 태도를 갖는 경우와 사이버불링기회가 많을 경우 사이버불링 가능성이 높은 것을 제시하였고, 학업긴장은 사이버불링태도와 유의미한 상호작용효과를 나타냈다. 낮은 자기통제력은 비록 사회학습요인들과의 상호작용효과는 유의미하지 않았지만 일반이론대로 사이버불링 기회와의 상호작용효과가 유의미한 것을 제시하였다.

이 연구에서 보면 사이버불링은 여러 요인들에 의해 설명이 가능하고, 특히 그 요인들이 독립적이 아닌 서로가 필요충분조건이 되어 통합적으로 작용한다는 것을 알 수 있었다. 무엇보다 MIM상의 사이버불링의 경우 본 연구에서의 예측대로 사회학습요인과 기회요인이 중요하다는 것을 제시하였다. 이는 MIM상의 특성상 아는 친구들과의 그룹 채팅에서 상호작용이 이루어지고 또 사이버불링의 용이한 기회 때문이라고 볼 수 있다.

이 연구결과는 가정, 학교에서의 긴장해소도 중요하지만 친구 간에 친밀하게 지내고 긴장을 줄일 수 있는 학교교우관계가 성립해야 하며, 어릴 때 자기통제력을 갖추는 것도 필요하지만 사회학습요건을 해결할 필요가 있어 학교폭력의 심각성을 알리는 교육과 함께 MIM사용과 스마트폰사용에 대한 올바른 교육이 필요한 것을 제시한다. 아울러 기회요인이 중요한 것을 보면 MIM의 적절한 사용 및 기술적 보완책도 개발될 필요가 있음을 알 수 있다.

이 연구는 새롭게 등장하는 MIM의 사이버불링을 설명하기 위한 탐색적 연구로서 앞으로는 보다 더 적절한 설명요인들의 모색과 통합모형 개발이 요구된다고 할 것이다. 앞으로 그와 같은 연구들로 청소년들의 학교폭력문제가 해결되길 희망한다.

III부 유형별 원인

사이버언어폭력의 원인에 관한 연구

I. 서론

인터넷은 정보의 바다라 불릴 만큼 많은 정보가 제공된다. 또한 네트워크를 통해 많은 사람들이 자유롭게 의사를 소통하고 유대를 형성할 수 있다. 그렇지만 정보화의 빛 이면에는 정보화의 역기능 현상으로 각종 사이버범죄와 일타의 문제가 점차 증가하여 심각한 사회문제로 부각되고 있다. 여러 현상들 중에서도 특히 사이버공간상의 게시판 댓글, 대화방이나 채팅 도중 일어나는 상스러운 욕설이나 비방, 명예훼손 등의 사이버언어폭력은 가장 심각한 폐해 중 하나로 꼽힌다. 사이버공간에서는 아무리 표현의 자유가 보장되어야 한다고 하지만 욕설과 비방의 무질서가 방치된다면 사이버공간에서의 다양한 범죄는 더 심각해질 위험이 있으며, 피해자의 입장에서 보더라도 가해자가 그것을 사소하게 느끼는 것과는 달리 피해가 심각할 수 있는 점에서 사이버언어폭력에 대한 대책이 시급하다.

사이버언어폭력을 근원적으로 해결하기 위해서는 사이버언어폭력이 일어나는 여러 정황과 원인이 파악되어야 한다. 사이버언어폭력자에 대한 수사, 처벌법규 마련, 그 밖의 여러 사후적 조치도 중요하겠지만 사이버언어폭력이 사전에 효과적으로 예방되기 위해서는 원인이 파악되어야 하고 그에 기초한 방지책이 강구되어야 한다.

사이버언어폭력의 원인은 무엇이며 어떻게 설명될 수 있을까? 여기서는 기존 연구들을 기초로 그동안 강조되었던 몇 가지 요인들을 첫째, 기회상황요인, 둘째, 사회문화규범요인, 그리고 셋째 개인동기 및 성향요인으로 구분하여 제시해보기로 하며, 각각에 있어 세부요인들을 살펴보고 그것들이 얼마나 중요한 원인으로 작용할 것인지를 평가해보기로 한다. 그러한 연구결과의 검토를 기반으로 사이버언어폭력의 효과적인 방지대책을 제시하는 것이 연구의 주요 목적이 된다.

Ⅱ. 이론적 논의: 사이버언어폭력의 원인과 특성

1. 기회상황요인

1) 익명성과 탈억제

사이버언어폭력에 있어 그동안의 연구에서 가장 많이 언급되었던 요인은 익명성이다. 몰개성화이론(Kiesler, et al., 1984)에 따르면 흥분한 군중 속에 파묻히게 되는 경우 자신이 드러나지 않음으로 인해 과격한 행동을 보다 쉽게 할 수 있다고 하듯이, 자기 신분과 이름이 밝혀지지 않는 사이버공간의 익명 상황은 자아의식의 작용을 낮추고 자기규제를 어렵게 하여 탈억제를 촉진시킨다고 하였다. 익명성의 사이버범죄에 대한 영향은 그동안의 연구에서 제시되고 있다(Postmes and Spears, 1998; Joinson, 2003; 이철선, 2003; 이성식, 2005a).

2) 처벌의 미흡

사이버언어폭력은 익명의 이유 때문에 발각이 어려울 뿐 아니라 직접적으로 신체적 위협과 연관되지 않는다는 점에서 심각한 범죄라는 인식이 낮은 편이다. 따라서 경찰이나 형사사법기관도 적극적으로 대처하려는 의지가 적다. 사이버언어폭력은 사안이 경미하여 경찰은 소극적 태도로 수사 인력 투입을 망설이게 되고, 또 피해자가 증거자료를 확보하지 못한 상태에서는 실제로 수사의 어려움이 있으며, 또 전문적인 수사 인력이 부족하여 가해자를 발각하기란 현실적으로 쉽지 않다. 억제이론에 따르면 강력한 처벌과 법집행은 범죄자의 범죄의지를 억제할 수 있다고 하였지만 사이버언어폭력에 대한 대응은 미흡하여 처벌의 미흡이 원인의 하나가 된다고 할 수 있다.

3) 인터넷사용시간

사이버언어폭력이 우발적으로 일어날 수 있는 것은 범죄기회이론을 통해서도 설명할 수 있다. 범죄기회이론에 따르면 우연한 범죄기회에의 노출이 범죄의 주요 원인이 될 수 있다고 본다. 즉 오프라인상에서 보면 집 밖에서 보내는 시간이 많고, 친구들과 자주 어울려 다니거나, 밤늦게 유흥가를 배회하여 범죄위험에 노출되어 있는 사람들이 사소한 말다툼에서 시작되는 폭력 등 우연한 기회가 더 많듯이(Sampson and Lauritsen, 1990; Osgood et al., 1996), 인터넷에서 많은 시간을 보내는 사람들과 인터넷중독에 빠진 사람들은 적어도 그렇지 않은 사람들보다 우연한 폭력기회에 더 노출됨으로 해서 사이버공간에서 범죄를 저지를 가능성이 높다고 할 수 있다(이성식, 2005c).

2. 사회문화규범요인

1) 집단정체성의 발현

사회정체성이론(Lea et al., 1992)은 몰개성화의 논의와는 반대로 익명 상황이 반규범적 행동을 야기하기보다는 오히려 집단규범에 동조하게 한다는 주장을 한다. 이 이론에 따르면 익명 상황으로 흔히 자기존재의 정체성을 상실하지만 어떤 사람이 사이버공간 속에서 특정 집단에 소속되어 있는 경우 그 집단규범에 일치하게 행동할 가능성이 높은데, 사이버언어폭력도 집단 간의 갈등상황에서 자신이 속한 집단정체성에 따라 집단동조의 과정에서 저지르게 되는 것이라고 주장하고 있다(Lea et al., 1992; Reicher et al., 1995). 한 예로 고이즈미의 신사참배에서 기인한 한일갈등의 네티즌 분노, 서로 다른 정당이나 혹은 연예인 팬사이트 성원들 간의 욕설과 비방은 자신이 속한 집단규범에의 동조 때문에 일어나는 현상으로 볼 수 있다. 이처럼 사이버공간은 다양한 의견을 교류하는 장이기도 하지만 그보다는 비슷한 입장을 갖는 사람을 응집시키고 자신과는 다른 의견을 배척하는 장이 되기도 하는데, 그러한 과정에서 배타적 정서 표출로서 사이버언어폭력이 발생한다고 볼 수 있다.

2) 사이버문화환경

사이버공간은 국경이 없고 다양한 주체들이 참여하기 때문에 일정한 가치규범이 존재하기 어렵다. 사이버공간에서는 모든 규제로부터 자유롭고, 심지어 사이버폭력이 당연하다고까지 여겨지기도 하는데, 오프라인 폭력연구에서 폭력문화환경이 중요하다고 하듯이 인터넷문화환경이 언어폭력의 원인이 된다는 입장이 있다. 사회영향이론(Fulk et al., 1990)에서는 행위자가 속한 사이버공간의 문화규범 영향력을 강조하였으며 공격적, 비난일색의 토론문화 장에서 언어폭력을 자주 접하고 학습하게 된 성원들이 환경의 영향으로 언어폭력을 저지르게 된다고 보았다(Thompson, 1996; Postmes and Spears, 1998). 이처럼 행위자들이 이용하고 있는 인터넷환경이 친언어폭력적인가의 환경적 요소는 간과할 수 없는 중요한 요인이 된다. 행위자들은 아무래도 집단환경과 규범의 맥락적 요소에 의해 크게 영향을 받기 때문이다(이성식, 2012).

3) 개인태도와 윤리의식의 부족

사이버문화환경으로부터 학습과정을 통해 사이버언어폭력을 용인하는 태도를 갖게 되면 이용자들은 사이버언어폭력을 저지를 가능성이 높다. 차별접촉이론의 논의에서도 친범죄적인 사람들과 더 접촉하면 범죄에 용인하는 태도를 갖게 되고 궁극적으로 그러한 태도요인이 범죄의 원인이 된다고 하듯이, 개인이 내면화한 친언어폭력적인 태도요인은 사이버언어폭력의 주요 요인으로 작용할 수 있다. 더구나 사이버공간은 현실을 뛰어넘는 가상공간이라는 인식과 또한 비대면의 사회실재감의 부족으로 상대의 피해를 인식하지 못하는 경향이 있어 자신의 언어폭력을 크게 나쁘지 않은 행동으로 믿는 경향이 많다. 더욱이 자아의식이론에 의하면 사이버공간과 같은 익명 상황에 있게 되면 사적 자아의식이 작동하게 되어 사람들은 자신의 내적 소신과 신념, 태도대로 행동한다고 하였는데(Matheson and Zanna, 1988), 실제로 사이버공간에서의 언어폭력에 있어 개인태도는 영향력이 상당하다는 평가를 받고 있듯이(이성식, 2005a, 2006b), 사이버언어폭력에 있어 개인태도나 윤리의식은 가장 강력한 요인의 하나로 볼 수 있다.

3. 개인동기 및 성향요인

1) 재미와 호기심

사이버언어폭력은 일종의 놀이로서 재미와 호기심에서 이루어지는 경우가 많다. 청소년들은 사이버공간을 놀이공간으로 보는 경향이 있다(황상민, 2000). 즉 업무 수행이나 검색보다는 주로 오락을 목적으로 인터넷을 이용한다. 그러나 그러한 매력에 빠지다 보면 사회규범에 얽매임 없이 자신이 원하는 바대로 재미를 느끼는 대로 행동하기 쉬우며 그러는 가운데 우연히 사이버범죄를 저지를 수 있다. 기존 연구들에서는 재미추구나 호기심이 사이버범죄의 주요 동기가 된다는 것을 밝히고 있는데, 해커들이 죄책감 없이 호기심에서 해킹을 하고(우형진, 2004), 사이버성희롱도 재미추구가 주요 동기라는 주장이 있고(정진수 외, 2000; 윤영민, 2003), 이성식의 연구(2004b)에서는 재미추구의 동기가 여러 설명요인들 중에서도 청소년들의 사이버비행을 설명하는 가장 강력한 요인임을 밝히고 있다.

2) 자기과시

사이버언어폭력을 하는 사람은 일상생활에서 주목과 존경을 받지 못하거나 무언가 성취 부족으로 평소 자신감이 없고 심리적으로 열등감을 느끼는 경우가 많다. 그들의 잠재된 열등의식이 자기극복이나 운동 등 다른 방법으로 적절히 해소돼야 하는데, 그렇지 못한 사람들은 폭력 등의 행위로 열등감을 해소하고 누군가에게 주목받고자 자기과시를 하려는 경향이 높다. 사이버유목민의 특성은 동물들이 자신의 배설물을 남겨 영역을 표시하듯이 어느 곳에서나 자신의 존재와 흔적을 남기려는 속성이 있다. 악플을 지속적으로 올리는 것은 자신의 상태를 알리고 과시를 하며, 동시에 다른 사람의 반응을 통해 누군가가 자신에게 관심을 갖고 있다는 만족감을 느끼기 위한 행동으로 이해할 수 있다. 이처럼 자신의 사적 의견을 공적인 광장으로 끌고 나오는 것은 현실에서의 열등감을 해소하면서 대안공간인 사이버공간을 통해 자기를 과시하려는 욕구가 내포되어 있다.

3) 일상긴장의 표출

오프라인 현실에서 일상긴장과 부정적 감정(화)이 폭력의 주요 원인이 된다고 주장되듯이(Agnew and White, 1992; 이성식, 2003b) 사이버언어폭력도 긴장해소와 표출 과정에서 일어나는 것으로 이해할 수 있다. 오히려 일상긴장은 현실보다 사이버상의 언어폭력을 더 잘 설명할 수 있다. 현실에서는 아무리 긴장과 화가 나도 폭력으로 표출되기는 다소 어렵다. 현실폭력은 신체적 해를 입힐 수 있고, 상대적으로 나쁘고 심각한 행위로 평가되며, 대면 상황이라 쉽게 발각되고, 상대의 저항 또한 클 수 있기 때문에 긴장이 폭력으로 이어질 가능성은 그다지 높지 않다. 그러나 사이버공간에서는 사회적 실재감이 낮고 비대면 상황이기 때문에 긴장을 즉각적으로 해소하고 상대방을 화풀이 대상으로 삼을 가능성이 높다. 이처럼 사이버언어폭력을 현실에서의 일상긴장과 화를 해소하고 표출하는 충동적이고 우발적인 행동으로 이해할 수 있다.

4) 낮은 자기통제력

사이버언어폭력은 낮은 자기통제력 혹은 충동적 성향의 결과로 이해할 수 있다. Gottfredson과 Hirschi(1990)의 일반이론에 따르면 대부분의 범죄가 개인의 순간만족, 쾌락을 위해 충동적이고 사려 없이 즉흥적으로 일어난다고 보면서 결국 순간만족과 충동을 통제할 수 있는 개인의 능력으로서 낮은 자기통제력이 범죄의 원인이라고 보았다. 일반이론은 어떠한 유형의 범죄와 상관없이 낮은 자기통제력이 유일하고 중요한 원인이라고 보았기 때문에 그 이론대로라면 현실범죄뿐만 아니라 사이버범죄에서도 잘 적용될 수 있을 것이다. 특별히 실제로 국내연구를 중심으로 이루어진 사이버범죄 연구에서 충동성 혹은 낮은 자기통제력의 영향은 큰 지지를 받고 있다(김진희, 김경신, 2003; 민수홍, 2005; 이성식, 2005b, 2010a). 특별히 여러 유형중에서도 사이버언어폭력이 논쟁 중이거나 그밖의 상황에서 우발적이고도 충동적으로 자신의 감정을 조절하지 못하여 일어나는 경우가 많은 것을 보면 낮은 자기통제력의 작용은 더욱 중요할 것이라 할 수 있다.

III. 연구문제와 방법

1. 연구문제

여기서는 앞서 제시한 여러 주요 요인들이 사이버언어폭력에 얼마나 영향력을 미치는가를 살펴보려고 한다. 여기서 사용하려는 독립변인들은 앞의 논의에 의거하여 기회상황요인으로 익명성, 처벌인지도, 인터넷사용시간, 사회문화규범요인으로 사이버집단정체성, 사이버언어폭력의 문화환경, 사이버언어폭력에 대한 용인태도, 개인동기 및 성향요인으로 재미, 자긍심, 일상긴장, 그리고 낮은 자기통제력이다. 아울러 여기서는 통제변인으로 성과 응답자의 연령을 사용하기로 한다.

본 연구문제는 다음과 같다.

연구문제 1: 기회상황요인은 사이버언어폭력의 원인이 되는가?

연구문제 1-1: 익명성은 사이버언어폭력의 원인이 되는가?

연구문제 1-2: 낮은 처벌인지도는 사이버언어폭력의 원인이 되는가?

연구문제 1-3: 높은 인터넷사용시간은 사이버언어폭력의 원인이 되는가?

연구문제 2: 사회문화규범요인은 사이버언어폭력의 원인이 되는가?

연구문제 2-1: 사이버집단정체성은 사이버언어폭력의 원인이 되는가?

연구문제 2-2: 사이버언어폭력 문화환경은 사이버언어폭력의 원인이 되는가?

연구문제 2-3: 사이버언어폭력 용인태도는 사이버언어폭력의 원인이 되는가?

연구문제 3: 개인동기 및 성향요인은 사이버언어폭력의 원인이 되는가?

연구문제 3-1: 재미추구는 사이버언어폭력의 원인이 되는가?

연구문제 3-2: 낮은 자긍심은 사이버언어폭력의 원인이 되는가?

연구문제 3-3: 일상긴장은 사이버언어폭력의 원인이 되는가?

연구문제 3-4: 낮은 자기통제력은 사이버언어폭력의 원인이 되는가?

2. 연구방법

본 연구를 위해 조사 연구 대상자는 서울에서 학교를 다니는 남녀 중고등학생으로 한다. 중학교의 경우 1개의 남학교, 1개의 여학교, 4개의 남녀공학 학교를 선정하고, 고등학교의 경우 남학교 3개교와 여학교 3개교를 무작위로 선정하였다. 선정된 12개의 학교에서는 각각 1, 2, 3학년 한 학급씩을 무작위로 선정하여 선정된 학급 학생 전원에게 설문에 응답하도록 하는 방식을 취하는데, 한 학급당 30여 명씩 총 1,113명을 조사 분석대상으로 선정하였다. 조사는 2003년 6월 15일부터 2주간에 걸쳐 실시하였다.

본 연구의 주요 요인들의 측정방법은 다음과 같다. 먼저 익명성은 인터넷 게시판이나 채팅, 토론방에서 주로 실명을 사용하는지를 질문하고 "전혀 그렇지 않다"에서 "거의 그렇다"에 이르는 5점 척도에 응답하도록 하고 역으로 부호화하였다.

처벌인지도는 인터넷에서 욕설과 비방을 한다고 할 때 발각되고 처벌받을 가능성은 얼마나 되는가를 질문하고 "전혀 안 그럴 것이다"에서 "확실히 발각, 처벌될 것이다"에 이르는 5점 척도에 응답하도록 한다.

인터넷사용시간은 하루에 인터넷을 사용하는 시간을 질문하고 '30분 이내', '1시간',

'2시간', '3-4시간', '5시간 이상'에 응답하도록 하였다.

사이버공간 내 특정 집단에 소속되어 있는지 그리고 그 정체성이 얼마나 중요한지의 사이버집단정체성을 위해서는 현실에서의 부모의 자식, 학생, 친구관계의 친구, 그리고 사이버공간 내 특정 집단의 성원의 네 개의 정체성을 제시하고 가장 중요한 순위가 무엇인지를 알아보았는데, 사이버공간 내 성원으로서의 정체성 순위가 첫 번째부터 네 번째 순위 중 어떠한지를 통해 알아보았다.

응답자가 이용하는 인터넷에서의 언어폭력에 관한 사이버문화환경을 위해서는 "내가 이용하는 인터넷 게시판이나 채팅, 토론방에서 욕설이나 비방을 하는 것은 흔한 일이다"를 질문하고 "전혀 그렇지 않다"에서 "거의 그렇다"에 이르는 5점 척도에 응답하도록 하였다.

아울러 언어폭력 용인태도는 "인터넷에서 욕설이나 비방을 하는 것은 나쁜 행동이다"를 5점 척도로 질문을 하고 역으로 부호화하였다.

재미동기를 위해서는 사이버언어폭력이 얼마나 재미있다고 생각하는가를 "전혀 그렇지 않다"에서 "거의 그렇다"에 이르는 5점 척도에 응답하도록 하였다.

자기과시의 영향력을 알기 위해 여기서는 자긍심을 사용하기로 하는데, Rosenberg의 열 개 문항을 사용하고 5점 척도에 응답하도록 하였다(alpha=.889).

일상긴장을 위해서는 부모와의 관계에서의 긴장과 학교생활에서의 긴장의 영향력을 살펴보기로 하는데, 부모관계긴장은 "나는 부모와의 갈등이 심하다" 등 세 문항을 5점 척도로 질문하였고(alpha=.658), 학교긴장은 학업성적부진, 학교생활 전반을 통해 느끼는 긴장을 측정하기 위해 "나는 학교에 잘 적응하지 못한다" 등의 세 문항을 사용하였다(alpha=.640)

낮은 자기통제력은 충동성, 현재지향성, 위험추구성 등의 측면을 중심으로(Grasmick et al., 1993), "나는 무슨 일을 하든지 충동적으로 하는 경우가 많다", "나는 재미 때문에 위험을 무릅쓰는 경우가 있다" 등 아홉 문항을 5점 척도에 응답하도록 하였다(alpha=.808).

종속변인으로 다룰 사이버언어폭력은 인터넷상에서 상대방에게 욕설이나 비방을 하였는지를 지난 1년간의 경험과 빈도를 질문하였는데, '없다', '일 년에 한두 번', '두세 달에 한번', '한 달에 한번', '일주일에 한두 번', '거의 매일'에 응답하도록 하였다.

VI. 분석결과

본 연구의 분석에 앞서 주요 변인들에 대한 기술통계분석의 결과를 살펴보면 <표 1>에 제시되고 있다. 응답자들은 게시판, 채팅 등에서 익명과 실명을 반반의 중간 정도로 사용하고 있었다. 사이버언어폭력으로 인한 처벌의 가능성에 대해서는 중간보다 다소 높은 점수인 3.455로 처벌을 인지하는 것으로 나타났고, 응답자들의 인터넷사용시간은 1-2시간 사용하는 것으로 나타났다. 사이버상의 집단 일원으로서의 정체성은 1부터 4순위 중 3.766으로 순위가 전체적으로 낮은 것으로 나타났고, 응답자들의 사이버 문화환경은 중간보다는 낮게 2.532로 언어폭력이 덜 일어나는 것으로 파악되었으나 개인적으로 언어폭력을 용인하는 태도는 4.388로 점수가 매우 높게 제시되었다. 응답자들은 언어폭력이 재미있을 거라는 응답에서는 2.369로 다소 낮은 점수를 보였다. 응답자들은 자긍심이 평균적으로 다소 높았고, 가정이나 학교에서의 긴장은 다소 낮게 나타났고, 자기통제력도 다소 높은 것으로 제시되고 있다. 사이버언어폭력의 경험자는 적은 것을 나타내고 있다.

<표 1> 주요 변인들에 대한 기술통계분석결과

	평 균	표준편차	범 위
익명성	2.758	1.119	1~5
처벌인지도	3.455	1.388	1~5
인터넷사용시간	2.767	1.135	1~5
사이버정체성	3.766	.581	1~4
사이버문화	2.532	1.126	1~5
개인태도	4.388	.901	1~5
재미	2.369	1.126	1~5
자긍심	35.026	6.901	10~50
부모긴장	6.800	2.168	3~15
학교긴장	6.802	2.405	3~15
낮은 자기통제력	26.080	5.856	9~45
사이버언어폭력	.440	.866	0~4

<표 2> 사이버언어폭력의 설명요인에 관한 다중회귀분석결과

독립변인	종속변인	
	사이버언어폭력	
	b	β
익명성	.052*	.066
처벌인지도	-.047*	-.074
인터넷사용시간	.102***	.131
사이버정체성	.065	.042
사이버문화	.151***	.193
개 인 태 도	.177***	.180
재미	.035	.044
자긍심	-.004	-.030
부모긴장	.007	.017
학교긴장	.006	.015
낮은 자기통제력	.012*	.080
남성	.159**	.091
연령	-.024	-.048
R제곱	.163	
F값	14.559***	

*p<.05; **p<.01; ***p<.001

본 연구에서 제시한 독립변인들의 사이버언어폭력에 대한 영향력을 알기 위해 다중회귀분석을 실시한 분석결과는 <표 2>와 같다. 본 분석결과는 여러 요인들 중에서도 사이버문화환경의 영향력이 p<.001 수준에서 유의미하였을 뿐만 아니라 베타값도 .193으로 가장 크게 나타나 가장 중요한 요인이었음을 제시하고 있다. 즉 이용자가 이용하는 사이버공간의 문화환경이 친언어폭력적일수록 사이버언어폭력을 더 저지르게 된다는 것을 나타내고 있다.

아울러 사이버언어폭력에 대한 용인태도도 p<.001 수준에서 베타값도 .180으로 그 다음으로 그리고 인터넷사용시간도 p<.001 수준에서 베타값은 .131로 유의미한 영향력을 갖는 것으로 나타났다. 즉 사이버언어폭력에 용인하는 태도를 가진 청소년이, 인터넷이용시간이 많은 청소년이 사이버언어폭력을 더 저지르는 것으로 나타났다.

그밖에 사이버언어폭력에 영향력을 갖는 요인으로는 낮은 자기통제력이 p<.05 수준

에서 유의미하게 나타나 낮은 자기통제력의 충동적인 청소년들이 사이버언어폭력을 더 저지르는 것으로 나타났고, 처벌인지도도 p<.05 수준에서 부(-)적으로 유의미한 영향력을 갖는 것으로 나타나 사이버언어폭력에 대한 처벌을 낮게 인지할수록 사이버언어폭력을 더 저지른다는 결과를 제시하고 있다. 아울러 익명성의 영향력도 p<.05 수준에서 유의미한 것으로 나타났다.

하지만 사이버집단정체성이나 재미동기, 자긍심, 일상긴장요인들은 사이버언어폭력에 유의미한 영향력을 갖지 못한 것으로 나타났다. 통제요인으로는 남성이 p<.01 수준에서 언어폭력을 더 저지르는 것으로 나타났으며, 연령은 유의미한 영향력을 갖지 못하였다.

V. 결론

여기서는 사이버언어폭력의 원인들을 기존 이론과 경험연구를 통해 검토해 보고 원인들을 기초로 적절한 방지대책이 무엇인가를 살펴보았다. 이 연구를 통해 볼 때 건전한 사이버문화환경의 조성과 윤리교육이 가장 중요할 것이라고 생각된다. 실제로 사이버언어폭력에 대응하기 위해서는 실명제, 처벌강화, 중간 관리자의 책임 부여 등 다양한 방법이 있지만 시민들 스스로 자발적 참여를 통해 건전한 문화환경을 이룩해 나가는 것이 궁극적으로는 가장 바람직할 것으로 본다. 그러기 위해 정부는 각종 홍보활동을 벌이고, 시민단체나 시민들이 사이버문화운동이나 모니터링 활동에 적극 참여할 수 있도록 지원하며, 청소년을 대상으로 하는 적극적인 윤리교육을 실시해야 할 것으로 본다. 정보통신 윤리교육을 통해 윤리의식과 사이버범죄의 심각성을 알게 될 때 시민 참여가 더 이루어질 것이라는 점에서 청소년을 대상으로 하는 윤리교육은 가장 우선되어야 한다. 더구나 모바일 시대가 도래할수록 인터넷 접속뿐만 아니라 실생활에서도 언제 어디서나 이용 가능하며 문자메시지나 댓글을 통한 언어폭력의 기회는 더욱 증가할 것으로 예측된다. 따라서 언어폭력의 심각성은 더욱 증대될 것으로 예측되는 바, 그에 대한 대책이 요구된다. 아마도 모바일 이용은 네트워크로 연결되기보다는 보다 사적인 매체라는 점에서 개인 책임과 자기절제가 더욱 요청되는 바, 개인의 윤리의식은 더욱더 요구된다고 할 것이다. 본 연구결과에서 제시하고 있듯이 건전한 사이버문화의 조성과 윤리의식 강화는 방지대책에 있어 중요한 열쇠가 될 것이며 이에 대한 대비책이 강구되어야 할 것이다.

스마트폰이용상의 사이버불링 원인에 관한 연구: 세 이용환경으로 문자, SNS, 인터넷접속의 비교

I. 서론

근간에 국내에서 관심을 갖는 연구는 사이버불링에 관한 주제이다. 사이버불링(cyber-bullying)이란 사이버공간에서 사이버매체를 통한 괴롭힘 혹은 폭력행위를 말한다. 그동안 국내 학자들의 경우 사이버폭력(성동규 외, 2006; 이성식, 2006a; 김경은, 윤혜미, 2012), 사이버집단괴롭힘(전신현, 이성식, 2012), 사이버불링(김봉섭, 2013; 남상인, 권남희, 2013; 조윤오, 2013) 등 다양한 명칭으로 그 원인을 연구하여 왔다. 통상 사이버불링이라 할 때는 불링의 좁은 의미로 다수가 특정인을 괴롭히는 집단괴롭힘으로 볼 수 있지만 그 이외에 소위 우리가 사이버폭력이라 일컫는 많은 행위를 포괄하는 것이 일반적이다. 즉 정보통신망을 통해 부호, 문언, 음향, 화상 등을 통해 타인의 명예 혹은 권익을 침해하는 인격권 침해행위로 단순한 욕설과 모욕부터, 명예훼손, 스토킹 등을 포함하는데, 여기서는 사이버불링을 그와 같은 넓은 의미로 사용하고 원인을 살펴보려고 한다.

이 연구는 대학생들의 사이버불링의 원인을 모색해 보려고 한다. 앞서 제시한 기존 여러 국내연구들이나 최근의 국책기관의 한국인터넷진흥원(2013), 한국정보화진흥원(김봉섭, 2013), 한국청소년정책연구원(이창호, 2014), 한국형사정책연구원(이승현, 노성호, 2014), 정보통신정책연구원(심홍진 외., 2014)에서는 초·중·고등학생 청소년의 사이버불링에 주목하였지 상대적으로 대학생 대상의 연구에는 소홀하였는데, 대학생은 상대적으로 일탈의 가능성이 낮은 집단으로 평가되지만 실제로 20대가 인터넷 이용률이나 사이버폭력 경험율이 높은 것으로 나타나(한국인터넷진흥원, 2013) 그 연구의 필요성이 높기 때문이다. 더구나 과거에는 인터넷 이용자 중심의 인터넷게시판 악성댓글과 같은 연구주제가 중심이었다면 이제는 스마트폰 이용자가 증가하고 있고 인터넷이용뿐만 아니라 무엇보다 SNS나 카카오톡과 같은 모바일메신저 이용상의 사이버불링이 증가하여 양상이 달라졌다고 볼 수 있는 점에서 이 연구는 대학생의 스마트폰 이용상의 사이버불링의 원인을 모색할 것이다.

그런데 이 연구가 무엇보다 주목하는 것은 대학생 스마트폰 이용자의 사이버불링의 원인을 모색함에 있어 이용환경으로 단순한 문자, 소셜네트워크 서비스(SNS), 그리고 포털 등의 인터넷 접속의 세 경우로 구분하여 분석하는 데 있다. 이는 이용환경에 따라 그 원인이 차별적으로 나타날 수 있을지를 살펴보고자 위함인데, 세 경우별로 이용자가 서로 아는 사이 혹은 익명 관계인지가 다르고, 사이버불링의 유형과 형태가 다를 수 있어 그 원인도 다를 것이라는 점에 있다.

이처럼 이 연구는 대학생을 대상으로 스마트폰 이용환경을 위의 세 가지 경우로 구분하고 각각의 경우에서 사이버불링의 경험을 조사하고 그 원인 파악을 위해 기존 연구들에서의 주요 요인들로 차별접촉, 일상긴장, 그리고 낮은 자기통제력을 적용함으로써 그 원인이 상이한지 여부를 살펴보려고 한다. 이와 같이 이 연구는 대학생 대상의 연구라는 점, 스마트폰 이용자 연구라는 점, 그리고 세 이용환경에 따른 원인분석이라는 점에서 기존 연구와 차별성을 가지며 그와 관련된 논의를 검토하고 경험연구를 통해 분석결과를 알아보고 함의하는 바가 무엇인지를 논의하는 데 목적을 갖는다.

II. 사이버불링의 원인

1. 주요 요인들

1) 차별접촉

사이버불링의 원인은 무엇인가? 범죄원인 연구에서 기존 연구들에서 가장 중요한 원인 중 하나는 법위반자와의 차별접촉과 그로 인한 범죄학습이다. 차별접촉/사회학습이론에 따르면 비행친구나 위반자와 접촉하면 범죄를 학습하게 됨으로 범죄를 저지르게 된다고 보았는데(Akers, 1985; Warr and Stafford, 1991), 실제로 일상긴장이나 낮은 자기통제력의 사람도 결국 법위반자와 접촉하게 되고 그럼으로 범죄를 저지른다고 할 수 있다.

범죄를 학습할 수 있는 환경은 오프라인뿐만 아니라 온라인에서도 가능하여 온라인 사이버범죄에서 위반자와의 차별접촉은 외국 연구에서도 주요 설명요인이 된다는 것을 밝히고 있으며(Skinner and Fream, 1997; Higgins et al., 2007), 국내에서도 그 영향력을 제시하고 있다(김경은, 2013; 남상인, 권남희, 2013).

사이버불링 연구에서도 차별접촉은 주요 요인이 되어, 김경은(2013)은 사이버폭력 피해경험자가 비행친구와 사귀게 되고 그로 인한 비행친구와의 접촉이 사이버폭력 가해의 중요한 설명요인임을 제시하였고, 남상인과 권남희(2013)는 사이버불링의 여러 요인들 중에서 비행친구 수가 가장 중요한 예측요인임을 제시해 비행친구와 사귀어 그로 인해 폭력을 용인하고 도덕적 죄책감이 낮은 학생이 온오프라인에 상관없이 폭력을 저지르게 된다는 주장을 하였다. 최근 카카오톡 같은 모바일 인스턴트 메신저상의 사이버폭력 연구(심홍진 외, 2014)에서도 사이버폭력 친구가 많을수록 폭력을 가하는 빈도가 높다는 것을 제시하였다.

2) 일상긴장

긴장이론의 시각에서 보면 사이버불링은 일상생활에서 경험하는 긴장과 스트레스를 해소하고 화를 분출하기 위해 저지르게 된다고 볼 수 있다. Agnew(1992)는 일반긴장이론을 제시하면서 일상생활 영역에서의 긴장으로 목표달성의 실패, 긍정적 자극의 소멸, 부정적 자극의 발생이 부정적 감정을 야기함으로써 범죄원인으로 작용할 수 있다는 주장을 제시하였고 이후 이러한 긴장이론의 논의는 어느 정도 지지를 받아 왔다(Agnew, 2001).

그러한 일상긴장은 오프라인과 마찬가지로 사이버범죄에도 잘 적용될 수 있는데, 오히려 현실 오프라인에서는 긴장이 있다고 해서 범죄로 표출될 가능성은 상대적으로 낮은 반면 온라인에서는 비대면 혹은 익명 상황에서 아무 제약이나 제재없이 긴장을 쉽게 표출할 수 있어 주요 요인이 될 수 있다. 국내 연구로 홍영수와 김동기(2011)는 긴장과 스트레스, 자아존중감과 자기통제력 등의 요인들의 영향력을 비교하였는데, 긴장과 스트레스의 영향이 가장 크다는 것을 제시하였다.

사이버불링 연구로 중학생 대상 인터넷게시판 악성댓글 연구에 따르면(이성식, 2009b), 악성댓글 경험의 그 이유가 '상대방이 마음에 안 들어서'가 26.4%로 가장 높은 빈도를 차지하였고, 그 다음으로 '스트레스 해소'가 12.9%, '내 주장에 반대하는 것이 기분 나빠서'가 11.5% 등으로 나타났는데, 어찌보면 동기 이유는 긴장과 스트레스와 관련되는 것으로 사이버불링의 주요 원인 중 하나가 된다고 볼 수 있다. 외국의 대표적 연구로 Patchin과 Hinduja(2011)는 일상긴장과 그로 인한 화와 좌절감이 사이버불링의 주요 동기이자 원인이 된다는 것을 제시하였다.

3) 낮은 자기통제력

개인적 특성에서 보면 사이버불링은 그것이 우발적 행동이라는 점에서 자기통제력이 낮거나 충동적인 사람들에 의해 비롯되는 것이라고 볼 수 있다. 사실 일반이론(Gottfredson and Hirschi, 1990)에서는 대부분의 범죄가 즉각적이면서도 충동적으로 발생한다고 보았고 어려서 형성된 낮은 자기통제력과 같은 개인성향이 폭력을 포함한 모든 범죄에서 가장 중요한 원인이 된다는 것을 제시하였다.

기존 연구에서는 낮은 자기통제력은 오프라인 현실에서도 중요한 요인이었지만(Pratt and Cullen, 2000), 사이버범죄의 주요 원인이 된다는 결과를 제시하고 있다(Higgins, 2005; Buzzell et al., 2006; Malin and Fowers, 2009). 국내연구에서 정혜원(2010)은 청소년 패널데이터를 사용하여 전국 중학생을 대상으로 사이버비행의 원인을 일상긴장, 낮은 자기통제력, 인터넷이용시간 등 세 이론의 요인들을 검증하였는데, 모든 요인이 중요하게 작용하였지만 낮은 자기통제력이 가장 크게 사이버비행을 설명한다는 것을 제시하였다.

사이버불링도 그러한 성향에 의해 설명될 수 있다는 연구결과가 꾸준히 제시되어 왔다. 즉 낮은 자기통제력의 성향의 사람들은 위와 같은 긴장 및 스트레스 등에서 자신을 통제하지 못하고 우발적으로 누군가에 폭력을 행사한다는 것이다. 이성식(2006b)은 사이버폭력 연구에서 낮은 자기통제력이 다른 요인들보다도 오프라인 현실과 온라인 사이버폭력 모두에서 가장 큰 영향력을 갖는 주요 원인이 된다는 것을 제시하였고, 최근 남상인과 권상희(2013)의 연구에서도 낮은 자기통제력은 사이버폭력의 중요한 원인임을 제시하였다.

2. 스마트폰 이용환경과 세 요인들의 작용

1) 스마트폰 이용환경에 따른 사이버불링의 형태

현실 기반의 범죄학이론의 주요 요인인 차별접촉, 일상긴장, 낮은 자기통제력은 기존 사이버불링 연구들에서도 주요 원인으로 제시되었지만 그와 같은 요인들은 모바일 스마트폰 환경에서는 더더욱 중요한 요인이 될 수 있다. 기존 컴퓨터 이용은 데스크탑 중심의 인터넷접속이 주요 용도였지만 스마트폰은 인터넷접속 이외에 가까운 아는 친지와 연결과 소통이 주 기능이고, 또한 스마트폰은 휴대용 기기로서 이동하면서 사용할 수 있는 특징이 있다. 휴대 이동성을 특징으로 하기에 따로 일정한 공간에서 사용하는 것이 아니라 일상생활에서 자연스럽게 사용이 가능하게 된다. 기존 데스크탑 중심의 사이버 인터넷범죄에서는 사이버공간이 현실과 다른 가상공간으로 묘사되기도 하면서 기존 현실 기반의 범죄원인들의 적용은 한계가 있고 새로운 원인 모색이 필요하다는 주장도 제기되었다. 그러나 스마트폰 환경에서는 가까운 현실의 아는 사람과 접촉뿐만 아니라 서로 모르는 사이의 인터넷접속에서도 휴대 이동성으로 일상생활을 하면서 자연스럽게 사용한다는 점에서 기존 현실 기반 범죄원인들이 잘 적용될 수 있을 것이라고 볼 수 있다(이성식, 2014d). 이처럼 스마트폰 환경의 사이버불링에서는 차별접촉, 일상긴장, 낮은 자기통제력이 주요 원인으로 작용할 수 있다.

그런데 스마트폰 이용환경을 단순한 문자, 소셜네트워크서비스(SNS), 인터넷접속의 경우로 구분해 볼 때 위의 세 요인들은 차별적으로 나타날 수 있다. 세 이용환경의 경우에 있어서는 이용자가 서로 아는 사이인지 혹은 익명의 관계인지에서 차이가 있다. 단순한 문자의 경우 서로 아는 가까운 친지 사이에서 사용된다. 반면 인터넷접속의 경우 물론 아는 사이도 있지만 확장된 네트워크 속에 서로 익명의 사이인 경우가 많다. SNS의 경우는 페이스북과 같이 대체로 서로 아는 사이에서도 교류를 하지만 모르는 사이인 경우도 있고 트위터는 모르는 사이가 더 많듯이 문자와 인터넷의 중간 형태라 할 수 있다. 따라서 이 세 경우 그 원인이 다를지 살펴볼 필요가 있다.

위의 세 경우에 있어서는 사이버불링의 유형과 형태도 다를 수 있다. 서로 아는 사이의 문자의 경우는 물론 심각한 폭력도 발생할 수 있지만 대부분 일상 대화의 가벼운 욕설인 경우가 많고 그것도 적대감의 표현보다는 가까운 사이 간의 친근한 표현인 경우도 있다. 따라서 이 경우 사이버불링은 사소한 재미 혹은 놀이형에 가깝다고 할 수 있다. 반대로 모르는 사이의 인터넷이용의 경우는 어떤 연예인의 대한 비난과 악플의 공격형이거나 사회 이슈를 갖고 논쟁을 하다가 서로 상반된 의견 다툼에서 서로에게 욕설과 비방을 하는 논쟁형의 경우가 상대적으로 많을 수 있다. 반면 SNS 이용의 경우 모르는 사람과의 소통 이외에 가까운 지인들과도 보다 긴밀히 연결된다. 이 경우 사이버불링과 관련해서 보면 아는 친구들끼리의 놀이형 및 모르는 사람과의 의견 충돌의 공격형의 경우도 있고 집단괴롭힘에서 보듯이 배척형의 형태로 현실의 연장선에서 이루어지는 경우가 있어 복합적이라 할 수 있다.

2) 세 요인들의 차별성

스마트폰 이용자의 문자, SNS, 인터넷접속의 세 경우에 있어서 앞서 세 요인들의 작용은 어떨까? 우선 차별접촉의 작용을 보면 인터넷접속에서는 기존 데스크탑 형태에서 이루어지던 확대된 네트워크의 낯선 사람과의 접촉으로 다양한 범위반자와의 차별접촉의 기회는 많을지 몰라도 그 영향은 다소 낮을 수 있는데, 차별접촉의 학습과정이 보다 친한 사람과의 관계에서 더 강하게 작용할 수 있기 때문이다. 즉 기존 연구에서 부모나 친한 친구로부터의 학습이 주요 영향력을 갖는다고 하듯이(Matsueda, 1982; Warr and Stafford, 1991), 서로 모르는 사이로부터의 학습영향은 낮고 그렇다면 인터넷접속의 경우보다 문자의 경우나 SNS 등 아는 사람과의 교류에서 사이버불링 경험자와 접촉할 경우 영향력은 상대적으로 더 클 것이라고 볼 수 있다. 서로 모르는 관계의 인터넷 악성댓글 연구에서 차별접촉의 영향이 있다는 연구결과도 있지만(성동규 외., 2006; 이성식, 2006b), 이성식과 박정선(2014)은 주로 서로 아는 사이의 문자폭력의 연구에서 차별접촉의 영향력이 가장 중요하다는 것을 제시하였으며, 윤해성과 박성훈(2013)의 SNS 이용상의 범죄연구에서는 여러 설명요인들 중에 긴장, 낮은 자기통제력, 사회유대요인들보다도 비행친구와의 접촉이 가장 중요한 원인임을 제시하였다.

스마트폰 이용 중에는 휴대이동하면서 일상긴장과 부정적 감정을 쉽게 표출할 수 있기 때문에 일상긴장의 영향력도 스마트폰 이용의 사이버불링에서 중요하게 작용할 수 있다. 그리고 일상긴장은 서로 익명 관계인 사이버공간에서 더 표출할 수 있다는 주장이 있다(남수정, 2011). 그런데 가정과 학교에서의 긴장과 같이 현실 기반 일상긴장은 현실에서는 몰라도 사이버공간에서는 설명력이 적을 수 있다. 물론 긴장은 서로 모르는 익명관계에서 쉽게 표출할 수도 있지만 현실 일상긴장의 영역은 그것이 현실과 다른 서로 알지 못하는 사람과의 인터넷이용의 경우 영향력이 낮을 수 있다. 사실 기존 인터넷 기반 사이버범죄연구들에서 긴장의 영향력이 상대적으로 낮았던 것이 그 때문일 수 있다. 그렇게 본다면 스마트폰 이용에서 인터넷접속의 경우 일상긴장의 영향력은 낮을 수 있고 인터넷접속의 경우보다 오히려 현실과 가까운 아는 사이의 문자이용의 경우에서 긴장의 영향력은 상대적으로 더 클 것이라고 볼 수도 있다.

스마트폰 이용시에는 휴대이동성으로 즉각적이고 충동적으로 사용할 수 있다. 따라서 자기통제력이 낮은 사람은 스마트폰 이용상에서 우발적 상황에서 즉각적이고도 충동적으로 사이버불링을 저지르기 쉽다. 더구나 낮은 자기통제력 같은 개인의 안정적 성향은 그 관계가 아는 사이인지 모르는 사이인지 상관없이 모든 경우에서 영향력을 가질 것이라고 볼 수 있다. 그런데 Gottfredson과 Hirschi가 일반이론을 제시할 때 낮은 자기통제력은 범죄기회가 많은 상황에서 영향력이 더 클 것이라는 것을 강조하였고 이후 연구들에서 그 주장은 어느 정도 지지되었다(Longshore, 1998; Hay and Forrest, 2008; 이성식, 2010a). 세 이용환경의 경우를 보면 인터넷접속과 같이 서로 모르는 익명의 관계에서 범죄기회가 높다고 본다면 문자나 SNS 경우보다 인터넷접속의 경우 낮은 자기통제력의 영향력은 더 클 것이라고 볼 수 있다. 그런데 낮은 자기통제력의 범죄에의 작용은 사회학습 과정이 높은 곳에서 더 작동한다는 주장도 있어(Longshore and Turner, 1998; Higgins et al., 2007; 이성식, 2011d), 차별접촉의 영향력이 더 높은 서로 아는 사이인 문자이용의 경우 낮은 자기통제력의 영향이 더 클 수도 있을 것이다.

Ⅲ. 연구문제와 방법

1. 연구문제

이 연구는 스마트폰 이용자들의 사이버불링의 설명요인으로 차별접촉, 일상긴장, 그리고 낮은 자기통제력을 제시하고 이 요인들이 사이버불링을 잘 설명할지, 무엇보다도 스마트폰의 이용환경에 따라 요인들이 상이하게 작용할지를 알고자 한다. 이에 스마트폰 이용환경을 문자, SNS, 인터넷접속으로 크게 나누고 각 경우에서의 위의 주요 요인들의 영향력을 살펴보기로 한다.

앞서 논의에서 언급한 바와 같이 차별접촉으로부터의 학습과정은 가까운 아는 사이에서 더 클 것이라는 점에서 익명 사이인 인터넷접속의 경우보다는 문자이용의 경우에서 사이버불링자와 접촉할 경우 영향력은 더 클 것이라고 볼 수 있다. 즉 사이버공간에서의 사이버불링자와의 차별접촉은 문자이용의 경우 그 영향력이 가장 크고, 그 다음이 SNS, 인터넷접속의 경우가 상대적으로 가장 낮을 것이라고 예측한다. 그런데 이 연구에서는 스마트폰 환경의 사이버공간에서 사이버불링자와의 차별접촉 이외에 흔히 기존 연구에서 사용하는 현실에서 친한 친구 중 위반자가 있는지의 차별접촉요인을 또한 사용하기로 하는데, 서로 아는 사이인 문자의 경우 그 영향력은 더 클 것으로 예측하며, 인터넷접속의 경우 현실의 영향력이 가장 낮을 것이라는 점에서 현실 친구와의 차별접촉요인의 영향은 상대적으로 낮을 것이라고 예측한다.

가정이나 학업 등에서의 현실 기반 일상긴장의 영향력은 아는 사이의 현실 기반에 가까운 문자이용의 사이버불링에서 영향력이 클 수 있다. 그러나 긴장의 영향은 서로 익명관계에서 더 표출될 수 있다는 주장을 보면 인터넷접속의 경우에서 더 높을 수도 있다. 즉 긴장의 영향은 문자의 경우 클 것이지만 인터넷접속의 경우에서도 상대적으로 클 것이다.

낮은 자기통제력도 현실 오프라인이건 온라인이건 서로 아는 사이인지의 여부와 상관없이 세 경우 모두 주요 요인이 될 것이라 예측한다. 그리고 인터넷접속의 경우처럼 익명의 기회가 높을 때 영향력이 클 수도 있지만 문자의 경우처럼 서로 아는 사이인 학습여건이 높은 곳에서도 크게 작용할 수 있다고 본다면 낮은 자기통제력은 문자 혹은 인터넷접속의 경우 모두 클 것이라 볼 수 있다.

본 연구의 연구문제는 다음과 같다.

> 연구문제 1: 사이버불링자와의 차별접촉 및 현실 위반자 친구와의 차별접촉은 문자, SNS, 인터넷접속 세 경우 중 어디에서 사이버불링에 영향력을 가질 것인가?
>
> 연구문제 2: 가정과 학교에서의 긴장은 문자, SNS, 인터넷접속 세 경우 중 어디에서 사이버불링에 영향력을 가질 것인가?
>
> 연구문제 3: 낮은 자기통제력은 문자, SNS, 인터넷접속 세 경우 중 어디에서 사이버불링에 영향력을 가질 것인가?

2. 연구방법

이 연구는 서울시 재학중인 대학생들을 대상으로 조사를 한 자료를 사용하기로 한다. 이 조사에서는 스마트폰 이용 여부를 질문하고 이용시 문자, SNS, 인터넷접속 그 외 중 주로 어떤 용도와 환경에서 이용하는지를 묻고 각 경우에서의 사이버불링 경험이나 관련 질문을 하였는데, 이를 통해 집단별로 비교분석하는 방법을 하도록 한다. 이 조사는 서울시 동서남북 지역별로 두 개의 학교를 배정하는 방식으로 총 8개의 학교를 선정하였으며, 각 학교에서는 자연/이공계와 인문사회/경상계 학생이 절반씩 표집되도록 하였다. 조사는 2012년 6월 25일부터 7월 9일까지 각 학교 100여 명씩 총 800명을 대상으로 설문조사를 실시하였으며 불성실한 응답 38부를 제외한 762 중에서 스마트폰 이용자 672명을 최종적으로 본 연구에서 사용하였다.

본 연구에서 독립변인으로 다룰 요인으로 우선 스마트폰 이용상의 사이버불링자와의 차별접촉은 스마트폰 이용에서 주 이용용도를 질문하고 "위의 주 이용용도상에서 친하게 지내는 사람 중 위의 여섯 항목에서의 행위를 한 적이 있는 사람이 있습니까"에, 현실에서의 법위반자 친구와의 차별접촉은 "가깝게 지내는 친구 중 오프라인에서 불법행위를 한 적이 있는 친구가 있습니까"를 질문하고 '없다'와 '있다'에 응답하도록 하였다.

일상긴장요인으로는 가정에서 부모와의 긴장과 학업긴장을 사용하기로 하는데, 부모와의 긴장은 "나는 부모님과 갈등이 심하다", "부모님과 나는 마음이 안 맞는다", "부모님은 나를 잘 이해해 주지 못한다" 등 세 문항을 5점 척도로(alpha=.881), 학업긴장은 "나는 학교에 잘 적응 못한다", "나는 학교가기가 싫다", "나는 학업에 흥미가 없다"의 세 문항을(alpha=.756) 사용하고 5점 척도에 응답하도록 하였다.

낮은 자기통제력은 기존의 연구에 의거하여(Grasmick et al., 1993), 충동성, 위험추구성, 단순작업추구성, 활동성, 이기성, 화기질 등 여섯 특성에 대해 두 문항씩 질문을 하였는데, 예컨대 충동성으로는 "나는 무슨 일을 하든지 충동적으로 하는 경우가 많다"와 "나는 나중에 어떤 일이 있을지는 생각 않고 즉흥적으로 행동한다"와 같이 두 문항을 사용하였고 마찬가지 방법으로 총 열 두개의 질문에 "전혀 그렇지 않다"에서 "매우 그렇다"에 이르는 5점 척도에 응답하도록 하였다(alpha=.846).

종속변인으로 사이버불링은 전체 및 위의 이용환경별로 1) 단순욕설, 2) 명예훼손/비방, 3) 허위사실/유언비어유포, 4) 집단괴롭힘, 5) 협박/위협, 6) 스토킹 등 여섯 개의 항목에서 지난 1년 동안의 경험 여부를 질문하여 최종적으로는 여섯 문항을 합산하여 사용하기로 한다.

본 연구에서의 사회인구학적 통제변인으로 성은 여성(=0)과 남성(=1)을 더미화하여 사용하기로 하며, 연령은 태어난 연도를 묻고 연령으로 다시 코딩하였으며, 경제 수준은 주관적 수준으로 '하'에서부터 '하중', '중', '중상', '상'에 이르는 다섯 항목에 응답하도록 하였다.

Ⅳ. 분석결과

본 연구의 조사 대상자의 특성 및 주요 변인들에 대한 기술통계분석의 결과를 살펴보면 <표 1>과 같다. 성별분포에서 전체 응답자 672명 중 남성이 402명(59.8%), 여성은 270명(40.2%)이었다. 조사 대상자의 연령은 18-29세 분포에서 평균 연령은 21.933세였다. 조사 대상자의 경제수준은 5점 척도에서 평균 3.290으로 '중'보다 약간 높은 것으로

<표 1> 주요 변인들에 대한 기술통계분석결과

		명	%	평균	표준편차	범위
성별	남성	402	59.8			
	여성	270	40.2			
연령				21.933	2.343	18-29
경제수준				3.290	.831	1-5
사이버불링자 차별접촉	없음	640	95.2			
	있음	27	4.0			
	무응답	5	0.7			
현실친구 차별접촉	없음	612	91.1			
	있음	60	8.9			
부모긴장				6.570	2.360	3-15
학업긴장				6.882	2.281	3-15
낮은 자기통제력				33.365	6.911	12-60
사이버불링				.255	.687	0-6

인식하는 것으로 나타났다. 본 연구에서 사용할 주 독립변인으로 우선 스마트폰 이용상의 사이버불링자와의 차별접촉 경험자는 27명으로 4%로 낮은 편에 속하였고, 현실 위반자 친구가 있는지는 60명(8.9%)이 위반자 친구가 있다고 응답한 것으로 나타났다. 일상긴장요인들로 부모긴장은 3-15범위에서 평균값이 6.570, 학업긴장은 6.882로 대체로 그 점수가 높지는 않은 것으로 나타났다. 낮은 자기통제력은 12-60범위에서 평균값이 33.365이었다. 본 연구에서의 종속변인으로 사이버불링은 여섯 항목을 합산한 결과 0-6범위에서 평균값이 .255로 정도가 낮은 것으로 조사되었다.

<표 2>는 본 연구의 종속변인인 스마트폰 이용상의 사이버불링의 항목별 경험을 제시하는데 전체 대상자뿐만 아니라 세 이용환경별로 결과를 제시한다.

<표 2> 사이버불링 항목 빈도분석결과

		명(%)			
		전체	문자	SNS	인터넷
단순욕설	없음	547(81.4)	169(82.0)	157(78.9)	170(85.0)
	있음	77(11.4)	27(12.2)	30(15.1)	16(8.0)
	무응답	48(7.1)	12(5.8)	12(6.0)	14(7.0)
명예훼손/비방	없음	658(98.9)	202(98.1)	194(97.5)	196(98.0)
	있음	7(1.0)	2(1.0)	3(1.5)	2(1.0)
	무응답	7(1.0)	2(1.0)	2(1.0)	2(1.0)
허위사실/유언비어유포	없음	655(98.9)	201(97.6)	195(98.0)	194(97.0)
	있음	7(1.0)	2(1.0)	3(1.5)	2(1.0)
	무응답	10(1.5)	3(1.5)	1(0.5)	4(2.0)
집단괴롭힘	없음	660(98.2)	202(98.1)	196(98.5)	196(98.0)
	있음	4(0.6)	1(0.5)	2(1.0)	1(0.5)
	무응답	8(1.2)	3(1.5)	1(0.5)	3(1.5)
협박/위협	없음	660(98.2)	202(98.1)	196(98.5)	196(98.0)
	있음	4(0.6)	1(0.5)	2(1.0)	1(0.5)
	무응답	8(1.2)	3(1.5)	1(0.5)	3(1.5)
스토킹	없음	663(98.7)	203(98.5)	197(99.0)	197(98.5)
	있음	2(0.2)	1(0.5)	1(0.5)	0(0.0)
	무응답	7(1.0)	2(1.0)	1(0.5)	3(1.5)
총		672	208	201	200

사이버항목으로는 단순욕설이 가장 많았는데 경험자는 77명으로 전체 응답자의 11.4%가 경험하였으며, 그 외의 항목의 경우 경험자가 7명(1%) 등으로 대체로 매우 낮은 빈도를 나타냈다. 본 조사에서는 세 경우의 이용에서 문자는 208명, SNS는 201명, 인터넷접속은 200명으로 거의 유사하게 나타났는데, 사이버불링의 결과를 세 이용환경별로 보면 단순욕설의 경우는 경험자가 SNS에서 15.1%, 문자 12.2%, 인터넷접속에서 8.0% 순으로 나타났으며, 그 외의 경우에서도 적은 빈도로 거의 유사하였지만 SNS에서가 1-2명 더 많은 것으로 나타났다. 대체로 대학생 대상이었기 때문에 사이버불링의 경험자는 적었고 심각한 행동보다는 사소한 욕설의 경우가 대부분을 차지한 것으로 조사되었다.

<표 3>은 본 연구의 연구문제를 분석하기 이전에 전체를 대상으로 스마트폰 이용상의 사이버불링의 설명요인에 관한 다중회귀분석결과를 제시한다. 전체적으로 본 연구에서 제시한 설명요인들은 스마트폰에서의 사이버불링을 잘 설명하는 것을 나타낸다. 설명력을 나타내는 R제곱을 보면 32.6%로 높은 설명력을 나타냈으며, F값도 38.783으로 $p<.001$ 수준에서 유의하였다. 사이버불링의 설명요인으로는 차별접촉요인으로 스마트폰 이용상의 사이버불링자와의 접촉이 $p<.001$ 수준에서 강하게 설명하였고 베타

<표 3> 사이버불링의 설명요인에 관한 다중회귀분석결과

	종속변인	
	사이버불링	
독립변인	b	β
남성	.068	.048
연령	-.014	-.049
경제수준	-.020	-.024
사이버불링자 차별접촉	1.828***	.517
현실친구 차별접촉	.173*	.072
부모긴장	-.016	-.053
학업긴장	.004	.013
낮은 자기통제력	.012***	.122
R제곱	.326	
F값	38.783***	

$^{*}p<.05$; $^{**}p<.01$; $^{***}p<.001$

값도 .517로 가장 높게 나타났다. 즉 스마트폰 이용상에 사이버불링 경험자와 접촉한 적이 있는 응답자가 사이버불링을 더 많이 하는 것으로 나타났다. 그 다음으로는 낮은 자기통제력이 p<.001 수준에서 유의미하게 설명하여 자기통제력이 낮은 응답자가 사이버불링을 더 하는 것으로 나타났고 베타값은 .122였다. 현실에서 법위반자 친구가 있는지는 p<.05 수준에서 유의미한 것으로 나타나 비록 강하지는 않았지만 현실에 위반자 친구가 있는 응답자가 사이버불링 가능성이 높은 것으로 나타났다. 일상긴장요인으로 부모긴장과 학업긴장은 모두 통계적으로 유의미한 영향력을 갖지 못하였다. 아울러 사회배경요인으로 성, 연령, 경제수준 모두 유의미한 영향력을 제시하지 못하였다.

<표 4>는 본 연구에서 가장 관심을 갖는 연구문제로서 세 이용환경별로 사이버불링의 설명요인이 어떻게 다른지에 관한 다중회귀분석을 제시한다. 그 결과를 보면 문자, SNS, 인터넷접속 모두의 경우에서 스마트폰 이용상의 사이버불링자와의 차별접촉이 가장 중요한 설명요인임을 제시해 모두 p<.001 수준에서 유의미하였고 베타값도 가장 높은 것을 나타냈다. 이는 서로가 아는 사이인 문자의 경우 차별접촉의 영향력이 더 클 것이라는 예측과는 다른 결과였다. 한편 현실에서 법위반 친구가 있는지의 현실 차별접

<표 4> 세 이용환경별 사이버불링의 설명요인에 관한 다중회귀분석결과

	종속변인					
	사이버불링					
	문자		SNS		인터넷	
독립변인	b	β	b	β	b	β
남성	.246**	.174	.031	.020	.051	.044
연령	-.013	-.045	-.030	-.092	.005	.018
경제수준	-.046	-.044	-.015	-.018	.060	.084
사이버불링자 차별접촉	2.061***	.583	1.208***	.332	1.950***	.621
현실친구 차별접촉	.110	.035	.456**	.204	.132	.170
부모긴장	.010	.032	-.019	-.061	-.016	-.067
학업긴장	.048*	.146	-.038	-.119	.029	.115
낮은 자기통제력	.001	.006	.029***	.256	.003	.031
R제곱	.403		.292		.442	
F값	16.380***		9.243***		18.494***	

$^{*}p<.05$; $^{**}p<.01$; $^{***}p<.001$

촉요인은 SNS 이용의 경우에만 $p<.01$ 수준에서 유의미하였고 문자와 인터넷접속의 경우는 유의미하지 않았다. 익명 관계이고 현실과는 거리가 먼 인터넷접속의 경우 현실 위반자친구와의 차별접촉이 영향력이 약할 것이라는 결과는 예측과 일치하였다. 하지만 문자의 경우 아는 사이의 관계임에도 현실 친구의 영향력은 낮은 것으로 나타났는데, 이는 현실 위반자의 친구가 있는 사람들이 문자에서 사이버불링 가능성이 높은 면도 있지만 문자의 경우는 단순욕설의 경우라도 아는 사이의 사소한 장난 혹은 친근한 표현의 욕설이 일어나기 때문에 굳이 법위반자 친구 없이도 일어날 수 있다는 점에서 영향은 크지 않았다고 볼 수 있다.

일상긴장의 요인들 중 부모긴장은 세 이용환경별 모두 유의미한 영향력을 갖지 못하였지만 학업긴장은 차이를 보여 문자의 경우 $p<.05$ 수준에서 유의미하게 나타났고 인터넷접속의 경우나 SNS에서는 유의미하지 않았다. 이는 본 연구에서 어느 정도 예상과 일치하는 결과로 현실 일상긴장의 영향력은 현실 기반에 가까운 문자이용의 경우에서 더 큰 것으로 볼 수 있으며, 긴장의 영향이 인터넷이용의 익명 관계에서 더 표출될 수 있을 수도 있을 것이라는 예측은 지지하지 않았다.

낮은 자기통제력의 경우는 세 경우 모두 작용할 것이고 기회가 높은 인터넷접속이나 학습 가능성이 높은 문자의 경우 클 것이라고 예측하였지만 문자와 인터넷접속에서는 유의미하지 않았던 반면 SNS에서는 $p<.01$ 수준에서 유의미하여 차이를 나타냈다. 어찌보면 인터넷접속이나 문자 환경에서는 낮은 자기통제력이 작용할 수 있는 두 요건, 즉 기회와 학습 상황이 반대여서 서로 상충되어 영향이 낮은 것이라고도 볼 수 있는데, 오히려 SNS경우가 두 요건이 함께 성립되는 점에서 영향이 높은 것임을 짐작한다.

마지막으로 사회배경변인들로는 현실과 가까운 문자의 경우 남녀 차이가 유의미하여 남자가 사이버불링을 더 하는 것으로 나타났으며, 그 외 연령이나 경제수준은 세 이용환경 모두 유의미하지 않았다.

V. 결론

이 연구는 대학생을 대상으로 스마트폰 이용상의 사이버불링의 원인을 설명함에 있어 기존의 주요 요인들로 차별접촉, 일상긴장, 그리고 낮은 자기통제력의 영향력을 살펴보고, 무엇보다도 스마트폰 이용환경별로 문자, SNS, 인터넷접속의 경우에서 그들 영향력이 상이한지를 알아보려고 하였다.

본 연구결과에서는 문자, SNS, 인터넷접속 모두 스마트폰 이용상의 사이버불링자와의 차별접촉이 가장 중요한 설명요인인 것을 제시하였다. 본 연구에서는 서로가 아는 사이인 문자의 경우에서 차별접촉 학습과정의 영향력이 더 클 것이라고 예측하였지만 세 경우 모두 차별접촉의 영향은 큰 것으로 나타났다. 이는 문자나 SNS 경우처럼 주위 아는 친구로부터나, 인터넷의 경우 구성원 및 이용자들로부터도 모두 사이버불링을 학습할 수 있다는 것을 제시한다. 기존 연구에서는 사이버폭력의 경우 차별접촉 그리고 인터넷 혹은 주변 문화가 중요하다는 것을 제시해 왔는데, 이 결과는 이용환경에 상관없이 주위 위반자와 문화의 영향력이 매우 클 수 있음을 제시한다. 한편 현실에서의 법위반친구와의 차별접촉요인은 SNS 이용의 경우에만 유의미하여 차이를 보였다. 이는 인터넷접속처럼 서로 모르는 관계에서는 현실 위반자친구의 영향력이 낮다는 점, 문자의 경우 친한 사이끼리의 사소한 친근한 표현으로서 욕설이기 때문에 반드시 법위반자 친구를 전제로 하는 것은 아니라는 결과로 해석하였다.

일상긴장의 요인들은 대체로 설명력이 낮았지만 학업긴장의 경우 이용환경별로 차이를 보여 문자의 경우 영향력이 상대적으로 높았는데 현실 일상의 긴장은 현실 기반의 문자이용의 경우 더 큰 것으로 해석되지만 앞으로 더 많은 연구가 요구된다 할 수 있다.

낮은 자기통제력의 경우는 문자와 인터넷접속에서는 유의미하지 않았던 반면 SNS에서 유의미하였다. 이는 SNS에서 낮은 자기통제력이 작용할 수 있는 두 요건으로 기회와 학습이 모두 용이하기 때문인 것으로 볼 수 있었다.

본 연구결과는 본 연구의 예측과 일치하지 않는 부분도 있었지만 어느 정도 세 이용환경별로 사이버불링의 원인이 다르게 작동할 수 있다는 것을 제시해 큰 틀에서는 어느 정도 예측이 증명되었다. 이는 사이버불링의 원인이 세밀하게 접근되어야 한다는 것을 나타내는데, 단순한 문자나 SNS 이용, 인터넷접속에 따라 그 원인이 다르고 따라서 해결방안도 다를 수 있다는 것을 나타낸다. 본 연구에서는 이를 세 경우가 서로 아는 사이인지의 정도가 다르기 때문이라고 출발하였지만 좀 더 세밀한 분석이 요구된다.

본 연구는 대학생을 대상으로 하였다는 점에서 사이버불링의 케이스를 많이 발견할 수는 없었다는 아쉬움이 남는다. 그럼에도 불구하고 기존 연구에서는 많이 다루지 않았던 대학생 대상의 연구였다는 점에서 의의를 갖는다. 본 연구처럼 이용환경별 원인 차이에 대한 연구는 앞으로 초, 중, 고등학교 청소년들을 대상으로 좀 더 논의되고 검증되어야 할 것으로 본다. 앞으로 그러한 연구들을 기약하면서 좀 더 세부 분석과 방안이 도출되기를 바란다.

사이버성비행의 원인 탐색

I. 서론

오늘날 청소년들은 새로운 모바일 매체를 이용해 성비행을 저지르고 있다. 청소년들은 원치 않는 성적 문자메시지 혹은 음란영상을 전송하기도 하고, 휴대전화와 스마트폰을 이용해 인터넷에서 다운받은 음란물을 친구들과 주고받으며, 또 심지어 자기 자신이나 타인의 음란한 모습을 휴대전화로 촬영하고 인터넷에 유포하기까지 하는 등의 행동을 하기도 한다.

청소년들의 성비행 문제는 현실에서 더 나아가 인터넷의 사이버공간에서도 심각한 문제로 떠올라 그에 대한 연구가 국내에서 진행된 바 있지만(김은경, 2001; 윤영민, 2003; 남정림, 2005; 이성식, 2005d), 모바일 매체인 휴대전화를 이용한 성비행에 대한 고찰은 아직 부족한 실정이다. 그러한 점에서 이 연구는 중학생 청소년들을 대상으로 하는 조사연구를 통해 휴대전화를 이용한 성비행의 경험 실태를 알아보고, 아울러 그 원인은 무엇인지를 살펴보려고 한다.

현실에서는 실제로 신체적 성폭력이나 이성과의 성관계가 주요 성비행에 해당되지만, 사이버공간상에서는 인터넷 게시판이나 채팅방, 이메일에서의 성희롱이나 스토킹, 그리고 음란물관련 비행이 주된 성비행이라 할 수 있는데, 모바일 매체의 경우도 인터넷과 같은 성비행이 주된 형태라 할 수 있다. 그렇다면 휴대전화를 이용한 성비행의 원인과 특성은 무엇일까? 그것은 현실과 인터넷에서의 성비행과 그 특성과 원인에서 다를 것인가? 모바일 매체는 휴대전화가 갖는 이동성과 휴대성의 특성으로 인해 그 원인은 현실의 특성을 지니면서도 또한 비대면성 등의 특성으로 인터넷 사이버공간에서의 성비행과 크게 다르지 않을 것이라고 볼 수 있다. 그러한 점에서 휴대전화를 이용한 성비행은 현실 및 인터넷 성비행의 중간적 성격을 갖는다고 할 수 있다.

이 연구는 청소년들의 휴대전화를 이용한 성비행의 경험 실태를 알아보고, 아울러 그 원인을 모색함에 있어 기존 성비행 연구들에서의 주요 이론적 논의들에 근거하여 여러 입장과 가설논의들을 살펴보고 그 연구들에서 다루어져 왔던 주요 원인들을 휴대전화 성비행에 적용해 봄으로써 과연 어떠한 요인이 중요한지, 기존 현실 및 인터넷 성비행의 원인들과는 어떻게 다른지를 살펴보려고 한다. 서울시 남자 중학생 청소년을 대상으로 휴대전화를 이용한 성비행의 실태와 원인을 알아보고 대응 방안을 강구해보는 것이 연구의 주목적이다.

II. 이론적 논의

1. 사이버성비행의 개념과 유형

성비행이란 사회의 성규범에 부합되지 않는 행동으로 정의할 수 있으며, 강간이나 성추행, 성희롱, 성매매 등이 포함되고, 그밖에 여러 성도착 증상까지도 포함된다(김준호 외, 2008). 그런데 특별히 청소년 성비행의 경우 강간, 성추행, 성희롱, 성매매 이외에 청소년의 지위에서는 허용되지 않는 지위비행으로서 이성과의 성관계나 성적 접촉, 그리고 음란물 관련 행위까지 포함된다고 할 수 있다.

성비행은 흔히 첫째, 원치 않는 성적 표현행위로서 성적 접근이나 성추행 및 성희롱의 행동이 있고, 둘째, 성적 강압적 행위로서 신체적 강압적 성행위인 강간이 대표적인 예라 할 수 있으며, 셋째, 음란물 유통 및 경험과 같은 음란물 관련 행위로 분류할 수 있다(Barak, 2005). 이와 같은 분류에 따라 사이버공간에서의 성비행을 분류해 본다면, 첫째, 원치 않는 성적 표현행위로 이메일이나 채팅방 등에서 이루어지는 성과 관련된 수치심 유발의 성희롱 메시지가 있고, 둘째, 신체적 강압적 행위 대신에 성적 강압적 형태로 사이버스토킹이 주요 성비행에 포함된다고 할 수 있으며, 셋째로 청소년들의 대표적 성비행 행위라 할 수 있는 인터넷을 통한 음란물 전송과 유포 및 음란물 경험이 주요 성비행이 된다고 할 수 있다.

통상 사이버성폭력은 사이버성희롱, 사이버스토킹 및 여성에 대한 언어폭력, 사이버성매매로 분류한다(김은경, 2001). 한편 남정림(2005)은 성적 침해형, 성적 명예훼손형, 성차 비하형, 성일탈 강요형으로 구분하기도 한다. 이 연구는 사이버성폭력보다는 보다 넓은 개념으로 성비행이라는 용어를 쓰기로 하는데, 이는 인터넷이나 휴대전화에서 청소년들에게 일어나는 음란물 관련 행위, 즉 음란물 다운받기나 타인에게 전송하는 행위, 자신의 음란행위를 촬영하는 행위 등을 포함하기 위해서이다. 아울러 이 연구에서는 성매매행동을 주요 유형에서 제외하기로 하는데, 성매매는 현실에서 신체적 접촉을 통해 이루어지는 행위이고, 인터넷이나 휴대전화는 그것을 성사하기 위한 도구로만 쓰여지는 행위이기 때문이다.

이 연구에서 휴대전화를 이용한 성비행은 문자나 동영상을 직접 이용한 성비행 이외에 휴대전화로 주고받는 음란물, 휴대전화로 무선인터넷에 접속하여 이루어지는 성비행을 포함한다. 따라서 강간이나 성추행, 그리고 성매매, 이성과의 성경험과 같이 신체적 접촉으로 이루어지지는 않는 점에서 사이버성비행과 유사하다 할 수 있으며, 사이버성비행의 경우와 같이 성희롱, 스토킹, 음란물 관련 행위가 대표적인 예라고 할 수 있다.

2. 기존의 성비행에 관한 주요 이론들

성비행의 원인에 관한 기존 논의를 보면 여러 시각과 입장이 존재한다. 여기서는 그 논의들을 살펴보기로 하겠다. 우선 성비행이나 성폭력은 성충동에 의해 비롯된다는 성충동가설이 있다. 이 입장에 의하면 성비행, 특히 성폭력의 경우 일부 남성의 지나친 성욕구나 성적 충동, 남성호르몬의 과다에 의해 비롯되는 것이라고 본다(Qunsay, 1984). 이 입장은 일부 남성의 통제할 수 없는 성충동의 비정상성 혹은 개인병리성에 주목하는 점에서 성병리가설이라고도 하는데, 그러한 가설은 기존 연구에서 일부 지지되고 있다(Thornhill and Palmer, 2000).

둘째로, 성비행은 개인성향으로서 개인의 낮은 자기통제력의 결과라고 보는 입장이 있다. Gottfredson과 Hirschi(1990)의 일반이론에서는 개인의 안정적 성향으로서 낮은 자기통제력을 모든 비행의 궁극적이고도 유일한 원인이라고 주장하였는데, 이 입장에서 보면 성비행도 개인성향으로서 낮은 자기통제력의 결과라고 이해할 수 있다. 실제로 최근 연구에 의하면(Lussier et al., 2005) 성비행은 성적 충동과 같은 성관련 요소보다는 성 이외의 일반비행과 같이 자기통제력 같은 개인의 일반성향이 중요한 요인이 된다는 것을 밝히고 있다.

그러나 성충동가설이나 개인성향가설은 개인의 측면에 주목한 점에서 성비행의 사회문화적 환경요소를 고려하지 못한 한계가 있다. 그러한 점에서 성비행을 사회문화적 시각에서 접근한 대표적 논의로 폭력문화의 산물이나 혹은 사회환경으로부터 학습된 결과라고 보는 입장이 있다(Amir, 1971; Akers, 1985; 최인섭, 김성언, 1998). 폭력문화가설은 특별히 하층의 폭력문화를 강조하면서 하층이 폭력문화에 더 영향을 받음으로 인해 성폭력 등의 성비행을 더 저지른다고 주장한다. 이 입장에서는 성비행을 주위 사람들로부터 학습한다고도 보는데, 예컨대 부모로부터의 가정폭력 경험으로 폭력허용도가 높은 청소년이 성폭력을 저지른다는 주장이 있다(신혜섭, 양혜원, 2005; 김재엽 외, 2007). 마찬가지로 주위의 친한 친구가 성비행을 저지른 경우 성비행을 학습하여 성비행에 우호적인 태도로 성비행을 저지르기도 하며, 성폭력의 경우도 포르노 음란물로부터 학습한 결과라는 주장도 있다(김은경, 2000).

성비행과 관련하여 가장 주목을 받아왔던 또 다른 논의로는 가부장 사회의 산물이라는 페미니즘 시각의 입장이다. 이 입장에서는 성폭력이 단순히 성충동이나 폭력학습의 결과가 아니라 남녀불평등에 따른 남성의 여성에 대한 억압과 착취의 산물이라고 본다(Brownmiller, 1975). 즉 성폭력은 권력과 지배의 표현이라고 볼 수 있으며, 가부장적 성역할을 갖거나 남성지배적 의식을 갖는 사람들, 강간신화의식, 즉 여성피해자가 행실이 나쁘거나 자신을 유혹하였다고 자신의 성폭력을 정당화하거나 여성비하적 태도를 갖는 사람이 성비행의 가해자가 될 가능성이 높음을 주장해왔다(Burt, 1980; Chroro et al., 2004).

3. 인터넷 매체에서의 성비행에 관한 국내 주요 연구들

최근 국내연구들에서는 기존의 성비행 논의들을 사이버공간에서의 성비행에 적용하는 시도를 실시하였다(김은경, 2001; 윤영민, 2003; 남정림, 2005; 이성식, 2005d). 가장 큰 관심은 사이버공간에서의 성비행을 과연 현실에서의 성비행의 연장선에서 이해할 수 있는가 아니면 새로운 성격을 갖는 행동으로 보아야 하는가에 있다. 사이버공간의 성비행은 설명요인이 현실에서의 성폭력과는 다르다는 점을 강조한 주장을 보면(이성식, 2005d), 첫째, 사이버공간에서는 신체적 접촉이 없기 때문에 사이버성비행의 경우는 성적 욕망이나 성충동의 작용으로 이해하기는 다소 힘들다고 본다. 물론 육체를 매개로 하지 않는다고 해서 성적 욕망의 작용이 작을 것이라 보기는 어렵지만 그럼에도 현실에서의 성비행과 비교해 본다면 성충동의 발현보다는 다른 요인의 작용이 더 클 것이라고 보는 것이다. 둘째, 그러한 이유로 사이버공간에서의 성폭력은 폭력문화의 산물로 보기 어렵다고 본다. 현실에서는 성폭력이 폭력문화의 학습 결과일지 모르지만 탈육체의 공간에서는 단순히 재미 때문에 이루어지는 것이지 신체적 폭력문화의 결과와 연관된다고 보기는 어렵다는 것이다. 셋째, 인터넷 기반 사이버공간은 익명성과 비대면성으로 인해 성, 지위, 권력의 단서가 부족하고, 따라서 가부장의 남성지배적이거나 성불평등의 작용이 다소 약하고, 따라서 성비행이 남성의 여성에 대한 권력 행사라고 보기는 다소 어렵고, 따라서 가부장적 요소의 중요성은 상대적으로 덜 하다는 주장을 한다.

실제로 서울시 남녀 중고등학생을 조사대상으로 하였던 이성식의 연구결과(2005d)에 따르면 현실에서의 성폭력의 경우 성충동이 가장 큰 영향력을 나타냈고, 남성의 지배성이나 강간신화 등의 가부장적 요소가 그 다음으로, 그리고 폭력에 대한 태도가 어느 정도 중요한 영향력을 갖는다는 결과를 제시하였으나, 반면 사이버공간에서의 성폭력인 경우는 성충동이나 가부장적 요소, 폭력태도 등은 현실과 달리 영향력이 약하였고, 그 대신 개인적으로 성폭력에 대해 어떠한 태도를 갖는가 하는 성폭력태도가 중요한 요인이 된다는 결과를 제시하였다. 인터넷과 같은 매체 사용에 있어서는 개인이 일정한 공간에서 혼자 앉아 사용하고 또한 비대면과 익명성으로 인해 사적 자아의식이 높아 자신의 내적 속성이나 자신이 지닌 신념과 태도대로 행동할 가능성이 높다고 주장되는데(Joinson, 2003; Barak, 2005), 위의 결과는 이러한 점을 반영한다고 볼 수 있다. 한편 이 연구에서는 개인성향으로 낮은 자기통제력의 영향력을 다루어, 영향력이 유의미한 것을 제시하였는데, 이 결과 역시 사이버공간에서는 탈억제되어 내적 속성이나 충동대로 행동하게 된다는 주장과 일맥상통하다 할 수 있다. 자기통제력과 같은 요인은 사이버공간뿐만 아니라 현실 성폭력에도 모두 중요하다는 결과를 제시하였지만, 그러나 전체적으로 볼 때 이 연구에서는 현실과 사이버공간에서의 성폭력의 원인이 다르다는 점에서 현실의 연장선이라 보기는 어렵다고 주장하였다.

초창기의 국내 사이버성폭력 연구를 보면 김은경(2001)은 서울시 14세 이상 40세 미만의 남녀를 대상으로 한 조사연구에서 남녀구분의 이분법적 성고정관념이나 강간신화와 같은 가부장적 요인이 중요함을 제시하였고, 아울러 낮은 자기통제력, 그리고 온라인에서의 불안정적 정체성이 사이버공간에서의 성폭력의 중요한 설명요인이 된다는 점을 제시하였다. 하지만 김은경의 연구에서는 각각의 요인의 일대일의 사이버성폭력에 대한 영향력을 살펴보았을 뿐 서로의 영향력을 통제한 상태에서 영향력을 살펴보지 않은 점에서 서로의 요인들 간의 상대적 영향력 정도를 살펴보는 데는 어려움이 있었고, 아울러 앞서 이성식(2005d) 연구에서 중요하였던 사이버성 비행에 갖는 태도 등의 여러 다양한 요인들의 영향력을 다루지 못한 한계가 있다.

윤영민의 연구(2003)에서는 기존 논의를 성병리론, 역할놀이론, 권력론으로 나눈 후 사이버성희롱의 원인을 다루었는데, 성인 남녀를 조사대상으로 한 이 연구에서는 배우자 유무의 영향력을 통해 성충동과 성병리론의 주장을 확인하였고, 아울러 낮은 계층의 가부장의식을 갖는 사람들이 영향력이 크지는 않지만 어느 정도 성희롱을 저지른다는 결과를 제시하였다. 그러나 이 연구에서는 무엇보다도 역할놀이론이 우세하여 사이버성희롱은 놀이와 재미 때문에 이루어지는 경우가 많다고 밝히고 있다. 즉 이 연구에서는 사이버성희롱은 성충동이나 지배욕구가 투영된다는 점에서 현실적이기도 하지만, 또한 역할놀이의 측면을 지닌다는 점에서 현실과는 다른 가상적이라는 주장을 한다. 물론 이 연구에서도 개인성향인 자기통제력에 해당되는 충동성의 영향력도 다루고 있는데 그 영향력이 매우 크다는 결과를 제시하였다.

남정림의 연구(2005)에서는 인터넷 게시판에서의 성폭력을 중심으로 그 원인을 모색하기 위해 성충동론, 놀이론, 그리고 일탈적 성해방론으로 나누었는데, 세 논의가 모두 설득력이 있음을 제시하였다. 즉 남성은 성충동을 통제할 수 없다거나 별다른 이유없이 재미삼아 성폭력을 하고, 일탈적 성해방론으로서 가부장적 요인이 중요함을 제시하였다. 하지만 이 연구는 인터넷 게시판에서의 몇 사례를 모니터링하여 분석하는 방법에 의존한 점에서 성폭력의 실제 동기와 원인을 파악하는 데 다소 한계가 있었다고 할 수 있다.

4. 휴대전화를 이용한 성비행

휴대전화는 휴대가 가능하여 언제, 어디서나 사용이 가능하고, 또 휴대하여 이동하면서 직접 음성으로 대화를 통해 사용할 수 있다는 점에서(이재현, 2004; 성동규 외, 2007) 휴대전화 사용은 현실과 크게 다르지 않다. 그러나 매체를 매개로 한다는 점에서 상대와의 의사소통에서 비대면이고, 또 문자를 사용하고, 필요에 따라서는 자신을 감춘 채 익명으로 사용할 수 있다는 점이 현실과는 다르고 이 점이 인터넷사용과 크게 다르지 않다. 휴대전화는 휴대이동이 가능하다는 점에서 현실에 가깝지만 또 한편으로는 휴대이동성으로 인해 사적으로 은밀하게 사용할 수 있고, 그로 인해 주위 통제로부터 자유로운 점이 현실과 다르고, 그 점이 인터넷사용과 유사하기도 하다. 이처럼 전체적으로 볼 때 휴대전화를 매개로 한 비행은 현실과 인터넷매개의 중간 성격을 띤다고도 볼 수 있다.

최근 이성식과 김현준(2009)의 휴대전화 비행의 원인에 관한 연구를 보면 휴대전화를 이용하여 비행을 저지른 친구와의 접촉과 낮은 자기통제력, 그리고 사회유대요인으로 부모와의 애착이 유의미한 영향력을 갖는다는 결과를 제시하였는데, 이는 현실의 부모나 친구와 관련된 요인들의 작용이 사이버공간의 인터넷비행에서는 중요하지 않다는 기존 주장들과는 다른 것이며, 기존 현실에서 중요하였던 요인들이 사이버 인터넷비행의 경우는 몰라도 적어도 휴대전화 비행에서는 중요하다는 것을 제시하는 결과라고 할 수 있다. 그밖에도 이 연구에서는 비행기회요인으로서 휴대전화매체의 특성인 익명성과 은밀성에 주목하여 그것을 익명적으로, 은밀하게 사용하는 청소년이 휴대전화 비행을 더 저지른다는 결과를 제시하였다.

이러한 논의들을 휴대전화를 이용한 성비행과 연관지어 논의해 본다면 기존의 현실성비행에서 강조되어 왔던 요인들, 즉 성충동이나 가정폭력 등의 주위 폭력환경, 성비행에 갖는 신념과 태도, 가부장적 요인들은 모두 휴대전화 성비행을 어느 정도 설명할 수 있을 것이라 볼 수 있다. 즉 기존 인터넷 성비행 연구에서는 성충동이나 폭력환경 요인들, 가부장적 요인들, 그밖에 가정과 학업성적 등의 요인들이 다소 중요하게 작용하지는 않았지만(이성식, 2005d), 현실과 인터넷의 중간 성격을 갖는 휴대전화를 이용한 성비행의 경우 그러한 요인들이 어느 정도 작용할 것이라고 볼 수 있는 것이다.

III. 연구가설과 방법

1. 연구가설

이 연구는 휴대전화를 이용한 성비행의 원인을 모색함에 있어 기존 연구들에서 강조되어 왔던 다양한 요인들이 휴대전화 성비행의 원인으로 작동할 수 있을지 그 영향력을 다루고자 한다. 이 연구에서는 크게 다섯 가지의 이론을 근거로 하여 주요 요인들의 영향력을 다루려고 하는데, 앞서 이론적 논의에서 살펴본 바와 같이 첫째는 가부장가설로 휴대전화를 이용한 성비행은 권력과 지배의 행사로 남녀불평등의 산물인지, 둘째는 폭력학습가설로 휴대전화를 이용한 성비행은 폭력의 연장선이며, 따라서 폭력환경에의 노출이 휴대전화 성비행을 유발하는지, 셋째는 성비행 학습 가설로 휴대전화를 이용한 성비행은 그것을 허용하고 용인하는 주위 사람과의 접촉과 그로 인해 긍정적 태도를 가짐으로써 발생하는 것인지, 넷째는 놀이가설로 단순히 놀이와 재미가 동기가 되어 일어나는 것인지, 그리고 다섯째는 개인성향가설로 휴대전화를 이용한 성비행은 개인성향인 낮은 자기통제력의 결과인지를 다룰 것이다.

본 연구에서 제시하려는 주요 요인들로는, 우선 가부장가설로부터 청소년의 가정이 가부장적 가정인지로 부모의 권력관계나 부모와 자식간의 권력관계가 불평등한지를 요인으로 다룰 것이며, 폭력학습가설을 위해서는 부모가 가정에서 자녀에게 폭력과 학대를 하는지를, 성비행학습 가설에 기반해서는 주위의 친한 친구가 휴대전화 성비행을 저질렀는지, 휴대전화를 이용한 성비행을 어느 정도 용인하는지의 태도의 영향력을 다룰 것이다. 그리고 놀이가설을 위해서는 휴대전화를 이용한 성비행이 얼마나 재미있다고 생각하는지를, 개인성향가설을 위해서는 개인성향으로서 낮은 자기통제력의 영향력을 살펴보기로 한다. 아울러 성비행을 용이하게 하는 모바일 매체의 특성(휴대이동성, 은밀성, 익명성 등)이 있는데, 매체기회요인으로 휴대전화를 사용하는 청소년들이 성비행의 기회가 더 많음으로 인해 휴대전화 성비행을 더 저지르게 되는지를 살펴보기로 한다.

다음은 본 연구에서 경험연구를 통해 살펴보려고 하는 가설들이며, 휴대전화를 이용한 성비행의 경우 기존 현실 성비행과 크게 다르지 않으며 아울러 사이버 인터넷 성비행의 특성 또한 갖는 중간적 형태라는 점에서, 현실 성비행과 인터넷 성비행의 원인은 어느 정도 차별적이었던 반면, 휴대전화를 이용한 성비행에서는 이와 같은 요인들이 어느 정도 중요한 설명력을 가지게 될 것이라고 예측해 본다.

가설 1: 가부장적 가정의 청소년은 휴대전화 성비행을 더 저지를 것이다

가설 2: 폭력가정의 청소년은 휴대전화 성비행을 더 저지를 것이다

가설 3: 휴대전화 성비행의 경험이 있는 친구를 사귀는 청소년은 휴대전화 성비행을 더 저지를 것이다

가설 4: 휴대전화 성비행에 대해 긍정적 태도를 갖는 청소년은 휴대전화 성비행을 더 저지를 것이다

가설 5: 휴대전화 성비행이 재미있다고 생각하는 청소년은 휴대전화 성비행을 더 저지를 것이다

가설 6: 자기통제력이 낮은 청소년은 휴대전화 성비행을 더 저지를 것이다

가설 7: 휴대전화 매체특성식의 사용으로 성비행기회를 갖는 청소년은 휴대전화 성비행을 더 저지를 것이다

2. 연구방법

이 연구는 서울시 중학생을 대상으로 휴대전화 사용과 관련하여 조사를 실시한 기존 조사자료를 사용하기로 한다. 이 자료는 서울시 7개 중학교를 선정하고, 선정된 학교에서 1, 2, 3학년 한 학급씩을 무작위로 선정하여 학급학생 전원에게 설문조사를 실시한 자료로, 조사는 2008년도 7월 2주간에 걸쳐 실시되었으며 총 715명을 대상으로 조사하였다. 이 중 휴대전화를 갖고 있는 학생은 640명으로 전체의 89.5%를 차지하는 것으로 나타났는데, 이 연구에서는 불성실한 응답을 보인 15명을 제외한 625명을 분석 대상으로 삼기로 한다. 그중에서 이 연구에서는 남자 중학생을 분석 대상으로 국한하기로 하는데, 이는 성비행의 주된 형태가 강간, 성폭력, 성추행, 스토킹, 음란물 접촉 등 그 주 가해자가 남자이고, 그동안의 기존 연구에서도 주로 남자 청소년들을 대상으로 연구한 점에서 이 연구에서도 남자를 분석 대상으로 하며, 중학생 남자 314명을 최종 분석 대상으로 다루기로 한다.

본 연구의 독립변인으로 다룰 요인으로 가부장적 가정은 부모의 권력관계와 부모의 자녀에 대한 권력 관계를 중심으로 "우리 집에서 어머니는 아버지에게 꼼짝 못하신다",

"우리 집에서 부모님은 자식들의 의견을 듣지 않고 마음대로 결정한다", "우리 집에서 아버지의 권위가 상당하여 다른 사람들은 다들 꼼짝 못한다"의 세 문항을 질문하고 "전혀 그렇지 않다"에서 "매우 그렇다"에 이르는 5점 척도에 응답하도록 하였다(alpha=781).

폭력가정은 부모의 자녀에 대한 강압적 양육 혹은 폭력에 대해 질문하였는데, "부모님은 나를 혼내실 때 고함을 지르고 욕을 하신다", "부모님은 나를 몽둥이로 때리신다", "나는 부모님으로부터 심하게 맞은 적이 있다"의 세 문항에 대해 "전혀 그렇지 않다"에서 "매우 그렇다"에 이르는 5점 척도에 응답하도록 하였다(alpha=776).

휴대전화 성비행친구는 친하게 지내는 친구 중 휴대전화를 이용하여 누군가에게 성적 모욕감을 준 친구, 스토킹 경험이 있는 친구, 휴대전화로 음란물을 보거나 음란행위를 촬영/유포한 친구의 수 등 세 문항을 질문하였고, 최종적으로는 이들 문항을 합산하였다.

휴대전화 성비행태도는 휴대전화 성희롱, 스토킹, 음란물 촬영/유포의 세 문항에 대해 각각 그 행위가 얼마나 나쁜지를 질문하고 "매우 나쁘다"에서 "전혀 나쁘지 않다"에 이르는 5점 척도에 응답하도록 하였다(alpha=990).

휴대전화 성비행에 대한 재미는 휴대전화 성희롱, 스토킹, 음란물 촬영/유포의 세 행위가 각각 얼마나 재미있을지를 질문하고 "전혀 그렇지 않다"에서 "매우 그렇다"에 이르는 5점 척도에 응답하도록 하였다(alpha=949).

개인성향으로서 낮은 자기통제력은 기존 연구에 의거하여(Grasmick et al., 1993), 충동성, 단순작업 추구성, 위험추구성, 활동성, 이기성, 화기질 등 여섯 가지 특성을 중심으로 각 두 문항씩의 질문을 하였는데, 예를 들어 "나는 충동적으로 행동하는 경우 많다" 등의 총 열두 개의 질문에 각각 "전혀 그렇지 않다"에서 "매우 그렇다"에 이르는 5점 척도에 응답하도록 하였다(alpha=.822).

휴대전화 비행기회의 매체 특성으로는 휴대성, 이동성, 개인은밀성, 동시성, 익명성에 해당되는 총 열 문항을 질문하였는데, 예컨대 휴대성의 경우 "나는 휴대전화를 어디든지 가지고 다니면서 사용한다"와 같은 문항을, 익명성은 "나는 휴대전화 사용시 내 번호를 숨기고 보낸 적이 있다"를 질문하고 "전혀 그렇지 않다"에서 "매우 그렇다"에 이르는 5점 척도에 응답하도록 하였다(alpha=732).

종속변인으로 휴대전화를 이용한 성비행은 문자/사진/동영상으로 누군가에게 성적 모욕감을 느끼게 하였는지, 누군가에게 문자나 전화를 걸어 지속적이고 반복적으로 스토킹을 한 적이 있는지, 주위에서 음란물을 휴대전화로 받아보거나 자신의 음란물을 누군가에게 보낸 적이 있는지(아울러 휴대전화로 자신의 성행위나 기타 음란한 장면을 촬영해 본 적이 있는지)의 세 문항을 사용하기로 하며, 각각의 세 유형에 있어서 휴대전화로 무선인터넷에 접속하여 누군가에게 성적 모욕감을 느끼게 하였는지, 누군가를 스토킹하였는지, 그리고 음란물을 다운/유포한 적이 있는지를 추가하여 다루었다. 이렇게 세 유형의 성비행에 대해 지난 1년간의 경험 여부를 질문하였고, 최종적으로는 이들 문항을 합산한 후 전체적으로 휴대전화 성비행의 경험 유무를 0과 1로 코딩하여 알아보았다.

본 연구에서 통제요인으로는 응답자의 성, 연령, 그리고 계층변인으로서 가족의 수입을 사용하기로 하는데, 가족의 수입은 100만원 이하, 101만원부터 200만원에서 901만원 이상에 이르는 열 개의 항목에 응답하도록 하였다.

Ⅳ. 분석결과

본 연구의 분석에 앞서 조사 대상자의 특성을 살펴보면 조사 대상자의 연령은 14세가 115명으로 36.6%로 가장 많았고, 그 다음으로 13세가 89명(28.3%), 15세가 82명(26.1%)을 차지하였다. 조사 대상자의 계층변인으로 가족 수입을 보면 월수입이 200만원 대가 68명(21.7%), 그 다음이 400만원 대가 61명(19.4%), 300만원 대가 58명(18.5%) 순으로 나타났다.

<표 2>는 조사대상 청소년들의 현실에서의 성비행 및 인터넷 성비행, 그리고 휴대전화를 이용한 성비행의 경험실태를 제시한다. 휴대전화를 이용한 성비행의 실태에 앞서 먼저 현실에서의 성비행과 인터넷에서의 성비행의 경험을 살펴보면 전체적으로 현실에서의 성비행자는 15명으로 전체의 4.8%였고, 이를 유형별로 보면 현실에서의 성희롱 경험자는 9명(2.9%), 이성과의 성경험자는 9명(2.9%), 신체적 성폭력 혹은 강간 경험자는 4명(1.3%)으로 조사되었다. 사이버공간의 인터넷성비행 경험자는 53명으로 전체의 16.9%를 차지해 그 비율이 높았다. 이를 유형별로 보면 인터넷성희롱 경험자는 20명(6.4%)으로 현실보다 그 수가 많았고, 인터넷스토킹은 9명(2.8%), 인터넷음란물 경험은 46명으로 조사 대상자의 14.6%가 경험한 것으로 나타났다. 한편 본 연구에서 관심을 갖는 휴대전화를 이용한 성비행의 실태를 살펴보면 <표 2>와 같이 총 314명 중 22명인

<표 1> 조사 대상자의 사회배경특성

		명	%
연령	12세	21	6.7
	13세	89	28.3
	14세	115	36.6
	15세	82	26.1
	16세	7	2.2
가족수입	100만 이하	16	5.1
	101-200	33	10.5
	201-300	68	21.7
	301-400	58	18.5
	401-500	61	19.4
	501-600	17	5.4
	601-700	5	1.6
	701-800	4	1.3
	801-900	7	2.2
	901만 이상	15	4.8
총		314	100.0

<표 2> 조사 대상자의 인터넷 및 현실에서의 성비행 실태

		없음	있음
현실성비행	현실성희롱	304(96.8)	9(2.9)
	이성과의 성관계	304(97.4)	9(2.9)
	신체적성폭력/강간	309(98.4)	4(1.3)
총		298(94.9)	15(4.8)
인터넷성비행	인터넷성희롱	293(93.3)	20(6.4)
	인터넷스토킹	303(96.5)	9(2.8)
	인터넷음란물	267(85.0)	46(14.6)
총		298(92.5)	53(16.9)
휴대전화성비행	휴대전화성희롱	304(96.8)	10(3.2)
	휴대전화스토킹	307(97.8)	5(1.6)
	휴대전화음란물	302(96.2)	11(3.4)
총		290(92.4)	22(7.0)

<표 3> 주요 요인들에 대한 기술통계분석결과

	평균	표준편차	범위
가부장가정	5.845	2.667	3-15
폭력가정	6.020	3.106	3-15
성비행친구	.195	.976	0-11
성희롱 친구	.092	.566	0-8
스토킹 친구	.038	.346	0-5
음란물 친구	.096	.483	0-5
성비행태도	5.984	4.582	3-15
성희롱 태도	1.160	1.613	1-5
스토킹 태도	1.172	1.600	1-5
음란물 태도	1.172	1.600	1-5
성비행 재미	3.963	2.070	3-15
성희롱 재미	1.449	.845	1-5
스토킹 재미	1.401	.798	1-5
음란물 재미	1.424	.873	1-5
낮은 자기통제력	28.037	7.589	10-50
매체기회	18.046	8.968	10-50

전체의 7.0%가 휴대전화 성비행의 경험이 있는 것으로 조사되었다. 휴대전화를 이용한 성희롱의 경험자는 10명(3.2%), 스토킹은 5명(1.6%), 휴대전화를 이용해 음란물을 발송, 다운받거나 공유한 경험은 11명(3.4%)으로 나타났다. 이렇게 볼 때 휴대전화를 이용한 성비행은 현실에서의 성비행보다는 다소 많았지만 인터넷 성비행보다는 경험이 적은 것을 알 수 있다.

본 연구에서 독립변인으로 사용할 주요 요인들에 대한 기술적 통계분석의 결과를 살펴보면 <표 3>과 같다. 응답자의 가정이 가부장적인지를 살펴보면 3-15범위에서 평균점수가 5.845로 가부장가정은 매우 적은 것으로 나타났다. 응답자가 부모로부터 폭력이나 학대를 당하는지의 폭력가정의 경우도 3-15범위에서 평균점수가 6.020으로 낮게 나와 폭력가정은 적은 것으로 제시되었다. 휴대전화로 성비행을 저지른 친구의 수를 보면 0-11범위에서 평균점수가 .195로 매우 낮게 나타났으며, 휴대전화 성비행을 용인하는 태도나 그것이 재미있다고 보는 정도도 3-15범위에서 각각 5.984, 3.963으로 낮은 것으로 나타났다. 그것을 성희롱, 스토킹, 음란물 비행으로 각각 나누어 살펴보면 휴대전화

<표 4> 휴대전화를 이용한 성비행에 대한 로지스틱 회귀분석결과

	종속변인	
	휴대전화 성비행	
독립변인	b	exp(b)
가부장가정	.237*	1.267
폭력가정	-.170	.844
성비행친구	.844*	2.326
성비행태도	.161**	2.851
성비행 재미	.221*	1.247
낮은 자기통제력	.074*	1.077
매체기회	.024	1.024
연령	-.498	.608
가족수입	-.157	.855
R제곱	.370	
-2LL	93.183	
카이제곱	42.199***	
df	9	

*p < .05; **p < .01; ***p < .001

성희롱 친구는 평균값이 0.092로 스토킹 0.038보다 컸으나 음란물 친구 0.096보다는 다소 작았고, 성비행태도의 경우 성희롱태도는 1-5범위에서 평균값이 2.160, 스토킹태도는 2.172, 음란물태도도 2.172로 나타났으며, 또한 성비행이 얼마나 재미있는가의 평균점수를 보면 성희롱은 1.449, 스토킹은 1.401, 음란물은 1.424로 나타나, 전체적으로 볼 때 휴대전화 성비행을 용인하는 태도나 그것이 재미있을 것이라고 생각하는 정도는 낮은 것으로 나타났다. 개인성향인 낮은 자기통제력은 10-50범위에서 평균 점수가 28.037이었고, 마지막으로 매체기회의 특성은 10-50범위에서 18.046으로 나타나 휴대전화를 휴대이동하면서 사용하거나 은밀하게 혹은 익명으로 사용하는지의 정도는 적은 것으로 나타났다.

<표 4>는 본 연구에서 관심을 갖는 휴대전화를 이용한 성비행의 원인을 모색하기 위한 로지스틱 회귀분석의 결과를 제시한다. 그 결과에 따르면 여러 독립변인 중 휴대전화 성비행태도가 $p<.01$ 수준에서 가장 큰 영향력을 갖는 것으로 나타났다. 즉 휴대전화 성비행에 긍정적인 태도를 갖는 청소년이 휴대전화를 이용한 성비행을 더 저지르는 것

<표 5> 휴대전화를 이용한 성비행 유형에 대한 로지스틱 회귀분석결과

	종속변인					
	휴대전화 성희롱		휴대전화 스토킹		휴대전화 음란물	
독립변인	b	exp(B)	b	exp(B)	b	exp(B)
가부장가정	.196*	1.217	.064	1.066	.168	1.183
폭력가정	-.275	.759	-.137	.872	-.091	.913
성비행친구	1.766	5.850	1.459*	4.301	.199	.820
성비행태도	1.239*	4.290	.687#	3.503	.433*	1.649
성비행 재미	1.540**	4.667	1.585	.205	.548#	1.730
낮은 자기통제력	-.079	.924	.025	1.025	.114**	1.121
매체기회	.099	1.104	.089	1.093	.029	1.029
연령	-.057	.945	-.855	.425	-.449	.640
가족수입	-.302	.739	.178	1.194	-.164	.849
R제곱	.541		.342		.260	
-2LL	31.540		33.443		70.072	
카이제곱	32.694***		15.816***		20.688***	
df	9					

#p〈.10;*p〈.05;**p〈.01;***p〈.001

으로 나타났다. 아울러 본 조사결과는 휴대전화로 성비행을 저지른 친구와 가까이 접촉하는 청소년이 p<.05 수준에서 휴대전화 성비행을 더 저지른다는 것을 제시하였는데, 이 결과는 가설 3과 가설 4의 성비행학습가설을 지지하는 결과라 할 수 있다.

아울러 본 연구에서는 휴대전화 성비행을 재미있다고 생각하는 청소년이 p<.05 수준에서 성비행을 더 저지른다는 결과를 제시해 가설 5를 지지하였다. 이는 앞서 사이버 성폭력의 연구들에서 놀이가설이 지지를 받는다는 결과와 일치하며, 따라서 휴대전화를 이용한 성비행의 경우도 단순히 놀이와 재미에 의해 이루어진다는 것을 제시한다.

아울러 본 연구에서는 가부장적 가정의 청소년들이 p<.05 수준에서 휴대전화를 이용한 성비행을 더 저지른다는 결과를 제시해 가설 1을 지지하였다. 이 결과는 휴대전화를 이용한 성비행이 어느 정도 현실에서의 성비행과 크게 다르지는 않은 속성을 갖는다는 것을 제시한다. 하지만 본 연구에서는 폭력가정의 청소년이 휴대전화 성비행을 더 저지를 것이라는 가설 2는 지지되지 못하였다.

본 연구결과에서는 기존 현실이나 사이버 성비행 연구에서 유의미한 영향력을 가졌던 자기통제력의 영향력 역시 $p<.05$ 수준에서 유의미한 것으로 나타나 가설 6도 지지한 것으로 나타났다. 하지만 휴대전화 매체기회 특성으로서 휴대이동 혹은 은밀하게, 익명적으로 사용하는가의 영향력은 유의미하지 않은 것으로 나타났다.

휴대전화를 이용한 성비행을 휴대전화 성희롱, 스토킹, 음란물 관련 경험으로 나누어 어떠한 요인이 주요 설명요인이 되는지를 각각 로지스틱 회귀분석으로 분석한 결과를 살펴보면 <표 5>에 제시된 바와 같다. 우선 휴대전화 성희롱의 경우 재미있다고 생각하는 청소년이 $p<.01$ 수준에서 휴대전화 성희롱을 저지르게 된다는 것을 제시하였다. 아울러 휴대전화 성희롱에 대한 태도가 $p<.05$ 수준에서 유의미한 영향력을 나타냈다. 하지만 앞서 휴대전화 전체 성비행에서는 유의미하게 작용하였던 다른 주요 요인들인 성희롱비행친구, 가부장가정, 낮은 자기통제력의 영향은 유의미하지 않았다.

휴대전화 스토킹의 경우는 휴대전화 스토킹을 한 적이 있는 친구와 친하게 지내는 청소년이 $p<.05$ 수준에서 휴대전화 스토킹을 저지르게 된다는 것을 제시하였고 아울러 비록 $p<.10$ 수준에서만 유의미하였지만 휴대전화 스토킹에 대한 태도도 유의미한 영향력을 나타냈다.

휴대전화 음란물 비행의 경우는 휴대전화 음란물에 긍정적 태도를 갖는 청소년이 $p<.05$ 수준에서, 그것이 재미있다고 생각하는 청소년이 $p<.10$ 수준에서 유의미한 영향력을 나타냈고, 무엇보다도 자기통제력이 낮은 청소년이 $p<.01$ 수준에서 휴대전화 음란물 관련 비행을 한다는 결과를 제시해 가장 중요한 원인임을 나타냈다.

이렇게 휴대전화를 이용한 성비행을 유형별로 볼 때 전체적으로는 성비행태도가 공통적으로 중요하였다는 것을 알 수 있었고, 아울러 성희롱이나 음란물의 경우는 재미삼아 그러한 행동을 한다는 점, 스토킹의 경우는 스토킹 친구의 영향력이 나타났다는 점에서 친구로부터 영향을 받거나 혹은 친구와 함께 누군가를 괴롭힌다는 것을 짐작할 수 있었다. 아울러 휴대전화 음란물의 경우 낮은 자기통제력의 아이들이 충동적으로 욕구를 충족시키기 위해 비행을 한다는 것을 알 수 있었다. 하지만 앞서 휴대전화 전체 성비행에서는 유의미하였던 가부장가정의 영향력과 폭력가정, 매체기회의 특성은 유의미하지 않은 것으로 나타났다.

V. 결론

이 연구는 청소년들의 주 이용 매체인 휴대전화에서의 성비행의 실태를 알아보고 그 원인이 무엇인지를 알아보려고 하였었다. 서울시 재학중인 남자 중학생을 대상으로 실시하였던 조사결과에 따르면 총 314명 중 22명인 7.0%에 해당하는 학생들이 휴대전화를 이용한 성비행의 경험이 있는 것으로 조사되었으며 아직까지는 인터넷 성비행에 비해서는 그 정도가 덜 심각한 것으로 조사되었다.

휴대전화를 이용한 성비행의 원인을 모색하기 위해 본 연구에서는 가부장가설, 폭력학습가설, 휴대전화 성비행 학습가설, 놀이가설, 개인성향가설로부터 여러 요인들을 제시하고 이를 경험연구를 통해 검증하려고 하였었는데, 본 연구결과를 보면 주위에 휴대전화 성비행 경험이 있는 친구가 있거나, 그로 인해 휴대전화 성비행에 용인하는 태도를 갖는 청소년이 휴대전화 성비행을 더욱 저지르게 되고, 아울러 휴대전화 성비행이 재미있을 것이라고 생각하는 청소년, 가부장가정의 청소년과 자기통제력이 낮은 청소년들이 휴대전화 성비행을 더 저지르는 것으로 나타났다. 이들 요인 중 휴대전화 성비행에 갖는 태도의 영향력이 가장 큰 것으로 나타났는데, 이 결과는 성비행 학습가설을 가장 크게 지지하는 것으로 볼 수 있으며, 아울러 휴대전화를 이용한 성비행은 사이버성비행의 경우처럼 태도와 행동이 일치한다는 것을 제시하고 있다. 하지만 여러 요인들의 중요함을 볼 때 어떠한 하나의 가설이 지지되었다고 볼 수 없고 다양한 요인들이 작동함을 알 수 있었다.

본 연구결과는 본 연구에서 어느 정도 예측한대로 휴대전화를 이용한 성비행의 경우는 기존의 현실 기반의 성비행 연구에서 지지되었던 가부장적 가정이나 성비행친구와의 접촉과 같은 여러 설명요인들이 마찬가지로 중요하다고 제시되었는데, 이 결과는 기존 인터넷기반 연구에서 그 원인이 현실과 다소 달랐던 연구결과와는 대비되는 것으로, 이는 새로운 매체로서 휴대전화의 작용은 어느 정도 현실의 연장선상에 있다고 볼 수 있었다. 아울러 인터넷과 같은 속성을 갖고 있기에 성비행태도나 재미와 같은 내적 요인들이 중요한 것으로 나타났는데, 이처럼 휴대전화를 이용한 성비행은 현실과 인터넷 매체의 중간적 성격을 갖는 것을 알 수 있었다.

이 연구결과는 청소년들에게 휴대전화는 특별히 친구관계에서는 없어서는 안 될 중요한 도구라는 점에서 친구의 영향이 중요하였다고 볼 수 있으며 이는 결국 친구들 간에 건전한 휴대전화 사용의 문화가 정착되어야 함을 제시한다. 아울러 성비행 학습가설의 논의대로 성비행태도의 영향력이 매우 크다고 나타낸 것에 비추어 보면 휴대전화 이용자들에 대한 건전한 이용에 관한 윤리교육이 필요함을 나타낸다. 또한 휴대전화 성비행을 재미삼아 저지르는 것을 보면 놀이문화의 개선과 교육, 그리고 건전한 놀이의 대안 마련이 더욱 강화되어야 한다는 것을 제시한다. 더 나아가 가부장적 요소의 작용과 자기통제력이 중요한 것을 보면 가부장문화를 개선하려는 사회 차원 및 가정에서의 노력 또한 자기통제력은 가정에서 형성된다는 점에서 부모의 역할이 중요하다 할 수 있을 것이다.

이 연구는 휴대전화를 이용한 성비행이 어느 정도 현실의 성비행의 연장선에 있음을 확인할 수 있었다. 따라서 새로운 매체가 진화해 가면서 유비쿼터스 사회로 나아갈수록 사회문제와 대처는 일부 새로운 대처가 필요하겠지만 현실과 크게 다를 수 없음을 나타내고 있다. 이 연구는 일부 중학생을 대상으로 연구한 점에서 대표성을 다소 갖기 어렵다고 할 수 있는데, 앞으로는 그 실태와 원인을 파악하기 위한 더 많은 연구가 있기를 기대한다. 스마트폰의 등장으로 휴대전화가 청소년에게 더욱 더 중요한 일상이 되고 있는 점에서 이와 관련한 비행이 더 증가할 것이라고 예상하는 바 이 분야에 더 많은 관심을 갖고 연구가 이루어져야 할 것으로 본다.

청소년 인터넷음란물 접촉이 성폭력에 미치는 영향에서의 조건적 효과

I. 서론

인터넷은 청소년들에게 다양하고 유익한 정보를 제공한다. 그렇지만 인터넷은 청소년들에게 많은 부작용을 초래하기도 한다. 그중 하나로 인터넷상의 음란물은 청소년들에게 크나큰 유해환경이 되어 청소년들의 건전한 성장에 문제를 일으킨다는 우려가 제기되고 있다.

새로운 매체로서 인터넷은 쌍방향 의사 전달 도구이며 획일적인 가치나 질서보다는 다양성과 자유, 무한한 자아의 확장을 강조하기 때문에 표현의 자유가 더욱 인정되어야 한다는 주장이 있다(성동규, 김왕석, 1997; 김경호, 2002). 그럼에도 불구하고 인터넷상에서 음란물을 어느 정도는 제한해야 한다는 의견이 있는데, 그 근거는 청소년보호라는 점에서 찾는다. 즉 인터넷음란물이 청소년들의 건전한 성장에 해가 될 수 있다면 규제의 당위성이 제기될 것이다. 인터넷음란물이 청소년에게 과연 어떠한 영향을 미치는가 하는 것을 과학적으로 경험연구를 통해 연구하려는 것도 이러한 맥락에서 제기된다. 과연 인터넷음란물은 청소년들에게 유해한 것인가? 이 연구는 인터넷음란물에 접촉하게 되면 과연 청소년들에게 유해한가 하는 점에 주목한다.

기존의 경험연구들은 인터넷음란물의 여러 영향 중 청소년들의 성폭력에 미치는 영향에 주로 주목해 왔다. 그렇지만 기존 연구결과들을 보면 사실 일관된 연구결과가 제시되고 있지는 못하다. 인터넷음란물이 청소년의 성폭력을 유발할 수 있다는 주장이 있지만(Allen et al., 1995l; Crossman et al., 1995; 김준호, 1996; 최충옥, 조영제, 1997), 우려할 만큼 심각한 영향을 미치지 못한다는 결과가 있기도 하다(Barak and Fisher, 1997; Barak et al., 1999). 기존 연구들에서 일관된 연구결과가 있지 못한 것은 왜 그런가? 그것은 연구에 따라 사용하는 음란물의 종류가, 연구대상이 달랐기 때문일 것이라고 본다.

이 연구는 인터넷음란물이 청소년들의 성폭력에 조건적으로 일정한 경우에서만 부정적인 영향을 미칠 수 있을 것이라고 본다. 즉 모든 음란물이 유해한 것은 아니고 유형별로 다를 것이며, 아울러 인터넷음란물이 청소년 누구에게나 유해한 것은 아니고, 다른 청소년들에게는 유해하지 않고, 일부 청소년들에게는 유해할 것이라고 보는 것이다. 이러한 연구의 필요성은 음란물의 효과를 보다 명확히 제시하려는 것이며, 궁극적으로 음란물정책과 관련하여 볼 때 본 연구가설이 지지된다면 모든 음란물을 규제하는 것은 적당치 않으며, 일부 유형의 음란물에만 규제하는 것이 타당하다고 보는 것이다. 그리고 음란물차단에만 노력을 기울여야 할 뿐만 아니라 아울러 위험에 노출되어 있는 일부청소년들에 대한 대책도 이루어져야 한다는 것을 강조하기 위함이다. 이러한 목적으로 이 연구는 인터넷음란물이 청소년의 성폭력에 미치는 영향이 과연 일정한 조건에서만 나타나는지를 살펴보는 데 주목하고 있다.

II. 이론적 논의

1. 인터넷음란물의 청소년 성폭력에 미치는 영향에 대한 기존 연구들

음란물은 성비행 중에서도 강간과 같은 성폭력에 영향을 줄 수 있다는 논의가 제기되어 왔다. Boeringer(1994)의 자기보고식 설문지 연구방법에서의 결과를 보면 단순히 <플레이보이>와 같은 성인잡지를 본 학생들은 그렇지 않으나, 음란물을 본 학생의 강간경험은 더욱 많은 것으로 드러났다. 마찬가지로 Crossman의 연구(1995)에서도 음란물은 강간을 포함한 성폭력과 밀접한 관련이 있음을 보고하고 있다. 국내 연구에서도 청소년의 음란물 접촉은 성비행과 관계가 높다는 결과를 제시하였다(김준호, 1996; 최충옥, 조영제, 1997).

음란물이 강간 등의 성폭력에 영향을 미치는 이유는 여러 가지가 있다. 그중 대표적인 논의로는, 성자극 이론처럼 음란물은 성적으로 흥분시킨다는 주장이 있다. 예컨대 김은경(1998)의 연구에서는 음란물에 접촉한 아이들의 79.7%가 성적 충동을 느낀다는 결과를 제시하였고, 김해옥과 동료들의 연구(1999)에서도 컴퓨터음란물을 본 아이들의 82.5%가 성적 욕구와 충동을 느낀다고 응답한 것으로 조사되었으며, 또 이소희와 성윤숙(2001)의 연구에서도 인터넷음란물에 접촉하게 되면 이성에 대한 강한 호기심과 성충동을 경험한다는 결과를 제시하였다. 이렇듯 인터넷음란물은 성충동을 자극하며, 그러한 성충동이 성비행까지 영향을 줄 수 있다.

한편 그동안의 연구에서 음란물은 남성들의 성 혹은 여성에 대한 사고패턴에 영향을 준다고 강조되고 있다(Malamuth and Check, 1981; Donnerstein, 1984; Wyer et al., 1985; Malamuth and Brieri, 1986; Zillmann and Bryant, 1989). 국내연구로 이세용(2000)의 연구에서는 인터넷음란사이트에 접촉한 경험이 있는 아이들이 순결의식을 덜 갖고 혼전 성관계도 허용한다는 결과를 제시하였는데, 이처럼 음란물에의 접촉은 성개방적인 의식에 영향을 줄 수 있다. 한편 김은경(2000)의 연구에서는 음란물에 접촉한 사람들은 성과 사랑은 별개이며 성은 쾌락을 위한 것이라는 분절화된 도구적 성의식을 갖게 된다는 결과를 제시하였다. 아울러 저속하고 불쾌한 음란물을 보게 되면 일반적인 성뿐만 아니라 이성에 대해서도 적대감을 갖게 된다고 한다. 예컨대 Zillman과 Bryant(1989)의 연구에서는 음란물에 노출된 남자가 여성에게 더욱 반감을 갖게 된다는 결과를 제시하였다.

무엇보다도 음란물의 영향을 주장하는 페미니즘 입장에서 보면 음란물은 여성을 비하하고 성적 대상화하여 남성들로 하여금 그러한 의식을 갖게 한다는 연구결과가 있다(Dworkin, 1989; Jensen and Dines, 1998). 또 음란물에 더 노출된 사람은 여성에 대한 폭력에 긍정적인 태도를 갖게 될 가능성이 높다는 결과가 있다(Allen et al., 1995). Mahood와 동료들의 연구(2000)에서는 인터넷음란물에 적게 노출된 사람보다 중간 혹은 많이 노출된 사람이 여성에 대한 폭력에 긍정적 태도를 갖는다는 결과를 제시하였다.

여러 성의식 중 강간신화적 신념은 성폭력과 밀접한 연관이 있다고 하는데(Malamuth, 1981; 최인섭, 김성언, 1998; 이석재, 최상진, 2001), 음란물에의 노출은 강간신화의 태도를 낳고, 이는 간접적으로 성폭력과 강간의 가능성을 높인다고 주장되고 있다(Allen et al., 1996). 그렇지만 국내의 김은경(2000)의 연구에서는 음란물에 접촉할수록 성폭력을 허용하는 태도를 갖게 되지만 강간신화적 신념에 영향을 미치는 것은 아니라는 결과를 제시하였고, 이세용의 연구(2000)에서도 인터넷음란물에 접촉하게 될 때 순결의식을 저해하지만 강간신화에까지 영향을 주지는 않는다는 결과를 제시하였다.

그렇지만 음란물이 여성에 대한 부정적 태도나 또한 여성에 대한 공격적, 폭력적 행동에 유의미한 영향력을 미치지 못하였다는 연구도 많이 발표되고 있다(Langevin et al., 1988; Padget et al., 1989; Fisher and Grenier, 1994). Barak과 Fisher(1997)는 기존의 연구결과를 검토해 볼 때 음란물에의 노출 효과가 부정적인 것만은 아니며 연구결과가 일관적이지 못하다고 주장하고 있으며, 실제로 컴퓨터음란물의 영향에 관한 경험연구에서 여성에 대한 태도나 성비행에 유의미한 영향력을 미치지 못한다는 결과를 제시하였다. 최근 Barak과 동료들의 연구(1999)에서도 인터넷음란물이 여성에 대한 태도나 강간신화의 수용, 성폭력의 가능성에 유의미한 영향력을 미치지 못한다는 결과를 제시하였다.

2. 조건적 영향에 대한 논의

음란물의 영향은 앞서 연구결과처럼 일관적이지 못하고 다양하다. 아마도 연구별로 연구방법이나 연구대상에 차이가 있었기 때문으로 볼 수 있다. 예컨대 음란물의 측정에 있어서 어떤 연구는 폭력적이고 잔인한 형태의 음란물이 아닌 보통의 음란물만을 고려하였고, 또 다른 연구는 그러한 형태를 포함하는 등 음란물의 유형이나 범위가 일치하지 않았기 때문에 연구결과가 다를 수 있는 것이다. 또한 성폭력에 영향을 줄 수 있는 다른 주요 변인들을 통제변인으로 고려하였는가에 따라서도 연구결과가 다를 수 있다. 통상 다른 주요 변인들을 고려한 연구의 경우는 음란물의 효과가 미약한 것으로 나타나기 때문이다. 또한 연구방법이 실험방법이었는지, 설문지방법인지에 따라서도, 또한 연구 대상자가 어떤 연구는 저연령층 혹은 다른 연구는 대학생들을 연구대상으로 하였기 때문에 결과가 상이하게 나타날 수 있다. 이러한 것을 생각해 본다면 음란물이 청소년에게 주는 부정적 영향력은 일정 경우에서만 조건적으로 나타난다고 볼 수 있다고도 할 수 있다. 여기서는 음란물의 유형, 특별히 폭력성을 갖는 것인지, 대상자들의 특성을 중심으로 그 영향이 다를 수 있다는 논의를 제시하려고 한다.

우선 음란물의 영향력이 음란물의 유형과 특성에 따라 다르다는 입장이 있다. 공격반응이론에서 제시되듯이 폭력 없는 음란물은 그다지 해롭지 않지만 폭력적인 음란물은 폭력용인태도나, 강간신화 등의 형성에 영향을 줌으로써 성폭력 등에 악영향을 미칠 수 있다는 것이다(Donnerstein et al, 1986; Malamuth et al., 2000).

Malamuth와 Check(1981) 연구에서는 폭력음란물이 강간신화를 수용하게 하고, 또 강간의 가능성을 높인다는 결과를 제시하였고, Malamuth와 Check(1985)의 연구, 그리고 Donnerstein과 동료들의 연구(1986)에서도 폭력음란물을 본 집단이 비폭력음란물에 접촉한 집단보다 강간신화의 수용도에 있어서 유의미하게 더 높은 점수를 나타낸다는 결과를 제시하였다.

그렇지만 Malamuth와 Ceniti(1986)의 연구에서는 음란물에 접촉하지 않은 집단, 비폭력음란물에 접촉한 집단, 그리고 폭력음란물에 접촉한 집단간에는 강간에 있어 유의미한 차이가 없었음을 밝히고 있으며, Allen과 동료들의(1995) 메타연구에서는 33개의 실험연구의 2,040명을 분석한 결과 폭력적인 음란물 이외에 비폭력 음란물도 실험실 상황에서의 공격행위에 유의미한 영향력을 미치고 있다는 결과를 제시하였다. 이처럼 Fisher와 Grenier(1994)가 그동안의 연구들을 검토하면서 밝히듯이 폭력음란물의 효과에서 기존 연구들이 일관적이지 못한 결과를 제시하고 있다.

그러나 국내 연구에서 김은경(1998)은 폭력적 성표현물을 본 청소년이 성희롱, 유흥업소에서의 성행위, 그리고 성비행 이외에 지위비행과 중비행을 저지를 가능성이 높다는 결과를 제시하였다. 그러나 선정적인 성표현물을 본 청소년들이 음란물에 접촉하지 않은 아이들보다 그러한 비행을 더욱 한다는 결과를 얻지는 못하였다. 즉 이러한 결과는 선정적 표현물은 큰 문제가 되진 않고 폭력적 성표현물에 한하여 청소년들에게 유해하다는 것을 나타낸다.

음란물은 또한 청소년 개인의 특성에 따라 성폭력에 미치는 영향력이 다를 수 있다(Malamuth and Briere, 1986; Barak and Fisher, 1997). 예컨대 지능이 낮아 현실과의 분간이 어려운 아이들, 혹은 충동적이거나 화기질이 높은 청소년이 음란물에 접할 경우 성적으로 더욱 흥분하여 성폭력 가능성이 높다고 한다. 아울러 폭력경향이 높고, 평소 폭력에 허용적인 청소년들이 특별히 음란물(혹은 폭력음란물)에 접할 때 성폭력에 호의적이 되면서 강간 등의 가능성이 높을 수 있다.

한편 페미니즘 시각에서 보면 앞서 보았듯이 음란물은 여성을 비하하거나 남성의 지배를 강화하고, 혹은 성폭력을 용인하거나 강간신화적 신념을 갖게 하여 그것들을 매개로 하여 성폭력에 영향을 준다고 하지만, 사실 그러한 의식은 음란물에 접하고 난 후 형성되었다고 보기보다는 어릴 때부터 가부장적 가정 등의 환경에서 자라난 아이들이 갖게 될 가능성이 높다고 할 수 있다. 그리고 청소년이 음란물에 접하게 될 때 그 부정적 영향력은 더욱 크다고 볼 수도 있다. 최근 Malamuth와 동료들의(2000)의 연구에서는 특별히 음란물의 내용이 폭력적이라는 조건 이외에, 남성지배적인 부정적 남성성을 소유한 청소년이 음란물에 접할 경우 더욱 공격적이 되어 성폭력을 행사할 수 있다는 결과를 제시하였는데, 이렇듯 다른 청소년들에게는 크게 유해하지 않지만 남성지배적인 가부장적 사고, 혹은 강간신화의 신념을 갖고 있는 청소년들에 한하여 음란물에 접촉할 경우 성폭력의 가능성이 높다고 할 수 있다. 이처럼 음란물은 청소년들의 특성에 따라서 일정 특성의 청소년들에게만 조건적으로 성폭력을 유발할 수 있을 것이라고 볼 수 있다.

III. 연구가설과 방법

1. 연구가설

여기서는 인터넷음란물이 청소년 성폭력에 미치는 영향력을 살펴보기로 하며, 특별히 일정 조건에서만 나타나는지의 조건적 효과를 검증하기로 한다. 이 연구에서는 크게 두 가지 경우로 나눠, 첫째로 인터넷음란물의 내용에 따라, 둘째로 청소년 개인에 따라 인터넷음란물의 영향력이 다른지를 알아보려고 한다.

첫째, 앞서 살펴보았듯이 기존 논의들에서 음란물의 부정적 효과는 폭력음란물의 경우에서 강하게 나타난다고 주장되듯이 음란물 중에서도 폭력음란물을 본 청소년들이 성폭력의 가능성이 높을 것이라고 예측한다.

가설 1: 폭력음란물을 접촉할수록 성폭력을 더욱 저지르게 될 것이다.

둘째, 기존의 연구결과에 근거해 볼 때 개인의 특성으로 평소에 성충동을 자주 느끼며, 충동적 성향을 가진 청소년이 우발적으로 욕구와 충동을 통제하지 못하고 성폭력을 저지를 가능성이 높다고 볼 수 있다. 또한 성폭력은 일종의 폭력이라는 점에서 평소 폭력을 용인하는 태도를 갖는 청소년이 성폭력의 가능성이 높을 것이라고 예측할 수 있다. 아울러 페미니즘의 입장에서 보면 가부장적 의식과 연관되어 남녀 역할이 기본적으로 다르다는 전통적 성역할 태도를 갖고, 또한 그것과 연관하여 여성을 성적 대상으로 보는 경향이 높으며, 또한 성에 있어 남성과 여성에 따른 이중적 성윤리를 갖고 남성지배적

성의식 사고를 가지며, 아울러 강간의 책임이 여성에게 있다고 보는 강간신화적 신념을 갖는 청소년이 성폭력 가능성이 높을 것이라고 볼 수 있다.

음란물의 영향에 관한 기존의 주요 이론들에 근거해 볼 때 인터넷음란물에 접촉하게 될 때 인터넷음란물의 영향은 성충동, 충동성, 폭력용인태도, 전통적 성역할태도, 여성 성적 대상화, 남성지배 성의식, 강간신화신념 등을 매개로 하여 이들 변인들을 통하여 간접적으로 성폭력에 미칠 것이라고 예측할 수 있다.

그러나 이 연구에서는 그러한 변인들을 통한 간접적인 영향력보다도 인터넷음란물 접촉의 영향이 그러한 특성을 가진 청소년들에 한해 특별히 조건적으로 작용할 것으로 보며, 성충동, 충동성, 폭력용인태도, 전통적 성역할태도, 여성 성적 대상화, 남성지배 성의식, 강간신화 신념 등이 약한 청소년들은 음란물에 접촉한다고 하더라도 큰 영향을 받지 않지만, 그 성향과 특성이 강한 청소년들은 인터넷음란물에 접촉하게 될 경우 성폭력을 저지를 가능성이 더욱 높을 것이라고 예측한다. 즉 인터넷음란물의 성폭력에 대한 영향력은 일정 개인 특성을 가진 청소년들에 한해 나타날 것이라는 조건적 가설을 제시한다.

가설 2-1: 성충동을 자주 느끼는 청소년들이 인터넷음란물에 접촉할 경우 성폭력을 더욱 저지르게 될 것이다.

가설 2-2: 충동성이 높은 청소년들이 인터넷음란물에 접촉할 경우 성폭력을 더욱 저지르게 될 것이다.

가설 2-3: 폭력을 용인하는 청소년들이 인터넷음란물에 접촉할 경우 성폭력을 더욱 저지르게 될 것이다.

가설 2-4: 전통적 성역할태도를 갖는 청소년들이 인터넷음란물에 접촉할 경우 성폭력을 더욱 저지르게 될 것이다.

가설 2-5: 여성을 주로 성적 대상으로 생각하는 청소년들이 인터넷음란물에 접촉할 경우 성폭력을 더욱 저지르게 될 것이다.

가설 2-6: 남성지배의 의식을 갖는 청소년들이 인터넷음란물에 접촉할 경우 성폭력을 더욱 저지르게 될 것이다.

가설 2-7: 강간신화의 신념을 갖는 청소년들이 인터넷음란물에 접촉할 경우 성폭력을 더욱 저지르게 될 것이다.

2. 연구방법

이 연구를 위해 인터넷음란물 접촉실태를 주제로 서울시에 거주하고 있는 남녀 중고등학교에 재학중인 청소년들을 대상으로 2003년 5월 설문조사를 실시하였던 자료를 사용하였다. 조사는 6개 중학교와 6개 고등학교를 선정하고 각각 남녀 비율을 반반으로 설계하였으며, 선정된 각 학교에서 1, 2, 3학년을 한 반씩을 선정하는 방식을 취하였다. 한 학급을 30여 명이라고 보았을 때 한 학교에서 90여 명씩 총 천여 명을 조사대상의 목표로 한 조사이다. 학교선정은 중학교의 경우 남학교, 여학교, 남녀공학을 각각 고려하였는데, 학교비율에 따라 남학교 1개 학교, 여학교 1개 학교, 그리고 남녀공학 학교를 4개 학교를 무작위로 선정하였고, 고등학교는 남학교 3학교와 여학교 3학교를 선정하였다. 본 자료는 남녀 청소년 모두를 연구대상으로 하지만 본 연구에서는 인터넷음란물의 부정적 영향 중 종속변인으로 성폭력에 초점을 두고 있고, 통상 성폭력의 경우 남성들이 주로 가해층으로 고려되기 때문에 총 1,113명의 응답자 중 남성들만을 대상으로 하여 이 연구에서는 남자 중고등학생 559명만을 분석하기로 한다.

본 연구에서 독립변인으로 인터넷음란물의 접촉은 음란물에 대해 구체적으로 나열하지 않고 "여러분은 인터넷에서 음란물을 본 적이 있습니까"에 "없다"와 "있다"에 응답하게 하여 응답자가 스스로 판단한 음란물에의 접촉 여부를 살펴보았다. 또한 보다 구체적으로는 동영상, 사진, 만화, 소설, 게임 등 유형별로 폭력음란물, 성기노출의 선정적 음란물, 성기노출이 없는 일반성인물을 얼마나 자주 보았는지를 질문하였는데, 이 질문을 통해 폭력음란물의 접촉 여부를 알아보았다.

여기서는 인터넷음란물접촉의 영향에 있어 조건변인들로 성충동, 충동성, 폭력용인태도, 전통적 성역할, 여성 성적 대상화, 남성지배성, 그리고 강간신화 신념을 다루기로 하는데, 성충동을 위해서는 "나는 평소 성충동을 자주 느끼는 편이다"의 한 문항을 사용하고, 이에 "전혀 그렇지 않다"에서 "매우 그렇다"에 이르는 5점 척도에 응답하도록 하였다.

충동성을 위해서는 Gottfredson과 Hirschi(1990)가 제시한 자기통제력을 Grasmick과 동료들(1993)이 측정한 방식대로 충동성, 위험추구성, 현재지향성, 무계획성 등을 나타내는 문항들을 중심으로 "나는 충동적으로 행동하는 경우가 많다", "나는 재미 때문에 위험을 무릅쓰는 경우가 있다" 등 9개 문항을 사용하고 5점 척도에 응답하도록 하였다 (alpha=.797).

폭력용인태도는 폭력사용의 정당화 내용을 중심으로, 김준호와 김선애(1992)의 연구에서 사용된 여러 문항 중 "살다보면 폭력은 때론 필요한 경우가 있다", "맞을 짓을 한 사람은 맞아야 한다", "싸움을 먼저 걸어온 사람을 때릴 수 있다고 생각한다" 등 세 문항을 사용하고 5점 척도에 응답하도록 하였다(alpha=.691).

전통적 성역할은 남녀 차이를 바탕으로 남자와 여자가 전통적으로 역할이 다르다고 보는 의식을 말하는데, 이를 위해 Spence와 동료들의(1973) 여성에 대한 태도의 척도에서 나타난 "아무래도 여자보다는 남자가 가정의 대표가 되어야 한다", "가족부양은 일차적으로 남편에게 있다", "여자는 남편에게 순종해야 한다" 등 20가지 질문을 모두 사용하고 5점 척도에 응답하도록 하였다(alpha=.908).

여성 성적 대상화는 여성을 바라보는 인식이 여성을 육체적 성적 객체로 보는 경향을 말하는 것으로, 김은경(2000)의 연구에서 사용한 대로 "여성의 가치는 성적으로 얼마나 섹시한가에 있다", "여성하면 성적대상으로 생각이 든다" 등 두 문항을 사용하였다(alpha=.787).

남성지배 성의식을 측정하기 위해서는 성과 관련한 이중적 성윤리 중 남성의 지배적 성의식을 중심으로 살펴보았으며, 김은경(2000)의 연구에서 사용하였던 "성관계는 남성이 리드해 나가야 한다", "남성의 외도는 곧 능력이다", "성에 대한 경험이 많을수록 남자답다", "결혼 전까지 순결한 남자는 어리숙하다" 등 네 문항을 질문하고 5점 척도에 응답하도록 하였다(alpha=.711).

강간신화 신념은 강간피해자가 일부 책임이 있으며, 또 피해자가 강간을 내심 얼마만큼 원하는 것이라고 보는 신념을 말하는 것으로, Burt(1980)가 제시한 "여자가 처음 만난 남자의 집에 둘만 있게 되는 것을 알면서도 따라 가는 것은 성관계를 허락한다는 것으로 볼 수 있다" 등 열 문항을 사용하고 이에 5점 척도에 응답하도록 하였다(alpha=.857).

종속변인으로 다룰 성폭력비행을 위해서는 단순한 성희롱에서부터 강간에 이르는 다양한 행동을 질문하였는데, "음담패설이나 야한 대화를 하여 상대를 희롱한 적이 있다", "야한 사진을 이성에게 보여준 적이 있다", "이성에게 버스나 지하철, 공공장소에서 몸을 밀착한 적 있다", "욕설이나 거친 말로 이성을 공격한 적이 있다", "강제로 성교를 강요한 적이 있다", "싫다는 이성을 계속 따라다니며 괴롭힌 적이 있다", "강제로 강간을 한 적이 있다" 등의 일곱 문항의 지난 일 년 동안의 경험을 각각 "없음(0점)", "일 년에 한두 번(1점)", "3-4개월에 한번 정도(2점)", "한 달에 한번 이상(3점)"으로 질문하였고, 최종적으로는 이 문항들을 합산하여 사용하였다.

그밖에 본 연구에서 사회배경요인이자 통제변인으로 사용할 변인으로 연령은 태어난 년도로 나이를 계산하였고, 부모의 교육수준은 부모 각각을 '중졸이하', '고졸', '대졸이상'에 응답하도록 하였다. 가정의 경제수준을 알기위해 가족의 월평균수입은 '100만원 이하'에서부터 '100만원대', '200만원대', '300만원대', '400만원대', '그 이상'의 항목으로 나누어 응답하도록 하였다.

IV. 분석결과

본 연구에서 사용할 주요 변인들에 대한 <표 1>의 기술통계분석의 결과에 제시되어 있다. 먼저 응답자의 사회배경변인으로 연령은 13세부터 20세까지의 분포 중 평균이 16.4세로 나타났고, 부모의 교육 수준은 평균이 고졸 이상인 것으로 조사되었으며, 가족의 월평균 수입은 대략 200만원대인 것으로 나타났다. 주요 변인들로 평소 성충동을 느낀다는 응답은 평균점수가 1-5범위의 중간에 못 미쳐 다소 그 점수가 낮았으며, 충동성의 점수도 낮은 것으로 조사되었다. 그러나 응답자들은 폭력을 용인하는 점수가 대체로

<표 1> 주요 변인들에 대한 기술통계분석결과

	평균	표준편차	범위
연령	16.401	1.694	13-20
부교육	2.474	.594	1-3
모교육	2.247	.596	1-3
가족수입	3.316	1.216	1-5
성충동	2.504	1.108	1-5
충동성	26.366	5.881	9-45
폭력 용인도	10.782	2.458	3-15
전통적 성역할	42.697	14.269	20-100
여성 성적 대상화	4.514	1.841	2-10
남성 성지배성	10.002	3.375	4-20
강간 신화 신념	26.278	7.139	10-50
성폭력 비행	.571	1.887	0-21

<표 2-1> 인터넷음란물 접촉경험

횟수	명	%
없음	128	22.9
있음	431	77.1
총	559	100

<표 2-2> 인터넷폭력음란물 접촉경험

횟수	명	%
없음	267	47.8
있음	254	45.4
무응답	38	6.8
총	559	100

높은 것으로 조사되었다. 전통적 성역할 구분의 의식을 갖는 청소년은 적었고, 또 여성을 성적 대상으로 보거나, 남성지배적 성향, 강간신화의 신념을 갖는 응답자도 적은 것으로 나타났다. 응답자의 성폭력비행 경험은 적은 것으로 나타났고, 응답자의 80%인 447명이 성폭력비행의 경험이 없는 것으로 조사되었고, 무응답을 제외하고 응답자의 19.7%가 성폭력경험이 있다고 응답하였다.

본 조사연구에서 나타난 인터넷음란물 접촉 경험의 실태를 보면 <표 2-1>처럼 전체 응답자 559명 중 77.1%인 431명이 접촉 경험이 있었다고 응답한 것으로 나타났다. 일탈관련 경험의 자기보고식의 응답이 실제보다 다소 적게 나온다는 가능성을 생각한다면 실제는 이보다 많은 경험자가 있을 것으로 볼 수 있다.

또한 인터넷음란물 중 폭력음란물의 접촉 경험의 실태를 보면 <표 2-2>처럼 전체 응답자 중 45.4%인 254명이 접촉의 경험이 있었다고 응답한 것으로 나타났다.

인터넷음란물에 접촉한 청소년이 과연 성폭력을 많이 저지르게 되는가를 알기 위해 사회배경변인들을 통제변인들로 사용하여 다중회귀분석을 통해 영향력을 살펴보면, <표 3-1>의 첫 번째 모형의 분석결과에서 제시되듯이 인터넷음란물의 성폭력에 대한 영향력은 $p<.05$ 수준에서 유의미한 것으로 나타났다. 따라서 인터넷음란물에 접촉한 청소년이 성폭력의 가능성이 다소 높다는 것을 제시한다. 배경변인들 중에는 다른 변인들의 영향력은 유의미하지 않았으나 어머니의 교육 수준이 높을수록 $P<.05$ 수준에서

<표 3-1> 인터넷음란물의 성폭력에 대한 영향의 다중회귀분석결과

	종속변인	
	성폭력비행	
독립변인	(1)	(2)
연령	.017	-.041
부교육	-.040	-.059
모교육	.343*	.222*
가족수입	.0001	.004
음란물	.497*	.227*
성충동		.081
충동성		.045***
폭력용인도		-.005
전통성역할		.001
여성성대상		-.040
남성지배성		.072***
강간신화		-.001
R제곱	.030	.097
F검증	*	***

*p<.05; **p<.01; ***p<.001

다소 성폭력의 경험이 많은 것으로 조사되었다.

인터넷음란물의 성폭력에 대한 영향이 다른 매개변인들을 통해 간접적으로 작용하는지를 알기위해 두 번째 모형의 결과를 보면 매개요인들을 고려하였음에도 첫 번째 모형의 결과와 비교해 볼 때 크게 줄어들지 않고, 직접적으로도 유의미하여 본 연구에서 상정한 다른 변인들에 의해 매개되지는 않는 것으로 조사되었다. 매개변인들 중 일부 요인들만이 유의미한 영향력을 나타냈는데, 성충동, 폭력용인태도, 전통적 성역할태도, 여성성적 대상화, 강간신화신념의 영향력은 유의미하지 않았고, 충동적인 아이들, 그리고 남성지배적 성의식을 갖는 아이들이 성폭력 가능성이 매우 높다는 결과를 제시하고 있다.

본 연구의 조건적 가설 중 첫 번째 가설을 검증하기 위해 인터넷음란물 중 폭력음란물의 영향력을 살펴보면, <표 3-2>의 결과에서 제시되듯이 폭력음란물의 영향력이 p<.001 수준에서 유의미한 것으로 나타나 앞서 <표 3-1>의 결과와 비교하면 음란물 중 특별히 폭력음란물에의 접촉이 성폭력에 크게 영향을 주는 것으로 제시되어 조건가

<표 3-2> 인터넷폭력음란물의 성폭력에 대한 영향의 다중회귀분석결과

	종속변인	
	성폭력비행	
독립변인	(1)	(2)
연령	.003	-.049
부교육	-.037	-.091
모교육	.350*	.240*
가족수입	-.003	.012
폭력음란물	.576***	.441***
성충동		.028
충동성		.045***
폭력용인도		-.010
전통성역할		.001
여성성대상		-.037
남성지배성		.071***
강간신화		-.003
R제곱	.041**	.109***
F검증	**	***

*p<.05; **p<.01; ***p<.001

설을 지지하는 것으로 나타났다. <표 3-2>의 두 번째 모형의 결과를 보면 앞서 <표 3-1>의 결과처럼 폭력음란물의 직접적 영향이 크게 줄어들지는 않아 그 이유가 성충동의 자극이나, 여성의 성적 대상화, 강간신화신념의 형성 때문일 것이라는 간접매개가설은 지지되지 않은 것으로 조사되었다.

인터넷음란물의 영향이 개인 특성에 따라 조건적일 것이라는 가설의 검증을 위해 그 결과를 보면 <표 4>에 제시된 대로 인터넷음란물 접촉과 충동성과의 상호작용효과가 $p<.01$ 수준에서, 음란물 접촉과 남성지배 성의식의 상호작용효과가 $p<.05$ 수준에서 유의미한 것으로 조사되어, 충동적인 아이들, 혹은 남성지배적 성의식이 강한 청소년이 인터넷음란물에 접하게 될 경우 성폭력의 가능성이 높음을 제시해 조건적 가설을 일부 지지하였다. 그러나 성충동, 폭력용인도, 그리고 전통적 성역할태도나 여성 성적 대상화, 강간신화신념과의 상호작용효과는 유의미하지 않아 이들 변인들의 조건적 효과는 지지되지 못하였다.

<표 4> 인터넷음란물의 성폭력에 대한 조건적 효과의 다중회귀분석결과

	종속변인						
	성폭력비행						
독립변인	(1)	(2)	(3)	(4)	(5)	(6)	(7)
연령	-.055	-.003	.009	-.009	.026	.013	-.021
부교육	-.022	-.051	-.021	-.035	-.006	-.034	-.049
모교육	.340*	.352*	.329*	.340*	.356*	.342*	.321
가족수입	.001	.006	.003	.008	-.003	-.001	-.012
음란물	.186	-.524	.344	-.534	-.303	-.097	-1.658
성충동	.061						
충동성		.005					
폭력용인도			-.018				
전통성역할				-.0001			
여성성대상					.052		
남성지배성						.012	
강간신화							.030
음란*성충동	.116						
음란*충동성		.084**					
음란*폭력용인도			.055				
음란*전통성역할				.021			
음란*여성성대상					.029		
음란*남성지배성						.102*	
음란*강간신화							.004
R제곱	.039	.102	.032	.052	.036	.065	.045
F검증	*	***	*	***	*	***	**

*p〈.05; **p〈.01; ***p〈.001

V. 결론

본 연구는 청소년들의 인터넷음란물 접촉이 청소년의 성폭력에 미치는 영향을 고찰하려고 하였다. 그리고 그 영향력은 조건적일 것이라는 가설을 검증하려고 하였다. 본 연구조사에서 나타난 결과는 청소년들이 인터넷음란물에 접촉할 경우 성폭력을 저지를 가능성이 다소 높지만, 특히 폭력적인 음란물에 접촉할 경우 성폭력의 가능성은 증가하고 있는 것으로 나타나 조건가설을 지지하였다. 또한 본 연구결과를 보면 음란물에의 접촉의 성폭력에 미치는 영향력이 성충동을 자극하거나 혹은 그릇된 성의식 변인들에 의해 매개되지는 않는 것으로 나타났으나, 그 대신 본 연구에서 제시한 여러 조건변인들 중 충동적인 아이들, 혹은 남성지배 성의식이 강한 청소년이 인터넷음란물에 접하게 될 경우 성폭력의 가능성이 높다는 결과를 제시해 매개가설보다는 조건가설을 일부 지지하는 것으로 나타났다. 그렇지만 성충동의 측정의 경우 한 문항을 사용하는 등 일부 측정 문제가 있어 본 연구방법의 한계로 지적될 수 있겠다. 아울러 단순히 음란물에 접촉하였는지의 여부가 아니라 얼마나 자주, 오랜 시간 사용하였는가를 고려하지 못한 아쉬움도 있다.

음란물은 조건적으로 뿐만 아니라 본 연구에서 제시되듯이 적어도 직접적으로도 청소년의 성폭력을 유발할 수 있다는 점에서 그에 따른 대책이 필요하다. 따라서 기존의 논의들에서 강조되듯이 음란물차단 프로그램과 같은 소프트웨어의 개발과 설치를 통해 청소년들이 인터넷음란물에 노출되지 않도록 노력해야 할 것이다. 정보통신윤리 위원회에서는 인터넷내용등급서비스를 실시하고 있지만 실제로 많은 학부모가 이에 대해 전혀 모르고 있어 적절히 활용되지 못하고 있는 실정이어서 음란물차단 프로그램의 설치가 더욱 더 홍보되어 각 가정에서 적극 활용할 수 있도록 할 필요가 있을 것이다.

아울러 인터넷핫라인을 더욱 활성화하여 시민들의 감시와 신고체계를 통해 불법 유해음란물이 차단될 수 있도록 노력해야 한다. 또한 각종 매체를 통해 음란물의 심각성을 알리고, 시민단체나 학부모단체가 캠페인활동을 통해 건전한 인터넷이용문화가 확립될 수 있도록 해야 하는 것보다 직접적으로는 청소년들에게 교육과 홍보를 통해 인터넷음란물의 유해의 심각성을 알리고 스스로 통제하고 자제할 수 있는 능력을 키워줄 필요가 있다고 볼 수 있다.

그렇지만 본 연구에서도 제시되었듯이 음란물 중에서도 특별히 불법적인 폭력음란물에 보다 적극적인 대처에 노력을 기울여야 할 것이며, 또한 조건적 연구결과에서 알 수 있듯이 충동적인 아이들에게 음란물이 유해할 수 있다는 점에서 음란물차단과 같은 대처 이외에도 어릴 때부터 자기통제력을 길러주기 위한 부모의 관심이나 교육, 프로그램의 개발이 필요함을 나타내고 있다. 아울러 성은 남성이 주도해야 하며, 여성보다 남성이 우위에 있고, 성폭력이 남성성을 반영한다는 그릇된 남성지배중심의 성의식을 갖는 아이들에게 음란물은 더욱 위험하다는 점에서 이러한 의식의 전환과 예방을 위한 가정, 사회적 차원의 노력도 함께 이루어져야 함을 본 연구는 제시하고 있다.

인터넷 저작권침해행위에 있어 중화의 작용과 검증

I. 서론

인터넷 저작권침해 불법복제 현상은 온라인 환경에서 가장 대표적인 위법행위로 꼽힌다. 인터넷 저작권침해행위란 인터넷에서 저작자의 허락 없이 불법적으로 음악, 영화, 방송, 컴퓨터 소프트웨어 등을 업로드 혹은 다운로드하는 행위를 말한다. 2004년도 형사정책연구원(장준오, 2004)의 청소년 사이버범죄 실태조사에 따르면 저작권침해는 조사대상자 중 62.6%가 경험하여 가장 대표적인 인터넷상의 위반행위로 나타났으며, 저작권보호센터의 연차보고서에 따르면 2009년도 전국 14세 이상 성인 5,600명 조사에서 응답자의 42.4%가 저작권침해 불법복제의 경험이 있는 것으로 조사되었고, 2014년 조사에서는 30.7%로 다소 줄었지만 위반 정도가 높음을 제시하고 있다.

인터넷 저작권침해행위의 원인은 무엇인가? 인터넷 저작권침해에 대한 그동안의 국내연구는 주로 법학분야에서 이루어졌고 그 원인에 관해서는 상대적으로 소홀하여 몇몇 연구만이 있었다(한정희, 장활식, 2007; 이성식, 2011d). 이 연구는 원인을 모색함에 있어 여러 이론 중에서도 Sykes와 Matza(1957)의 중화이론의 적용을 통해 그 원인을 찾아보려고 한다. 이는 인터넷 저작권침해의 원인에 관한 기존 국내 외 연구에서는 사회학습이론과 일반이론(Skinner and Fream, 1997; Higgins, 2005; Higgins and Markin, 2004; Higgins et al., 2006; 이성식, 2011d) 등의 논의를 중심으로 설명하였고, 중화이론의 적용은 상대적으로 적었다는 점에서 저작권침해행위를 새롭게 접근하려는 것이기도 하지만, 실제로 적용 가능성은 매우 높을 것이라는 기대가 있기 때문이다. 중화란 행위자가 자신의 비행행위에 대해 나쁜지는 알면서도 죄책감으로 인해 순간적으로 자신의 비행을 정당화하는 것을 말하는 것으로 일탈에 주요 원인 중 하나로 평가받고 있다(Minor, 1981; Thurman, 1984; Agnew, 1994). 그것은 일반 사람들도 저지르기 쉬운 저작권침해 행위에 잘 적용될 수 있다. 사실 심각한 범죄자들에게는 중화가 필요 없다. 그들은 비행이나 범죄가치를 어느 정도 수용하여 죄책감을 덜 느끼기 때문이다. 중화는 상대적으로 표류하지 않는 심각한 범죄자에게 적용하기는 어려운 반면, 상대적으로 평소에는 법을 잘 준수하는 일반인들이 쉽게 표류할 수 있는, 예컨대 음주나 도박과 같은 경계가 모호한 비행에 더 잘 적용될 수 있다(Topalli, 2005).

그러한 점에서 여기서는 대학생들의 인터넷 저작권침해행위를 설명하기 위해 중화이론을 적용하려고 하는데, 실제로 대학생들은 법을 잘 준수하는 집단이면서도 그들의 인터넷 저작권침해행위는 다소 빈번하게 일어나고 있기 때문이다. 즉 저작권침해는 위반해서는 안되는 행위로 규정되고 평가받으면서도, 실제로 조사연구에서 보듯이 어느 정도 위반이 많이 일어나고 있고(장준오, 2004), 또 정보공유와의 논쟁 속에 그 행위가 반드시 나쁜 것만은 아니고 어느 정도는 정당화되고 수용되어 표류할 수 있는 중화하기 쉬운 행위이다. 실제로 그러한 점에서 외국에서 중화이론은 최근 들어 인터넷 저작권침해행위에 적용되어 왔지만(Hinduja, 2007; Ingram and Hinduja, 2008; Morris and Higgins, 2009), 그럼에도 국내에는 중화이론에 대한 연구가 없었다. 이러한 점에서 이 연구는 중화이론을 국내 온라인 저작권침해행위에 적용해 보는 것에 주목한다. 하지만 이 연구는 인터넷 저작권침해행위의 원인을 파악하기 위해 중화이론을 적용해 봄에 있어 다음과 같은 여러 이슈에 주목하는 점이 기존 외국연구와는 차별적이고 그러한 점에 의의가 있다고 하겠다.

첫째, 저작권침해행위에 있어 중화를 다룬 기존 연구에서는 단순히 중화의 영향력만을 살펴보았을 뿐(Hinduja, 2007; Ingram and Hinduja, 2008) Morris와 Higgins(2009)를 제외한 다른 연구들에서 주목받았던 차별접촉/사회학습요인이나 자기통제력과 같은 요인을 사용하지 않았는데, 여기서는 그러한 요인들도 함께 다루고 그 영향력을 비교함으로써 이론 간의 우위를 파악하고자 한다.

둘째, 이 연구는 저작권침해행위의 원인으로 중화의 영향력을 살펴보는 데 있어서 중화 이외에 침해태도의 영향력을 함께 살펴보려고 하며, 아울러 각기 독립적 효과 이외에 중화와 태도간의 상호작용효과를 다루려고 한다. 중화이론에 따르면 중화는 도덕적 신념 및 태도가 높고 침해태도가 낮은 사람들이 하며 그들에 한하여 저작권침해에 작동하고 영향을 준다고 보는데, 하지만 사회통제이론이나 차별접촉/사회학습이론, 일반이론에서는 상이한 입장에 있다. 여기서는 여러 입장을 중화이론과 견주어 검증하려고 하는데 이 점이 기존 연구들에서 다루지 않았던 본 연구의 주된 목적이다.

셋째, 중화가 작동하는 맥락을 알기 위해서는 단순히 중화와 저작권침해 행위와의 관계를 살펴보기보다는 중화가 어느 순간에 이루어지는지의 상황론적 논의가 필요한데, 여기서는 저작권침해의 상황적 측면을 고려할 것이다. 중화는 비행원인으로 비행행동 이전에 작동해야 하지만 행동 이후에 중화를 할 수 있다는 논의도 있어 인과관계를 주의깊게 살펴보아야 한다. 따라서 한 시점에서 조사하는 횡단적 연구방법은 한계가 있고, 종단적 연구방법을 사용하기에는 중화가 일어나는 상황적 측면을 파악하기에 부적합한 점에서, 이 연구는 한 시점의 횡단적 연구를 하되 시나리오상의 행위의도를 사용하여 중화의 영향력을 살펴볼 것이다.

마지막으로 이 연구는 저작권침해를 음악, 영화, 방송, 소프트웨어침해 등 여러 유형을 함께 고려하고자 한다. 기존의 연구들은 음악(한정희, 장활식, 2007; Ingram and Hinduja, 2008), 영화(Higgins et al., 2007), 소프트웨어(Higgins, 2005; Hinduja, 2007) 혹은 음악이나 영화(Morris and Higgins, 2009)에서의 불법행위 등 일부 행위만을 다루었는데 여기서는 여러 유형을 함께 고려함으로써 전체 저작권침해에 대한 일반적 논의와, 유형별로도 차이가 있는지를 검토하고자 한다.

이처럼 이 연구는 대학생을 대상으로 인터넷 저작권침해행위의 원인을 파악하는 데 있어 중화이론에서 제시하는 중화 기술의 영향력을 살펴보려고 하며, 침해태도와의 상호작용 등 저작권침해태도와 아울러 낮은 자기통제력 등의 요인을 함께 다룸으로써 여러 다른 이론과의 논쟁점을 제시하고 그와 관련된 가설을 검증하여 중화이론의 적용 가능성 및 대안을 모색하는 데 목적을 두고 있다.

Ⅱ. 이론적 논의

1. 중화이론

Sykes와 Matza(1957)의 중화에 대한 논의는 Cohen(1955)의 하위문화이론에 대한 비판에서 시작되었다. Cohen의 비행하위문화이론에 따르면 비행자는 지배적인 문화와는 상반되는 하위문화에 속해 있으며, 그 문화에서 비행가치와 태도를 바람직한 것으로 학습하면서 그 내면화로 비행을 저지른다고 보았다. Matza(1964)가 <비행과 표류>의 저서에서 언급하였듯이 기존 전통이론들은 비행소년과 일반소년의 차이와 그럴 수밖에 없는 구속의 측면을 강조하였다. 즉 비행자는 분명 어쩔 수 없는 내외적 조건과 환경에 구속되어 비행을 저지른다는 것이다. 하지만 Sykes와 Matza는 그렇다면 비행청소년들은 매시간 비행을 저질러야 하지만 그 대신 대부분 상당 시간을 일상 활동을 하고 이따금씩만 비행을 저지른다는 점을 지적하였다. 중화이론에서는 대부분의 비행소년들이 비행가치를 옳다고 믿는 것이 아니라 비행이 나쁘다는 인습가치를 갖고 있다고 강조하였다. 비행자들이 실제로 체포, 검거 시 죄책감과 수치심을 보이는 것을 보면 자신의 행동을 도덕적으로 옳지 않다고 생각한다는 증거가 된다고 보았다. 비행자들은 법을 지키는 사람을 존경하고 적어도 그를 비도덕적이라 보지는 않으며, 또한 자신의 가족이나 친한 친구에게 비행을 저지르지 않고 다른 피해자를 선택하는 것도 비행에 대해서는 부정적인 태도를 갖고 있다고 주장하였다.

중화이론에서는 이처럼 대부분의 비행소년은 일반소년처럼 인습가치를 받아들인다고 보았다. 따라서 비행자와 일반인에는 인습가치와 태도, 도덕적 신념을 받아들이는 수용에 있어서는 차이가 없다고 본다. 즉 차별접촉/사회학습이론(Sutherland, 1947)이나 사회통제이론(Hirschi, 1969)에서 강조하는 비행태도나 도덕적 신념은 비행을 설명할 수 있는 원인이 되지 못한다고 본 것이다. Matza는 청소년들이 완전히 인습 환경에도 그렇다고 비행환경에도 완전히 구속되어 있지 않고 상대적으로 자유롭게 표류하고 있다고 보았다. 표류(drift)란 평소에는 인습적 가치를 갖고 있어 비행을 해서는 안 된다는 생각을 갖고 있으면서도 어느 순간 인습가치에 벗어나는 비행을 저지르는 것을 말한다. 그래서 평소 비행을 나쁘게 보던 청소년들도 비행을 할 수 밖에 없는 일정 상황이 되면 표류하여 비행을 하게 된다고 보았다.

그런데 평소 법을 위반해서는 안된다고 생각하는 비행자들은 비행을 함에 있어 자신의 행동을 정당화 또는 합리화할 필요가 있다고 본다. 비행자들이 평소 지녀왔던 가치와 태도를 위반하면서까지 비행을 하면 죄책감을 느끼고 자신의 자아상에도 부정적인 이미지를 갖게 되는데, 자신의 자아상을 좋게 보전하기 위해서도 자신의 행위를 중화하게 된다고 주장하였다. 즉 중화를 통해서 자아 이미지의 큰 훼손 없이도 자유롭게 비행을 할 수 있게 된다는 것이다. 이렇듯 비행에 있어서 개인의 내적 태도는 원인이 되지 않고 중화가 원인이 된다고 보았다.

Sykes와 Matza는 중화에 있어 다섯 가지의 중화의 기술(technique of neutralization)을 제시하였다. 첫째, '책임의 부인'은 비행의 상황이 술에 취하였거나 제정신이 아닌 상황, 어쩔 수 없는 환경상황에서 그럴 수 밖에 없었다고 자신의 책임을 전가하는 것이고, 둘째, '피해자 부인'은 비행의 상대 피해자가 비행의 빌미를 제공하였고 피해를 당할만하였다는 것이며, 셋째, '손상의 부인'은 돈 많은 사람에게서 돈을 훔치는 것은 큰 손해가 아니라는 식으로 피해자의 피해손상을 부인하는 것, 넷째, '비난자의 비난'은 자신들의 비행을 나무라는 어른이나 경찰들도 법을 위반하기 때문에 자신들만이 잘못이 아니라는 것, 그리고 다섯째, '충성심 요구'는 돈이 없어 어려움에 처한 친구를 위해서라면 돈을 훔칠 수도 있다는 식으로 친구와의 의리를 강조하는 것 등의 중화의 기술이 비행원인으로 작용할 수 있다고 보았다.

2. 중화이론의 경험연구들과 인터넷 저작권침해행위에의 적용

그동안 중화의 기술은 경험연구를 통해 다양한 일탈영역에 적용되어 왔다. 예컨대 청소년비행(Ball, 1966; Hindelang, 1970; Austine, 1977; Minor, 1981; Mitchell et al., 1990), 시험부정행위(Rettinger and Kramer, 2009), 상점절도(Agnew and Peters, 1986), 음주(Dodder and Hughes, 1993), 마리화나 사용(Priest and McGrath, 1970), 폭력(Agnew, 1994), 아내폭력(Dutton, 1986), 그리고 화이트칼라범죄(Benson, 1985)에 이르는 다양한 유형의 일탈과 범죄에 적용되었다. 하지만 기존 연구에서는 중화의 기술의 영향력은 어느 정도 지지되었지만 영향력은 다소 약하다는 결과와 함께 일관되지 못한 복합된 결과를 제시해왔다.

그와 같이 일관되지 못한 경험연구 결과는 여러 이유가 있다. 그 이유 중 하나는 중화이론이 일반청소년의 간헐적이고 우연적인 비행을 잘 설명할지는 몰라도 일부 위험청소년의 비행을 설명하기엔 한계가 있다는 점이다. 실제로 중화이론은 비행청소년을 포함해 모든 청소년들이 인습가치를 받아들이고 있다고 강조하고 있으나 일부 심각한 범죄자는 인습가치를 받아들이지 않고 있기 때문에 그들에겐 중화가 불필요하다. 그러한 지적은 초기 Hindelang(1970)이 제기하였고 그러한 점에서 중화가 아니라 도덕적 신념이나 태도 부족이 원인이 된다고 보았다. Topalli(2005)도 주장하기를 실제로 지속적이고 폭력적인 거리의 소위 '하드코어' 소년범죄자들은 비행이나 범죄로 죄책감이나 수치심을 느낄 필요도 없고 오히려 비행을 안하는 것이 자신의 자아 이미지를 훼손하는 것이어서 중화는 비행원인으로 작용할 가능성이 낮다고 보았다. 그러한 이유로 심각한 비행을 설명하려는 연구나 연구대상이 시설 내에 수용되어 있는 청소년을 포함하는 연구에서 중화의 설명력은 약하였다(Ball, 1966; Hindelang, 1970; Minor, 1981; Agnew and Peters, 1986). 그 대신 평소에는 법을 준수하는 대학생 등을 연구대상으로 하는 연구에서는 중화이론이 어느 정도 지지를 받았으며 여러 유형의 일탈 중에서도 전통적인 심각한 범죄보다는 경계가 모호하고 표류할 수 있는 일탈, 예컨대 대학생의 음주행동이나 부정행위 등에 잘 적용되는 결과를 보인다(Mitchell et al., 1990; Dodder and Hughes, 1993; Rettinger and Kramer, 2009).

그렇다면 중화 논의의 인터넷 저작권침해 행위에의 적용 가능성은 어떨까? 인터넷 저작권침해 행위의 경우는 일부 소수에 의해 저질러지는 행위가 아니라 평소에 법을 잘 준수하는 많은 청소년들이 때때로 저지르는 일탈행위라는 점에서 중화이론이 잘 적용될 수 있다. 이에 대한 초기 연구로 Hinduja(2007)는 507명의 대학생을 대상으로 소프트웨어 침해연구에서 중화이론을 적용하였는데, 하지만 이 연구에서는 중화의 설명력이 그다지 크지는 않고 단지 약하게 중화이론을 지지하였다는 결과를 제시하였다. 그러나 이후 중화이론을 온라인 음악불법 다운로드 행위에 적용하였던 Ingram과 Hinduja(2008)에서는 보다 많은 2,032명의 대학생을 대상으로 중화의 기술이 유의미한 영향력을 갖는다는 결과를 제시하였다. Morris와 Higgins(2009)는 중화이론 이외에 여러 이론에서의 요인들을 적용·비교하여 다뤘고, 아울러 종속변인의 경우도 음악, 영화 등에 대해 분석하였는데, 585명의 대학생을 대상으로 하는 연구에서 중화가 매우 중요한 설명요인이었고, 그 밖에 차별접촉요인이 중요하였지만, 낮은 자기통제력이나 학업성적 등은 중요하지 않았음을 제시하였다.

3. 중화와 태도의 상호작용과 여러 이론들의 입장

중화이론에서는 비행자를 포함한 대부분의 청소년들이 도덕적 신념과 태도를 지니고 있다는 점에서 비행소년과 일반소년 간에 도덕적 신념과 태도에 있어서는 차이가 없으며, 따라서 비행의 설명요인은 아니라고 본다. 중화이론에서는 중화의 기술이 비행의 주된 원인이 된다고 보는데, 중화를 하는 것은 평소 도덕적 신념과 태도가 있기 때문이라는 점에서, 즉 도덕적 신념과 태도가 높은 청소년들이 중화를 하는 것이라는 주장을 제시하게 된다. 이와 같이 중화이론에 의하면 도덕적 태도가 높은 청소년들이 비행을 하기 전에 중화의 기술을 사용하는 것이며, 결국 중화의 기술은 도덕적 신념과 태도가 높은 청소년들에 한하여 비행에 작용하는 것이고, 실제로 그동안의 연구들에서는 이러한 주장들이 검증되어 왔다(Minor, 1981; Dodder and Hughes, 1993; Agnew, 1994; Copes, 2003).

하지만 기존의 연구에서는 반대의 주장도 있다. 예를 들어 사회통제이론(Hirschi, 1969)에 근거하는 입장에서는 애착, 관여, 참여, 도덕적 신념을 비행의 원인(정확하게는 비행을 안하게 하는 원인)으로 제시함에 있어, 도덕적 신념과 태도를 비행의 주 설명요인으로 보고 실제로 중화의 영향력을 부정하였다. 그리고 이 입장에서는 도덕적 신념이 강한 사람은 비행 가능성이 매우 낮기 때문에 중화의 필요성이 없고, 오히려 도덕적 신념이 낮은 경우가 중화를 하여 비행을 한다고 보는데, 실제로 중화의 기술은 도덕적 신념과 태도가 낮은 청소년들에 한해서 비행원인으로 작용한다는 연구결과가 제시되고 있기도 하다(Austin, 1977; Mannle and Lewis, 1979; Thurman, 1984; 이성식, 박정선, 2009). 이는 앞서 설명한 대로 중화의 기술은 도덕적 신념이 높은 청소년들에 한해서 비행원인으로 작용한다는 중화이론과는 상반되는 주장이라고 할 수 있다.

그런데 Agnew(1994)의 주장에 따르면 연구결과는 조사자료가 횡단적 자료인지, 종단적 연구자료인지에 따라 다르다고 본다. 그의 조사결과 종단적 패널자료를 사용할 경우 중화이론의 주장대로 중화는 도덕적 태도가 높은 청소년에 한해 비행에 영향을 주지만, 한 시점에서만 조사한 횡단적 조사자료에서는 반대로 중화는 도덕적 태도가 낮은 청소년에 한해 비행에 영향을 준다는 것을 발견하였다. 즉 종단적 자료를 통해 독립변인은 중화를, 종속변인은 비행으로 하여 중화가 비행에 미치는 인과관계를 제대로 설정할 경우는 중화이론의 주장이 지지되지만, 횡단적 자료의 경우 현 시점에서는 중화의 경향을 질문하고, 비행은 지난 1년간의 경험을 질문하기 때문에 이는 중화의 비행에 대한 영향력보다는 비행의 중화에 대한 영향력이라 볼 수 있어서 해석에 주의를 요한다고 보면서, 그동안의 횡단적 연구결과는 비행을 저지른 청소년이 도덕적 태도가 낮은 경우 더 중화를 한다는 것이라고 보았다. 따라서 중화이론의 주장을 검증하기 위해서는 인과관계를 정확히 설정할 필요가 있으며, 그러할 경우 중화이론의 주장, 즉 중화는 과연 도덕적 태도가 높은 청소년에게서 비행원인으로 작용하는지를 살펴볼 필요가 있다고 볼 수 있다.

한편 차별접촉/사회학습이론의 입장에서는 법위반에 대한 정의 혹은 태도의 학습이 비행의 주원인이라고 보면서 법위반의 정의에는 태도, 동기, 기술, 합리화가 포함되고 그러한 점에서 중화의 기술도 비행태도와 함께 비행원인이 된다고 본다(Matsueda, 1982). 즉 이 입장에서 보면 중화와 도덕적 신념(혹은 비행태도)은 비행에 상호작용을 하는 것이 아니라 중화의 기술과 비행태도가 각기 모두 비행원인이라고 보는 점에서 중화를 강조하고 비행태도의 영향력을 부정한다. 그리고 중화와 태도의 상호작용이 존재한다고 본 중화이론과는 입장이 다르다고 할 수 있다. 사회통제이론에서는 중화이론과는 반대로 중화의 영향력을 부정하고 도덕적 신념(비행태도)을 강조하며, 중화와 태도의 상호작용이 있지만 방향이 중화이론과 반대로 본 점에서도 중화이론과 차이가 있다고 할 수 있다.

또 다른 한편으로 대표적인 비행이론으로 일반이론(Gottfredson and Hirschi, 1990)에서는 비행이 개인의 안정된 성향에 의해 설명될 수 있다고 보면서 어릴 때 형성되는 낮은 자기통제력을 비행의 유일한 원인으로 제시하였다. 이 입장에서 보면 인터넷 저작권침해의 경우 낮은 자기통제력의 결과라고 볼 수 있고(Higgins, 2005), 어려서 형성된 개인성향인 낮은 자기통제력이 중화와 도덕적 신념, 태도, 저작권침해를 모두 설명하는 공통원인이어서 중화와 도덕적 신념, 태도와 저작권침해와는 아무 관련 없는 허위관계가 된다고 보는 점에서 중화이론 및 다른 이론들과 구분된다고 할 수 있다.

Ⅲ. 연구가설과 방법

1. 연구가설

이 연구는 대학생을 대상으로 인터넷 저작권침해행위의 원인을 파악하기 위해 중화의 영향력을 살펴보는 것에 주목한다. 먼저 이 연구에서는 중화이론에서 제시하는 중화의 기술을 주 독립변인으로 다룰 것이다. 그러나 한 시점의 횡단적 연구자료만으로는 중화와 저작권침해의 정확한 인과관계를 파악하는 데 한계가 있다는 점에서 인과관계를 주의 깊게 살펴보기로 한다. 하지만 이 연구에서는 두 시점 이상의 종단적 패널자료를 사용하지는 않을 것이다. 중화이론을 검증하기 위해서는 어느 정도 상황론적 논의가 필요한데(Agnew and Peters, 1986), 중화는 안정된 성향이자 태도라기보다는 비행의 우연적 상황에서 즉각적으로 이루어진다고 볼 수 있기 때문이다. 따라서 이 연구는 시나리오 상황을 제시하여 그 상황에서 저작권침해를 할 것인지의 침해의도를 묻고 중화의 기술이 침해의도에 미치는 영향력을 살펴봄으로써 인과관계를 다루기로 한다.

여기서는 첫 번째 가설로 중화이론의 논의대로 중화의 기술 정도가 높을수록 인터넷 저작권침해의도가 높을 것이라고 예측한다. 아울러 기존의 일부 연구들에서는 일부 침해행위만을 주로 다루었지만 이 연구에서는 음악, 영화, 방송, 소프트웨어 등 여러 침해영역을 함께 다룸으로써 전체 저작권침해에 대한 설명뿐만 아니라 위의 네 가지 침해행위별로도 중화의 기술의 영향력을 살펴보기로 한다. 중화이론대로라면 다음과 같은 가설을 제시할 수 있다.

가설 1: 중화의 기술이 높을수록 인터넷 저작권침해행위의도가 높을 것이다.

아울러 이 연구에서는 중화 이외에 인터넷 저작권침해행위에 갖는 태도의 영향력을 다루기로 한다. 차별접촉/사회학습이론이나 사회통제이론에 따르면 이와 같은 태도 혹은 도덕적 신념이 저작권침해에 대해 유의미한 영향력을 갖는다고 볼 수 있다. 하지만 중화이론대로라면 이 영향력은 유의미하지 않을 것이라고 예측한다.

가설 2: 인터넷 저작권침해에 대한 긍정적 태도는 인터넷 저작권침해행위의도에 아무 유의미한 영향력을 미치지 못할 것이다

한편 중화이론에 따르면 중화의 기술은 인터넷 저작권침해에 대한 긍정적 태도가 낮고 반대로 도덕적 신념과 태도가 높을 때에 한해 저작권침해에 영향을 줄 것으로 예측할 수 있다. 기존 일부 횡단적 연구결과에서는 중화의 기술 작용이 그 반대여서 인터넷 저작권침해에 대한 긍정적 태도가 높고 도덕적 신념과 태도가 낮을 때에 한해 저작권침해에 영향을 준다는 연구결과가 있기도 하지만, 본 연구는 침해의도를 간접적으로 사용함

으로써 중화와 침해행위의 인과관계를 잘 설정하는 연구 설계를 기반으로 해서 중화이론의 다음의 가설을 제시하기로 한다.

> 가설 3: 중화의 기술은 인터넷 저작권침해에 대한 긍정적 태도가 낮을 때(혹은 도덕적 신념이 높을 때)에 한해 저작권침해의도에 영향을 줄 것이다. 즉 중화의 기술과 저작권침해에 대한 긍정적 태도간의 상호작용효과는 저작권침해의도에 부(-)적으로 유의미한 영향력을 가질 것으로 예측한다.

위와 같은 중화이론에 따른 가설과는 달리 사회통제이론에 따르면 중화는 원인이 되지 못하고 도덕적 신념(혹은 침해에 대한 태도)이 원인으로 작용할 것이며 중화와 침해태도간의 상호작용효과는 반대로 정(+)적일 것으로 예측되지만, 차별접촉/사회학습이론대로라면 중화와 저작권침해태도는 모두 독립적으로 침해의도에 영향을 줄 것이라 예측할 수 있다. 아울러 이 연구에서는 일반이론에서 강조하고 있는 낮은 자기통제력의 영향력을 다뤄 낮은 자기통제력만이 저작권침해의도의 주요 원인이 되는지를 살펴볼 것이다. 이 연구에서는 조사 대상자들의 사회인구학적 변인으로 성, 연령, 경제수준(가구수입) 등을 통제변인으로 사용한다.

2. 연구방법

이 연구를 위해 서울시 4년제 대학 4개대(H대, J대, S대, S대)를 선정하고 각 학교에 80부씩 총 320부의 설문조사를 실시하였고, 조사는 2011년 6월 1일부터 2주간에 걸쳐 진행되었다. 최종분석에서는 불성실한 응답 34부를 제외한 286부를 사용하기로 한다. 이 연구에서는 SPSS PC 18 프로그램을 이용하여 인터넷 저작권침해의도를 종속변인으로 하는 다중회귀분석을 실시하기로 한다.

본 연구의 주 독립변인으로 중화의 기술은 다섯 가지를 다루기로 하는데, 다섯 가지 중화의 기술을 음악, 영화, 방송, 소프트웨어에 적용하여 질문을 한다. 예를 들어 음악의 경우는 “대부분의 사람들이 음악을 다운로드 받는다는 것을 알게 되었을 때 나 또한 음악을 위해 돈을 지불할 필요가 없다고 생각한다(책임의 부인)”, “오늘날 음악을 다운로드하는 것은 대학생들만의 잘못은 아니다. 오늘날 음반의 가격이 너무 높아 어쩔 수 없이 불법 다운로드 하는 것이다(피해자 부인)" "음반 회사는 콘서트, 비디오, 스폰서 등의 경로로 많은 돈을 벌기 때문에 나의 불법 다운로드로 인하여 큰 손해를 입지 않는다(손상의 부인)", "주위 어른이나 경찰들도 불법으로 음악을 다운로드 하는데, 내가 음악을 불법 다운로드 한다고 비난받을 것은 아니다(비난자 비난)", "만약 같은 수업의 팀 프로젝트 상황에서 음악이 필요할 때, 내가 불법 다운로드하여 음악을 제공한다면 같은 팀 사람들은 나를 비난하지 않을 것이다(충성심 요구)" 등이다. 이처럼 다섯 문항씩의 중화의 기술을 음악, 영화, 방송, 소프트웨어 네 분야에 각각 질문하고 "전혀 그렇지 않다"에서 "매우 그렇다"에 이르는 5점 척도에 응답한 후 총 20문항을 합산하였다(alpha=.910).

인터넷 저작권침해에 대한 긍정적 태도를 위해서는 위의 네 가지 침해행동에 대해 각각 예를 들어 음악의 경우 "불법이라 하더라도 인터넷에서 음악을 복사하는 것은 괜찮다고 생각한다" 질문하고 이에 5점 척도에 응답하도록 한 후 네 문항을 합산하였다(alpha=.935).

아울러 일반이론의 낮은 자기통제력은 Grasmick과 동료들의 연구(1993)에서의 측정도구로 "나는 충동적이다" 등의 총 24문항을 사용하였다(alpha=.796).

본 연구에서 종속변인으로 사용할 인터넷 저작권침해의도는 음악, 영화, 방송, 소프트웨어 분야로 나누어 다음과 같은 시나리오 상황을 제시하고 "전혀 그렇지 않다"에서 "매우 그렇다"에 이르는 5점 척도에 응답하도록 한다.

> 인기 있는 음악 CD가 음악가게에 막 발매되었다. 내 친구들은 모두 다 그 음악 CD를 들었고 나한테 정말 좋은 음악이라고, 꼭 들으라고 추천한다. 하지만 불행하게도 내가 음악 CD를 사러 레코드 가게에 갈 때마다 CD 재고가 없어 살 수가 없었다. 그때, 내 친구가 나에게 그 음악이 업로드 되어 있는 사이트를 알려주었다. 그 사이트는 모든 사용자가 다운로드를 할 수 있도록 허가 하고 있다. 나는 정말 음악 CD를 듣고 싶다. 지금의 상황이라면 온라인에서 불법으로 복사된 음악 CD를 다운 받아 들을 것인가요?

> 유명한 영화가 이제 막 널리 개봉하였다. 내 주위의 모든 친구들이 그 영화를 봤고, 나에게 정말 재밌는 영화라고, 꼭 보라고 추천한다. 하지만 불행하게도 내가 영화를 보려고 영화관에 갈 때마다 모든 시간이 매진되어 영화를 볼 수가 없다. 그때, 내 친구가 나에게 영화가 불법으로 업로드 되어 있는 사이트를 알려주었다. 그 사이트는 모든 사용자가 다운로드를

할 수 있도록 허가 하고 있다. 나는 정말 영화를 보고싶다. 지금의 상황이라면 온라인에서 불법으로 복사된 영화를 다운 받아 볼 것인가요?

매주 빠짐없이 챙겨 보는 일일 연속극을 이번 주에는 보지 못하였다. 내 친구들은 모두 다 그 연속극을 보고 난 후 나한테 정말 재미있었다고 추천한다. 하지만 불행하게도 내가 재방송을 보려 TV를 틀 때마다 연속극은 하지 않았다. 그때, 내 친구가 나에게 그 연속극이 업로드 되어 있는 사이트를 알려주었다. 그 사이트는 모든 사용자가 다운로드를 할 수 있도록 허가 하고 있다. 나는 정말 이번 주 연속극을 보고 싶다. 지금의 상황이라면 온라인에서 불법으로 연속극을 다운 받아 볼 것인가요?

나에게 꼭 필요한 소프트웨어 CD가 막 발매되었다. 내 친구들은 모두 다 그 소프트웨어 CD를 샀고 나한테 정말 유용한 소프트웨어라고 추천한다. 하지만 불행하게도 내가 소프트웨어 CD를 사러 가게에 갈 때마다 CD 제고가 없어 살 수가 없었다. 그때, 내 친구가 나에게 그 소프트웨어가 업로드 되어 있는 사이트를 알려주었다. 그 사이트는 모든 사용자가 다운로드를 할 수 있도록 허가 하고 있다. 나는 정말 소프트웨어가 필요하다. 지금의 상황이라면 온라인에서 불법으로 복사된 소프트웨어 CD를 다운 받으실 건가요?

본 연구에서는 통제변인으로서 성별은 남성을 1, 여성을 0으로 처리하였고, 연령은 만으로 나이를 질문하여 이를 그대로 사용하였다. 가족의 월평균 소득은 '100만원 이하', '101-200만원', 그리고 '901만원 이상'에 이르는 열 개 항목에 응답하도록 하였다.

IV. 분석결과

본 연구의 가설검증에 앞서 조사 대상자의 특성 및 주요 변인들에 대한 기술통계분석의 결과는 <표 1>에 제시된다. 조사 대상자 중 남학생은 167명(58.4%), 여학생은 119명(41.6%)으로 남학생이 다소 더 많았다. 조사 대상자의 연령은 18세부터 30세까지 분포되었는데 평균연령은 21.92세였다. 가족수입은 평균이 5.898로 약 500만원 내외였다.

본 연구에서 주요 독립변인인 중화의 기술은 20-100범위에서 평균값이 61.388로 중

<표 1> 주요 독립변인들에 대한 기술통계분석결과

		명	%	평균	표준편차	범위
성별	남성	167	58.4			
	여성	119	41.6			
연령				21.920	2.510	18-30
가족수입				5.898	2.370	1-10
중화				61.388	12.894	20-100
책임의 부인				12.329	4.166	4-20
피해자 부인				11.990	3.663	4-20
손상의 부인				10.423	3.671	4-20
비난자 비난				11.738	3.934	4-20
충성심 요구				14.839	4.172	4-20
저작침해 태도				12.315	4.010	4-20
낮은 자기통제력				66.776	10.325	24-120

간 정도를 나타냈는데, 다섯 가지 중화의 기술을 보면 각각 4-20범위에서 충성심요구가 14.839로 평균값이 상대적으로 높았고, 그 다음 책임의 부인이 12.329, 손상의 부인이 10.423으로 가장 낮았다. 저작권침해에 대한 태도는 4-20범위에서 평균값이 12.315로 중간 정도를 나타냈으며, 낮은 자기통제력은 24-120범위에서 평균값이 66.776으로 점수는 낮았다.

본 연구에서 종속변인으로 다룰 인터넷 저작권침해의도에 대한 기술통계 분석결과를 보면 <표 2>에 제시되듯이 4-20범위에서 평균값이 15.955를 제시해 그 값이 전체적으로 높은 것을 제시한다. 그것을 네 행위유형별로 보면 1-5범위에서 소프트웨어 침해의도가 4.05로 상대적으로 가장 높았고, 그 다음이 음악저작침해가 4.00, 방송침해가 3.96, 영화침해가 3.94순으로 나타났으나 전체적으로 큰 차이는 없었다.

한편 본 연구에서 직접적으로 다룰 변인은 아니지만 조사 대상자의 지난 한달 동안의 인터넷 저작권침해행위의 경험을 살펴보면 <표 3>에 제시되듯이 응답자의 82.2%가 적어도 한번의 침해경험이 있는 것으로 나타났고, 그 경험을 유형별로 보면 방송침해 경험자가 162명(56.6%)으로 가장 많았고, 그 다음이 음악침해 경험자가 156명(54.5%), 영화침해 경험자는 149명(52.1%), 그리고 소프트웨어침해 경험자는 93명(32.5%)으로 가장 적었다.

<표 2> 인터넷 저작권침해의도에 대한 기술통계분석결과

	평균	표준편차	범위
저작권침해의도	15.955	3.438	4-20
음악침해의도	4.00	1.029	1-5
영화침해의도	3.94	1.058	1-5
방송침해의도	3.96	1.139	1-5
소프트웨어침해의도	4.05	.988	1-5

<표 3> 인터넷 저작권침해 경험 빈도분석결과

	저작권침해		음악침해		영화침해		방송침해		소프트웨어침해	
	빈도	%	빈도	%	빈도	%	빈도	%	빈도	%
없다	51	17.8	130	45.5	137	47.9	124	43.4	193	67.5
있다	235	82.2	156	54.5	149	52.1	162	56.6	93	32.5

<표 4>는 본 연구의 첫 번째 가설을 검증하기 위한 중화의 인터넷 저작권침해의도에 미치는 영향의 다중회귀분석결과를 제시한다. 그 결과는 중화이론의 주장대로 중화는 다른 변인들보다도 인터넷 저작권침해에 $p<.001$ 수준에서 유의미한 영향력을 갖는 것으로 나타났다. 아울러 인터넷 저작권침해에 대해 갖는 긍정적 태도가 인터넷 저작권침해에 $p<.01$ 수준에서 유의미한 영향력을 갖는 것으로 나타났는데, 이 결과는 그 영향이 유의미하지 않을 것이라는 중화이론의 두 번째 가설을 지지하지 못하는 결과이고, 대신 중화와 태도 모두가 작용할 것이라고 본 차별접촉/사회학습이론을 지지하는 결과이다. 하지만 태도보다는 중화의 영향력이 더 큰 점에서 중요성을 알 수 있었다. 이 결과는 중화의 영향력이 유의미한 점에서 사회통제이론 및 일반이론의 주장과는 달랐다. 본 연구결과는 사회인구학적 변인으로 성, 연령, 가족수입, 낮은 자기통제력 모두가 유의미한 영향력을 갖지 못한 것을 제시하였다. 이전 외국연구들에서 낮은 자기통제력의 영향력은 어느 정도 유의미하였다는 점에서 본 연구에서는 좀 더 추가적인 분석을 하였는데, 여기서는 제시하지 않았지만 그 결과 낮은 자기통제력은 인터넷 저작권침해행위의도에 유의미한 영향을 가졌으나 그 영향이 중화에 의해 매개되는 것으로 나타나, 낮은 자기통제력의 대학생이 더 중화를 하기 때문에 저작권침해 가능성이 더 높은 것을 확인할 수 있었다.

<표 4> 중화의 인터넷 저작권침해의도에 미치는 영향의 다중회귀분석결과

	종속변인	
	저작권침해의도	
독립변인	b	β
남성	.213	.031
연령	.142	.104
가족수입	-.007	-.045
낮은 자기통제력	.019	.058
중화	.064***	.242
저작침해태도	.174**	.202
R제곱	.170	
F값	8.806***	

*p<.05; **p<.01; ***p<.001

<표 5> 중화의 인터넷 저작권침해 유형별 의도에 미치는 영향의 다중회귀분석결과

	종속변인							
	음악침해의도		영화침해의도		방송침해의도		소프트웨어침해의도	
독립변인	b	β	b	β	b	β	b	β
남성	.065	.031	.043	.020	.045	.019	.023	.011
연령	.031	.075	.016	.037	.036	.078	.061*	.155
가족수입	-.007	-.017	-.028	-.068	.007	.015	-.037	-.089
낮은 자기통제력	-.002	-.018	.009	.097	.009	.086	.002	.023
중화	.036#	.121	.067***	.212	.080***	.245	.046*	.157
저작침해태도	.216***	.231	.178	.179	.188**	.183	.204***	.227
R제곱	.092		.139		.162		.140	
F값	4.341***		6.951***		8.317***		7.001***	

#p<.10; *p<.05; **p<.01; ***p<.001

한편 그 결과를 침해 유형별로 보면 <표 5>에 제시된 바와 같다. 중화는 대체로 모든 유형에 영향을 미치는 것으로 나타났으나 영화나 방송침해에서는 $p<.001$ 수준에서 높게, 소프트웨어침해에서는 $p<.05$ 수준에서, 음악침해의 경우는 그 영향력이 낮아 다만 $p<.10$ 수준에서만 유의미한 것으로 나타났다. 이러한 결과는 중화가 음악불법다운로드에 영향을 주었던 기존 연구(Morris and Higgins, 2009)와는 다르지만 중화가 소프트웨어

<표 6> 중화와 태도의 인터넷 저작권침해의도에 미치는 영향의 상호작용효과를 위한 다중회귀분석결과

	종속변인	
	저작권침해의도	
독립변인	b	β
남성	.286	.041
연령	.119	.087
가족수입	-.051	-.035
낮은 자기통제력	.014	.041
중화	.062***	.234
저작침해태도	.171**	.199
중화*저작침해태도	-.008**	-.161
R제곱	.195	
F값	8.899***	

*p<.05; **p<.01; ***p<.001

침해에서 영향력이 작았다는 Hinduja의 결과(2007)와는 일치하였다. 오히려 음악침해의 경우는 중화보다는 음악침해에 대한 태도가 p<.001 수준에서 유의미해 큰 영향력을 가졌는데, 이는 기존 연구에서는 비록 영향력의 비교가 없었지만 태도가 중요하였다는 연구결과(한정희, 장활식, 2007)와 일치한다. 본 연구결과는 소프트웨어침해의 경우도 그 태도가 더 중요한 것으로 나타나 소프트웨어에서는 태도가 중요하였다는 기존 연구(Higgins, 2005)와 일치하는 결과를 보였다. 방송침해의 경우는 중화가 p<.001 수준이었던 반면 태도는 p<.01 수준에서 유의미하였고, 영화침해의 경우 태도는 그 영향력이 유의미하지 않았는데, 이는 중화이론의 논의가 상대적으로 영화와 방송에서 더 잘 작용하며, 태도의 영향은 상대적으로 작다는 것을 제시한다.

마지막으로 본 연구에서의 세 번째 가설을 검증하기 위해 중화와 태도의 상호작용효과를 살펴보면, <표 6>에서 제시된 바와 같이 중화가 p<.001 수준에서, 저작권침해에 대한 태도가 p<.01 수준에서 유의미한 것 이외에 중화와 태도의 상호작용효과의 영향력은 p<.01 수준에서 유의미하였고 그 방향은 부(-)적으로 나와 그 가설을 지지하였다. 이 결과는 중화이론의 주장대로 저작권침해에 대한 긍정적 태도가 낮은 대학생, 즉 그 행동에 대한 도덕적 신념이 높은 사람에 한해서 중화가 저작권침해의도에 영향을 준다는 것을 제시하고 있다.

Ⅴ. 결론

이 연구는 인터넷 저작권침해 행위의 원인을 파악하기 위한 노력으로 중화이론의 논의를 적용하였다. 서울시 대학생들을 조사 대상으로 하는 경험연구결과는 중화가 인터넷 저작권침해 행위에 있어 중요한 설명요인임을 제시하였고, 이는 침해행위 유형별로도 음악, 영화, 방송, 소프트웨어침해에 있어서 모두 어느 정도 유의미하였던 것으로 조사되었다.

하지만 중화이론에서는 중화 이외에 저작권침해에 대해 갖는 태도는 중요한 설명요인이 되지 못한다고 보지만, 본 연구결과는 저작권침해에 대한 태도 역시 중요한 설명요인임을 제시하였다. 이 결과는 중화이론보다는 차별접촉/사회학습이론을 보다 지지하는 결과라 할 수 있다. 다만 그 설명력이 중화가 침해태도보다는 다소 강하였다는 점에서 중화이론의 상대적 우위성을 확인하였다. 본 연구결과는 중화이론의 예측대로 중화의 기술과 저작권침해에 대한 긍정적 태도간의 상호작용효과는 저작권침해의도에 부(-)적으로 유의미한 영향력을 갖는 것으로 제시되었다. 이는 중화의 기술은 인터넷 저작권침해에 대한 긍정적 태도가 낮고 도덕적 신념이 높은 대학생에 한해 저작권침해에 영향을 주는 것임을 나타내는 것으로, 중화이론의 논의를 지지하는 결과이다. 실제로 중화는 태도보다 직접적 영향력에서 더 컸는데 이 또한 본 연구 대상이 도덕적 신념이 높고 침해태도가 낮은 대학생을 대상으로 하였던 점에서 중화의 영향력이 컸다고 볼 수도 있을 것이다. 본 연구결과는 중화가 직접적 영향을 갖는 것 이외에 상호작용효과가 부(-)적인 점에서 사회통제이론의 논의를 지지하지는 못하는 것으로 나타났다.

침해유형별로 보면 거의 모든 영역에서 중화가 작용하는듯 보이지만 태도와의 영향을 비교해 보면 차이를 보이는데, 영화나 방송침해 영역에서는 중화의 영향력이 크고 상대적으로 태도의 영향은 작지만, 음악과 소프트웨어침해에서는 중화보다 태도의 영향이 더 큰 것으로 나타났다. 이러한 결과는 기존 외국연구와 어느 정도는 일치하였지만 그렇지 않은 경우도 있어 일관적으로 말할 수는 없지만, 본 연구결과만을 중심으로 보면 음악과 소프트웨어침해는 다른 많은 사람들도 침해한다고 생각하기 때문에 침해해도 된다는 태도가 작용하는 것이지만, 영화와 방송의 경우는 상대적으로 해서는 안된다는 도덕적 태도를 갖기 때문에 태도의 영향은 작고 중화가 더 작용하는 것은 아닌가라고 해석할 수 있다.

본 연구에서는 낮은 자기통제력이 저작권침해에 유의미한 영향력을 갖지 못함을 제시하였는데, 이는 저작권침해의 경우 충동적이고 우발적으로 일어나는 것은 아니기 때문이라고 볼 수 있고, 종속변인을 행위가 아닌 행위의도로 사용한 점에서 우발적 특징의 요인의 영향은 낮을 수 있고, 또 연구 대상이 상대적으로 자기통제력이 높은 대학생 집단이기 때문이라고도 볼 수 있다. 하지만 앞서 추가적 분석결과에서 언급하였듯이 낮은 자기통제력의 영향은 중화에 의해 매개됨을 알 수 있었다. 이 결과는 영향이 직접적이 아니라는 점에서 일반이론을 지지하지는 못하지만 일면 낮은 자기통제력의 영향을 확인할 수 있었다. 중화가 과연 여러 비행행위에 원인으로 작용하는가도 중요하지만 누가 왜 중화를 하는가를 찾아내는 연구도 중요하다고 할 수 있는데, 이 결과는 낮은 자기통제력이 그 원인이 될 수 있음을 제시하였다. 그러나 중화이론에서도 강조하였듯이 중화의 근원은 청소년에 대한 통제 약화와 중화의 빌미를 제공하는 환경적 요소가 더 중요하다고 보아야 할 것이다. 예를 들어 부모로부터의 감독과 통제, 애정이 적을수록 쉽게 자신의 행동을 중화하게 될 것이며, 주위에 침해자가 많거나 그들과 접촉하는 경우 행위자는 쉽게 중화할 수 있다. 본 연구에서 이를 확인하지는 않았지만 앞으로는 중화의 근원을 모색하는 연구도 진행될 필요가 있을 것이다.

본 연구결과는 중화이론의 논의를 어느 정도 지지하고 있지만 차별접촉/사회학습이론의 논의를 간과할 수 없다. 중화이론에서는 도덕적 신념이나 비행태도가 비행의 설명요인이 될 수 없다고 보지만 이 연구에서는 그 영향력을 확인하였고 일부 차별접촉/사회학습이론을 지지하고 있기 때문이다. 본 연구결과를 통해서 볼 때 비행태도를 갖는 청소년은 비행을 할 가능성이 높지만, 비행태도가 낮은 청소년의 경우는 중화를 통해 비행을 한다는 식으로 중화이론이 차별접촉/사회학습이론과 통합되어 수정될 필요가 있음을 알 수 있었다. 아울러 본 연구에서 검증할 수는 없었지만 도덕적 신념이 높고 비행태도가 본래 낮은 학생들도 주위 침해자와의 차별접촉으로 인해 중화를 하여 저작권침해를 한다고 볼 수 있기 때문에 그렇다면 이 결과는 차별접촉/사회학습이론의 논의와 다르지 않다고 해야 할 것이다. 이와 같은 중화의 원인과 과정에 관한 논의는 앞으로 종단적 혹은 질적 연구를 통해서 밝혀야 할 필요가 있을 것이다.

이 연구는 주로 중화이론에 주목하여 인터넷 저작권침해행위의 원인을 파악하고자 하였고 어느 정도 그 이론이 지지되었음을 확인할 수 있었다. 하지만 본 연구에서나 기존 연구들에서 중화이론 이외에 차별접촉/사회학습이론이나 일반이론도 지지되고 있는 바 보다 통합적이고 체계적인 모형 구성도 필요하다고 할 것이다. 아울러 이 연구는 상대적으로 도덕적 태도와 자기통제력이 높은 대학생을 표본으로 한 점에서 결과 해석에 주의를 기울여야 할 것이며 앞으로 중고생이나 성인들, 혹은 잠정적 위반자들을 대상으로 하는 연구도 진행되어야 할 것이다. 그러한 연구가 향후 지속되기를 기대한다.

오프라인과 온라인상의 도박행위 원인 비교

I. 서론

2000년 중반 바다이야기 사건 이후 도박 장소가 오프라인에서 온라인으로 옮겨지면서 이후 온라인도박이 급속히 증가하였다. 불법온라인도박의 수익금은 상상을 초월할 만큼 엄청나며 경제 규모도 수십조에 이른다. 행위자 입장에서 보면 온라인도박은 접근성, 익명성, 편리성 등으로 도박장에 가지 않아도 언제든지 쉽게 접근할 수 있게 되었다. 우리나라는 온라인도박을 불법으로 간주하지만 해외에 도박 사이트를 구축함으로써 단속을 피하고 있으며 불법 사이트는 환급율도 높아 이용자의 이용도 계속 증가하고 있다.

이 연구는 이와 같은 온라인도박의 원인이 무엇인지를 도박이용자의 입장에서 파악하는 것에 관심을 둔다. 누가 왜 도박을 하는 것일까? 그 원인과 동기를 파악한다면 어느 정도 대책 제시에 유용할 수 있을 것이라는 점에서 의의있는 연구라 할 수 있다. 그런데 이 연구는 무엇보다 오프라인상에서의 도박과 새롭게 온라인에서 행해지고 있는 도박의 원인을 비교에 무엇보다 관심을 갖고 있다. 오프라인과 온라인상의 도박의 원인은 유사한가? 아니면 그 특성과 원인에서 차이가 있을 것인가?

온라인범죄가 기존 오프라인범죄와 특성과 원인이 다르다고 보는 입장에서는 기존 범죄학연구들에서 제시되어 왔던 원인들과는 다른 새로운 원인을 모색해야 하지만 온라인범죄가 오프라인범죄의 연장선상에 있다고 보는 입장에서는 그 원인이 유사하다고 본다. 그런데 사이버범죄에서 도박과 같은 유형의 범죄는 이용 장소만 달라질 뿐 그 특성과 행위자의 이용원인은 크게 다르지 않다고 본다(이성식, 2011a). 그러하여 이 연구에서는 기존 범죄학 및 도박연구에서의 주요 설명요인들을 오프라인 및 온라인도박에 적용하여 원인이 유사한지 차이가 있는지를 살펴보려고 한다.

이 연구에서는 기존 연구들에서 제시되었던 다양한 요인들을 다루고자 한다. 기존 연구들에서는 도박동기나 도박자 개인의 특성요인들 이외에 환경요인들을 다루고 있는데 이 연구에서는 이들 요인들을 포괄하면서 오프라인도박과 온라인도박에 적용하고 그 요인들이 오프라인과 온라인에 따라 차별적으로 나타나는지를 살펴볼 것이다.

이처럼 이 연구는 전국 성인 대상의 조사자료를 이용해 오프라인과 온라인도박의 원인을 비교에 주목하고, 원인이 유사한지, 아니면 온라인도박의 원인은 새롭게 모색해야 하는지를 알아보려는 데 목적이 있다. 그 결과를 통해 오프라인과 온라인도박의 대책도 제시해보려고 한다.

II. 오프라인과 온라인도박의 원인에 관한 기존 논의

1. 도박동기

도박자들이 도박을 하거나 도박에 빠지게 되는 이유는 여러 가지가 있다. 이홍표(2002)는 그 동기를 금전동기, 흥분동기, 유희동기, 회피동기, 사교동기로 구분하였으며 도박동기가 높을수록 도박 가능성이 높다고 보았다. 금전동기는 돈과 수익을 얻기 위한 것이고, 흥분동기는 뭔가 스릴이나 자극이 필요해서, 유희동기는 재미나 호기심, 회피동기는 스트레스나 우울, 불안 등의 부정적 감정을 해소하기 위한 것, 사교동기는 누구와의 관계를 지속하기 위한 동기라고 할 수 있다. 위의 이홍표의 연구에서는 그중 여러 동기 중에서도 도박은 무엇보다 돈을 벌기 위한 금전동기에서 비롯된다는 결과를 제시하였다.

이후 여러 연구들이 있었지만 최근 국내연구를 중심으로 보면 윤인노와 동료들(윤인노 외., 2014)의 대학생 대상의 연구에서는 여러 동기들 중에서 금전동기만이 도박행위에 정적 영향을 미친다는 결과를 제시하였고, 한영옥과 동료들(2012)은 2006-2010년 도박치료 심리상담기관을 방문한 도박자 대상 연구에서 금전동기가 가장 큰 변인이었고 그 다음이 홍분, 유희, 회피, 사교동기 순서였음을 제시하였다.

앞서 연구가 오프라인에서의 도박연구였다면 온라인도박의 동기를 살펴보면 국내 초기 대표적 연구인 권선중과 동료들(2007)의 연구에서는 불법온라인도박자, 오프라인도박자, 단순도박자 세 집단을 비교하였는데, 오프라인 도박자의 경우 금전동기가 가장 높았지만 불법온라인도박의 경우는 금전동기뿐만 아니라 홍분과 유희동기에서 다른 두 집단보다 그 점수가 높아 온라인도박은 도박을 홍분, 스릴, 놀이를 위해서 한다는 결과를 제시하였다.

위의 권선중과 동료들(2007) 연구에서는 불법온라인도박자들이 우울점수에서도 높다는 결과를 제시하였는데, 외국의 연구들(Hopley and Nicki, 2010)에서도 온라인도박이 우울, 불안 등에서 비롯된다고 하듯이 부정적 감정의 해소 등 회피동기가 또 다른 동기의 하나로 작용한다고 볼 수 있다.

2. 개인요인으로 낮은 자기통제력

도박으로 큰 돈을 벌 것이라는 인식도 있지만 실제로 도박에 빠져들고 중독됨으로 재산상의 손해와 일상이 파괴되는 것을 보면 도박은 자신의 욕구를 통제하지 못하는 자기통제력의 부족에서 오는 결과라고 볼 수 있다. Gottfredson과 Hirschi(1990)가 모든 유형의 범죄는 낮은 자기통제력의 결과라고 주장하였고, 이후 그 논의가 오프라인범죄뿐만 아니라 온라인범죄에도 잘 적용된다는 것이 밝혀졌듯이(이성식, 2010a), 오프라인과 온라인도박도 낮은 자기통제력과 충동성의 결과라고 볼 수 있다.

자기통제력이 높은 사람은 일상의 일을 우선시하고 도박과 같은 다른 유혹에 빠지지 않게 되지만 자기통제력이 낮은 사람들은 일상의 일이 중요하다는 것을 알면서도 그와 같은 유혹에 자신을 통제하지 못하고 도박에 빠지게 된다. 그러한 연구결과는 외국뿐만 아니라(Mishra et al., 2010) 국내연구에서도 밝혀져 박현숙과 정선영(2011)은 고등학생대상의 도박행위 연구에서 그 원인을 개인요인, 가족요인, 지역사회요인으로 구분하여 적용하였는데, 개인요인 중에서 자기통제력이 주요 설명요인임을 제시하였다.

자기통제력은 특히 도박중독과 밀접한 연관이 있는데 임성범(2013) 및 윤인노와 동료들(2014)의 대학생대상의 도박중독 연구에서는 여러 요인 중 자기통제력이 주요 설명요인임을 밝히고 있다. 그런데 Griffiths(2005)는 온라인과 오프라인도박의 비교연구에서 온라인도박중독의 비율이 60%로 오프라인의 20%보다 더 높다는 결과를 제시하였고 국내에서도 유사한 연구결과가(김영화 외., 2012) 있다. 즉 온라인도박은 특히 중독에 취약하다 할 수 있는데, 낮은 자기통제력 혹은 충동성과 중독과의 관계가 높은 것을 보면 그만큼 온라인도박의 경우는 낮은 자기통제력과 더 연관된다고 볼 수 있다. 실제로 충동성은 온라인도박의 주요 원인이 된다고 보며(Hopley and Nicki, 2010), 국내 연구에서도 김영화와 동료들(2012)의 고등학생 대상의 연구에서는 오프라인도박에 비교해서 온라인도박의 경우 낮은 자기통제력(충동성)이 주요 원인으로 작용한다는 것을 제시하였다.

3. 사회학습요인

앞서 제시한 연구들이 도박동기나 개인 특성에 주목하였지만 도박은 사회환경의 결과라는 주장이 있다. 그중에서도 사회학습논의를 따르는 학자들은 도박은 주위 사람들의 도박행위를 배우고 학습한 결과라고 본다. 예를 들어 그동안의 연구에서는 부모의 도박행위가 청소년의 도박행위를 설명하는 주요 설명요인이라 제시하였고(Vachon et al., 2004), 국내에서도 그와 같은 결과를 제시하였는데 김영경(2013)의 고등학생 대상의 연구에서는 현재의 도박행위의 경우는 비합리적 도박신념, 스트레스 다음으로 부모의 도박행위가 주요 설명요인이었고, 앞으로의 도박행위 가능성에 있어서는 현재의 도박수준 다음으로 부모의 도박행위가 주요 설명요인인 것을 제시하였다.

부모의 도박행위는 오프라인상의 도박행위에 영향을 줄 수 있는 요인이 된다. 하지만 온라인도박연구에서 부모의 영향을 다룬 연구는 적었다. 온라인도박은 개인 스트레스 해소나 충동성요인이 중요하지만(김영화 외., 2012), 부모와 같은 현실 환경요인의 작용은 낮을 것이라 보았기 때문으로 보인다. 실제로 부모의 도박행위와 같은 요인은 오프라인에서는 몰라도 온라인도박에의 영향은 낮을 것이다.

그 대신 부모로부터 학습하건 다른 주위 환경요인으로부터 영향을 받아 도박에 대한 개인태도가 형성되면 오프라인이나 온라인도박 모두에서 중요 요인으로 작용할 수 있다. 즉 도박에 대해 긍정적 태도를 갖고 도박을 허용할수록 도박 가능성이 높다고 볼 수 있다. 그런데 특히 온라인도박의 경우 현실과 다른 공간에서 이루어진다는 인식과 도박을 게임과 놀이로 보는 경향과 함께 심각하게 생각지 않는 수용성으로 인해 온라인도박을 허용할 수 있는데 그것이 특징이자 원인으로 작용할 가능성이 높다(정찬모 외., 2007; 김교헌 외. 2010). 더구나 온라인공간에서는 사적자아의 증가로 개인태도대로 행동할 가능성이 더 높은 점에서 도박에 대한 태도가 도박행위에 영향을 줄 가능성이 더 높을 것이다.

4. 거시사회요인

도박은 개인이 몸담고 있는 국가 혹은 사회의 제도나 문화에 의해 영향을 받는다. 박준희 외(2014)의 한국형사정책연구원 보고서에서 불법도박 혹은 사행행위의 원인으로 개인 미시원인과 거시원인으로 구분하였는데 국가 혹은 사회 수준의 거시요인은 도박의 또 다른 주요 원인이 된다고 주장한다.

우리나라의 경우 국가에서는 공공기금이나 관광, 체육진흥기금, 지역개발 등의 이유로 카지노, 경마, 복권을 합법화하여 허용하고 있고 또 일반인들은 놀이 수준에서 화투 등을 하는 사회문화 특성상 비록 불법사설도박은 허용하지 않고 있지만 그 경계가 모호하고 전반적으로 도박에 대한 거부감은 낮다고 할 수 있다. 국가 수준에서 카지노 등을 합법화하고 있는지의 정도는 나라마다 차이가 있고 그것은 도박행위에 영향을 줄 수 있어 그것을 합법화하는 국가의 성원일수록 도박 가능성은 높다고 할 수 있다. 더구나 도박의 문화는 사행심조장, 근로의식의 저하, 도박중독자 양산 등으로 여러 부작용을 초래하고 더구나 도박의 문제는 빚을 갚기 위해 심각한 범죄로까지 확산되는 문제가 있어 이처럼 국가 혹은 사회 수준의 도박정도는 중요하다 할 수 있다. 그와 같은 정부 정책이나 사회문화 수준은 도박행위에 영향을 줄 수 있게 되는데 국가에서 도박을 얼마나 합법화하는지와 사회문화 수준에서 그것을 얼마나 허용하는지의 개인인식 수준은 개인별 도박행위의 차이를 잘 설명할 수 있는 요인이 된다.

그와 같은 국가와 사회의 허용수준은 실제 현실에서 이루어지는 오프라인도박에 더 영향력을 가질 것이다. 그러나 정부 정책은 오프라인의 경우는 몰라도 온라인도박에 영향을 미칠 가능성은 상대적으로 낮다. 이성식(2011)은 국가의 사행산업의 문화환경과 합법과 불법도박의 경계의 모호함 등이 온라인도박에 있어서 주요 원인의 하나가 된다고 주장하지만 실제 정부와 국가정책은 오프라인에서의 합법과 불법의 도박인식에 더 영향을 주고 그럼으로 오프라인도박에 영향을 줄 수 있을 것이다.

5. 기회요인

기존의 주요 범죄이론들이 주로 개인 특성이나 환경을 강조하는 논의들이었다면, 범죄자의 특성보다는 범죄발생의 상황이나 기회 여건에 주목한 논의가 있다. 고전주의 학파에 근거한 이들 논의는 주로 범죄피해를 설명하기 위한 논의에서 범죄기회의 노출이 높고(Hindelang et al., 1978), 매력적 대상이고 범죄를 저지할 감시요인이 없는 사람이(Cohen and Felson, 1979) 피해를 더 당한다고 봄으로써 범죄발생의 원인으로 기회요인을 중시하였는데, 이들 논의는 인터넷범죄연구에도 적용되어 왔다(Holt and Bossler, 2009). 이 입장에서 보면 사이버공간에서 범죄기회가 수월할수록 범죄 가능성이 높다고 본다. 인터넷에서는 한 번의 클릭으로 비대면과 익명으로 손쉽게 범죄를 저지를 수 있다는 점에서 범죄기회는 많아지고 이는 범죄의 주요 동기이자 원인으로 작용할 것이라고 주장할 수 있다.

온라인도박의 경우도 그와 같은 기회요인이 주요 요인이 될 수 있는데, 오프라인도박과 비교해 볼 때 온라인도박은 언제 어디서나 접속이 가능하고, 접근이 손쉽고 편리하며, 또 자신을 노출하지 않고 도박을 쉽게 할 수 있다는 특징이 있다. 실제로 Griffiths와 Barnes(2008)는 인터넷도박의 원인으로 접근이 용이하고, 사용이 편리, 24시간 이용 가능하며, 다양한 종류의 도박이 선택 가능하고, 익명성이 동기로 작용한다고 보았고, Gainsbury(2012)는 기존 논의들을 정리하면서 그와 같은 기회의 용이성이 가장 중요한 요인이 된다고 보았다.

III. 연구문제와 방법

1. 연구문제

본 연구는 오프라인도박과 온라인도박의 원인을 비교함에 있어 앞서 살펴본 여러 주요 원인들의 영향력을 살펴볼 것이다. 여기서는 도박동기, 개인요인으로 낮은 자기통제력, 사회학습요인으로 도박학습의 환경과 도박에 대한 태도, 거시환경요인으로 정부 정책인지도, 기회요인으로 도박기회인지도를 중심으로 오프라인과 온라인도박에 적용해 보기로 한다.

여기서는 도박동기로는 금전동기, 흥분동기, 유희동기, 회피동기를 사용하기로 하는데, 기존 오프라인중심의 도박연구에서는 금전동기가 우세하였고, 상대적으로 온라인도박에서는 흥분 및 유희, 그리고 회피동기가 우세하다고 하듯이(권선중 외, 2007; 한영옥 외, 2012; 윤인노 외, 2014), 금전 동기는 오프라인도박에서, 그리고 흥분, 유희, 회피 동기는 온라인도박에서 더 큰 영향력을 가질 것으로 예측한다.

개인요인으로 낮은 자기통제력의 경우 기존 연구에서 오프라인에서 뿐만 아니라(Mishra et al., 2010; 박현숙, 정선영, 2011; 임성범, 2013; 윤인노 외, 2014) 온라인도박에서도(Hopley and Nicki, 2010; 김영화 외, 2012) 주요 요인이라고 제시하듯이 오프라인과 온라인도박 모두에서 주요 요인으로 작용할 것으로 예측한다. 그런데 도박중독 가능성은 오프라인보다 온라인도박에서 더 높다고 하듯이 도박중독이 낮은 자기통제력과 더 연관성이 높다고 한다면 낮은 자기통제력의 영향력은 오프라인보다 온라인도박에서 다소 더 높을 것으로 예측해 본다.

사회학습요인으로 본 연구에서는 가족의 도박행위와 친한 친구의 도박행위의 영향력을 다룰 것이다. 그런데 가족과 친구는 현실 세계에서 더 영향력이 클 것이고 온라인도박보다는 오프라인도박에서 설명력이 더 높을 것이라고 예측한다. 그러나 도박에 대한 태도의 경우는 오프라인과 온라인 모두 주요 요인으로 작용할 것이다. 그렇지만 태도와 행동의 일치성이 오프라인보다 온라인에서 더 높다는 주장을 보면 도박에 대한 태도는 오프라인보다 온라인도박의 주요 설명요인이 될 것이라고 볼 수 있다.

거시요인으로 도박에 대한 정부 정책의 경우 오프라인도박과 온라인도박에 영향을 줄 것이지만 정부 정책은 온라인도박의 경우보다는 오프라인도박에 더 영향력을 가질 것이라고 예측한다.

기회요인의 경우 오프라인도박에서도 주요 요인으로 작용하겠지만 온라인범죄의 경우 기회의 용이성이 주요 원인이 된다는 점에서(이성식, 2014a), 온라인도박의 경우 평소 도박의 기회가 많은 것이 원인이 될 수 있다는 점에서(Gainsbury, 2012) 도박기회가 주요 원인이 될 것이라고 본다.

본 연구는 통제변인으로 사회인구학적 변인을 사용하기로 한다. 기존 연구에 따르면 온라인도박의 경우 기존 오프라인도박의보다 남성, 다소 더 젊고, 교육수준이 높다는 것을 제시하고 있는데(Griffiths et al., 2009; Wood and Williams, 2007, 2011), 여기서는 성, 연령, 교육 및 수입 수준을 통제변인으로 다룰 것이다.

2. 연구방법

본 연구를 위해 전국 성인 남녀 2,000명을 대상으로 조사를 실시한 한국형사정책연구원의 조사자료를 활용하기로 한다. 모집단은 전국 20세에서 69세 성인 남녀로 2014년 9월 인구통계 기준으로 성과 연령, 지역을 비례 할당으로 표집한 것으로 조사는 2014년 10월 24일부터 5일간 실시하였다.

독립변인으로 우선 도박동기는 도박을 하고 있다면 그 이유를 질문하였는데 '돈을 벌기 위해(금전)', '스릴을 즐기려고(흥분)', '재미있어서(유희)', 스트레스를 해소하려고(스트레스), '외로움을 풀려고(외로움) 등의 응답에 '전혀 그렇지 않다'에서 '매우 그렇다'에 이르는 5점 척도에 응답하도록 하였다.

개인요인으로 낮은 자기통제력은 기존 연구에 의거하여(Grasmick et al., 1993), 충동성, 위험추구성, 단순작업 추구성, 활동성, 이기성, 화기질 등 여섯 특성에 대해 두 문항씩의 질문을 하였는데, 예컨대 충동성으로는 "나는 무슨 일이든 충동적으로 하는 경우가 많다"와 "나는 훗일을 생각하지 않고 즉흥적으로 행동한다"와 같이 두 문항을 사용하였고 마찬가지 방법으로 총 열 두개의 질문에 '전혀 그렇지 않다'에서 '매우 그렇다'에 이르는 5점 척도에 응답하도록 하였다(alpha=.851).

사회학습요인으로는 가족의 도박행위와 친구의 도박행위를 사용하기로 하였는데 각각을 하나의 질문씩 5점 척도에 응답하도록 하였다. 아울러 도박에 대한 태도는 "도박(사행활동)은 반드시 나쁜 것이 아니다" 등 10개의 질문을 하였고 5점 척도에 응답하도록 하였다(alpha=.750).

거시요인으로 정부의 정책에 대한 인지도는 "정부가 각종 사행 산업의 규제에 미온적이다", "정부의 정책이 사행활동을 허용하는 쪽으로 가고 있다", "우리나라엔 사행행위가 널리 퍼져있다", "정부가 복권 등의 구매를 조장한다"의 네 문항을 질문하고 5점 척도에 응답하도록 하였다(alpha=.751).

한편 도박의 기회용이성의 경우는 접근성 이외에 편리성, 용이성, 익명성 등을 포함하는 통상 넓은 의미의 기회를 측정하기 위해 기회용이성의 인지도로 "도박을 할 기회가 많다"의 하나의 질문을 따로 사용하기로 하고 이 질문에 5점 척도에 응답하도록 하였다.

종속변인으로 도박행위는 사설 불법 도박행위를 중심으로 1) 사설 인터넷도박, 사설 하우스도박, 사설 성인오락실 2) 사설경마, 사설경륜, 사설경정 3) 사설복권, 사설스포츠

복권 등 세 유형으로 지난 1년 동안의 경험 여부를 질문하고 최종적으로 경험이 '없다'와 '있다'로 구분하였는데, 위와 같은 행동을 주로 온라인에서 하였는지와 오프라인에서 하였는지로 구분하여 질문함으로써 온라인도박행위와 오프라인도박행위를 생성하였다.

사회인구학적 통제변인으로는 성은 여성=0, 남성=1로 더미화하였고, 연령은 자신의 연령을 기입하는 방식으로, 교육수준은 '초졸 이하', '중졸', '고졸', '대졸', '대학원 석사', '대학원 박사'에 응답하도록 하였다. 가족수입은 가정의 한달 수입으로 '전혀없음', '100만원미만', '100-200만원', '200-300만원', '300-400만원', '400-500만원', '500-750만원', '750-1000만원', '1000-3000만원', '그 이상'의 10개 항목에 응답하도록 하였다.

Ⅳ. 분석결과

본 연구에 사용할 주요 변인들에 대한 기술통계분석의 결과는 <표 1>에 제시된다. 조사 대상자 2000명 중 남성이 1018명(50.9%), 여성은 982명(49.1%)으로 남자가 약간 더 많이 표집되었고, 조사 대상자의 연령의 평균은 43.31세이었는데 20대 364명(18.2%), 30대 433명(21.7%), 40대 498명(24.9%), 50대 451명(22.6%), 60대가 254명(12.7%)이었다. 교육수준은 대학 중퇴나 졸업이 1,301명(65.1%)으로 가장 많았고, 그 다음이 고졸 478명(23.9%)이었다. 가족수입은 300-400만원이 415명(20.8%)으로 가장 많았고, 400-500만원 404명(20.2%), 500-750만원 374명(18.7%), 200-300만원 353명(17.7%) 순이었다.

도박의 동기로는 금전동기가 1-5범위에서 평균 3.405로 중간보다 조금 높았고, 접근성이 3.880으로 상대적으로 가장 높았으며, 유희 3.018, 스트레스해소가 2.494, 흥분동기가 2.377로 제시되었고, 외로움해소는 1.738로 상대적으로 낮았다.

본 연구의 주요 요인으로 우선 개인요인으로 낮은 자기통제력은 12-60범위에서 평균값이 29.865이었다. 사회학습요인으로 주위 도박수준에서 가족의 도박행위는 1-5범위에서 평균값이 2.267이었고, 친구의 도박은 2.731로 다소 더 높았지만 전체적으로 중간보다 낮은 점수였다. 도박에 대한 태도는 10-50범위에서 평균값이 27.565로 중간보다 약간 낮은 정도인 것을 제시하였다. 정부의 도박정책에 대한 인지도는 4-20범위에서 평균값이 14.348로 높은 편이어서 정부가 대체로 도박을 허용한다고 생각하는 것으로 나타났다. 마지막으로 도박의 기회는 1-5범위에서 평균값이 2.648로 중간보다 약간 낮았다.

<표 1> 주요 변인들에 대한 기술통계분석결과

		명	%	평균	표준편차	범위
성별	남성	1018	50.9			
	여성	982	49.1			
연령				43.310	12.679	21-69
교육수준				3.861	.667	1-6
가족수입				5.371	1.658	1-10
도박동기	금전			3.405	1.091	1-5
	흥분			2.377	1.247	1-5
	유희			3.018	1.136	1-5
	스트레스			2.494	1.235	1-5
	외로움			1.738	.986	1-5
낮은 자기통제력				29.865	6.899	12-60
가족도박				2.267	1.160	1-5
친구도박				2.731	1.170	1-5
도박태도				27.565	5.375	10-50
정부 정책				14.348	2.577	4-20
도박기회				2.648	1.079	1-5
오프라인도박	없음	1817	90.9			
	있음	92	4.6			
	무응답	91	4.6			
온라인도박	없음	1817	90.9			
	있음	82	4.1			
	무응답	101	5.1			
총		2000	100.0			

본 연구에서 종속변인으로 다룰 도박행위에 있어서 오프라인도박은 1,817명(90.9%)이 경험이 없다고 응답하였고 92명(4.6%)이 도박경험이 있는 것으로 응답하였다. 온라인도박의 경우는 1,817명(90.9%)이 경험이 없었고 82명(4.1%)이 경험이 있는 것으로 나타나 경험자가 오프라인의 경우보다 약간 많았지만 전체적으로 유사하였다.

본 연구에서 관심을 갖는 연구 문제로 오프라인도박과 온라인도박의 설명요인에 관한 분석결과는 <표 2>에 제시되는데, 여기서는 로지스틱 회귀분석을 사용하였다. 우선 오프라인도박에 있어서 분석결과는 Nagelkerke 결정계수의 값이 .216로 본 연구에

<표 2> 오프라인과 온라인도박 원인비교를 위한 로지스틱 회귀분석결과

		종속변인			
		오프라인도박		온라인도박	
독립변인		B	exp(B)	B	exp(B)
남성		-.503	.605	.361	1.435
연령		.013	1.013	-.004	.996
교육수준		-.010	.990	.239	1.270
가족수입		.054	1.055	-.039	.961
도박동기	금전	.295*	1.344	.069	1.071
	흥분	.360*	1.433	.429**	1.536
	유희	-.210	.811	-.118	.888
	스트레스	-.011	.989	-.039	.962
	외로움	.118	1.125	.209	1.232
낮은 자기통제력		.052**	1.054	.062***	1.064
가족도박		.229#	1.257	.010	1.010
친구도박		-.005	.995	.200	1.221
도박태도		.033	1.034	.071*	1.074
정부 정책		-.217***	.805	-.118*	.889
도박기회		.648***	1.911	.501**	1.650
Nagelkerke제곱		.216		.232	
-2LL		586.574		526.604	
카이제곱		131.660		131.946	
df		16		16	

#p<.10; *p<.05; **p<.01; ***p<.001

서 사용한 변인들의 영향력이 21.6%의 설명력을 갖는 것으로 제시되었다. 사회인구학적 통제변인의 영향력은 전체적으로 낮고 유의미하지 않았으며, 도박동기요인으로는 흥분동기와 금전동기가 p<.05 수준에서 유의미하였고 흥분동기가 다소 더 영향력이 높았다. 유희동기와 스트레스 및 외로움해소와 오프라인도박과는 관련이 없었다.

주요 설명요인으로는 도박기회의 영향력이 p<.001 수준으로 나타나 오프라인도박에 크게 작용하였으며, 그 다음으로 낮은 자기통제력이 p<.01 수준에서 유의미해 도박기회가 높고, 자기통제력이 낮은 사람이 오프라인도박을 하는 것으로 나타났다. 그러나 사회학습요인들의 영향력은 낮아 가족의 도박행위는 p<.10 수준에서만 유의미하였고,

친구의 도박행위나 도박에 대한 태도의 영향력은 유의미하지 않았다. 정부 정책의 영향력은 예상과 달리 부(-)적 인 관계인 것으로 나타났는데 이는 정부 정책이 도박을 허용한다고 생각하는 사람이 도박을 안한다기보다는 도박을 하지 않는 사람이 정부가 도박을 허용하는 기조라는 점에서 정부 정책에 반대하는 입장에 있는 것으로 해석할 수 있다.

온라인도박에 있어서 분석결과는 Nagelkerke 결정계수의 값이 .232로 본 연구에서 사용한 변인들의 영향력이 23.2%의 설명력을 갖는 것으로 제시되어 오프라인과 거의 유사하였지만 다소 설명력이 더 높았다. 사회인구학적 통제변인의 영향력은 오프라인의 경우와 같이 전체적으로 낮고 유의미하지 않았다. 도박동기요인으로는 흥분동기만이 $p<.01$ 수준에서 유의미하였고 금전동기 등 다른 동기요인들의 영향력은 유의미하지 않았다.

주요 설명요인으로는 낮은 자기통제력이 $p<.001$ 수준에서 유의미해 자기통제력이 낮은 사람이 온라인도박 가능성이 매우 높다는 것을 제시하였으며, 도박기회의 영향력이 $p<.01$ 수준으로 나타나 온라인도박에 유의미하게 작용하였다. 사회학습요인으로 가족의 도박행위와 친구의 도박행위는 모두 온라인도박과 유의미한 관계가 없었으나 도박에 대한 태도의 영향력은 $p<.05$ 수준에서 유의미하였다. 정부 정책의 영향력은 앞서 오프라인도박의 경우와 마찬가지로 부(-)적 인 관계인 것으로 나타났는데 유의미 수준은 $p<.05$ 수준이었다.

위의 오프라인도박과 온라인도박의 원인비교 결과를 보면 도박동기에 있어서는 오프라인도박의 경우 금전동기가 유의미하였으나 온라인도박의 경우는 금전동기가 설명요인으로 유의미하게 작용하지는 않았고, 그 대신 오프라인과 온라인도박 모두 흥분동기가 유의미하였고, 특히 온라인도박에서 중요한 요인인 것으로 나타났다. 개인요인으로 낮은 자기통제력은 오프라인과 온라인 모두 유의미한 주요 요인인 것으로 나타났다. 가족의 도박행위는 오프라인도박에서 약간 유의미한 것으로 제시되었으나 사회학습요인으로 가족과 친구의 도박행위의 영향력은 오프라인과 온라인도박 모두에서 유의미하지 않았다. 도박에 대한 태도의 영향력은 오프라인에서 유의미하지 않았지만 온라인도박에서는 유의미하였다. 정부 정책의 영향은 오프라인과 온라인도박 모두에서 유의미하였으나 정부 정책이 도박을 허용한다고 생각하는 사람이 오히려 도박을 안하는 것으로 제시되었다. 마지막으로 도박기회 요인은 오프라인과 온라인도박 모두에서 유의미한 주요 요인이었다.

V. 결론

이 연구는 오프라인도박과 온라인도박의 원인을 비교하려고 하는 것에 무엇보다 관심을 가졌고 온라인도박은 오프라인도박의 연장선상에 있는지 새롭게 모색해야 하는 현상인지를 파악하려고 하였었다. 이 연구에서는 기존 연구들에서 제시되었던 다양한 요인들을 포괄적으로 다루고자 하였고 도박동기나 도박자 개인의 특성요인 및 환경요인과 기회요인을 다뤘고 과연 오프라인도박과 온라인도박의 원인이 차별적인지를 검증하고자 하였다.

오프라인도박과 온라인도박의 원인비교 분석결과를 보면 우선 도박동기에 있어서는 기존 오프라인도박 중심의 연구에서 금전동기가 우세하였다는 연구결과와 같이 오프라인도박의 경우 금전동기가 도박동기로 작용하였다. 그러나 그와는 달리 온라인도박의 경우는 금전동기가 설명요인으로 유의미하게 작용하지는 않았고, 그 대신 오프라인과 온라인도박 모두에서 흥분동기가 유의미해 스릴과 자극, 흥분이 주요 동기임을 제시하였고, 특히 온라인도박에서 그 영향력이 커 차이를 보였다. 온라인도박에서 유희나 회피동기가 주요 요인이 된다는 기존 연구와는 달리 본 연구에서는 유의미하지 않았다.

개인요인으로 낮은 자기통제력은 도박중독성이 높은 온라인도박에서 더 크게 작용할 것으로 보았으나 오프라인과 온라인 모두에서 유의미한 주요 요인 것으로 나타났고, 그럼에도 온라인도박에서 여러 요인 중 낮은 자기통제력이 가장 중요한 요인으로 나타나 어느 정도 본 연구의 예측을 지지한 것을 제시하였다.

사회학습요인의 영향력은 대체로 낮았다. 본 연구의 예측대로 가족의 도박행위는 오프라인도박에서 약간 유의미한 것으로 제시되었으나 가족과 친구의 도박행위의 영향력은 오프라인과 온라인도박 모두에서 낮았다. 도박에 대한 태도의 영향력은 오프라인보다 온라인에서 더 클 것이라는 예측과 같이 오프라인도박에서는 유의미하지 않았지만 온라인도박에서는 유의미하였다.

정부 정책의 영향은 오프라인과 온라인도박 모두 유의미하였으나 본 연구의 예측과 달리 그 방향이 부(-)적으로 나타났는데 이는 정부 정책이 도박을 허용한다고 생각하는 사람이 오히려 도박을 안한다기보다는 도박을 하지 않는 사람이 정부가 도박을 허용한다고 생각하고 정부 정책에 반대하는 입장인 것으로 해석할 수 있다.

마지막으로 도박기회요인은 오프라인보다 온라인도박에서 더 작용할 것이라는 예측과는 달리 오프라인과 온라인도박 모두 유의미한 주요 요인이었는데 이는 기회질문을 하나로 포괄적으로 다뤘기 때문이고 그 해석이 달랐기 때문인 것으로 보인다. 즉 도박을 언제 어디서나 쉽고 편리하게 할 수 있다고 해석한 경우는 온라인도박에서 더 작용하였겠지만 부모의 도박행위 등 주위 환경이나 여건으로 기회가 높다고 해석한 경우는 오프라인도박에 영향을 미쳤던 것으로 볼 수 있다.

본 연구결과는 비록 도박동기에서는 금전동기 등 오프라인과 온라인도박에서 다소 차이를 보였으나 흥분동기에서 그 중요성이 일치하였던 점, 그리고 비록 부모의 도박행위는 오프라인에서, 도박태도는 온라인에서 다소 더 중요한 것으로 나타났으나 전체적으로 보면 낮은 자기통제력의 개인 특성, 정부 정책요인이나 도박기회요인이 온라인과 오프라인에서 모두 중요한 요인으로 작용하였던 점 등 대체로 오프라인도박과 온라인도박의 원인은 유사한 것으로 보인다. 이러한 결과는 온라인도박이 비록 그 규모가 매우 크고 급속히 증가한다는 우려가 있지만 오프라인도박의 연장선상에 있다고 볼 수 있었다.

본 연구결과에서 미루어 볼 때 도박은 호기심이나 여러 이유에서 쉽게 할 수 있는 바 충동을 자제할 수 있는 절제력을 키우는 것이 필요하다고 볼 수 있었다. 이는 일반적 개인성향이 어려서 형성된다고 하지만 꾸준한 교육을 통해 자기통제력을 키워나가는 것도 중요하다고 할 수 있다. 또한 도박 기회가 매우 중요한 요인으로 작용한다고 볼 때 도박의 접근성이나 용이성을 낮추는 데 대책 마련이 필요하다고 볼 수 있었다. 또한 정부가 애매모호한 기준을 사용하고 있다는 점과 정부 이외에 사회문화적으로 도박이 허용된다는 점이 또 다른 원인으로 작용한다는 점에서 사회 차원에서 일정한 기준을 마련하고 홍보하고 교육을 마련하는 방안이 필요하다고 볼 수 있었다. 온라인도박의 경우는 도박에 대한 태도가 중요하다는 점에서 그 교육의 필요성은 더하다 할 것이다.

이 연구는 도박행위자를 중심으로 그 원인을 파악하려 하였다는 점에서 어느 정도 한계를 지닌다. 불법도박 사이트의 운영과 같은 더욱 조직적이고 은밀하며, 또한 거시적 측면들이 파악이 되어야만 원인과 대책 마련에 더 기여할 수 있기 때문이다. 그럼에도 이 연구는 비록 개인 차원의 연구지만 오프라인과 온라인도박의 원인을 비교하려고 하였다는 점에서 의의를 갖는다고 하겠다. 비록 전국 규모의 조사자료를 사용하기는 하였지만 충분히 다양한 요인들을 측정하지 못한 한계가 있었다. 따라서 앞으로는 더욱 다양한 요인들을 도출하고 측정하며 활용하는 후속 연구가 있기를 기대한다.

사이버비행의 유형별 대책모색을 위한 설명요인 검증

I. 서론

사이버비행은 정보화 시대의 대표적인 역기능 현상이다. 이에 따라 그동안 사이버비행을 해결하기 위한 노력이 있어 왔으며, 사법적 대책, 기술적 대책, 사회문화/윤리적 대책 등 여러 방안이 제시되기도 하였고(이성식, 2006c), 그것을 규제함에 있어 어떻게 규제할 것인지의 정부규제와 자율규제의 논란도 있었다(황성기, 2008; 황승흠 외., 2004).

이 연구는 사이버비행에 대처하기 위한 방안으로 어떤 방법이 유용할지를 논의하려는 데 목적을 두고 있다. 사이버공간의 특성상 정부 주도의 사법적 대책은 인터넷비행의 특성상 발각과 검거가 어렵고 표현의 자유와 같은 시민들의 주권과 충돌할 수 있다는 한계가 있다. 기술적 대처도 비행 상황을 차단하는 데 유용할 수 있지만 끊임없는 새로운 기술 개발로 인한 비용 부담과 또한 그때그때의 상황적 대처여서 궁극적인 해결책이 되지 못한다는 한계가 있다. 그러한 점에서 인터넷문화 및 윤리의 대처 방안이 가장 적절한 대처 방안으로 각광을 받아 왔으며(추병완, 2001) 그 주체가 정부가 아니라 시민(네티즌)이 된다는 점에서도 자율규제의 측면에서 바람직하다는 평가를 받는다. 더구나 사법적 대처에 있어서도 시민의 적극적 신고가 필요하고, 기술적 대처에 있어서도 시민의 프로그램의 설치 등 기술 장치의 활용이 필요한 것 이외에, 인터넷문화의 환경조성에 있어서도 시민의 캠페인 활동의 자율적 참여가 필요한데, 이와 같은 신고, 기술활용, 참여의 기본 전제는 무엇보다도 인터넷윤리의식이 있어야 가능하다는 점에서 시민들의 의식과 이에 대한 윤리교육은 가장 강조되고 있는 사항이다.

그러나 사이버비행에 대처하기 위해서는 하나의 전략만이 유용한 것이 아니라 여러 방안이 필요하며, 아울러 그 주체가 정부, 인터넷사업자, 시민이라고 볼 때 서로의 협력과 파트너쉽으로 공동의 노력이 필요한 것이 사실이다(김유승, 2006; 이성식, 2006c). 그렇지만 사이버비행의 대책 방안을 제시할 때 좀 더 주의를 기울여야 하는 것은 사이버비행 유형별로 상이할 수 있다는 점에 있다. 즉 사이버비행 유형별로 대처 방안을 달리 모색할 필요가 있는데, 이 연구는 그러한 점을 파악하려고 한다.

이 연구는 사이버비행을 유형별로 구분하고 각 유형에 적합한 대처 방안을 찾는 것에 주목한다. 이를 위해 우선 사이버비행 대처 방안을 어떻게 구분할 수 있을지를 논의하고, 아울러 사이버비행을 유형별로 나눠보고 사이버비행 유형별로 앞서 제시한 여러 대처 방안 중 무엇이 적절한 방안일지를 살펴보기로 한다. 그런데 사이버비행 대처 방안은 그 원인에 근거해야 한다는 점에서, 이 연구는 그 대책과 관련한 여러 설명요인들을 상정하고 사이버비행 유형별로 원인의 작용이 얼마나 차별적일 수 있는지를 경험연구를 통해 알아보고, 그 결과에 근거하여 사이버비행 유형별 대처 방안을 강구해 보려고 한다.

II. 이론적 논의

1. 사이버비행의 대처 방안

사이버비행의 대처 방안을 사이버비행의 원인에 관한 이론적 근거에 기초해 제시해 본다면 크게 네 가지로 요약할 수 있다.

첫째는 사법적 대처로, 사이버비행에 대응하기 위해 새롭게 법과 처벌규정을 마련하고, 경찰수사 체계의 확립을 통해 사이버 비행자를 신속히 단속, 검거활동을 벌이며, 공식처벌을 통해 엄중하게 대응하는 것을 말한다. 이는 범죄학이론으로는 고전주의의 억제이론(Gibbs, 1975)과 관련된 것으로, 합리적 비행자에게 처벌을 통해 비행으로부터 얻는 이득보다 과도한 손실을 부여하여 비행을 억제하려는 전략이다. 즉 잠정적 비행자는 처벌이 신속, 확실, 엄중하게 이루어질 때 비행을 하지 않을 것이라고 보고, 사법적 대처를 통해 비행의지를 줄이려는 방안이다. 그러나 사법적 대책은 사이버비행의 비대면과 익명성의 특성상 발각과 체포가 쉽지 않다는 점, 더구나 외국에 서버를 두는 경우 국가 형벌권이 미치지 못한다는 점, 무엇보다도 사이버공간이 자유의 공간이고 쌍방향의 매체의 특성상 이용자가 정보의 소비자이면서 생산자가 되는 경우 이용자의 표현의 자유를 최대한 보장해 주어야 한다는 입장에서 보면 정부의 규제와 처벌 중심의 대책은 국민의 기본권과 자유로운 의사소통을 위축시킬 수 있다는 점 등이 한계로 지적되고 있다.

둘째는 비행기회차단의 대처로, 이 또한 비행학에서는 고전주의 학파에 기반하지만 처벌보다는 비행발생의 기회를 기술 혹은 여러 조치로 막는 방법을 말한다. 일상행위이론(Cohen and Felson, 1979)에 의하면 비행의 발생요건으로 동기화된 비행자 이외에, 매력적인 비행대상과 비행을 저지할 수 있는 감시의 부재를 제시하였는데, 따라서 매력적 대상을 줄이고 감시를 증대하는 전략이 필요하다고 본다. 이와 관련된 사이버비행의 대책방안으로는 방어벽이나 침입방지 시스템, 백신 프로그램이나 음란물차단 프로그램 등의 설치를 통한 비행기회의 감소를 들 수 있는데, 기술적 조치 이외에도 개인수칙이나 인터넷 관리자의 조치 등을 통해 비행의 기회를 사전에 차단하여 비행을 예방하는 것을 강조한다. 앞서 사법적 대처가 정부 중심의 대책이라고 한다면, 이 방안은 인터넷서비스제공자가 중심이 되는 대처 방안이라 할 수 있는데, 즉 정부보다는 민간자율에 맡기는 대표적인 방안 중 하나라고 할 수 있다. 그러나 비록 첨단 기술을 개발해서 대처 방안을 세울 수는 있지만 그만큼 비용이 클 것이고, 비행자는 더 나은 기술로 비행을 저지를 것이라는 점에 궁극적 대처가 되지 못한다는 한계가 있다.

셋째는 부모의 양육에 의한 좋은 성향의 함양이다. 범죄학이론 중 가장 각광을 받고 있는 이론 중 하나인 일반이론(Gottfredson and Hirschi, 1990)에 의하면 모든 비행은 우연히 우발적으로, 순간만족에 의해 일어난다고 보고, 비행자의 특성도 순간 만족과 충동을 통제할 수 있는 능력에서 찾아야 한다고 보면서, 결국 개인성향으로서 낮은 자기통제력이 비행의 궁극적 원인이 된다고 보았다. 일반이론에서는 성향이 어릴 때 형성되며, 한번 형성되면 변하지 않는 안정적 성향이라고 보았기 때문에 어릴 때부터 좋은 성향을 갖도록 예방하는 것이 중요하다고 본다. 그러한 성향은 어린 시기에 부모로부터 감독이 소홀하거나, 애정 부족 속에 무계획적 생활 습관이 방치되며, 잘못된 행동에도 제재없이 자란 아이들에게 형성된다고 보아 부모 양육의 중요성을 강조하였다. 낮은 자기통제력은 모든 유형의 비행을 설명하는 유일한 원인이라고 보았기 때문에, 사이버비행의 원인도 되며, 결국 이 주장에 근거한다면 사이버비행을 해결하기 위해서는 어릴 때부터 부모가 적절한 양육을 통해 자기통제력을 기르는 것이 중요하다고 볼 수 있다. 일반이론에서도 앞서 고전주의 학파의 주장처럼 비행의 예방을 강조하였지만 비행발생의 상황적 억제나 기회차단보다는 비행자의 성향에 주목하여 어릴 때 부모 양육이라는 조기 예방의 측면을 강조한 것이 특징이라고 하겠다. 즉 사이버비행의 대책은 모든 비행의 근원이 되는 좋은 성향의 함양에 있다고 할 수 있다.

넷째는 인터넷문화 및 윤리에 의한 대처로, 건전한 인터넷문화를 조성하고 아울러 이용자들에게 인터넷윤리를 교육시키는 것을 말한다. 이는 비행학이론으로는 전통적인 실증주의 비행학의 문화일탈이론 혹은 차별접촉/사회학습이론(Akers, 1985; Sutherland, 1947)이나 사회통제이론(Hirschi, 1969; Williams, 2006) 등에 근거한 것으로, 비행자의 사회문화 환경과 태도, 도덕적 신념 등을 강조한 측면이라고 할 수 있다. 이 입장은 비행상황보다는 비행자에 주목한다는 점에서 앞서 첫 번째와 두 번째 대처와는 다르고 세 번째 측면과 유사하지만, 세 번째 입장은 비행자의 어려서 형성된 안정된 개인성향에 주목하였다면 이는 어려서보다 성장하면서의 사회문화 및 주위의 환경요인을 강조하고 그러한 환경의 개선과 교육을 통해 비행을 예방할 수 있다고 보는 점에서 다소 다르다. 이 입장은 인터넷사용의 건전한 문화의 정착과 조성 이외에도 네티즌들에게 올바르게 인터넷을 사용할 수 있도록 하는 체계적인 윤리 및 예절교육을 강조한다. 앞서 첫 번째부터 세 번째까지의 방법이 각각 정부, 인터넷서비스 제공자, 가정의 역할을 강조한다면 이 입장은 인터넷문화의 확산과 교육에 있어 정부, 인터넷서비스 제공자, 가정 모두가 중요하지만 그 외에도 네티즌들의 자발적 캠페인 운동과 참여를 통한 문화 확산과 이를 통한 윤리의식의 함양을 강조한다.

2. 사이버비행의 유형과 원인

이 연구는 사이버비행 유형별로 어떻게 대책을 차별적으로 제시할 수 있을지를 제시하려고 한다. 그렇다면 사이버비행을 어떻게 유형별로 나눌 수 있을까? 사이버범죄연구에서 그동안 제시되어 왔던 가장 대표적인 분류 방식의 하나로는 사이버범죄를 사이버공간에서 일어나지만 이미 전통적으로 있어 왔던 전통범죄와 사이버공간에서 새롭게 나타나고 있는 신종범죄로 나누는 방법이 있다(김종섭, 2000; 원혜욱, 2000). 예를 들어 사이버명예훼손, 사이버성희롱, 인터넷사기 등은 전통범죄에 해당되며, 해킹, 바이러스유포 등은 신종범죄에 해당된다고 할 수 있다. 전통범죄는 전통적으로 있어 왔던 범죄를 컴퓨터로 이용한다는 점에서 인터넷이용범죄에 해당되며, 신종범죄는 그 자체가 범죄 대상이 되는 점에서 인터넷대상범죄로도 불린다. 하지만 전통범죄의 경우 그 안에서 다양한 유형이 있음에도 그것을 하나의 범죄로 단순화하였다는 문제가 있고, 또 아무리 전통적으로 있어 왔더라도 사이버공간상에 일어나게 되는 경우 사이버상의 새로운 신종범죄와 크게 다르지 않을 수 있다는 점에서 구분이 적절치 않을 수 있다는 지적이 있다.

기존의 여러 분류방식 중에서도 가장 일반적으로 사용하는 유형화는 Wall(2001)이 제시한 것으로, 그는 사이버범죄를 폭력범죄(사이버폭력 등), 사기/절도범죄(인터넷사기, 절도, 도박 등), 음란물범죄(음란물유통)로 나누고, 아울러 사이버공간상에 새롭게 나타난 해킹이나 사이버테러, 스팸메일 등의 침해형 범죄를 추가하여 네 가지 형태로 분류하였다. 이 분류는 앞서 전통형인 사이버범죄를 폭력, 사기/절도, 음란물범죄로 세분화함으로써, 기존 연구들에서 범죄를 폭력, 재산, 성범죄로 나누는 방식과 유사하다고 할 수 있으며, 아울러 신종형인 침해형 범죄를 추가하여 다루고 있는 장점을 갖는다. 보다 최근에 Wall(2007)은 사이버범죄를 컴퓨터내용범죄, 컴퓨터이용범죄, 컴퓨터전형범죄로 세 유형으로 보다 간결화하였는데, 컴퓨터내용범죄는 내용적으로 불법인(폭력이나 음란물 관련)범죄, 컴퓨터이용범죄는 컴퓨터를 이용하여 재산상의 이득을 꾀하는(사기나 저작권침해 등) 범죄, 그리고 컴퓨터전형범죄는 전형적인 컴퓨터범죄로 컴퓨터 네트워크를 해치는 해킹, 바이러스유포 등의 신종범죄가 해당된다.

사이버비행을 유형별로 나누고 거기에 따른 적합한 대책을 제시하기 위해서는 유형별로 원인을 파악할 필요가 있다. 우선 사이버폭력(욕설과 비방, 허위사실 유포 등)의 원인에 관한 연구에서 보면 인터넷문화환경과 개인태도가 가장 큰 영향력을 갖는다는 것을 제시해 왔다(이성식, 2006b). 성동규와 동료들의 연구(2006)에서도 개인윤리의식과 태도가 가장 중요한 요인임을 제시하였으나, 익명성이나 공식처벌은 유의미한 영향력이 없다는 것을 보고하였고, 이성식의 악성댓글의 원인에 관한 연구(2009b)에서도 개인이 악성댓글에 갖는 태도와 윤리의식이 가장 중요한 설명요인인 것을 제시하였다. 또한 낮은 자기통제력의 충동적 청소년이 우발적으로 사이버폭력을 저지른다는 결과가 있다(이성식, 2012).

사이버성폭력(성희롱)의 경우 윤영민(2003)은 기존 논의를 성병리론, 역할놀이론, 권력론으로 나눈 후 사이버성희롱의 원인을 다루었는데, 그 연구결과 성충동, 재미, 가부장의식 모두 중요하였지만 무엇보다도 역할놀이론이 우세하여 사이버성희롱은 놀이와 재미, 약한 윤리의식 때문에 이루어진다는 것을 밝히고 있고, 아울러 개인성향인 자기통제력의 영향력이 매우 크다는 결과를 제시하였다. 아울러 현실과 사이버공간에서의 성희롱의 원인을 비교하였던 이성식의 연구결과(2005d)에 따르면, 현실에서의 성희롱의 경우 성충동이나 가부장적 요소 등이 중요하였지만, 사이버성희롱은 현실과 달리 그들 영향력이 약하였고, 그 대신 개인적으로 성희롱에 대해 어떠한 태도를 갖는가 하는 성희롱태도가 중요한 요인이 된다는 결과를 제시하였다. 한편 이 연구에서는 개인성향으로 낮은 자기통제력의 영향력을 다루어 영향력이 유의미하다는 것을 제시하였다. 아울러 인터넷음란물 접촉의 연구(이성식, 2003a)에서도 음란물이 크게 나쁘지 않다는 인식이 주요 요인이 된다는 것을 밝히고 있다.

인터넷에서 일어나는 인터넷사기나 절도 등의 재산비행의 경우는 앞서 폭력 그리고 성비행과는 달리 물질 이득의 추구가 주된 동기이자 원인이 된다. 인터넷사기의 연구에서 정승민(2008)은 물질 이득을 그 주요 원인으로 보면서 아울러 처벌과 발각의 가능성이 낮은 것이 그 원인이 된다는 주장을 하였다. 즉 인터넷사기로 얻는 물질에 비해 익명성 등의 이유로 그에 따르는 처벌과 같은 손실이 적을 때 인터넷사기가 발생한다는 것이다. 물론 인터넷사기의 경우도 인터넷의 비대면성 등으로 피해자의 피해가 가시화되지 않음으로 인해 큰 죄책감이 없이 저지를 수 있고, 또한 불특정 다수를 대상으로 하는 소액사기의 경우 개인별로 보면 피해가 크지 않아 비행자는 사기행위가 크게 나쁘지 않다는 인식을 갖고 범행을 저지를 수 있다. 그럼에도 사기행위는 재산상에 피해를 준다는 점에서 다른 비행에 비해 상대적으로 나쁜 행위라는 인식이 높은 편이어서 그것이 원인으로 작용한다고 보기에는 그 영향력이 상대적으로 약하고, 그 대신 물질 이득과 처벌과 같은 합리적 혹은 도구적 요인이 중요하다고 볼 수 있다.

저작권침해와 불법복제 역시 가장 우선적으로는 비용의 문제와 연결될 수 있다. 2008년도 한국형사정책연구원의 보고서(탁희성, 2008)에 따르면 불법복제의 이유가 그것이 무료라서 경제적 비용이 들지 않기 때문이라는 응답이 응답자의 84.7%를 차지하였다. 그러나 기존 연구를 보면 이득과 손실의 비용보다는 개인윤리의식과 태도가 중요하다는 연구결과가 있어, 예를 들어 Skinner와 Fream(1997)은 불법 소프트웨어 사용에 있어 사회학습이론에서의 요인들을 적용하였는데, 주위 저작권침해자와 차별접촉하고 그에 따라 학습한 불법사용에 대해 갖는 태도가 중요한 요인임을 제시하였고, 국내 한정희와 장활식의 연구(2007)에서도 디지털음악 저작권침해에 대한 설명에서 경제적 이유나 비용의 영향력은 유의미하지 않았고, 대신 개인의 태도나 도덕적 판단이 가장 중요한 설명요인이라는 것을 제시하였다. 그럼에도 저작권침해는 재산과 관련한 비행라는 점에서 이득, 처벌, 비용 등의 요인이 중요할 수 있는데, 예를 들어 억제이론과 관련해서 Higgins와 동료들의 연구(2005)에서는 처벌의 확실성이 저작권침해 의지에 영향을 주는 것으로 제시하였다. 또 다른 한편에서 저작권침해 연구에서 일반이론에서의 주장대로 그것이 낮은 자기통제력의 결과라는 연구결과가 있기는 하지만(Higgins and Makin, 2004), 상대적으로 그 영향은 낮은 것으로 나타나 Morris와 Higgins(2009)는 차별접촉요인은 중요하였지만 낮은 자기통제력의 영향은 유의미하지 않았다는 결과를 제시하기도 하였다.

해킹과 같은 신종비행의 그동안의 연구결과들을 보면 그 동기는 복합적이다. 예를 들어 우형진(2004)은 해커의 유형으로 가치지향형, 목적지향형, 그리고 비목적형으로 나누었고, 가치지향형은 정보공유 등의 해커윤리의 가치를 따르는 형, 목적지향형은 은행이나 정부 등을 해킹하여 경제적 이익 혹은 타정부의 정보를 달성하려는 것, 그리고 비목적형은 그 밖의 재미나 호기심에 의한 해킹이라고 제시하였다. 해킹행위는 무엇보다 하위문화이론이나 차별접촉/사회학습이론식으로 자신들만의 하위문화와 행동지침을 따르는 가운데 해킹을 하게 되고, 자신의 행동이 크게 나쁘지 않다고 생각하는 데서 비롯된다고 볼 수 있다(Jordan and Taylor, 1998; Morris and Blackburn, 2009). 그와 유사하게 해킹이 재미삼아 호기심에 의한 것이라는 연구결과도 있는데, Turgeman-Goldsmith(2005)의 이스라엘 해커를 대상으로 한 연구에서 그 동기가 주로 재미에서 비롯된다고 보면서 해커들은 해킹이 심각한 행위가 아니라 새로운 기술에 의한 새로운 엔터테인먼트에 불과하다는 생각을 갖는다는 것을 강조하였다. 그럴 경우 일반이론에 따라 낮은 자기통제력이 해킹의 원인이 된다고 볼 수도 있는데, 해킹은 재미추구와 호기심에서 충동적으로 일어난다고 볼 수도 있기 때문이다. 그러나 최근 해커들이 재미추구나 지적 호기심 이외에 무엇보다도 정보를 획득하거나 혹은 경제적 이득을 목적으로 해킹을 한다는 것이 제기되듯이 그 요인들은 복합적이다.

3. 사이버비행 유형별 대책

사이버비행의 대처는 비행의 원인에 근거한 대처가 필요하며, 사이버비행 유형별로 그 원인이 다르다면 그에 따라 대책도 상이할 것이 요구된다고 볼 수 있다. 우선 앞서 살펴보았듯이 사이버폭력이나 성폭력의 사이버내용비행의 경우는 인터넷문화환경과 개인윤리의식과 태도가 가장 중요한 원인이라고 밝혀왔듯이 이 유형의 비행은 인터넷문화/윤리적 대처 방안이 효율적일 것이다. 더구나 이와 같은 비행은 자칫 표현의 자유와의 논란이 있는 점에서 사법적 대처와 같은 정부중심의 규제보다 더 적절한 것으로 평가될 수 있다. 아울러 사이버폭력이나 성폭력은 동기 중 하나로 재미삼아 이루어지기도 하고 사소한 논쟁에서 우발적으로 이루어질 수 있는 표출적 비행이라는 점에서 일반이론에서의 자기통제력과 같은 개인성향의 작용이 중요할 것이고 그러한 점에서 그것을 예방할 수 있는 부모에 의한 좋은 성향의 함양 등이 필요한 대처 방안이 될 수 있다.

반면 인터넷사기와 같은 재산비행과 같은 유형은 물질 이득의 도구적 동기에서 비롯되기 때문에 그에 따른 손실의 작동으로 처벌의 가능성을 높이는 사법적 대처 이외에 비행기회를 차단하는 노력도 적절한 방안이 될 수 있다. 물론 저작권침해와 같은 비행은 개인의 태도와 윤리의식의 작용도 중요하다는 점에서 인터넷문화 및 윤리의 대책 또한 필요할 수도 있지만 앞서 사이버폭력에 비하면 상대적 중요성은 덜 할 것이다. 더구나 비록 일반이론에서는 자기통제력이 모든 비행에 잘 적용될 것이라 주장하지만, 재산비행의 경우는 그것이 재미삼아 호기심에 의한 것이라거나 표출적 비행이 아니라 도구적 비행라는 점에서 충동성이나 자기통제력과 같은 개인성향과 그에 따른 대책은 상대적으로 덜 중요할 것이라고 볼 수 있다.

신종비행의 경우는 해킹의 원인에서 보았듯이 영리 추구의 이득동기가 주요 원인일 수 있다는 점에서 대처가 재산비행과 마찬가지로 처벌이 효과적일 수 있다. 특별히 신종비행의 경우는 침입차단 및 방지프로그램 등의 기회차단의 기술적 조치가 효과적이다. 그러나 해킹은 호기심이나 그것을 심각하게 생각하지 않는 태도에서 비롯되는 점에서 인터넷문화/윤리적 대처가 필요하기도 하며, 재미나 호기심이 동기가 된다는 점에서 자기통제력의 대처도 요구되는 등, 전체적으로 신종비행은 새로운 유형이지만 여러 성격을 갖는 점에서 대처도 복합적이라 할 수 있다.

그러나 아울러 사이버비행의 대처에 있어 유의할 점은 비행의 심각도와 많은 사람들이 그 비행에 대해 얼마나 나쁘다고 생각하는지에 합의하고 있는가의 정도이다. 그 정도가 심각하고 사회나 개인에게 큰 해를 끼침으로 많은 사람들이 합의하고 있는 비행은 강력한 법 처벌이 허용될 수 있다. 하지만 사회적으로 논란의 여지가 있고 합의되지 않은 비행에 대해서는 사법적 대처가 적합한 해결 수단이 되지 못한다. 예컨대 사이버욕설 혹은 모욕행위나 인터넷음란물 관련 비행은 그동안 표현의 자유와 끊임없이 논쟁이 있었으며, 저작권침해의 경우도 실제로 많은 수가 그러한 경험이 있다고 하고 정보공유와의 논란이 있듯이, 그 행위를 처벌로 해결하려는 것은 바람직하다고 볼 수 없다. 실제로 최홍석(2009)은 사이버비행의 심각도 인식 연구에서 해킹/사이버테러나 인터넷사기와 도박 등 영리목적의 비행은 심각도에서 높은 점수를 나타냈으나, 사이버폭력이나 저작권침해와 같은 비행은 상대적으로 그 점수가 낮음을 제시하였다. 이와 같이 영리추구의 심각한 비행은 사법적 대처가 적합할 수 있으나 상대적으로 심각도가 낮은 합의되지 않은 비행의 경우 법 처벌보다는 윤리의식의 교육이나 자율규제를 통해 해결하는 것이 바람직할 수 있다.

Ⅲ. 연구문제와 방법

1. 연구문제

이 연구는 사이버비행 유형별로 적절한 대처 방안을 알기 위한 목적에서 다음과 같은 순서로 연구를 진행하기로 한다.

> 연구문제 1: 사이버비행을 어떻게 유형화할 수 있는가?
>
> 연구문제 2: 사이버비행의 대책에는 무엇이 있으며 사이버비행 대책과 관련하여 어떤 관련 원인들을 제시할 수 있는가?
>
> 연구문제 3: 사이버비행 유형별로 그 원인은 각기 어떻게 다른가? 그리고 사이버비행 유형별로 주요 대책 방안은 무엇인가?

첫째, 우선 사이버비행을 그동안의 논의에 의거하여 사이버폭력비행, 사이버성비행, 사이버재산비행, 신종비행으로 구분해 보고, 아울러 요인분석을 통해 사이버비행을 분류해봄으로써 그것을 어떻게 유형화할지를 논의하기로 한다.

둘째, 사이버비행 대처 방안을 앞서 논의와 같이 사법적 대처, 기회차단의 대처, 좋은 성향의 함양, 인터넷문화 및 윤리에 의한 대처로 구분해 보고, 이러한 대처와 이론적으로 일치하는 사이버비행의 원인으로 각각 공식처벌의 인지, 익명성, 낮은 자기통제력, 그리고 개인윤리의식 등 네 가지를 제시해 보기로 한다. 즉 기존의 범죄학 이론 및 논의들에 의거, 공식처벌의 인지가 낮을수록, 익명의 상황일수록, 자기통제력이 낮을수록, 그리고 개인윤리의식이 낮을수록 사이버비행을 더 할 것이라고 예측한다.

셋째, 사이버비행 유형별로 원인을 파악해 보고 어떻게 다른지를 알아본다. 이를 위해 공식처벌의 인지, 익명성, 낮은 자기통제력, 개인윤리의식을 주요 독립변인들로 하고 종속변인인 사이버비행을 유형별로 분석하는 다중회귀분석을 실시하여 사이버비행의 원인을 유형별로 파악해 본다. 이와 같은 분석을 토대로 사이버비행 유형별로 그 원인을 기초로 어떠한 대처 방안이 적합할지를 알아볼 것이다.

2. 연구방법

이 연구를 위해 2008년도 서울시 재학중인 중학생을 대상으로 설문조사한 자료를 사용하기로 한다. 사이버비행의 연령층은 과거에 비해 점차 낮아지고 있고, 인터넷이용의 경우도 중학생이 주 이용층이라는 점에서 본 연구는 중학생을 연구대상으로 하였다. 조사는 전국 단위보다는 조사비용을 고려해 서울시 중학생을 대상으로 하였는데, 조사를 위해 서울시 중학교 목록에서 무작위로 7개의 중학교를 선정하였고 선정된 학교별로 1, 2, 3학년의 한 학급씩을 무작위로 선정하고 학급생 전원을 조사하도록 하여 학교별로 100여 명씩을 조사하는 계획을 세웠다. 이러한 과정을 통해 총 718명의 설문이 회수되었고, 불성실한 응답을 제외한 715명이 최종 대상자가 된다.

이 연구에서는 사이버비행을 유형화함에 있어 두 가지 방식으로 나누고자 한다. 첫 번째는 기존의 주요 분류 방식대로(Wall, 2001) 보다 이론적으로 앞서 아홉 개의 행위를 사이버폭력비행, 사이버성비행, 사이버재산비행, 신종비행으로 나누는 방식이다. 두 번째 방식은 요인분석이라는 통계적 방식에 의존하는 것으로, 요인분석을 통해 위의 행위들이 몇 가지 유형으로 나뉘는지 알아보기로 한다.

독립변인으로 먼저 공식처벌 인지는 처벌의 확실성을 중심으로 사이버비행에 대해 발각되어 처벌을 받을 가능성을 질문하고 "전혀 그렇지 않다"에서 "매우 그렇다"에 이르는 5점 척도에 응답하도록 하였다.

익명성은 "나는 인터넷을 할 때 주로 익명의 상태로 사용한다"에 5점 척도에 응답하도록 하였다.

낮은 자기통제력은 기존의 연구에 의거하여(Grasmick et al., 1993), 충동성, 위험추구성, 단순작업추구성, 활동성, 이기성, 화기질 등 여섯 특성에 대해 두 문항씩의 질문을 하였는데, 예컨대 "나는 충동적으로 행동하는 경우가 많다"와 같은 총 열 두개의 질문에 "전혀 그렇지 않다"에서 "매우 그렇다"에 이르는 5점 척도에 응답하도록 하였다(alpha=.816).

개인윤리의식은 사이버비행에 대한 일반적인 태도를 통해 알아보기로 하며, 인터넷 비행에 대해 얼마나 나쁜 행동이라고 생각하는지를 각각 한 문항을 묻고 "전혀 나쁘지 않다"에서 "매우 나쁘다"에 이르는 5점 척도에 응답하도록 하였다.

본 연구에서 종속변인으로 다룰 사이버비행을 위해 아홉 개의 비행 항목으로 1) 욕설, 2) 허위사실유포, 3) 성희롱, 4) 스토킹, 5) 음란물, 6) 사기, 7) 아이템 등 절도, 8) 저작권 침해, 9) 해킹/바이러스 등의 문항을 사용하였고 각 비행문항에서의 지난 일년동안의 경험 횟수를 알아보았다.

아울러 사회인구학적 통제변인으로 성은 여자(=0)와 남자(=1)를, 연령은 태어난 연도를 묻고 연령으로 재부호화를 하였고, 계층변인으로 가족의 수입은 100만원 이하부터 101-200만원, 201-300만원 그리고 901만원 이상에 이르는 열 개의 응답 항목에 응답하도록 하였다.

Ⅳ. 분석결과

<표 1>과 같이 조사 대상자의 사회배경적 특성을 보면 성별의 경우 남학생이 364명으로 50.9%를, 여학생이 336명으로 47.0%를 차지해 성별분포는 남자가 약간 많은 것으로 나타났다. 조사 대상자의 연령은 12세부터 16세까지 분포된 것으로 나타났는데, 그중 14세가 257명(35.9%)으로 가장 높은 비율을 차지하였고, 그 다음이 15세로 196명(27.4%), 13세가 191명(26.7%) 순으로 나타났다. 응답자의 계층변인과 관련하여 한 달 평균 가족수입을 살펴보면 가족 월수입이 201만원에서 300만원 이하가 164명(22.7%)으로 가장 많았고, 300만원대가 124명(17.3%), 400만원대가 101명(14.1%) 순으로 나타났다.

본 연구에서 사이버비행 유형화는 우선 이론의 논의를 중심으로 사이버폭력비행, 사이버성비행, 사이버재산비행, 신종비행으로 나누기로 한다. 여기서 사이버폭력비행은

<표 1> 조사 대상자의 특성

		명	%
성별	남성	364	50.9
	여성	336	47.0
	무응답	15	2.1
연령	12세	58	8.1
	13세	191	26.7
	14세	257	35.9
	15세	196	27.4
	16세	13	1.8
가족수입	100만 이하	32	4.2
	101-200만	89	12.8
	201-300만	164	23.0
	301-400만	124	17.8
	401-500만	101	14.6
	501-600만	34	4.8
	601-700만	21	3.4
	701-800만	9	1.4
	801-900만	9	1.4
	901만 이상	37	5.3
	무응답	96	13.4
총		715	100.0

<표 2> 사이버비행의 요인분석결과

	요인1	요인2	요인3	요인4
폭력	.148	.593	.252	-.017
성희롱	.881	.150	-.005	.018
스토킹	.908	.021	.087	-.001
음란물	-.056	.770	-.057	.149
사기	-.117	.263	.754	.027
절도	.448	.121	.702	.011
저작권침해	.127	.635	.174	-.124
해킹/바이러스	-.018	-.152	.435	.638
스팸메일	.032	.106	-.132	.861

<표 3> 사이버비행 유형별 기술통계분석결과

	평균	표준편차	범위
폭력비행	14.415	29.677	0-100
성비행	2.127	11.919	0-100
재산비행	8.462	22.685	0-100
비합의비행	20.028	33.554	0-100
성비행2	.502	5.555	0-100
재산비행2	1.934	11.589	0-100
신종비행	.555	4.921	0-100

폭력비행=욕설및허위사실유포
성비행=성희롱+스토킹+음란물
재산비행=사기/도박+절도+저작권침해
비합의비행=언어폭력+음란물+저작권침해
성비행2=성희롱+스토킹
재산비행2=사기/도박+절도
신종비행=해킹/바이러스+스팸메일

사이버상의 욕설 및 허위사실유포 등을 포함하며, 사이버성비행은 사이버성희롱, 스토킹 및 음란물관련 행위, 사이버재산비행은 인터넷사기와 절도, 그리고 저작권침해행위가 해당된다. 아울러 신종비행에는 해킹/바이러스 유포 비행이 해당된다. 아울러 또 다른 유형화는 요인분석에 기초하기로 하는데, <표 2>는 사이버비행을 유형별로 구분하기 위한 분석으로 아홉 가지 행위에 대한 요인분석의 결과를 제시한다.

그 결과는 네 가지 요인으로 나눠지는데, 첫 번째 요인은 성희롱과 스토킹으로 구성되는 성비행(성비행2)이고, 두 번째 요인은 욕설 및 허위사실유포의 언어폭력, 음란물, 저작권침해가 묶이는 것으로 전체적으로 볼 때 빈도는 높고 대체로 경미하다고 판단되며, 표현의 자유 및 정보공유 등 논란이 있어 그 죄에 대해 합의가 이루어지기 힘든 비행인 비합의비행이다. 세 번째 요인은 사기 및 절도의 재산비행(재산비행2)와 관련되며, 마지막으로 네 번째 요인은 해킹/바이러스와 스팸메일로서 신종비행라고 할 수 있다.

<표 3>은 이와 같은 비행에 대한 기술통계분석의 결과를 제시하는데, 해당항목들을 합산한 후 모두 범위를 0-100회로 조정한 결과, 첫 번째 분류방식에서 사이버폭력비행은 평균값이 14.415로 가장 높았고, 그 다음이 사이버재산비행이 8.462회, 사이버성비행이 2.127회, 그리고 신종비행은 .555회로 가장 낮았다. 두 번째 분류방식에서 사이버비합의비행은 20.028로 가장 높았는데, 이는 폭력비행 이외에 성비행에서 빈도가 높은

<표 4> 주요 독립변인들에 대한 기술적 통계분석결과

	평균	표준편차	범위
공식처벌인지	3.728	1.211	1-5
익명성	3.351	1.219	1-5
낮은 자기통제력	33.332	8.907	12-60
개인윤리의식	4.106	1.016	1-5

음란물경험과 또한 재산비행에서 빈도가 높은 저작권침해행위를 합산하였기 때문으로 볼 수 있다. 저작권침해를 제외한 재산비행(재산비행2)는 1.934회였으며, 음란물경험을 제외한 성비행(성비행2)는 .502회로 신종비행의 .555회보다 더 낮았다.

<표 4>는 본 연구에서 사용하는 주요 독립변인들에 대한 기술통계분석의 결과를 제시한다. 먼저 공식처벌의 가능성에 대한 인지도를 살펴보면 1-5범위에서 3.728로 어느 정도 높게 제시되었다. 비행기회요인으로서 인터넷을 평소에 익명으로 사용하는지는 1-5범위에서 평균값이 3.351이었고, 낮은 자기통제력은 12-60범위에서 평균값이 33.332로 응답자들은 평균적으로 자기통제력이 높은 것으로 나타났다. 개인윤리의식을 알기위해 사이버비행에 대한 태도를 살펴보면 1-5범위에서 4.106로 대부분이 그것이 나쁜 행동이라는 응답을 보였다.

<표 5-1>은 본 연구의 중심 과제로 사이버비행유형별로 원인이 어떤가를 제시하고 있다. 여기서는 앞서 네 개의 요인을 독립변인, 사이버비행을 종속변인으로 하는 다중회귀분석을 실시하기로 하는데, 사이버비행을 첫 번째 분류 방식으로 사이버폭력비행, 성비행, 재산비행, 신종비행으로 구분하였을 때의 결과를 보면, 어느 정도 기존 연구결과와 본 연구의 예측이 일치하는 결과를 제시하였다.

우선 사이버폭력비행에 있어서는 개인윤리의식만이 $p<.05$ 수준에서 가장 유의미하였다. 그리고 낮은 자기통제력과 공식처벌인지는 $p<.10$ 수준에서만 유의미하였고 익명성은 유의미한 영향력을 갖지 못하였다.

사이버성비행의 경우도 본 연구의 예측대로 개인윤리의식이 $p<.05$ 수준에서 유의미하게 작용하는 것으로 나타났다. 그러나 그보다는 낮은 자기통제력이 $p<.01$ 수준에서 더 유의미하게 작용하였으며, 아울러 공식처벌인지도 $p<.05$ 수준에서 유의미한 것으로 나타나 여러 요인들이 유의미하게 작용한 것으로 나타났다.

<표 5-1> 사이버비행 유형별(첫번째 방식) 원인에 대한 다중회귀분석결과

	종속변인							
	폭력비행		성비행		재산비행		신종비행	
독립변인	b	β	b	β	b	β	b	β
공식처벌인지	-1.943#	-.079	-.957*	-.092	-1.897*	-.102	-.382*	-.091
익명성	.722	.030	.082	.008	1.405#	.078	.195	.041
낮은 자기통제력	.263#	.079	.163**	.116	.043	.018	.073**	.130
개인윤리의식	-2.622*	-.090	-1.128*	-.091	-1.157	-.052	-.964***	-.194
남성	9.808	.020	2.699	.013	5.177	.014	.642	.008
연령	1.583	.051	.230	.018	.880	.038	.065	.012
가족수입	.711	.052	.324	.056	.142	.014	.246*	.106
R제곱	.032		.039		.025		.075	
F값	2.639*		3.236**		2.046*		6.478***	

#p〈.10;*p〈.05;**p〈.01;***p〈.001

<표 5-2> 사이버비행 유형별(두번째 방식) 원인에 대한 다중회귀분석결과

	종속변인							
	비합의비행		성비행2		재산비행2		신종비행	
독립변인	b	β	b	β	b	β	b	β
공식처벌인지	-2.560*	-.091	-.101	-.027	-1.193***	-.137	-.382*	-.091
익명성	1.068	.039	.262	.071	1.089**	.128	.195	.041
낮은 자기통제력	.420**	.112	.031	.061	.069	.059	.073**	.130
개인윤리의식	-2.993*	-.090	-.267	-.059	-.508	-.049	-.964***	-.194
남성	16.556	.029	.250	.003	-1.574	-.009	.642	.008
연령	2.266	.064	.005	.000	-.771	-.070	.065	.012
가족수입	.496	.032	.094	.045	.323	.067	.246*	.106
R제곱	.043		.017		.055		.075	
F값	3.583***		1.364		4.666***		6.478***	

#p〈.10;*p〈.05;**p〈.01;***p〈.001

사이버재산비행의 경우는 본 연구의 예측대로 영리 목적의 이득 추구의 비행라는 점에서 그것에 상응하는 손실요인으로서 처벌인지도가 $p<.05$ 수준에서 가장 유의미하였고, 아울러 기회요인으로서 익명성도 $p<.10$ 수준에서 유의미하였다. 익명성의 기회요

인은 대부분의 모든 유형에서 다른 변인보다 그 영향력이 낮고 유의미하지 않았지만 그나마 재산비행에서 다소 유의미하였다. 그러나 재산비행의 경우는 본 연구의 예측대로 사이버폭력비행과 비교하여 윤리의식이 중요하게 작용하지는 않았고, 또 그러한 도구적 비행의 경우 낮은 자기통제력의 영향도 유의미하지 않은 것으로 나타났다.

신종비행의 경우는 여러 요인이 유의미한 것으로 나타나 기존 연구결과와 본 연구의 예측대로 복합적인 비행라는 것을 제시하는데, 우선 개인윤리의식이 $p<.001$ 수준에서 매우 유의미하게 작용하는 것으로 나타났고, 그 다음으로 낮은 자기통제력이 $p<.01$ 수준에서, 그리고 공식처벌인지가 $p<.05$ 수준에서 유의미한 것으로 나타났다.

한편 요인분석에 기반하여 사이버비행을 유형화한 두 번째 방식에서의 결과는 <표 5-2>에 제시된다. 먼저 본 연구에서 비 합의비행을 종속변인으로 하였을 경우는 낮은 자기통제력이 $p<.01$ 수준에서 유의미하였고, 아울러 개인윤리의식과 공식처벌인지도 $p<.05$ 수준에서 유의미하였다. 이러한 결과는 비 합의비행이 여러 비행을 포함하기 때문인데, 폭력과 음란물을 포함한다는 점에서 개인윤리의식과 자기통제력이 중요하게 작용하였고, 또한 기존 연구들에 근거해 볼 때 저작권침해행위도 그러한 개인윤리의식에 의해 설명되었으며, 저작권침해행위는 이득과 비용과도 관련되는 비행인 점에서 처벌의 작용도 유의미하였던 것으로 보인다.

음란물비행을 제외한 성비행(성비행2)의 경우 유의미한 설명요인은 존재하지 않았다. 이는 본 연구에서 제시한 독립변인들이 사이버성희롱과 스토킹을 설명하기에는 적절치 못하였던 것도 있지만 그 빈도가 다른 비행에 비해 적었던 이유일 수도 있을 것이다.

그러나 재산비행(재산비행2)의 경우 본 연구에서의 예측대로 공식처벌인지가 $p<.001$ 순에서 매우 강하게 작용하였고, 기회요인인 익명성도 $p<.01$ 수준에서 유의미한 것으로 나타났다. 이러한 결과는 재산비행 중 저작권침해를 제외한 보다 순수한 영리목적의 비행만을 다뤘기 때문인 것으로 보인다.

신종비행의 결과는 앞서 분석과 동일한 변수이기에 <표 5-1>과 같은 결과를 제시해 개인윤리의식, 낮은 자기통제력, 공식처벌인지가 주요 요인이었다.

V. 결론

이 연구는 사이버비행을 유형별로 구분해 보고 각 유형에 적합한 대처 방안을 찾고자 그 대책과 관련된 여러 요인들을 상정하여 그 영향력을 사이버비행 유형별로 살펴보았다. 이 연구에서는 사이버비행 대처 방안을 사법적 대처, 기회차단의 대처, 좋은 성향의 함양, 그리고 인터넷문화 및 윤리에 의한 대처로 구분하고, 이와 관련된 요인으로 공식처벌의 인지, 익명성, 낮은 자기통제력, 그리고 개인윤리의식 등 네 가지를 제시하여, 이를 사이버폭력비행, 성비행, 재산비행, 그리고 신종비행 등에 적용해 보았다.

본 연구결과는 본 연구의 예측과 어느 정도 부합하였는데, 즉 사이버폭력비행의 경우는 개인윤리의식이 중요하여 인터넷윤리의 대처가 중요함을 제시하였다. 아울러 사이버재산비행의 경우는 특히 사기나 절도의 경우(저작권침해를 제외한 순수한 영리추구의 비행) 이득을 목적으로 하는 비행인 점에서 공식처벌의 작용이 매우 컸고, 따라서 사법적 대처가 매우 유용할 수 있음을 제시하였다. 아울러 사이버재산비행은 익명성과 같은 기회요인도 중요하여 그 발각가능성을 높이고 여러 주의와 조치를 취할 때 예방이 가능하다는 것을 제시하였다. 사이버재산비행과 같은 이득추구의 비행의 경우는 도구적 비행이라는 점에서 낮은 자기통제력과 같은 충동적 성향이나 인터넷윤리의 작용은 미약함을 나타냈다. 재산비행에 포함되면서도 또 다른 성격을 지니는 저작권침해의 경우는 비합의비행의 결과에서 알 수 있었듯이 처벌에 의해 억제될 수도 있지만 그 원인중 하나가 윤리의식과 태도라는 점에서 윤리의식의 중요성을 제시하였다.

사이버성비행의 경우도 폭력비행과 유사하게 그리고 기존 연구결과와 같이 개인윤리의식이나 자기통제력의 영향이 매우 강하였다. 하지만 그 영향은 인터넷음란물에 기인한 결과이며, 사이버성희롱이나 스토킹은 본 연구에서 제시한 원인과는 큰 관련이 없었다. 인터넷음란물의 경우는 폭력비행과 마찬가지로 개인윤리의식과 좋은 성향의 함양이 유용한 대책임을 제시하고 있다.

신종비행의 경우는 해킹과 스팸메일의 비행의 특성에서 보듯이 그것이 영리추구이기도 하면서, 행위에 대한 죄책감이 낮고, 또 해킹의 경우 재미와 호기심에 의해 비롯될 수 있는 점에서 공식처벌인지, 개인윤리의식, 낮은 자기통제력이 모두 중요한 요인이었고, 여러 대처가 복합적으로 이루어져야 함을 제시하였다.

아울러 여러 비행들을 포함하는 비합의비행의 경우도 그러한 이유에서 여러 요인들이(공식처벌인지, 낮은 자기통제력, 개인윤리의식) 모두 중요하였으며, 따라서 그 대처도 여러 방식일 수 있음을 제시하였다.

이처럼 사이버비행 유형별로 좀 더 체계적인 예방 전략을 세울 때 좀 더 효율적이고 효과적인 대처가 될 수 있다는 것을 이 연구결과는 제시한다. 이러한 결과를 정리해 보면 처벌과 같은 사법적 대처나 기회 차단은 영리추구의 재산비행에서, 좋은 성향의 함양을 통한 예방은 사이버폭력비행, 성비행(특히 인터넷음란물비행), 그리고 신종비행에서, 그리고 인터넷윤리는 사이버폭력이나 인터넷음란물, 저작권침해, 그 밖에도 해킹과 같은 신종비행에서도 유용할 수 있음을 제시한다. 비록 본 연구에서는 기회요인으로 기술적 조치요인보다는 익명성과 같은 요인만을 고려하여 그 영향력을 정확히 알 수는 없었지만, 재산비행만큼은 엄중한 사법 활동과 기회차단 조치가 필요하고, 아울러 인터넷윤리의 경우는 재산비행을 제외한 거의 모든 비행에서 필요한 대처라는 것을 알게 된다.

이러한 결과는 인터넷윤리가 거의 모든 비행에 해당되는 설명요인이자 적절한 대처방안이라는 것을 말해주며, 이 결과를 통해 볼 때 건전한 인터넷문화의 확산과 그것을 통한 윤리의식의 정립 이외에 보다 체계적인 인터넷윤리교육이 강조되고 활성화되어야 함을 알 수 있었다. 사실 인터넷윤리는 성숙한 인터넷문화의 확산과 교육기관 등에서의 인터넷교육 모두를 통해 가능하다. 그동안 인터넷윤리는 교육기관에서의 교육을 통한 것이 강조되어 왔다. 그런데 최근 선플달기 등의 운동이 이루어지고 있지만 아직 성숙한 인터넷문화의 확산과 그것을 통한 인터넷교육은 미흡하다 할 수 있다. 따라서 성숙한 인터넷문화의 확립을 위해 어떤 방안이 모색되어야 할지를 좀 더 고민해봐야 할 것이다. 앞으로는 인터넷문화 환경 등 좀 더 많은 변인들을 갖고 좀 더 체계적인 조사연구가 진행되기를 기대하며 그것을 기초로 대책 제시가 이루어지길 기대한다.

참고문헌

곽금주. 1992. 공격영화시청이 아동과 청소년의 사회정보처리과정에 미치는 영향. 연세대학교 박사학위논문.

구본용. 1997. 청소년의 집단따돌림의 원인과 지도방안. 청소년대화의 광장. 청소년상담문제 보고서.

권선중, 김교헌, 성한기, 이민규, 강선군. 2007. 성인과 남자청소년의 불법인터넷 도박문제와 위험요인 그리고 예방전략. 한국심리학회지: 건강 12: 1-19.

금희조. 2010. 온라인 소셜미디어와 참여적 사회자본. 한국방송학보 24(5): 9-45.

금희조. 2011. 소셜미디어시대. 우리는 행복한가? 소셜미디어 이용이 사회자본과 정서적 웰빙에 미치는 영향. 한국방송학보 25(5): 7-48.

기광도. 2004a. 법위반에 대한 처벌의 억제효과분석: 인지적 측면을 중심으로. 형사정책. 16(2): 9-35.

기광도. 2004b. 범죄 및 피해의 중첩성에 관한 분석. 피해자학연구 12(2): 269-305.

김경은. 윤혜미. 2012. 청소년의 폭력피해경험. 폭력용인태도와 사이버폭력 가해행동의 관련성. 아동복지학 39: 213-244.

김경은. 2013. 청소년의 사이버폭력에 영향을 미치는 위험요인: 비행친구의 매개효과를 중심으로. 미래청소년학회지 19(4): 133-159.

김경호. 2002. 인터넷의 매체적 특성과 사이버상에서의 성표현의 허용범위. 한국언론학회보 42(2): 33-66.

김교헌, 권선중, 김세진. 2010. 인터넷도박의 과제와 쟁점. 한국심리학회지: 건강 15: 187-202.

김대호 외. 2012. 소셜미디어. 커뮤니케이션북스.

김봉섭. 2013. 국내 청소년 사이버불링 실태와 주요 영향 요인. <학교폭력 2.0: 사이버불링 실태와 해법 세미나 자료집>. 한국정보화진흥원.

김봉섭. 이원상. 임상수. 2013. 사이버불링에 대한 이해와 대응방안. 한국정보화진흥원.

김상원. 2007. 아동과 청소년비행의 원인비교: 허쉬의 사회유대이론을 중심으로. 형사정책연구 18(2): 325-362.

김선우 김태현. 2011. 가족. 학교. 인터넷사용 환경요인과 중학생의 인터넷의존 관계: 우울의 매개효과 검증. 한국가족관계학회지 15(4): 25-49.

김소명. 현명호. 2004. 가정폭력이 집단괴롭힘 행동에 미치는 영향. 한국심리학회지: 임상23(1): 17-32.

김수정. 2004. 청소년의 정보통신 윤리의식과 사이버범죄와의 관계연구. 청소년복지연구 6(1): 69-88.
김영경. 2013. 청소년의 도박행동에 미치는 영향에 관한 연구. 한국기독교상담학회지 23(2): 31-55.
김영화, 신성만, 이혜주. 2012. 청소년 인터넷 도박행동의 실태 및 심리적 특성과의 관계. 한국심리학회지: 건강 17(4): 927-941.
김예성. 김광혁. 2008. 초등학교 아동의 또래괴롭힘 경험유형에 따른 우울불안. 학교유대감: 공격성의 차이 및 피해경험을 통한 가해경험 변화. 아동학회지 29(4): 213-229.
김유승. 2006. 인터넷공간의 자유와 규제: 공동규제 모형의 발전을 위한 모색. 사이버커뮤니케이션학회보 20: 85-117.
김은경. 1998. 대중문화의 선정성이 청소년 성범죄에 미치는 영향. 한국형사정책연구원.
김은경. 2000. 성의 상업화가 성의식 및 성폭력에 미치는 영향. 한국형사정책연구원.
김은경. 2001. 사이버성폭력의 현실과 쟁점들. 사이버커뮤니케이션학회보. 7: 72-117.
김재엽. 이효정. 송아영. 2007. 가정폭력 경험이 남자 청소년의 성폭력 가해행위에 미치는 영향: 폭력허용도의 매개효과를 중심으로. 한국사회복지조사연구 17: 17-52.
김재엽, 이동은, 정윤경. 2013. 학업스트레스가 청소년비행 행동에 미치는 영향과 우울의 매개효과. 한국아동복지학 41: 101-123.
김정규. 2010. 청소년비행과 처벌의 차별적 억제효과. 청소년학연구 17(8): 197-224.
김종섭. 2000. 사이버범죄 현황과 대책. 형사정책 12(1): 229-252.
김준호. 김선애. 1992. 한국인의 폭력에 대한 태도 연구. 한국형사정책연구원.
김준호. 1996. 음란물과 비행. 한국청소년연구 25: 5-32.
김준호. 1998. 한국의 학교폭력에 대한 연구: 피해와 가해를 중심으로. 한국사회 1: 109-131.
김준호, 김은경 1995. 여자청소년의 비행실태에 관한 연구. 서울: 한국형사정책연구원.
김준호. 박정선. 김은경. 1997. 학교주변의 폭력의 실태와 대책. 한국형사정책연구원.
김준호, 박정선, 김은경. 2007. 학교주변 폭력의 실태와 연구. 한국형사정책연구원.
김준호. 노성호. 이성식. 곽대경. 박정선. 이동원. 박철현. 2008. 청소년비행론. 청목출판사.
김진희. 김경신. 2003. 청소년의 심리적 변인과 인터넷중독. 사이버관련 비행의 관계. 청소년복지연구 5(1): 85-97.
김해옥. 손해숙. 박수경. 엄상화. 전진호. 1999. 부산. 경남지역 중학교 남학생의 컴퓨터 음란물 접촉 실태 및 관련 요인. 인제의학. 20(1): 447-54.
김혜원. 이해경. 2000. 집단괴롭힘의 가해와 피해행동에 영향을 미치는 사회적. 심리적 변인들. 한국심리학회지: 사회 및 성격 14(1): 45-64.
나순희. 2003. 인터넷중독과 비행의 관계에 관한 연구. 숭실대학교 대학원 석사학위논문.
남상인. 권남희. 2013. 청소년 사이버불링 가해에 영향을 미치는 변인 연구. 미래청소년학회지

10(3): 23-43.
남수정. 2011. 긴장과 낮은 자기통제력이 사이버비행에 미치는 영향: 인터넷중독의 매개효과와 익명성의 조절효과 검증. 대한가정학회지 49(2): 63-74.
남영옥. 2005. 중학생의 인터넷중독. 게임중독. 음란물중독의 심리사회적 특성 비교. 청소년학연구 12(3): 363-388.
남정림. 2005. 인터넷 게시판상의 성폭력의 특성과 합리화 메카니즘. 한국여성학 21(3): 39-66.
노성호. 이성식. 2003. 청소년의 폭력범죄피해요인에 관한 일 연구. 피해자연구 11(2): 27-52
류정호. 이동훈. 2011. 소셜미디어로서 마이크로블로그 공론장의 정치적 의사소통에 대한 탐색적 연구. 한국언론학보 55(4): 309-330.
민수홍. 2005. 낮은 자기통제력의 결과로서의 청소년비행과 학교에서의 징계경험. 청소년학연구 12(2): 1-25.
민수홍. 2006. 청소년의 자기통제력이 비행과 범죄에 미치는 영향: 패널자료를 이용한 인과성 및 일반성 검증. 청소년학연구 13(6): 24-47.
박순진. 2009. 청소년 폭력에 있어서 피해-가해 경험의 발전. 형사정책연구. 20(1): 71-94.
박인우. 김미향. 2000. 동기적 가상토론에서 익명성이 토론내용의 논증과 부정적 발언에 미치는 영향. 교육공학연구. 16(4): 91-106.
박정선. 2007. 지역사회중심의 청소년비행 대책. 한국범죄학 1(2): 3-39.
박정선. 이성식. 2010. 범죄두려움에 관한 다수준적 접근: 주요 모형들의 검증. 형사정책연구 21(3): 173-203.
박준휘, 윤해성, 조성현, 박정선, 강소영, 최성락, 문병욱, 인젠평, 쩡췬난, 로진. 2014. 조직범죄단체의 불법적 지하경제 운영실태와 정책대안연구(I): 불법사행산업을 중심으로. 한국형사정책연구원.
박현숙, 정선영. 2011. 고등학생 도박행동 관련 요인. 정신간호학회지 20(3): 219-232.
변성희. 김정민. 2007. 아동 및 청소년의 인터넷게임 사용수준에 따른 인터넷게임 이용동기와 학교생활적응. 한국가정관리학회지 25(2): 47-58.
설진아. 2011. 소셜미디어와 사회변동. 커뮤니케이션북스.
성동규. 김도희. 이윤석. 임성원. 2006. 청소년의 사이버폭력 유발요인에 관한 연구. 사이버커뮤니케이션학회보 19: 70-129.
성동규. 황성연. 임성원. 2007. 모바일 커뮤니케이션. 세계사.
성동규. 김왕석. 1997. 인터넷포르노그라피. 그 표현의 자유와 한계. 한국언론학회보 42: 227-60.
성윤숙. 2006. 청소년의 휴대전화 의존 및 문제행동에 관한 연구. 한국청소년연구 17(2): 291-321.
신동준. 2009. 처벌의 효과: 억제이론에 대한 비판적 검토. 형사정책 21(2): 191-216.

신동준. 2010. 사회자본과 범죄학이론. 한국사회학 44(4): 95-125.
신혜섭. 양혜원. 2005. 청소년의 성폭력 실태와 예측요인: 성별차이를 중심으로. 한국가족복지학 15: 135-156.
심홍진. 황유선. 2010. 미이크로블로그 이용동기에 관한 연구. 한국방송학보 24(2): 192-234.
심홍진. 황유선. 2010. 마이크로블로깅서비스와 사회자본: 트위터 최기 사용자 집단을 중심으로. 한국언론학보 54(5): 327-347.
심홍진. 한은영. 박병선. 박남기. 2014. 청소년의 사이버폭력 동기와 통제요인에 관한 연구: 모바일 인스턴트 메신저를 중심으로. 정보통신정책연구원.
양돈규. 2000. 청소년의 감각추구성향과 인터넷중독 경향 및 인터넷관련 비행간의 상관성. 청소년학연구 7(2): 117-36.
오승환. 2007. 청소년의 집단괴롭힘 관련 경험에 영향을 미치는 생태체계적 요인 분석. 정신보건과 사회사업 25(4): 74-98.
우형진. 2004. 해커의 심리변인이 해킹행위에 미치는 영향에 관한 연구. 한국언론학회보 43(3): 90-115.
원혜욱. 2000. 인터넷범죄의 특징과 범죄유형별 처벌조항. 형사정책연구 11(2): 93-114.
유상미, 김미량. 2011. 사이버폭력의 원인에 대한 구조모형의 제시와 검증. 한국컴퓨터교육학회지 14(1): 23-33.
윤영민. 2003. 사이버성희롱 발생요인에 관한 분석. 사이버공간의 사회. 서울: 한양대 출판부.
윤영민. 2000. 청소년인터넷사용: 분석모형의 개발. 정보와 사회 2: 133-53.
윤인노, 장정임, 김상봉. 2014. 대학생의 도박동기와 자기통제력이 도박중독에 미치는 영향. 청소년복지연구 16(3): 237-256.
윤해성. 박성훈. 2013. SNS 환경에서의 범죄현상과 형사정책적 대응에 관한 연구. 한국형사정책연구원.
이경님. 하연미. 2004. 청소년의 인터넷관련 비행과 관련변인간의 경로분석모형. 대한가정학회지 45(5): 127-143.
이경희. 고재홍. 2006. 유형별 초등학생 집단따돌림 발생원인의 비교: 사회관계모형 분석. 한국심리학회지: 일반 25(1): 23-45.
이명신. 2003. 괴롭힘행동 결정에 있어 개인동기와 집단의 매개효과. 한국아동복지학 9: 39-81.
이상균. 2005. 청소년의 또래폭력 가해경험에 대한 생태체계적 영향 요인. 한국아동복지학. 19: 141-170.
이상로. 변창진. 진위교. 1996. 표준화성격진단검사. 서울: 중앙적성연구소.
이석재. 최상진. 2001. 강간통념수용도에 따른 성행동. 성폭력 및 성폭행사건 지각. 한국심리학

회지: 사회 및 성격. 15(1): 97-116.
이성식. 1994. 구조적. 문화적 특성의 차이를 통한 청소년비행의 원인고찰. 한국청소년연구 17: 43-70.
이성식. 1995a. 역할담당감정으로서의 수치심과 청소년비행: 상징적 상호작용모형의 검증을 중심으로. 한국사회학 29: 617-649.
이성식. 1995b. 청소년비행에 있어서 허쉬의 사회통제이론에 대한 수정된 논의. 형사정책연구 24: 183-204.
이성식. 1998. 공식처벌의 간접손실효과: 확대억제이론의 검증. 형사정책연구 9(3): 221-246
이성식. 2000. 거주지역의 특성과 범죄두려움. 형사정책연구 11(1): 117-139.
이성식. 2003a. 청소년의 인터넷음란물 접촉실태와 그 결과. 한국형사정책연구원.
이성식. 2003b. 청소년폭력비행에 있어 일반긴장이론의 검증: 상황론적 논의를 통해. 형사정책 15(2): 85-106.
이성식. 2004a. 청소년들의 긴장. 부정적 감정의 경험과 사이버공간에서의 비행: 남녀의 차이를 중심으로. 한국공안행정학회보 18: 273-299.
이성식. 2004b. 청소년 사이버일탈의 설명요인에 관한 일 연구: 기존 현실일탈에서의 주요요인의 적용을 중심으로. 형사정책연구 57: 121-54.
이성식. 2005a. 사이버공간의 익명성이 청소년언어폭력에 미치는 영향: 기존 요인들과의 비교. 한국청소년연구 16(1): 77-107.
이성식. 2005b. 사이버상의 청소년비행에 대한 일반이론의 검증. 한국공안행정학회보 21: 227-49.
이성식. 2005c. 인터넷중독과 청소년비행의 관계. 정보화정책 12(3): 35-47.
이성식. 2005d. 청소년 사이버성폭력 설명요인에 관한 연구. 형사정책 17(1): 125-144.
이성식. 2006a. 청소년비행의 원인에 관한 주요 이론들의 검증에 관한 연구: 종단적 패널연구자료의 분석. 형사정책연구 17(3): 5-33.
이성식. 2006b. 중학생 오프라인과 온라인 폭력 원인모색을 위한 주요 요인들의 적용. 한국청소년학연구 13(6): 179-200.
이성식. 2006c. 사이버범죄와 시민의 역할. 정보화정책 13(3): 69-86.
이성식. 2007a. 낮은 자기통제력과 비행친구의 청소년비행에의 영향: 청소년패널자료의 분석. 한국청소년연구 18(2): 159-181.
이성식. 2007b. 약물사용과 처벌의 억제효과. 한국공안행정학회보 28: 261-281.
이성식. 2008a. 사이버범죄의도에 대한 공식처벌의 억제효과: 일반청소년과 보호관찰청소년의 비교. 형사정책 20(1): 187-206.
이성식. 2008b. 인터넷 게시판 악성댓글 피해요인에 관한 연구. 피해자학연구 16(1): 67-85.

이성식. 2009a. 인터넷 블로그에서의 범죄피해에 관한 연구. 피해자학연구 17(1): 145-162.

이성식. 2009b. 청소년들의 인터넷 게시판 악성댓글의 동기와 통제요인에 관한 연구. 형사정책연구 20(3): 191-212.

이성식. 2009c. 초등학생들의 사이버비행에 있어서 일상긴장. 낮은 자기통제력. 인터넷사용시간의 영향작용: 세 이론의 검증을 중심으로. 형사정책연구 20(1): 95-115.

이성식. 2010a. 낮은 자기통제력과 비행기회요인들의 오프라인 및 온라인비행에의 영향 비교: 일반이론의 검증. 형사정책연구 21(1): 203-233.

이성식. 2010b. 청소년 휴대전화 피해와 일반이론 적용. 피해자학연구 18(1): 185-206.

이성식. 2011a. 사이버범죄학: 원인. 유형. 대책. 그린.

이성식. 2011b. 청소년비행에 있어서 가정. 학교. 친구요인과 그 심리적 매개요인들의 작용: 주요계 비행이론들의 검증. 형사정책 23(2): 121-142.

이성식. 2011c. 청소년에서 개인성향요인과 사회학습요인들의 조건적 효과. 형사정책연구 18(10): 123-142.

이성식. 2011d. 청소년의 온라인 저작물 불법다운로드 행위에 있어 낮은 자기통제력과 사회학습요인들의 영향 및 상호작용효과. 청소년학연구 18(10): 123-142.

이성식. 2012. 인터넷 악성댓글에 있어 낮은 자기통제력과 인터넷사이트 환경요인의 조건적 작용과 그 남녀 차이. 형사정책 24(3): 163-185.

이성식. 2014. 스마트폰 이용상의 사이버일탈 설명요인에 관한 탐색적 연구: 데스크탑. 노트북. 스마트폰 이용자의 비교. 형사정책 26(3): 265-285.

이성식. 김현준. 2009. 휴대전화 모바일비행의 원인으로서 비행자특성과 비행기회. 그 통합적 설명. 형사정책 21(1): 241-262.

이성식. 박정선. 2009. 청소년 인터넷 악성댓글에 있어 중화의 작용: 세 이론의 검증. 형사정책 21(2): 245-266.

이성식. 박정선. 2014. 청소년 모바일매체 이용상의 문자폭력 원인: 세 주요 요인들의 통합적 모색. 한국범죄학 8(3): 3-29.

이성식. 박정선. 이정환. 2012. 지역무질서. 집합효율성. 범죄두려움의 관계: 세 모형의 검증. 피해자학연구 20(1): 487-509.

이성식. 전신현. 2000. 학교에서의 집단괴롭힘의 상황요인과 집단역학과정. 형사정책 12(1): 155-183.

이성식. 전신현. 2009. 사이버공간의 사회심리학. 집문당.

이성식. 전신현. 2011. 집단괴롭힘의 피해와 가해의 관계와 그 성별 차이. 피해자학연구19(1): 207-227.

이성식. 황지영. 2008. 인터넷사이트 집합적 효율성과 사이버언어폭력. 형사정책연구 19(1): 167-189.

이세용. 2000. 인터넷과 청소년의 성의식. 정보와 사회 2: 154-182.

이소희. 성윤숙. 2001. 인터넷음란정보와 청소년의 사이버일탈. 청소년복지연구3(1): 111-24.
이수진. 2008. 청소년의 인터넷중독과 문제행동성향의 관계. 청소년학연구 715(3): 237-257.
이승현. 노성호. 2014. 청소년 따돌림에 대한 형사정책적 대응방안. 한국형사정책연구원
이재신. 2012. 소셜미디어와 사회연결망. 김대호의 <소셜미디어>. 커뮤니케이션북스.
이재현. 2004. 모바일 미디어와 모바일 사회. 커뮤니케이션북스.
이종원. 2001. 청소년의 인터넷관련 문제행동 실태분석. 한국청소년개발원 연구보고서.
이창호. 2014. 청소년의 사이버불링 실태조사. 한국청소년정책연구원.
이창호, 이경상. 2013. 소셜미디어 사용시간이 청소년의 사이버불링에 미치는 영향 연구. 한국청소년연구 24(3): 259-285.
이철. 2008. 가정, 비행친구, 비행의 상호인과관계에 대한 발전론적 연구: 숀베리 모형의 부분 검증. 한독사회과학논총 19: 174-204.
이철. 2011. 가족, 학교, 비행친구의 비행영향 효과의 연령별 비교. 한국청소년연구 22(2): 31-54.
이철선. 2003. 가상공동체에서의 플레이밍에 관한 연구. 마케팅연구 18(1): 3-30.
이춘재. 곽금주. 2000. 학교에서의 집단따돌림: 실태와 특성. 집문당.
이훈재 2012. 스마트폰 신종범죄의 유형 및 경찰 대응방안에 관한 연구. 한국경찰연구 11(4): 319-344.
이홍표. 2002. 도박의 심리. 학지사.
임성범. 2013. 대학생의 도박중독 요인에 관한 연구: 도박동기, 자기효능감, 자기조절의 매개효과를 중심으로. 보건사회연구 33(2): 489-524.
장미향. 성한기. 2007. 집단따돌림 피해 및 기해경험과 사회정체성 및 사회지지의 관계. 한국심리학회지: 사회 및 성격 21(1): 77-87.
장준오. 2004. 사이버상의 청소년일탈에 관한 연구. 한국형사정책연구원.
전겸구. 이민규. 1992. 한국판 CES-D 개발 연구Ⅰ. 한국심리학회 11(1): 65-76.
전신현. 2012. 대학생들의 생활스트레스와 우울의 관계에서 소셜네트워크의 사회적 지지의 완충효과와 성별 차이. 한국청소년연구 23(4): 5-25.
전신현. 이성식. 2010. 청소년의 휴대전화를 이용한 사이버집단괴롭힘 현상의 원인 모색. 청소년학연구 17(11): 159-181.
전신현, 김원경, 황성현. 2010. 청소년 가출에 관한 상호작용론적 접근: 숀베리이론의 부분 검증. 한국청소년연구 21(4): 31-50.
전영실. 2003. 성. 사회유대. 비행에 대한 연구: 가족적 요인을 중심으로. 형사정책연구 14(1): 313-347.
정보통신윤리위원회. 2005. 사이버양심운동. 정보통신윤리 9.10월호.
정보통신윤리위원회. 2006. 인터넷 정보이용 실태조사 결과보고서.

정승민. 2008. 인터넷사기의 동향 및 원인에 관한 연구. 한국범죄심리연구 4(2): 193-225.

정원철. 아영아. 2006. 중학생의 따돌림 가해 및 피해경험과 관련된 위험요인과 보호요인. 청소년학연구 13(2): 89-116.

정진수. 정완. 김은경. 2000. 신종성폭력연구. 한국형사정책연구원.

정찬모, 이원태, 유지연, 황지연, 권헌영, 이현수. 2007. 온라인도박의 규제. 정보통신정책연구원.

정혜원. 2010. 청소년단계에서 사이버비행의 변화에 관한 연구: 일반긴장이론. 자기통제이론. 비행기회이론을 중심으로. 형사정책연구 21(2): 263-288.

정혜원, 박성훈. 2011. 낮은 자기통제력이 청소년비행에 미치는 영향: 사회유대요인과의 상호작용을 중심으로. 범죄와비행, 창간호, 189-207.

조남근. 양돈규. 2001. 청소년이 지각한 사회적 지지와 인터넷 중독경향 및 인터넷관련 비행간의 관계. 한국심리학회지: 발달 14(1): 91-111.

조원상. 이서원. 2006. 청소년의 가정폭력 경험과 인터넷중독이 공격성에 미치는 영향. 아동학회지 27(4): 117-131.

조윤경. 김영석. 2009. 청소년의 TV와 인터넷이용이 학업성적에 미치는 영향. 한국방송학보 23(5): 380-417.

조윤오. 2012. 학교폭력 피해경험이 범죄행동에 미치는 영향: 가출청소년을 대상으로. 피해자학연구 20(1): 511-534.

조윤오. 2013. 사이버불링 피해가 청소년의 비행에 미치는 영향: 우울감의 매개효과. 청소년학연구 20(10): 117-142.

조윤오. 2013. 청소년의 사이버불링 피해 실태 및 피해유발 요인 연구. 한국공안행정학회보 22(4): 303-328.

조윤오. 2013. 신사이버불링 유형과 문제점. <학교폭력 2.0: 사이버불링 실태와 해법 세미나 자료집>. 한국정보화진흥원.

차은진. 2012. 중학생의 사이버비행에 영향을 미치는 요인에 관한 연구: 인터넷중독. 인터넷윤리의식. 사이버비행의 연쇄적 인과관계를 중심으로. 청소년복지연구 14(3): 1-27.

최민재. 양승찬. 2009. 인터넷 소셜미디어와 저널리즘. 한국언론재단보고서. 28(3): 77-113.

최영. 이종민. 김병철. 2002. 인터넷신문의 공론장 역할에 관한 연구: 토론참여자의 익명성과 토론매개자의 신분이 토론에 미치는 영향을 중심으로. 언론과학연구 2(2): 115-158.

최영. 박성현. 2011. 소셜미디어 이용동기가 사회자본에 미치는 영향. 한국방송학보 25(2): 241-276.

최윤정. 황하성. 손승혜. 2011. 마이크로 블로그 이용. 네트워크 크기. 현존감. 사회자본간의 영향관계 분석: 결속형. 교량형. 혼합형 이용자 집단간 비교. 사이버커뮤니케이션학회보

최인섭. 김성언. 1998. 성폭력의 실태와 원인에 관한 연구(II). 한국형사정책연구원.

최충옥. 조영제. 1997. 청소년유해 전자출판물과 비행의 관계. 청소년학연구 4(1): 45-62.

최홍석. 2009. 디지털 위험사회 대응 정책방안. 한국정보화진흥원.

추병완. 2001. 정보윤리교육론. 서울: 울력.

탁희성. 2008. 디지털콘텐츠 불법유통의 실태와 대책. 한국형사정책연구원.

한국인터넷진흥원. 2012. 인터넷윤리문화실태조사.

한국인터넷진흥원. 2013. 사이버폭력 실태조사.

한국인터넷진흥원. 미래창조과학부. 2014. 2013 인터넷이용실태조사 보고서.

한국정보문화진흥원. 2005. 청소년의 휴대전화 사용실태 조사연구. 한국정보문화진흥원.

한영옥, 김현정, 이연숙, 김한우, 김태우, 이재갑. 2012. 도박중독치료기관을 방문한 도박자의 심리적 특성. 한국심리학회지: 건강 17(2): 353-369.

한정희. 장활식. 2007. 인터넷에서의 디지털 음악 저작권침해 행동에 관한 연구. 정보시스템연구 16: 135-158.

홍영수. 김동기 2011. 청소년의 스트레스. 자아존중감 및 자기통제감과 사이버비행의 구조적 관계: 남녀 차이를 중심으로. 청소년학연구 18(1): 127-148.

황성기. 2008. 한국에서의 인터넷규제: 쿼바디스 인터넷?. 한국의 인터넷을 논한다. 권헌영 외 저. 서울경제경영.

황성현. 2006. 낮은 자아통제감. 친구집단요인. 부모요인이 청소년 약물사용에 미치는 영향. 청소년학연구 13: 129-154.

황성현. 2007. 한국과 미국 청소년 약물남용에 관한 비교연구 한국범죄학 1(1): 73-90

황성현. 2008. 한국과 미국 청소년들의 음주행위에 관한 비교 연구: 사회학습이론을 중심으로. 보건과 사회과학 23: 5-29.

황성현. 2012. 초, 중, 고등학교 청소년의 지위비행에 대한 상호작용론적 연구: 로지스틱 회귀분석을 이용하여. 청소년학연구 19(10): 23-43.

황승흠. 황성기. 김지연. 최승훈. 2004. 인터넷 자율규제. 서울: 커뮤니케이션북스.

황하성. 2007. 사회적 현존감 측정도구 개발에 관한 탐색적 연구. 언론과학연구 7(2): 529-561.

Aceves, M.J. and J.T. Cookston. 2007. Violent Victimization, Aggression and Parent-Adolescent Relations: Quality Parenting as A Buffer for Violently Victimized Youth. Journal of Youth and Adolescence 36: 635-647.

Agnew, R. 1985. Social Control Theory and Delinquency: A Longitudinal Test. Criminology 23: 47-62.

Agnew, R. and A.R. Peters. 1986. The Techniques of Neutralization. Criminal Justice and Behavior

13: 81-97.

Agnew, R. and H.R. White. 1992. An Empirical Test of General Strain Theory. Criminology 30: 475-499.

Agnew, R. 1992. Foundation for A General Strain Theory of Crime and Delinquency. Criminology 30: 47-87.

Agnew, R. 1993. Why They do It? An Examination of the Intervening Mechanism between Social Control Variables and Delinquency. Journal of Research of Crime and Delinquency 28: 126-156.

Agnew, R. 1994. The Techniques of Neutralization and Violence. Criminology 32: 555-580.

Agnew, R. 2001. Building on the Foundation of General Strain Theory. Journal of Research in Crime and Delinquency 38: 319-361.

Agnew, R. 2002. Experienced, Vicarious, and Anticipated Strain: An Exploratory Study on Physical Victimization and Delinquency. Justice Quarterly 19: 603-633.

Agnew, R. 2006. Pressured into Crime: An Overview of General Strain Theory. Los Angeles: Roxbury.

Ajzen, I. 1991. The Theory of Planned Behavior. Organizational Behavior and Human Decision Processes 50: 179-211.

Akers, R.L. 1977. Deviant Behavior: A Social Learning Approach. 2nd. Belmont, CA: Wadsworth.

Akers, R.L. 1985. Deviant Behavior: A Social Learning Approach. 3rd Edition. Belmont, CA: Wadsworth.

Akers, R.L. 1998. Social Learning and Social Structure: A General Theory of Crime and Deviance. Boston, MA: Northeastern University Press.

Akers, R.L. and G. Lee. 1996. A Longitudinal Test of Social Learning Theory: Adolescent Smoking. Journal of Drug Issues 26: 317-343.

Akers, R.L. and G.F. Jensen. 2006. The Empirical Status of Social Learning Theory of Crime and Deviance. In Taking Stock: The Status of Criminology Theory. Advances in Criminological Theory, F.T. Cullen et al. (eds.). New Brunswick, NJ: Transaction.

Alarid, L.F., V.S.Jr. Burton, and F.T. Cullen. 2000. Gender and Crime among Felony Offenders: Assessing the Generality of Social Control and Differential Association Theories. Journal of Research in Crime and Delinquency 37: 171-199.

Allen, M., D. D'Allesio, and K. Brezgel. 1995. A Meta-Analysis Summarizing the Effects of Pornography II: Aggression after Exposure. Human Communication Research 22: 258-283.

Allen, M., T. Emmers, L. Gebhardt, and M.A. Giery. 1996. Exposure to Pornography and Acceptance of Rape Myths. Journal of Communication 45(1): 5-26.

Al-Rafee, S. and T.P. Cronan. 2006. Digital Piracy: Factors that Influence Attitude toward Behavior. Journal of Business Ethics 63: 237-259.

Amir, M. 1971. Patterns in Forcible Rape. Chicago: University of Chicago Press.

Anderson, D. 1997. Strand of System, The Philosophy of C, Peirce. West Lafayette: Purdue University Press.

Anderson, E. 1999. Code of Street. New York: Norton.

Anderson, B.J., M.D. Holmes, and E. Ostresh. 1999. Male and female delinquents' attachments and effects of attachments on severity of self-reported delinquency. Criminal Justice and Behavior 26: 435-452.

Arneklev, B.J., H.G. Grasmick, C.B. Tittle, and R.J. Bursik. 1993. Low Self-Control and Imprudent Behavior. Journal of Quantitative Criminology 9: 225-247.

Austine, R.L. 1977. Commitment, Neutralization, and Delinquency. In T.N. Ferdinand (ed), Juvenile Delinquency. Beverly Hills, Calif.: Sage.

Baier, C. and B.R. Wright. 2001. If You love Me, Keep my Commandment: A Meta Analysis of the Effect of Religion on Crime. Journal of Research of Crime and Delinquency 38: 3-21.

Baldry, A.C. 2003. Bullying in Schools and Exposure to Domestiv Violence. Child Abuse and Neglect 27: 713-732.

Ball, R.A. 1966. An Empirical Exploration of Neutralization Theory. Criminology 4: 22-32.

Barak, A. and W.A. Fisher. 1997. Effect of Interactive Computer Erotica on Men's Attitudes and Behavior toward Women: An Experimental Study. Computers in Human Behavior 13: 353-369.

Barak, A., W.A. Fisher, S. Belfry, and D.R. Lashambe. 1999. Sex, Guys and Cyberspace: Effects of Internet Pornography and Individual Differences on Men's Attitudes toward Women. Journal of Psychology and Human Sexuality 11: 63-92.

Barak, A. 2005. Sexual Harrassment on the Internet. Social Science Computer Review 23(1): 77-92.

Baron, S.W. 2003. Self-Control, Social Consequences, and Criminal Behavior: Street Youth and the General Theory of Crime. Journal of Research in Crime and Delinquency 40: 403-425.

Baron, S. 2004. General Strain, Street Youth, and Crime: A Test of Agnew's Revised Strain Theory. Criminology 42: 457-483.

Becker, J.U. and M. Clement. 2006. Dynamics of Illegal Participation in Peer-to-Peer Networks: Why do People illegally Share Media Files?. Journal of Media Economics 19: 7-32.

Bellair, P.E. 1997. Social Interaction and Community Crime: Examining the Importance of Neighbor Networks. Criminology 35: 677-704.

Benson, M.L. 1985. Denying the Guilty Mind: Accounting for Involvement in White-Collar

Crime. Criminology 23: 583-607.

Best, S.J. and B.S. Krueger. 2006. Online Interactions and Social Capital: Distinguishing between New and Existing Ties. Social Science Computer Review 24(4): 395-410.

Boeringer, S.B. 1994. Pornography and Sexual Aggression: Associations of Violent and Nonviolent Depictions with Rape and Rape Proclivity. Deviant Behavior 15: 289-304.

Booth, J.A., A. Farrell, and S.P. Varano. 2008. Social control, serious delinquency, and risky behavior. Crime and Delinquency 54: 423-456.

Bossler, A.M. and T.J. Holt. 2010. The Effects of Self-Control on Victimization in the Cyberworld. Journal of Criminal Justice 38: 227-236.

Botchkovar, E.V. and L.A. Hughes. 2010. Strain and Alcohol Use in Russia: A Gendered Analysis. Sociological Perspectives 53(3): 297-319.

Bourdieu, P. 1986. The Forms of Capital. In J. Richardson(ed), Handbook of Theory and Research for the Sociology of Education. NY: Greenwood.

Braungart, M.M., R.G. Braungart, and W.J. Hoyer. 1980. Age, Sex, and Social Factors in Fear of Crime. Sociological focus 13: 55-66.

Broidy, L.M. and R. Agnew. 1997. Gender and Crime: A General Strain Theory Perspective. Journal of Research in Crime and Delinquency 34: 275-306.

Broidy, L.M. 2001. A Test of General Strain Theory. Criminology 39: 9-35.

Browning, C.R., S.L. Feinberg, and R.D. Dietz. 2004. The Paradox of Social Organization: Networks, Collective Efficacy and Violent Crime in Urban Neighborhoods. Social Forces 83(2): 503-534.

Browning, C.R., L.A. Burrington, T. Leventhal, and J. Brook-Gunn. 2008. Neighborhood Structural Inequality, Collective Efficacy and Sexual Risk Behavior among Urban Youth. Journal of Health and Social Behavior 49(3): 269-284.

Brownmiller, S. 1975. Against Our Will. New York: Bantam.

Bursik, R.J. and H.G. Grasmick. 1993. Neighborhood and Crime: The Dimensions of Effective Community Control. New York: Lexington Books.

Burt, M.R. 1980. Cultural Myths and Supports for Rape. Journal of Personality and Social Psychology 38: 217-230.

Burton, V.S.Jr., F.T. Cullen, T.D. Evans, L.F. Alarid, and R.G. Dunaway. 1998. Gender, Self-Control and Crime. Journal of Research in Crime and Delinquency 35: 123-147.

Buzzell, B., D. Foss, and Z. Middleton. 2006. Explaining Use of Online Pornography: A Test of Self-Control Theory and Opportunities for Deviance. Journal of Criminal Justice and Popular Culture 13: 96-116.

Cernkovich, S.A. and P.C. Giordano, 1987. Family Relationships and Delinquency. Criminology

25: 295-322.

Cernkovich, S.A. and P.C. Giordano, 1992. School Bonding, Race, and Delinquency. Criminology 30: 261-291.

Chapple. C.L. 2005. Self-Control. Peer Relations. and Delinquency. Justice Quarterly 22: 89-106.

Check, J. and N.M. Malamuth. 1983. Violent Pornography, Feminism and Social Learning Theory. Aggressive Behavior 9: 106-107.

Check, J., N.M. Malamuth, B. Elias, and S.A. Barton. 1985. On Hostile Ground. Psychology Today 19: 56-61.

Check, J. and N.M. Malamuth. 1985. Pornography and Sexual Aggression: A Social Learning Theory Analysis. In M. McLaughlin.(Ed). Communication Yearbook. Beverly Hills, CA: Sage.

Cheung, N.W.T. and Y.W. Cheung. 2010. Strain, Self-Control, and Gender Differences in Delinquency among Chinese Adolescents: Extending General Strain Theory. Sociological Perspectives 53(3): 321-345.

Childs, K., J. Cochran, and C. Gibson. 2009. Self-Control, Gang Membership, and Victimization: An Integrated Approach. Journal of Criminal Justice 32(1): 35-60.

Chiroro, P., G. Bohner, G.T. Viki, and C.I. Jarvis. 2004. Rape Myth Acceptance and Rape Proclivity. Journal of Interpersonal Violence 9(4): 427-442.

Clemente, F. and M.B. Kleinman. 1977. Fear of Crime in The United States: A Multivariate Analysis. Social Forces 56: 519-530.

Cohen, A.K. 1955. Delinquent Boys. New York: Free Press.

Cohen, L. and M. Felson. 1979. Social Change and Crime Rate Trends: A Routine Activities Approach. American Sociological Review 44: 588-608.

Cohen, L.E., J.R. Kluegel, and K.I. Land. 1981. Social Inequality and Predatory Criminal Victimization: An Exposition and Test of A Formal Theory. American Sociological Review 46: 505-524.

Coleman, J.S. 1988. Social Capital in the Creation of Human Capital. American Journal of Sociology 94: 95-120.

Convington, J. and R.B. Taylor. 1991. Fear of Crime in Urban Residential Neighborhoods. Sociological Quarterly 32: 231-249.

Copes, H. 2003. Societal Attachments, Offending Frequency and Techniques of Neutralization. Deviant Behavior 24: 101-127.

Crossman, L.L. 1995. Date Rape and Sexual Aggression by College Males: Incidence and the Involvement of Impulsity, Anger Hostility, Psychopathology, Peer Influence and Pornography Use. Doctoral Dissertation, Texas A and M University.

Cullen, F.T., J.D. Unnever, J.L. Hartman, M.G. Turner, and R. Agnew. 2008. Gender, Bullying

Victimization and Juvenile Delinquency: A Test of General Strain Theory. Victims and Offenders 3: 331-349.

Daft, R.L. and R.H. Lengel. 1986. Organizational Information Requirements, Media Richness, and Structural Design. Management Science 32: 554-571.

Daigle, L.E., F.T. Cullen, and J.P. Wright. 2007. Gender Differences in the Predictors of Juvenile Delinquency. Youth Violence and Juvenile Justice 5(3): 254-286.

Davis, R.A. 2001. A Cognitive-Behavioral Model of Pathological Internet Use. Computers in Human Behavior 17: 187-195.

Dodder, R.A. and S.P. Hughes. 1993. Neutralization of Drinking Behavior. Deviant Behavior 14: 65-79.

Donnerstein, E. 1984. Pornography: Its Effect on Violence against Women. In N. Malamuth and E. Donnerstein(eds.), Pornography and Sexual Aggression. New York: Academic Press.

Donnerstein, E., L. Berkowitz, and D. Linz. 1986. Role of Aggressive and Sexual Image in Violent Pornography. Doctoral Dissertation. University of Wisconsin-Madison.

Dutton, D.G. 1986. Wife Assaulter's Explanations for Assault: The Neutralization of Self-Punishment. Canadian Journal of Behavioral Science 18: 381-390.

Dworkin, A. 1989. Pornography: Men Possessing Women. New York: Plume.

Elliott, D.S., D. Huizinga, and S. Ageton. 1985. Explaining Delinquency and Drug Use. Beverly Hills: Sage.

Elliott, D.S., W.J. Wilson, D. Huizinga, R.J. Sampson, A. Elliott, and B. Rankin. 1996. The Effects of Neighborhood Disadvantage on Adolescent Development. Journal of Research in Crime and Delinquency 33: 389-426.

Ellison, N.B., C. Steinfield, and C. Lampe. 2007. The Benefits of Facebook 'Friends' Social Capital and College Students' Use of Online Social Network Sites. Journal of Computer-Mediated Communication 12: 1143-1168.

Erickson. M., J.P. Gibbs, and G.F. Jensen. 1977. The Deterrence Doctrine and the Perceived Certainty of Legal Punishments. American Sociological Review 42: 305-317.

Esbensen, F., D. Huizinga, and S. Menard. 1999. Family Context and Criminal Victimization in Adolescence. Youth and Society 31: 168-198.

Evans, T.D., F.T. Cullen, V.S. Burton, R.G. Dunaway, and M.L. Benson. 1997. The Social Consequences of Self-Control: Testing the General Theory of Crime. Criminology 35: 475-501.

Felson, R.B. 1996. Big People Hit Little People: Sex Differences in Physical Power and Interpersonal Violence. Criminology 34(3): 433-452.

Felson, M. 1998. Crime and Everyday Life. Thousand Oaks. CA: Pine Forge Press.

Ferguson, K.M. and C.H. Mindel. 2007. Modeling Fear of Crime in Dallas Neighborhoods: A Test of Social Capital Theory. Crime and Delinquency 53(2): 329-349.

Ferraro, K.F. 1995. Fear of Crime: Interpreting Victimization Risk. Albany: State University of New York Press.

Fisher. W.A. and G. Grenier. 1994. Violent Pornography, Antiwoman Thoughts, and Antiwoman Acts: In Search of Reliable Effects. The Journal of Sex Research 31: 23-38.

Franklin, T.W., C.A. Franklin, and N.E. Fearn. 2008. A Multi-Level Analysis of the Vulnerability, Disorder, and Social Integration Models of Fear of Crime. Social Justice Research 21: 204-227.

Fulk, J., J. Schimitz, and C.W. Stainfield. 1990. A Social Influence Model of Technology Use. In J. Filk and C. Steinfield(eds.), Organizations and Communication Technology. Philadelphia: Temple University.

Gainsbury, S. 2012. Internet Gambling: Current Research Findings and Implications. Springer.

Gibbs, J.P. 1975. Crime, Punishment, and Deterrence. New York: Elsevier Scientific.

Gibbs, J.J. and D. Giever. 1995. Self-Control and Its Manifestations among University Students: An Empirical Test of Gottfredson and Hirschi's General Theory of Crime. Justice Quarterly 12: 231-245.

Gibson, C.L., J. Zhao, N.P. Lovrich, and M.J. Gaffney. 2002. Social Integration, Individual Perceptions of Collective Efficacy, and Fear of Crime in Three Cities. Justice Quarterly 19(3): 536-563.

Glaser, D. 1956. Criminal Theories and Behavioral Images. American Journal of Sociology 61: 433-444.

Gottfredson, M.R. and T. Hirschi. 1990. A General Theory of Crime. Stanford. CA: Stanford University Press.

Grasmick. H. and D.E. Green. 1980. Legal Punishment. Social Disapproval and Internalization as Inhibitors of Illegal Behavior. Journal of Criminal Law and Criminology 71: 325-355.

Grasmick, H.G., C.R. Tittle, R.J. Burski, and B.K. Arneklev. 1993. Testing the Core Empirical Implications of Gottfredson and Hirschi's General Theory of Crime. Journal of Research in Crime and Delinquency 30: 5-29.

Griffiths, M.D. 2005. A Component Model of Addiction within a Biopsychosocial Framework. Journal of Substance Use 10: 191-197.

Griffiths, M.D. H. Wardle, J. Orpord, K. Sproston, and B. Erens. 2009. Sociodemographic Correlates of Internet Gambling. Cyberpsychology and Behavior 12: 199-202.

Hay, C. and M. Evans. 2006. Violent Victimization and Involvement in Delinquency: Examining Predictions from General Strain Theory. Journal of Criminal Justice 34: 261-274.

Hay, C. and W. Forrest. 2008. Self-Control Theory and the Concept of Opportunity: The Case for a More Systematic Union. Criminology 46(4): 1039-71.

Haynie, D. and D.W. Osgood. 2005. Reconsidering Peers and Delinquency: How do Peers Matter?. Social Forces 84(2): 1109-1130.

Heimer, K. 1996. Gender, Interaction, and Delinquency: Testing A Theory of Differential Social Control. Social Psychology Quarterly 59: 39-61.

Heimer, K. 1997. Socioeconomic Status, Subcultural Definitions, and Violent Delinquency. Social Forces 75: 799-833.

Higgins, G.E. and D.A. Makin. 2004. Does Social Learning Theory Condition the Effects of Low Self-Control on College Student's Software Piracy?. Journal of Economic Crime Management 2: 1-22.

Higgins, G.E., A.L. Wilson, and B.D. Fell. 2005. An Application of Deterrence Theory to Software Piracy. Journal of Criminal Justice and Popular Culture 12: 166-184.

Higgins, G.E. 2005. Can Low Self-Control Help with the Understanding of the Software Piracy Problem?. Deviant Behavior 26: 1-24.

Higgins, G.E., B.D. Fell, and A.L. Wilson. 2006. Digital Piracy: Assessing the Contributions of An Integrated Self-Control Theory and Social Learning Theory using Structural Equation Modeling. Criminal Justice Studies 19: 3-22.

Higgins, G.E. and A.L. Wilson. 2006. Low Self-Control, Moral Beliefs and Social Learning Theory in University Student's Intentions to Pirate Software. Security Journal 19: 75-92.

Higgins, G.E. and R. Tewksbury. 2006. Sex and Self-Control Theory: The Measures and Causal Model may be Different. Youth and Society 37: 479-503.

Higgins, G., B. Fell, and A. Wilson. 2007. Low Self-Control and Social Learning in Understanding Student's Intentions to Pirate Movies in the United States. Social Science Computer Review 25(3): 339-357.

Hindelang, M.J. 1970. The Commitment of Juveniles to Their Misdeeds: Do Delinquent Drift?. Social Problems 17: 502-509.

Hindelang, M.S., M.R. Gottfredson, and J. Garofalo. 1978. Victims of Personal Crime. Cambridge. MA: Ballinger.

Hinduja, S. and J.W. Patchin. 2007. Cyberbullying: An Exploratory Analysis of Factors Related to Offending and Victimization. Deviant Behavior 35: 129-156.

Hinduja, S. 2007. Neutralization Theory and Online Software Piracy: An Empirical Analysis. Ethics and Information Technology 9: 187-204.

Hinduja, S. and J. Ingram. 2008. Self-Control and Ethical Beliefs on the Social Learning of

Intellectual Property Theft. Western Criminology Review 9(2): 52-72.

Hirschi. T. 1969. Causes of Delinquency. Berkeley: University of California Press.

Holt, T. and A. Bossler. 2009. Examining the Applicability of Lifestyle-Routine Activities Theory for Cybercrime Victimization. Deviant Behavior 30: 1-25.

Holt, T., A. Bossler, and D.C. May. 2012. Low Self-Control, Deviant Peer Associations and Juvenile Cyber Deviance. American Journal of Criminal Justice 37(2): 378-395.

Hopley, A.A.B. and R.M. Nicki. 2010. Predictive Factors of Excessive Online Poker Playing. Cyberpsychology, Behavior and Social Networking 12: 379-385.

Howell, J.C. 2003. Preventing and Reducing Juvenile Delinquency: A Comprehensive Framework. Sage Publications.

Ingram, J.R. and S. Hinduja. 2008. Neutralizing Music Piracy: An Empirical Examination. Deviant Behavior 29: 334-366.

Ito, M. and D. Okabe. 2003. Technosocial Situations: Emergent Structurings of Mobile Email Use. Personal, Portable, Pedestrian: Mobile Phones in Japanese Life. MIT Press.

Jackson, E.F., C.R. Tittle, and M.J. Burke. 1986. Offense-Specific Models of the Differential Association Process. Social Problems 33: 335-356.

Jang, S.J. 1999. Age-varying Effects of Family, School, Peers on Delinquency: A Multilevel Modeling Test of Interaction Theory. Criminology 37(3): 643-685.

Jang, S.J. and B.R. Johnson. 2005. Gender, Religiosity, and Reactions to Strain among African Americans. Sociological Quarterly 46: 323-357.

Jesen, G.R, J.P. Gibbs, and M. Erickson. 1978. Perceived Risk of Punishment and Self-Reported Delinquency. Social Forces 57: 57-78.

Jensen, R. and D. Dines. 1998. The Content of Mass-Marketed Pornography. In G. Dines and R. Jensen and A. Russo(eds.), Pornography. New York: Routledge.

Joinson, A.N. 2003. Understanding the Psychology of Internet Behavior. Palgrave McMillian.

Jones, S. and D.R. Lynam. 2009. In the Eye of the Impulsive Beholder: The Interaction between Impulsivity and Perceived Informal Social Control on Offending. Criminal Justice and Behavior 36: 307-321.

Jordan, T. and P. Taylor. 1998. A Sociology of Hackers. Sociological Review 46: 757-780.

Kanan, J.W. and M.V. Pruitt. 2002. Modeling Fear of Crime and the Perceived Victimization Risk: Significance of Neighborhood Integration. Sociological Inquiry 72: 527-548.

Kang S. 2007. Disembodiment in Online Social Interaction: Impact of Online Chat on Social Support and Psychological Well-being. Cyberpsychology and Behavior 10: 475-477.

Keane, C., P.S. Maxin, and J.J. Teevan. 1993. Drinking and Driving, Self-Control and Gender:

Testing a General Theory of Crime. Journal of Research in Crime and Delinquency 30: 30-46.

Kennedy, L.W. and D.R. Forde. 1990. Routine Activities and Crime: An Analysis of Victimization in Canada. Criminology 28: 137-52.

Kiesler, S., J. Siegel, and T.W. McGuire. 1984. Social Psychological Aspects of Computer-Mediated Communication. American Psychologist 39: 1123-1134.

Klepper. S. and D. Nagin. 1989. Tax Compliance Perceptions of the Risks of Detection and Criminal Prosecution. Law and Society Review 23: 209-240.

Kowalski, R.M., S.P. Limber, and P.W. Agatston. 2008. Cyber Bullying: Bullying in the Digital Age. Blackwell Publishing.

Kraut, R., M. Patterson, V. Lundmark, S. Kiesler, T. Mukophadhyay, and W. Scherlis. 1998. Internet Paradox: A Social Technology that Reduces Social Movement and Psychological Well-being?. American Psychologists 53: 1017-1031.

Krohn, M.D. and J.L. Massey. 1980. Social Control and Delinquent Behavior. Sociological Quarterly 21: 529-543.

Krohn, M.D., W.F. Skinner, J.L. Massey, and R.L. Alers. 1985. Social Learning Theory and Adolescent Cigarette Smoking: A Longitudinal Study. Social Problem 32: 455-473.

LaGrange, R., K.F. Ferraro, and M. Supancic. 1992. Perceived Risk and Fear of Crime: Role of Social and Physical Incivilities. Journal of Research in Crime and Delinqyency 29: 311-334.

LaGrange, T.C. and R.A. Silverman. 1999. Low Self-Control and Opprtunity: Testing the General Theory of Crime as An Explanation for Gender Differences in Delinquency. Criminology 37: 41-72.

Langevin, R., R.A. Lang, P. Wright, L. Handy, R.R. Frenzel, and E.L. Black. 1988. Pornography and Sexual Offences. Annals of Sex Research 1: 335-362.

Laundra, K.H., G. Kiger, and S.J. Bahr. 2002. A Social development model of serious delinquency: Examining gender differences. Journal of Primary Prevention 22: 389-407.

Lauritsen, J.L., R.J. Sampson, and J.H. Laub. 1991. Addressing the Link between Offending and Victimization among Adolescents. Criminology 29: 265-291.

Lea, M., T. O'Shea, P. Fung, and R. Spears. 1992. Flaming in Computer-Mediated Communication. In M. Lea(ed), Contexts in Computer-Mediated Communication. London: Harvester Wheatsheaf.

Lewis, D. and G. Salem. 1986. Fear of Crime: Incivilities and the Production of a Social Problem. New Brunswick, NJ: Transaction Books.

Li, Q. 2006. Cyberbullying in Schools: A Research of Gender Differences. School Psychology International 27(2): 157-170.

Liska, A.E. and M.D. Reed. 1985. Ties to Conventional Institutions and Delinquency. American

Sociological Review 50: 547-560.

Logan. C. 1972. General Deterrence Effects of Imprisonment. Social Forces 51: 64-73.

Longshore, D. 1998. Self-Control and Criminal Opportunity: A Prospective Test of the General Theory of Crime. Social Problems 45: 102-113.

Longshore, D. and S. Turner. 1998. Self-Control and Criminal Opportunity: Cross-sectional Test of the General Theory of Crime. Criminal Justice and Behavior 5: 281-298.

Longshore, D., E. Chang, S. Hsieh, and N. Messina. 2004. Self-Control and Social Bonds: A Combined Control Perspective on Deviance. Crime and Delinquency 50: 542-564.

Lussier, P., J. Proulx, and M. LeBlanc. 2005. Criminal Propensity, Deviant Sexual Interests and Criminal Activity of Sexual Aggressors against Women: A Comparison of Explanatory Models. Criminology 43(1): 49-281.

Lynam, D.R., A. Capsi, T.E. Moffitt, P.H. Wikstrom, R. Loeber, and S. Novak. 2000. The Interaction between Impulsivity and Neighborhood Context on Offending. Journal of Abnormal Psychology 109: 563-574.

Mahood, C., S. Kalyanaraman, and S.S. Sundar. 2000. The Effects of Erotica and Dehumanizing Pornography in an Online Interactive Environment. Paper Presented at the 83rd Annual Convention of the Association for Journalism and Mass Communication. Phoenex, Arizona.

Malamuth, N.M. 1981. Rape Fatasies as A Function of Exposure to Violent-Sexual Stimuli. Archives of Sexual Behavior 10: 33-47.

Malamuth, N.M. and J. Check. 1981. The Effects of Mass Media Exposure on Acceptance of Violence against Women: A Field Experiment. Journal of Research in Personality 15: 436-446.

Malamuth, N.M. and J. Check. 1985. The Effects of Aggressive-Pornography on Beliefs in Rape Myths: Individual Differences. Journal of Research in Personality 19: 299-320.

Malamuth, N.M. and J. Ceniti. 1986. Repeated Exposure to Violent and Nonviolent Pornography: Likelihood of Raping Ratings and Laboratory Aggression against Women. Aggressive Behavior 12: 129-137.

Malamuth, N.M. and J. Brieri. 1986. Sexual Violence in the Media: Indirect Effects on Aggression against Women. Journal of Social Issues 42(3): 75-92.

Malamuth, N.M. 1993. Pornograph's Impact on Male Adolescents. Adolescent Medicine 4: 563-576.

Malamuth, N.M., T. Addison, and M. Koss. 2000. Pornography and Sexual Aggression. Annual Review of Sex Research, 11: 26-91.

Malin, J. and B. Fowers. 2009. Adolescent Self-Control and Music and Movie Piracy. Computers in Human Behavior 25: 718-722.

Manasse, M.E. and N.M. Ganem. 2009. Victimization as A Cause of Delinquency: The Role of

Depression and Gender. Journal of Criminal Justice 37: 371-378.

Mannle, H.W. and P.W. Lewis. 1979. Control Theory Reexamined: Race and the Use of Neutralizing among Institutionalized Delinquents. Criminology 17: 58-74.

Marcum, C.D., G.E. Higgins, and M.L. Ricketts. 2010. Potential Factors of Onlinge Victimization of Youth: An Examination of Adolescent Online Behaviors Utilizing Routine Activity Theory. Deviant Behavior 31: 381-410.

Markowitz, F.E., P.E. Bellair, A.E. Liska, and J. Liu. 2001. Extending Social Disorganization Theory: Modeling the Relationships between Cohesion, Disorder and Rear. Criminology 39(2): 293-320.

Matheson, K. and M.P. Zanna. 1989. The Impact of Computer-Mediated Communication on Self-awareness. Computers in Human Behavior 4: 221-233.

Matsueda, R.L. 1982. Testing Control Theory and Differential Association: A Causal Modeling Approach. American Sociological Review 47: 489-504

Matsueda, R.L. and K. Heimer. 1987. Race, Family Structure and Delinquency: A Test of Differential Association and Social Control Theories. American Sociological Review 52: 826-840.

Matza, D. 1964. Delinquency and Drift. New York: Wiley.

Mazarolle, P. and A. Piquero. 1997. Violent Responses to Strain: An Examination of Conditioning Influences. Violence and Victims 12: 323-343.

Mazerolle, P. 1998. Gender, General Strain, and Delinquency, Justice Quarterly 15: 65-91.

Mazerolle, P. and J. Maahs. 2000. General Strain and Delinquency: An Alternative Examination of Conditioning Influences. Justice Quarterly 17: 753-778.

Mazaolle, P., V. Burton, F. Cullen, T.D. Evans, and P. Payne. 2000. Strain, Anger, and Delinquent Adaptations: Specifying General Strain Theory. Journal of Criminal Justice 28: 89-101.

McCree, R., T. Shyy, J. Western, and R.J. Stimson. 2005. Fear of Crime in Brisbane: individual, Social and Neighborhood Factors in Perspective. Journal of Sociology 41(1): 7-27.

McCubbin, H.I. 1981. Family Inventory of Life Events and Changes. St Paul Minnesota Family Social Science. University of Minnesota.

McGloin, J.M. and L.O. Shermer. 2009. Self-Control and Deviant Peer Network Structure. Journal of Research in Crime and Delinquency 46: 35-72.

McKenna, K.Y., A.S. Green, and M. Gleason. 2002. Relationship Formation on the Internet: What's the Big Attraction?. Journal of Social Issues 58(1): 9-31.

McQuade, S.C., J.P. Colt, and N.B. Meyer. 2009. Cyber Bullying: Protecting Kids and Adults from Online Bullies. Praeger, Westport.

Meier, M.H., W.S. Slutske, S. Arndt, and R.J. Cadorel. 2008. Impulsive and Callous Traits are more likely associated with Delinquent Behavior in Higher Risk Neighborhoods among Boys and Girls. Journal of Abnormal Psychology 117: 377-385.

Meier, R.F. and T.D Miethe. 1993. Understanding Theories of Criminal Victimization. In Crime and Justice, Vol 15, A.J. Reiss and M. Tonry(eds.). Chicago: University of Chicago Press.

Meldrum, R., J. Young, and F. Weerman. 2009. Reconsidering the Effect of Self-Control and Delinquent Peers. Journal of Research in Crime and Delinquency 46(3): 353-376.

Merton, R.K. 1938. Social Structure and Anomie. American Sociological Review 3: 672-682.

Miethe, T.D., M.C. Stafford, and J.S. Long. 1987. Social Differentiation in Criminal Victimization: A Test of Routine Activities/Lifesyle Theories. American Sociological Review 52: 184-194.

Miethe, T.D. and R.F. Meier. 1994. Crime and Its Social Context: Toward an Integrated Theory of Offenders, Victims, and Situations. Albany: SUNY Press.

Minor, W.W. 1981. Techniques of Neutralization: A Reconceptualization and Empirical Examination. Journal of Research in Crime and Delinquency 18: 295-318.

Mishra, S.. M.L. Lalumiere, R.J. Williams. 2010. Gambling as a Form of Risk-taking Individual Differences in Personality, Risk-accepting Attitude and Behavioral Preferences for Risk. Personality and Individual Differences 49: 616-621.

Mitchell, J., R.A. Dodder, and T.D. Norris. 1990. Neutralization and Delinquency: A Comparison by Sex and Ethnicity. Adolescence 25: 487-497.

Moon, B., D. Blurton, and J.D. McKluskey. 2008. General Strain Theory and Delinquency: Focusing on the Influences of Key Strain Characteristics on Delinquency. Crime and Delinquency 54: 582-613.

Morahan-Martin, J. and P. Schumacher. 2000. Incidence and Correlates of Pathological Internet Use among College Students. Computers in Human Behavior 16: 13-29.

Morash, M. and B. Moon. 2007. Gender Differences in the Effects of Strain on the Delinquency of South Korean Youth. Youth and Society 38(3): 300-321.

Morenoff, J., J.R. Sampson, and S. Raudenbush. 2001. Neighborhood Inequality, Collective Efficacy and the Spatial Dynamics of Urban Violence. Criminology 39: 517-560.

Morgan, C. and S.R. Cotton. 2003. The Relationship between Internet Activities and Depressive Symptoms in A Sample of College Freshmen. Cyberpsychology and Behavior 6(2): 133-142.

Morris, R.G. and A.G. Blackburn. 2009. Cracking the Code: An Empirical Exploration of Social Learning Theory and Computer Crime. Journal of Crime and Justice 32: 1-35.

Morris, R.G. and G.E. Higgins. 2009. Neutralizing Potential and Self-Reported Digital Piracy: A Multitheoretical Exploration among College Undergraduates. Criminal Justice Review 34: 173-195.

Nagin, D.S. and R. Paternoster. 1993. Enduring Individual Differences and Rational Choice Theories of Crime. Law and Society Review 3: 467-496.

Nagin. D.S. and G. Pogarsky. 2001. Integrating Celerity. Impulsity. and Extralegal Sanction Threats into A Model of General Deterrence: Theory and Evidence. Criminology 39: 404-430.

Norris, T.D. and R.A. Dodder. 1979. A Behavioral Continuum Synthesizing Neutralization Theory, Situational Ethics, and Juvenile Delinquency. Adolescence 14: 545-555.

Nynam, D.R., P. Wikstrom, A. Capsi, T.E. Moffitt, R. Loeber, and S. Novak. 2000. The Interaction between Impulsivity and Neighborhood Context on Offending. Journal of Abnormal Psychology 109: 563-574.

Oksman, V. and J. Turtiainen. 2004. Mobile Communication as a Social Stage. New Media and Society 6(3): 319-339.

Olwes, D. 1978. Aggression in the Schools: Bullies and Whipping Boys. Washington, DC: Wiley.

Olwes, D. 1993. Bullying at School. Cambridge, MA: Blackwell.

Osgood, D.W., J.K. Wilson, P.M. O'Malley, J.G. Bachman, and L.D. Johnston. 1996. Routine Activities and Individual Deviant Behavior. American Sociological Review 61: 635-655.

Padget, V.R., J.A. Brislen-Slutz, and J.A. Neal. 1989. Pornography, Erotica, and Attitudes towards Women: The Effects of Repeated Exposure. The Journal of Sex Research 26: 479-491.

Papacharissi, Z. and A.M. Rubin. 2000 Predictors of Internet Use. Journal of Broadcasting and Electronic Media 44(2): 175-196.

Patchin, J.W. and S. Hinduja. 2006. Bullies Move beyond the Schoolyard: A Preliminary look at Cyberbullying. Youth Violence and Juvenile Justice 4(2): 148-169.

Patchin, J.W. and S. Hinduja. 2011. Traditional and Nontraditional Bullying among Youth: A Test of General Strain Theory. Youth and Society 43(2): 727-751.

Paternoster, R., L. Silverman, T.G. Chiricos, and G.P. Waldo. 1983. Perceived Risk and Social Control: Do Sanctions really Deter?. Law and Society Review 17: 457-479.

Paternoster. R. 1989. Decision to Participate in and Desist from Four Types of Common Delinquency: Deterrence and Rational Choice Perspective. Law and Society Review 23: 7-40.

Paternoster, R. and R. Brame. 1997. Mutiple Routes to Delinquency? A Test of Developmental and General Theories of Crime. Criminology 35: 49-84.

Peace, A., D. Galletta, and J. Thong. 2003. Software Piracy in the Workplace: A Model and Empirical Test. Journal of Management Information Systems 20: 153-177.

Piquero, N.L. and M.D. Sealock. 2000. Generalizing General Strain Theory: An Examination of an Offending Population. Justice Quarterly 17: 449-484.

Piquero N.L. and M.D. Sealock. 2004. Gender and General Strain Theory: A Preliminary test of Broidy and Agnew's Gender/GST Hypotheses. Justice Quarterly 21: 125-159.

Piquero, N.L., L. Gover, J. Macdonald, and A. Piquero. 2005. The Influence of Delinquent Peers on Delinquency: Does Gender Matters?. Youth and Society. 36: 251-275.

Pogarsky, G. 2002. Identifying Deterrable Offenders: Implications for Research on Deterrence. Justice Quarterly 19: 431-453.

Postmes, T. and R. Spears. 1998. Deindividuation and Anti-Normative Behavior: A Meta-Analysis. Psychological Bulletin 102: 238-259.

Pratt, T.C. and F.T. Cullen. 2000. The Empirical Status of Gottfredson and Hirschi's General Theory of Crime: A Meta-Analysis. Criminology 38: 931-964.

Pratt, T.C., K. Holtfreter, and M.D. Reisig. 2010. Routine Online Activity and Internet Fraud Targeting: Extending the Generality of Routine Activity Theory. Journal of Research in Crime and Delinquency 47(3): 267-296.

Prentice-Dunn, S. and R.W. Rogers. 1982. Effects of Public and Private Self-awareness on Deindividuation and Aggression. Journal of Personality and Social Psychology 43: 503-513.

Priest, T.B. and J.H. McGrath. 1970. Techniques of Neutralization: Young Adult Marijuana Smokers. Criminology 8: 185-194.

Putnam, R. 2000. Bowling Alone: The Collapse and Revival of American Community. New York: Simon and Schuster.

Qunsay, V.L. 1984. Sexual Aggression: Studies of Offenders against Women. In D. Weisstub(ed), Law and Mental Health. New York: Pergamon.

Raskauskas, J. and A. Stolz. 2007. Involvement in Traditional and Electronic Bullying among Adolescents. Developmental Psychology. 43(3): 564-575.

Reicher, S.D., R. Spears, and T. Postmes. 1995. A Social Identity Model of Deindividuation Phenomenoa. In W. Stroebe and M. Hewstone(eds.), European Review of Social Psychology. vol 6. Chichester: Wiley.

Rettinger, D. and Y. Krammer. 2009. Situational and Personal Causes of Student Cheating. Research in High Education 50: 293-313.

Reyns, B.W., B. Henson, and B.S. Fisher. 2011. Being Pursued Online: Applying Cyberlifestyle-Routine Activities Theory to Cyberstalking Victimization. Criminal Justice and Behavior 38: 1149-1169.

Reyns, B.W. 2013. Online Routines and Identity Theft Victimization: Further Expanding Routine Activity Theory beyond Direct-Contact Offenses. Journal of Research in Crime and Delinquency 50(2): 216-238.

Rheingold, H. 1993. Virtual Community. MA: Addison-Wesley.

Robinson, J.P., M. Kestnbaum, A. Neustadtl, and A. Alvrez. 2000. Mass Media Use and Social Life among Internet Users. Social Science Computer Review 18: 490-501.

Rosenbaum, J.L. 1987. Social control, gender, and delinquency: An analysis of drug, property and violent offenders. Justice Quarterly 4(1): 117-132.

Rountree, P.W. and K.C. Land. 1996. Burglary Victimization, Perception of Crime risk, and Routine Activities. Journal of Research in Crime and Delinquency 33: 147-180.

Saltzman. L.,R., Paternoster, G.P. Waldo, and T.G. Chiricos. 1982. Deterrent and Experiential Effects: The Problem of Causal Order in Perceptual Deterrence Research. Journal of Research in Crime and Delinquency 19: 172-189.

Sampson, R.J. and B. Groves. 1989. Community Structure and Crime: Testing Social Disorganization Theory. American Journal of Sociology 94: 774-802.

Sampson, R.J. and J.L. Lauritsen. 1990. Deviant Lifestyle, Proximity to Crime and the Offender-Victim Link in Personal Violence. Journal of Research in Crime and Delinquency. 27: 110-139.

Sampson, R.J. and J.H. Laub. 1993. Crime in the Making: Pathways and Turning Points Through Life. Cambridge, Mass.: Harvard University Press.

Sampson, R.J., S. Raundenbush, and F. Earls. 1997. Neighborhoods and Violent Crime: A Multilevel Study of Collective Efficacy. Science 277: 918-924.

Sampson, R.J., J.D. Morenoff, and F. Earls. 1999. Beyond Social Capital: Spatial Dynamics of Collective Efficacy for Children. American Sociological Review 64: 633-660.

Sampson, R.J. and S. Raundenbush. 1999. Systematic Social Observation of Public Spaces: A New Look at Disorder in Urban Neighborhoods. American Journal of Sociology 105: 603-651.

Scheff, T.J. 1988. Shame and Conformity: The Deference/emotion System. American Sociological Review 53: 395-406.

Schoepfer, A. and A.R. Piquero. 2006. Self-Control, Moral Beliefs, and Criminal Activity. Deviant Behavior 27: 51-71.

Schreck, C.J. 1999. Criminal Victimization and Low Self-Control: An Extension and Test of a General Theory of Crime. Justice Quarterly 16: 633-654.

Schreck, C.J., R.A. Wright, and J.M. Miller. 2002. Study of Individual and Situational Antecedents of Violent Victimization. Justice Quarterly 19: 159-178.

Schreck, C.J., E. Stewart, and B.S. Fisher. 2006. Self-Control, Victimization, and Their Influence on Risky Lifestyle: A Longitudinal Analysis Using Panel Data. Journal of Quantitative Criminology 22: 319-340.

Shah, D.V., N. Kwak, and R.L. Hollbert. 2001. Connecting and Disconnecting with Civic Life: Patterns of Internet Use and the Production of Social Capital. Political Communication 18(2):

141-162.

Shaw, C.R. and H.D. McKay. 1942. Juvenile Delinquency and Urban Areas. Chicago, IL: University of Chicago Press.

Shaw, C.R. and H.D. McKay. 1969. Juvenile Delinquency and Urban Areas. Chicago, IL: University of Chicago Press.

Shekarkhar, Z. and C.L. Gibson. 2011. Gender, Self-Control, and Offending Behaviors among Latino Youth. Journal of Comtemporary Criminal Justice 27(1): 63-80.

Sherman. L.W. and D.A. Smith. 1992. Crime. Punishment. and Stake in Conformity: Legal and Informal Control of Domestic Violence. American Sociological Review 57: 680-690.

Short, J.A., E. Williams, and B. Christie. 1976. The Social Psychology of Telecommunication. Chichester: John Wiley.

Simons, R.L., G.M. Martin, and M.A. Stephen. 1980. Contemporary Theories of Deviance and Female Delinquency: An Empirical Test. Journal of Research in Crime and Delinquency 17: 42-57.

Simons, R.L., C. Johnson, R.D. Conger, and G. Elder. 1998. A Test of Latent Trait versus Life-Course Perspectives on the Atability of Adolescent Antisocial Behavior. Criminology 36: 217-243.

Skinner, B.F. and A.M. Fream. 1997. A Social Learning Theory Analysis of Computer Crime among College Students. Journal of Research in Crime and Delinquency 34: 495-518.

Skogan, W. and M.G. Maxfield. 1981. Coping with Crime. Beverly Hills: Sage.

Smith, D.A. and R. Paternoster. 1987. The Gender Gap in Theories of Deviance: Issues and Evidence. Journal of Research in Crime and Delinquency 24(2): 140-172.

Smith, T.R. 2004. Low Self-Control, Staged Opportunity, and Subsequent Fraudulent Behavior. Criminal Justice and Behavior 31: 542-563.

Spano, R. and J.D. Freilich. 2009. An Assessment of the Empirical Validity and Conceptualization of Individual Level Multivariate Studies of Lifestyle/routine Activities Theory Published from 1995 top 2005. Journal of Criminal Justice 37: 305-314.

Spence, J.T., R. Helmreich, and J. Stapp. 1973. A Short Version of the Attitudes toward Women Scale. Buletin of the Psychometric Society 2: 210-220.

Sproull, L. and S. Kiesler. 1986. Reducing Social Context Cues: Electronic Mail in Organizational Communication. Management Science. 32: 1492-1512.

Steinfield, C., N. Ellison, and C. Lampe. 2008. Social Capital, Self-esteem, and Use of Online Social Network Sites: A Longitudinal Analysis. Journal of Applied Developmental Psychology 29: 434-445.

Sutherland, E.H. 1947. Principles of Criminology. Philadelphia: Lippincott.

Svensson, R., L. Pauwels, and F. Weerman. 2010. Does the Effect of Self-Control on Adolescent Offending vary by Level of Morality?. Criminal Justice and Behavior 37: 732-743.

Sykes, G.M. and D. Matza. 1957. Technique of Neutralization: A Theory of Delinquency. American Sociological Review 22: 664-70.

Taylor, P.A. 1999. Hackers: Crime and the Digital Sublime. New York: Routledge.

Taylor, R.B. and M. Hale. 1986. Testing Alternative Models of Fear of Crime. Journal of Criminal Law and Criminology 77: 151-189.

Thomas, C. and D. Bishop. 1984. The Effect of Formal and Informal Sanctions on Delinquency: A Longitudinal Comparison of Labeling and Deterrence Theories. Journal of Criminal Law and Criminology 75: 1222-1245.

Thompsen, P.A. 1996. Whats Fueling the Flames in Cyberspace?. A Social Influence Model. In S. Lance, R. Jacobson, and S.B. Gibson(eds), Communications and Cyberspace. New Jersey: Hampton Press.

Thornberry, T.P. 1987. Towards an Interactional Theory of Delinquency. Criminology 25: 863-892.

Thornberry, T.P., A.Lizzote, M.D. Krohn, M. Farnworth, and Jang, SS. 1991. Testing Interactional Theory: An Assessment of Reciprocal Causal Relationships among Family, School, and Delinquency. Journal of Criminal Law and Criminology 82: 3-35.

Thornhill, R. and C.T. Palmer. 2000. A Natural History of Rape: Biological Bases of Sexual Coercion. Cambridge, MA: MIT Press.

Thurman, Q.C. 1984. Deviance and Neutralization of Moral Commitment: An Empirical Analysis. Deviant Behavior 5: 291-304.

Tibbetts, S.G. and D.C. Herz. 1996. Gender Differences in Factors of Social Control and Rational Choice. Deviant Behavior 17: 183-208.

Tittle. C.R. 1969. Crime rates and legal sanctions. Social Problems 16: 409-423.

Tittle, C.R. 1980. Sanctions and Social Deviance: The Question of Deterrence. New York: Praeger.

Topalli, V. 2005. When Being Good is Bad: An Expansion of Neutralization. Criminology 43: 797-835.

Turgeman-Goldsmith, O. 2005. Hacker's accounts: Hacking as a social entertainment. Social Science Computer Review 23: 8-23.

Vachon, J., F. Vitaro, B. Wanner and R.E. Tremblay. 2004. Adolescent Gambling: Relationship with Parent Gambling and Parenting Practices. Psychology of Addictive Behavior 18(4): 398-401.

Vazsonyi, A.T., H.H. Cleveland, and R.P. Wiebe. 2006. Does the Effect of Impulsivity on Delinquency vary by Level of Neighborhood Disadvantage?. Criminal Justice and Behavior 33: 511-541.

Waldo. G.P. and T.G. Chiricos. 1972. Perceived Penal Sanctions and Self-reported Criminality: A Neglected Approach to Deterrence Research. Social Problems 19: 522-540.

Wall, D.S. 2001. Cyber Crimes and the Internet. In Crime and the Internet. D.S. Wall(ed). New York: Routledge.

Wall, D.S. 2007. Cybercrime: The Transformation of Crime in the Information Age. Polity Press.

War, M. and M. Stanfford. 1991. The Influence of Delinquent Peer: What They think or What They do?. Criminology 29: 851-866.

Warr, M. 1984. Fear of Victimization: Why Are Women and the Elderly more Afraid? Social Science Quarterly 65: 681-702.

Warr, M. 2002. Companions in Crime: The Social Aspects of Criminal Conducts. Cambridge, Cambridge University Press.

Wiatrowski, M.D., D.B. Griswold, and M.K. Roberts. 1981. Social Control Theory and Delinquency. American Sociological Review 46: 525-541.

Willard, N.E. 2006. Cyberbullying and Cyberthreat: Responding to the Challenge of Online Social Aggression, Threats, and Distress. Eugene, OR: Center for the Safe and Responsible Internet Use.

Williams. K.R. and R. Hawkins. 1986, Perceptual Research on General Deterrence: A Critical Review. Law and Society Review 20: 545-572.

Williams, K.R. and N.G. Guerra. 2011. Perceptions of Collective Efficacy and Bullying Perpetration in Schools. Social Problems 59(1): 124-143.

Williams, M. 2006. Virtually Criminal: Crime, Deviance, and Regulation Online. New York: Routledge.

Wilson, J.Q. and G. Kelling. 1982. Broken windows. Athlantic Monthly 211: 29-38.

Wilson, W.J. 1996. When Work Disappears. Knopf.

Wood, P.B., B. Pfefferbaum, and B.J. Arneklev. 1993. Risk-Taking and Self-Control: Social Psychological Correlates of Delinquency. Journal of Crime and Justice 16: 111-130.

Wood, R. and R. Williams. 2007. Problem Gambling on the Internet: Implications for Internet Gambling Policy in North America. New Media and Society 9: 520-542.

Wood, R. and R. Williams. 2011. A Comparative Profile of the Internet Gambler: Demographic Characteristics, Game Play Patterns and Problem Gambling Status. New Media and Society 13: 1123-1141.

Wright, B.R., A. Capsi, and P.A. Silva. 1999. Low Self-Control, Social Bonds, and Crime: Social Causation, Social Selection, or Both?. Criminology 37: 479-514.

Wright, B.R., A. Capsi, T.E. Moffitt, and P.A. Silva. 2001. The effects of social ties on crime vary by criminal propensity: A life-course model of interdependence. Criminology 39: 321-51.

Wright. B.R., A. Capsi, T.E. Moffitt, and R. Paternoster. 2004. Does the Perceived Risk of Punishment Deter Criminally Prone Individuals?. Rational Choice. Self-Control. and Crime. Journal of Research in Crime and Delinquency 41: 180-213.

Wyer, R.S., G.V. Bodenhausen, and T.F. Gorman. 1985. Cognitive Mediators of Reactions to Rape. Journal of Personality and Social Psychology 48: 324-338.

Zillman, D. 1984. Connections between Sex and Aggression. Hillsdale, NJ: Lawrence Erlbaum Associates.

Zillman, D. and J. Bryant. 1989. Pornography: Research Advances and Policy Considerations. Hillsdale, NJ: Erlbaum.

Zimbardo, P.G. 1969. The Human Choice: Individuation, Reason, and Order vs. Deindividuation, Impulse and Chaos. In W.J. Arnold and D. Levine(eds.), Nebraska Symposium on Motivation. Lincoln: University of Nebraska Press.

Zimmerman, G.M. 2010. Impulsivity, Offending and Neighborhood: Investigating the Person-Context Nexus. Journal of Quantitative Criminology 26: 301-332.

Zimring. F.E. and G. Hawkins. 1973. Deterrence: The Legal Threat in Crime Control. Chicago: University of Chicago Press.